는
인프라 자동화

앤서블로 시작하는 인프라 자동화

기초부터 실무까지, 플레이북 예제로 마스터하는 앤서블

초판 1쇄 발행 2023년 9월 26일

지은이 장현정, 이태훈, 김병수 / **펴낸이** 김태헌
펴낸곳 한빛미디어(주) / **주소** 서울시 서대문구 연희로2길 62 한빛미디어(주) IT출판2부
전화 02-325-5544 / **팩스** 02-336-7124
등록 1999년 6월 24일 제25100-2017-000058호 / **ISBN** 979-11-6921-149-9 93000

총괄 송경석 / **책임편집** 홍성신 / **기획 · 편집** 박혜원 / **교정** 오은교
디자인 박정화 / **전산편집** 다인
영업 김형진, 장경환, 조유미 / **마케팅** 박상용, 한종진, 이행은, 김선아, 고광일, 성화정, 김한솔 / **제작** 박성우, 김정우

이 책에 대한 의견이나 오탈자 및 잘못된 내용에 대한 수정 정보는 한빛미디어(주)의 홈페이지나 아래 이메일로
알려주십시오. 잘못된 책은 구입하신 서점에서 교환해드립니다. 책값은 뒤표지에 표시되어 있습니다.
한빛미디어 홈페이지 www.hanbit.co.kr / 이메일 ask@hanbit.co.kr

Published by Hanbit Media, Inc. Printed in Korea

장현정, 이태훈, 김병수 지음

앤서블로 시작하는 인프라 자동화

Infrastructure automation starting with Ansible

기초부터 실무까지, 플레이북 예제로 마스터하는 앤서블

한빛미디어
Hanbit Media, Inc.

추천사

레드햇의 주요 파트너 중 하나인 삼성이 앤서블의 가치를 알리기 위해 각고의 노력을 책에 쏟은 것은 레드햇에게도 자랑스러운 일입니다. 오늘날 IT 자동화는 다양한 산업 분야에서 필수적인 요소가 되었습니다. 기업들은 자동화에 대한 포괄적이고 지속적인 접근 방식을 찾고 있습니다. 이 책은 앤서블 오토메이션 플랫폼을 사용하여 다양한 방식을 탐색하고 기술, 프로세스 및 팀을 통합하여 비즈니스 가치를 향상시킬 수 있는 방법을 보여줍니다.

마르옛 안드리아스 Marjet Andriesse **레드햇 APAC 수석 부사장 겸 총괄 매니저**

끊임없이 변화하는 엔터프라이즈 에코시스템의 현실 속에서 IT 경영진은 복잡한 워크플로를 간소화하고, 효율성을 개선하는 앤서블과 같은 도구가 필요하다는 사실을 깨달았습니다. 이 책은 앤서블 오토메이션 플랫폼에서 필요한 모든 IT 환경의 배포 예제를 소개해, 관련 내용을 배우기 쉽습니다. 삼성과 함께 이 책을 출간하게 되어 기쁘며, 많은 기술 전문가들이 이 책을 통해 자동화의 가치를 발견할 수 있기를 바랍니다.

프렘 파반 Prem Pavan **레드햇 동남아시아 및 한국 지역 부사장 겸 총괄 매니저**

"인간에게는 작은 한 걸음이지만 인류에게는 거대한 도약입니다."(닐 암스트롱) 제가 가장 좋아하는 명언 중 하나인데, 혁신적인 돌파구와 발전은 대개 작은 발걸음이나 결정에서 시작된다는 의미이기 때문입니다. IT 자동화를 위해 첫발을 내딛는 모든 기업에 앤서블이 가져다 줄 수 있는 의미도 이와 비슷하다고 생각합니다. 자동화의 몰입 가치는 이벤트 기반 앤서블의 도입으로 더욱 향상되었습니다. 이 책이 여러분의 첫걸음을 내딛는 데 도움이 되기를 바랍니다.

대니얼 오 Daniel Aw **GEO 엔터프라이즈 영업 부문 부사장**

인프라 자동화에 대한 모든 것을 배우고 싶은 엔지니어를 위한 훌륭한 책입니다. 독자들은 앤서블과 레드햇 앤서블 오토메이션 플랫폼은 물론, 강력한 오픈소스 자동화 도구를 사용하는 방법을 터득하게 될 겁니다. 인프라 자동화는 기업 전체에서 리소스를 구성, 배포 및 관리할 수 있는 종단 간 자동화 플랫폼을 제공함으로써 기업 효율성의 핵심 동인으로 부상했습니다. 따라 하기 쉬운 실용적인 가이드이자, 인프라 자동화 도구의 모든 것을 배우는 방법으로 이 책을 강력히 추천합니다.

폴 위타드 Paul Whittard 레드햇 APAC 서비스 총괄 부사장

점점 다양해지고 있는 기업 내 하이브리드 클라우드 환경에 따라, 인프라 운영을 자동화하려는 요구가 계속 많아지고 있습니다. 기업의 IT 담당자와 엔지니어들이 이 책을 통해 강력한 오픈소스 자동화 도구를 접하고, 운영 효율과 안정성을 높이는 놀라운 경험을 할 수 있기를 바랍니다.

김경상 한국레드햇 지사장

데브옵스와 클라우드 인프라 환경이 IT의 근간이 되고 있는 시대에 코드형 인프라를 통한 자동화는 필수가 되고 있습니다. 인프라를 코드로 정의하면서 설정 관리, 프로비저닝, 워크플로 오케스트레이션, 애플리케이션 배포 및 라이프사이클 관리와 같은 기업 환경의 전반적인 IT 태스크를 자동화할 수 있게 되었습니다. 앤서블은 하이브리드 클라우드에서 엣지에 이르기까지 규모에 따른 IT 자동화를 구축하고 운영하기 위한 엔터프라이즈 프레임워크를 제공합니다. 따라서 개발, 운영, 네트워크 그리고 보안 팀에 이르는 조직 전체 사용자가 자동화를 생성할 수 있으며 역할에 따라 관리하거나 공유할 수 있습니다.
필드에서의 수많은 앤서블 경험에 기반하여 쓰인 이 책은 앤서블의 기본 개념과 실전 기술을 활용하는 데 매우 유용한 길잡이가 될 것입니다.

황인찬 한국레드햇 솔루션 아키텍트 담당 부사장

기업들은 퍼블릭과 프라이빗 클라우드를 적절하게 구성한 하이브리드 클라우드 환경에서 중요한 워크로드들을 운영하기 시작했습니다. 이제는 이러한 복잡한 환경에서 인프라 운영 자동화를 생각해 볼 시점입니다. 앤서블은 여기에 가장 최적의 답이 되는 레드햇의 솔루션입니다.

다양한 클라우드 서비스 구축을 지원하는『오픈스택을 다루는 기술』이란 책을 우리에게 선사했던 장현정 저자가 이번에는 앤서블로 구현하는 인프라 자동화에 대한 책을 내놓았습니다. 수많은 동료와 고객에게 언제나 밝고 긍정적인 메시지를 전달하고, 너무나 사랑스럽고 든든한 엄마로서 딸의 곁을 지켜주는 장현정 님의 에너지를 항상 응원합니다.

김민지 한국레드햇 서비스 담당 부사장

점점 더 복잡해지는 IT 환경에서 자동화는 이제 선택이 아닌 필수입니다. 이 책은 초보자도 쉽게 이해할 수 있는 최고의 길잡이입니다. 책을 읽고 나니 저도 자동화 전문가가 된 느낌이 듭니다.

김부곤 한국레드햇 엔터프라이즈 부사장

최근 IT 시장의 화두인 자동화를 고객 관점에서 바라봤다는 점만으로도 큰 의미가 있다고 생각합니다. IT 업무 효율화를 고민하는 모든 분에게 큰 도움이 될 것이라 확신합니다.

김형교 한국레드햇 삼성팀 팀장

베타리더의 말

앤서블에 대한 단순 호기심으로 시작한 사람도 실무에 바로 적용 가능한 가이드와 예제를 따라 하다 보면 자연스럽게 앤서블에 입문할 수 있는 매뉴얼 같은 책입니다.

김혜미 클라우드 인프라 엔지니어

앤서블을 기초부터 깊이 있게 다루고, 효과적인 활용법까지 알려주는 훌륭한 가이드입니다. 특히 롤Role을 작성하는 방법과 각 단계별 상세한 설명은 실무에 큰 도움이 됩니다. 상황을 파악하고 분석하여 효과적인 해결책을 찾는 과정, 사전 설계를 통해 작업을 체계적으로 진행하는 방법 등 실제 업무에서 매우 중요한 스킬을 알려줍니다.

박수현 카카오페이증권

클라우드 컴퓨팅을 논할 때 IaC를 빼놓을 수 없는 시대입니다. 이 책은 IaC 도구인 앤서블을 통해 업무를 자동화하여 생산성을 향상시켜, 클라우드 엔지니어들의 어깨를 한층 가볍게 만드는 방법을 알려줍니다.

복종순 메가존클라우드

IT 운영 환경 자동화를 위한 도구로 왜 앤서블을 선택해야 하고, 어떻게 사용하는지에 대해 이해하기 쉽게 정리되어 있습니다. 업무 효율화를 고민하는 모든 IT 운영자에게 적극 추천합니다.

성희경 한국레드햇

입문자를 위해 미니 프로젝트를 활용하여 설명해 이해하기 쉽고 매우 유용합니다. 실무에 바로 응용할 수 있는 부분도 많아 독자들이 보다 빨리 앤서블에 가까워지도록 돕는 책입니다.

송창안 한국오라클

실습 위주의 설명으로 누구나 앤서블을 차근차근 단계별로 접할 수 있게 해줍니다. 입문자뿐만 아니라 중고급 사용자에게도 유용한 내용이 많아 앤서블 도입을 고민하는 모두에게 추천합니다.

신진욱 네이버

입문자에게는 전체적인 그림을 대신 그려주고, 실무자에게는 신선한 아이디어와 전략을 제공합니다. 특히 실무에서 자주 마주하는 재사용성과 협업의 중요성까지 다뤄 지속적으로 변화하는 인프라 관리 분야의 훌륭한 길잡이가 될 것입니다.

이규석 HashiCorp

기초와 활용을 탄탄하게 다룬 이 책 한 권으로 누구나 앤서블 마스터가 될 수 있습니다. 특히 GUI 도구인 앤서블 오토메이션 플랫폼의 모든 예제를 이미지를 통해 설명하는 등, 매우 친절한 설명으로 독자들을 손쉽게 앤서블의 세계로 안내합니다.

이승지 한국레드햇

효율적인 IT 운영 환경을 위한 멋진 가이드입니다. 앤서블의 복잡한 개념을 친절하고 쉽게 풀어내고, 자세한 핸즈온 예제로 독자들에게 직접적인 경험을 제공합니다. 앤서블의 기본 원리부터 운영 환경에 적용하는 방법까지 담은 이 책으로 실무 맞춤 노하우를 얻길 기대해도 좋습니다.

이영은 LG CNS

모든 단계마다 친절하고 자세한 코드에 UI 설명까지 더해 누구나 따라할 수 있습니다. 후반부에는 AWS와 하이브리드 클라우드 형태로 진행하는 예제도 있어 앤서블을 활용하려는 모든 엔지니어에게 추천하는 책입니다.

이장훈 데브옵스 엔지니어

앤서블을 실무에 적용할 때 궁금했던 내용들이 모두 담겨 있는 교과서와 같은 책입니다. 저자의 기술 경험을 바탕으로 한 친절한 실습 자료, 풍부한 예시들은 실제 운영 중인 시스템과 클라우드 환경에 바로 적용할 수 있습니다. 다양한 앤서블 경험을 쌓을 수 있는 재미있는 책을 찾는다면, 바로 이 책입니다.

정남기 한국레드햇

앤서블은 오픈소스 IT 자동화 도구로 프로비저닝, 구성 관리, 애플리케이션 배포 등 수동 IT 프로세스를 자동화하는 효율적인 도구입니다. 이 책은 이런 앤서블을 최대한 잘 활용할 수 있는 팁을 다양하게 안내하고 있습니다.

정재환 LG Uplus

앤서블의 기본 원칙과 기능을 깊이 있게 다루어, 자동화 과정을 효율적으로 구성하는 데 큰 도움을 줍니다. 실무에 즉시 활용할 수 있는 앤서블 가이드를 찾고 계신 분께 적극 추천합니다.

최지원 카카오

이 책은 폭넓은 IT 운영 환경 지식과 함께 앤서블 개념에 대한 깊이까지 겸하고 있습니다. 따라서 앤서블에 대한 배경지식은 물론 실무 경험의 팁까지도 다채롭게 얻어갈 수 있습니다.

최치영 클라우드메이트

엔터프라이즈 환경에서 사용하는 제품인 앤서블 오토메이션 플랫폼의 설치부터 활용까지 자세하게 안내합니다. 인프라 자동화를 고민하는 엔지니어, 자동화 솔루션을 공부하고자 하는 모든 이에게 강력 추천합니다.

허경 한국레드햇

지은이 소개

장현정(Nalee Jang) nalee999@gmail.com

10년 동안 자바 개발자로 활동하다가 오픈소스 클라우드 플랫폼인 오픈스택을 만나 이제는 리눅스, 앤서블, 오픈스택 등을 다루는 플랫폼 엔지니어로 활동하고 있다. 2대 오픈스택 한국 커뮤니티 대표를 맡았으며 국내 최초, 글로벌 여성 최초로 HP Helion MVP로 선정되기도 했다. 현재는 레드햇 코리아에서 오픈스택 및 클라우드 플랫폼 전문 컨설턴트로 재직 중이며, 오픈소스 관련 업무를 하면서 경험했던 다양한 기술 노하우를 블로그에 연재하고 있다. 언젠가 반드시 세계로 진출하겠다는 목표를 가지고 영어와 IT 기술을 열심히 습득하고 있으며, 워킹맘과 여성 개발자를 위한 책을 출간하는 것이 꿈이다. 주요 저서로는 『오픈스택을 다루는 기술』(길벗, 2017), 『처음 배우는 셸 스크립트』(한빛미디어, 2021)가 있다.

블로그 https://naleejang.tistory.com **SNS** https://www.facebook.com/naleejang

이태훈(Taehoon Lee) madangbalzc@gmail.com

IT 업계에서 비즈니스 협업 관련 전문 영업 대표로 활동하고 있으며, 특히 레드햇 앤서블 분야 관련 전문적인 지식과 경험을 갖추고 있다. 랜덤 데이터 분석 및 자동화 지식을 바탕으로 현재 레드햇에서 삼성전자 및 SMRC(Samsung Memory Research Center)와 함께 자동화, 신제품 테스트, 그리고 마케팅(GTM) 전략 협업을 진행하고 있다.

SNS https://www.linkedin.com/in/taehoon-lee-01093329234

김병수(Byeongsu Kim) bbingsu@gmail.com

Storage & Data Protection Specialist로서 VDI, MES 및 뱅킹 시스템과 같은 중요한 IT 시스템을 구축해왔다. 2013년부터 VMware&Openstack Cloud Champion이 되어 한국부터 싱가포르, 부탄과 몽골에 이르기까지 아시아 전역에서 기술 리더 역할을 맡았다. 현재는 글로벌 IT 경험을 바탕으로 삼성전자 메모리 사업부에 SMRC(Samsung Memory Research Center)를 설립하여 운영하고 있으며, 메모리 에코시스템을 만든다는 목표를 가지고 수많은 IT 파트너들과 메모리 솔루션의 기획, 설계, 개발, 상용화로 이어지는 다양한 프로젝트로 바쁜 나날을 보내고 있다.

SNS https://linkedin.com/in/bingsu

지은이의 말

기술 트렌드는 베어메탈 환경으로부터 가상화 환경, 그리고 클라우드 환경과 컨테이너 환경으로 계속해서 변화하고 있습니다. 우리는 이러한 환경을 바탕으로 개발이나 운영 환경을 구성합니다. 시스템이 클라우드화 및 컨테이너화되면서 동일한 환경과 업무 프로세스로 동일한 업무를 해야 하는 상황이 점차 늘어나고 있습니다.

이와 같이 클라우드나 컨테이너 환경을 구축하는 여러 상황에 앤서블을 주로 사용합니다. 또한 이렇게 구성된 클라우드 환경에서 가상 자원을 생성할 때나 생성된 가상 자원에 또다시 개발 환경이나 운영 환경을 구성할 때도 앤서블이 사용되는 사례가 점점 늘고 있습니다.

이렇듯 YAML 문법 형식의 앤서블 플레이북에 앤서블에서 제공하는 모듈을 이용하여 업무 프로세스를 정의해 두면 유사한 상황에서 해당 플레이북을 활용하여 좀 더 쉽고 효율적으로 업무를 처리할 수 있습니다.

이러한 필요성을 체감하며, 도서『처음 배우는 셸 스크립트』를 집필할 때도 앤서블 관련 책을 함께 집필하면 좋겠다는 생각을 문득 했습니다. 그러다 우연히 앤서블을 다시 접할 기회가 왔는데, 이전과는 달리 플레이북 문법과 사용 규칙이 매우 많이 바뀌었다는 것을 알았습니다. 새롭게 앤서블 문법을 익혀야 했기에 기존에 출간된 책도 찾아보았지만, 출간된 지 꽤 시간이 흘러 새로운 문법을 익히기에는 많이 부족했습니다. 따라서 기본적인 앤서블 문법뿐만 아니라 누구나 실무에서 활용할 수 있도록 앤서블로 플레이북을 설계하는 방법, 좀 더 쉽고 효율적으로 플레이북을 작성하는 방법 및 트러블슈팅 등을 총망라한 앤서블 도서를 집필하고자 했습니다.

집필을 고민하고 있던 찰나에 함께 책을 쓰자고 제안한 이태훈 님, 김병수 님이 있었기에 책을 쓰는 내내 함께 토론하면서 더 좋은 내용으로 콘텐츠를 채울 수 있었습니다.

집필하는 동안 일정을 관리하면서 책이 나올 수 있도록 도와주신 한빛미디어 박혜원 님과 집필 활동을 지지해주는 한국레드햇 매니지먼트 팀 김경상 대표님, 김민지 부사장 님께도 감사 인사를 드리고 싶습니다. 또한, 바쁜 와중에 베타리더로 도움을 주신 모든 분들께도 감사드립니다.

이 책이 현업에서 인프라를 운영하고 관리하는 엔지니어를 비롯하여 앤서블을 배우고자 하는 모든 분들에게 도움이 되길 바랍니다.

장현정

자동화 공부를 시작하는 비전공자, 시간에 쫓기는 실무자, 자동화를 통해 비즈니스와 협업 모델을 만들어 신규 시장을 개척하는 분들을 위해 그동안의 경험을 책으로 담아냈습니다. 레드햇 앤서블의 강력한 기능과 잠재력을 이해하고, 실제 시나리오와 예제를 활용하여 독자들이 다양한 방법으로 앤서블을 사용하는 방법을 효과적으로 익힐 수 있도록 했습니다. 책을 쓰면서 한국레드햇의 김경상 지사장님, 김부곤 부사장님, 김형교 팀장님, 그리고 장현정 님과 김병수 님의 폭넓은 지원 덕분에 이렇게 출간까지 올 수 있었습니다. 좋은 경험을 할 수 있게 도와주셔서 정말 감사합니다. 마지막으로 책을 쓰는 동안 많은 이해와 지지를 해준 Goda, Adrigath, Dduddaith에게 함께하지 못한 시간에 대한 미안함을 전합니다.

이태훈

IT 환경은 정말 복잡하고 다양합니다. 각기 다른 환경에서 사용되는 수많은 스토리지와 메모리 제품을 마주하며, 이 제품들의 성능을 어떻게 하면 빠르고 공정하게 평가할 수 있을지 많은 고민을 했습니다. '이 모든 다양성을 모두 자동화해서 평가할 수 있다면?'이라는 작은 고민에서 시작된 프로젝트가 지금 저의 업무에서 너무나도 중요한 플랫폼으로 발전할 수 있었던 것은 그 실마리를 제공한 앤서블 덕분입니다. 저는 앞으로도 ASAP(Automated SMRC Analytic Platform)라는 이름으로 이후에 출시될 모든 스토리지와 메모리 제품을 평가할 계획입니다. 이 모든 것을 가능하게 해주신 (사람 마음을 낚는 영업의 천재) 이태훈 상무님, (모든 가능성을 열어주신) 전진완 상무님, (오픈소스의 귀재) 장현정 수석님, (말만 하면 무엇이든지 척척 만들어내는) 차동휘 책임님, (낚시에 빠진 만물박사) 김철민 박사님, 그리고 무엇보다도 SMRC가 있을 수 있도록 물심양면으로 지원해주신 배용철 부사장님께 이 자리를 빌려 감사의 말씀을 드립니다.
세정아! 태오야! 아빠가 많이 못 놀아줘서 미안해. 앤서블이 업무 시간을 줄여줄 테니까 앞으로는 많이 놀아줄게!

김병수

선수 지식과 대상 독자

이 책은 시스템 관리자와 운영자, 인프라 엔지니어, 클라우드 시스템 엔지니어, 데브옵스 엔지니어, 자동화 프로세스 개발자 그리고 리눅스 기초 지식이 있으며 앤서블을 배우고자 하는 모든 분들을 대상으로 합니다.

- 클라우드 시스템과 같은 대량의 서버를 관리하고 운영하는 엔지니어
- 리눅스 시스템에 개발 환경, 운영 환경, 검증 환경 설정과 같이 동일한 작업이 필요한 개발자나 엔지니어
- 앤서블 플레이북 예제와 실습을 통해 효율적인 시스템 운영을 하고 싶은 엔지니어
- 앤서블과 같은 자동화 도구를 이용하여 자동화 프로세스를 개발하는 개발자
- 리눅스 기초 지식이 있으며 앤서블을 공부하고 싶은 사람

이 책의 구성

1부에서는 앤서블의 기본 개념을 알아보고, 이 책의 학습에 필요한 실습 환경을 구성합니다. 2부에서는 앤서블 플레이북을 작성하기 위한 기본 문법 및 지식을 다룹니다. 3부에서는 앞에서 살펴본 기초 문법을 활용하여 문제를 분석하고, 플레이북 설계 및 트러블슈팅 등 실무에서 발생할 수 있는 다양한 상황을 포함했습니다. 이 외에도 최신 트렌드인 인공지능 챗GPT를 활용하는 법과 앤서블 갤럭시 활용법 등도 포함했습니다. 4부에서는 레드햇 앤서블 오토메이션 플랫폼을 설치하고 이를 활용하는 방법을 알아봅니다.

편집 규약

이 책에서 정보를 구별하는 편집 스타일은 다음과 같이 정의합니다.

1. 명령어나 메뉴 이름, 파일명 등은 다음과 같은 서체를 사용했습니다.

[예시] 앤서블은 `ansible --version` 명령어를 이용하여 버전 정보를 확인합니다.

2. 코드 블록은 다음과 같이 표기합니다. 명령어와 주요 구문은 굵게 표시하고, 여러 명령어가 있을 경우에는 명령어별로 주석 구문을 추가하였습니다. 불필요한 출력 부분은 …을 이용하여 내용을 생략하였습니다. 앤서블의 특성상 스페이스가 중요하므로, 페이지를 넘어가거나 플레이북 내용이 긴 경우에는 ·· 과 같은 조판 부호로 스페이스가 몇 칸인지 표기하였습니다.

```
# 첫 번째 플레이북 작성
[root@ansible-server my-ansible]# vi first-playbook.yml
---
- hosts: all
··tasks:
····- name: Print message
······debug:
········msg: Hello Ansible World

# 첫 번째 플레이북 실행
[root@ansible-server my-ansible]# ansible-playbook first-playbook.yml
PLAY [all] ************************************************************************
TASK [Gathering Facts] ************************************************************
ok: [tnode1-centos.exp.com]
ok: [tnode3-rhel.exp.com]
ok: [tnode2-ubuntu.exp.com]
TASK [Print message] **************************************************************
ok: [tnode1-centos.exp.com] => {
"msg": "Hello Ansible World"
}
…
```

코드 예제

이 책에서 나오는 앤서블 플레이북의 모든 예제는 저자가 운영하는 깃허브GitHub에 공개해두었습니다. 다음 깃허브 사이트에서 이 책의 앤서블 플레이북을 다운로드할 수 있습니다.

- 깃허브 URL: https://github.com/naleejang/Easy-Ansible

CONTENTS

CONTENTS

CHAPTER 3 앤서블 실습 환경 준비하기

PART II 앤서블 기본 사용법

CHAPTER 4 자동화 대상 호스트 선정하기

CHAPTER 5 첫 번째 플레이북 작성하기

CHAPTER 6 변수와 팩트 사용하기

CHAPTER 7 반복문과 조건문을 이용한 제어문 구현하기

CHAPTER 8 롤과 콘텐츠 컬렉션을 활용한 플레이북 구현

PART III 예제로 알아보는 앤서블 활용

CHAPTER 9 시스템 구축 자동화

CONTENTS

PART IV 앤서블 오토메이션 플랫폼을 활용한 자동화 관리

CHAPTER 13 앤서블 오토메이션 플랫폼 소개

CHAPTER 14 앤서블 오토메이션 플랫폼 설치하기

CHAPTER 15 깃허브에 플레이북 등록하기

CHAPTER 16 호스트 및 인증 정보 등록하기

CONTENTS

CHAPTER 17 작업 템플릿 생성하기

CHAPTER 18 클라우드 시스템 자동화

CHAPTER 19 RBAC 적용하기

CHAPTER 20 워크플로와 RBAC를 이용한 승인 프로세스 구현

PART I

앤서블 시작하기

클라우드 기술이 활성화되면서 우리는 아마존이나 애저Azure, 구글 클라우드와 같은 퍼블릭 클라우드를 사용하고, 때로는 오픈스택이나 VMWare와 같은 프라이빗 클라우드 시스템을 사용하기도 합니다. 이 외에도 클라우드 네이티브 기술인 쿠버네티스Kubernetes나 오픈시프트OpenShift와 같은 컨테이너 관련 시스템 사용률도 함께 증가하고 있습니다. 더불어, 다양하고 복잡해진 대상 인프라 관리를 위해 반복 작업을 수행하는 경우도 점점 늘고 있습니다. 그럼 어떻게 하면 이런 다양한 환경을 좀 더 효율적으로 관리할 수 있을까요? 자동화 도구인 앤서블Ansible이 그 해답을 줄 수 있을 것입니다. 그럼 지금부터 앤서블에 대해 알아보도록 합시다.

PART I

앤서블 시작하기

CHAPTER 1

앤서블 소개

앤서블Ansible은 오픈소스 IT 자동화 도구로 사용자가 수작업으로 진행하던 프로비저닝, 환경 설정, 애플리케이션 배포 등의 IT 업무를 코드 기반으로 작성하여 여러 환경에 동일하게 적용될 수 있도록 돕는 역할을 합니다. 1장에서는 앤서블의 정의와 특징을 살펴보고 어떤 경우에 사용하는지, 어디에서 사용할 수 있는지, 그리고 누가 어떻게 사용하는지 알아보도록 하겠습니다.

1.1 앤서블이 뭐죠?

앤서블은 마이클 데한Michael DeHaan에 의해 앤서블웍스AnsibleWorks라는 이름으로 2014년 3월 4일에 처음 소개되었습니다. 그 후 2015년 10월 레드햇이 인수하여 개발, 관리하고 있습니다.

앤서블을 오픈소스로 개발한 마이클은 원래 시스템 관리 소프트웨어를 작성하는 일을 주로 했습니다. 그는 퍼펫 랩스Puppet Labs에서 근무하며 자동화 작업을 수행할 때마다 '좀 더 쉽게 자동화를 할 수 없을까?'라는 고민에 빠졌고, 그 해결책으로 앤서블을 시작했다고 합니다. 그렇게 시작한 앤서블 프로젝트는 오픈소스로 빠르게 확산돼 지금까지도 활발하게 활동하는 커뮤니티 중 하나가 되었습니다.

앤서블을 본격적으로 설명하기 전, 앤서블의 특징부터 잠시 살펴보겠습니다.

No! 에이전트(Agentless)

기존 자동화 도구인 퍼펫Puppet이나 셰프Chef는 자동화 관리 대상 서버에 별도의 에이전트를 설치하고 이를 통해 자동화 업무를 수행합니다. 이러한 데몬 형식의 에이전트에 기반한 자동화 도구는 관리를 위한 복잡한 추가 작업이나 운영체제 버전에 따라 추가 패키지나 모듈을 설치하는 등의 작업이 발생합니다. 그러나 앤서블은 에이전트 설치 없이 SSH로 접속하여 쉽게 대상 서버들을 관리할 수 있습니다. 이것이 앤서블의 가장 큰 특징이자 장점입니다.

멱등성

멱등성idempotent은 동일한 연산을 여러 번 적용하더라도 결과가 달라지지 않는 성질로, 멱등법칙의 개념은 추상대수학[1]과 함수형 프로그래밍의 여러 부분에서 사용하고 있습니다. 앤서블은 이러한 멱등성과 함께 시스템을 원하는 상태로 표현하여 유지하도록 설계되어 있어, 동일한 운영 작업을 여러 번 실행해도 같은 결과를 냅니다.

쉬운 사용법과 다양한 모듈 제공

앤서블은 다른 자동화 도구에 비해 복잡하지 않아 자동화 절차 및 과정을 이해하기 쉽습니다. 자동화 단계는 에디터만 있으면 YAML 문법을 사용하여 쉽게 작성하고 읽을 수 있습니다. 또한 파일 복사와 같은 일반 시스템 관리 모듈부터 다양한 환경의 퍼블릭 클라우드 관련 모듈 및 컬렉션까지 제공하므로, 쉽게 플레이북 예제를 찾아보고 자동화를 수행할 수 있습니다.

앤서블은 이러한 특징 덕분에 많은 이에게 사랑받고 있습니다. 이제 앤서블을 언제 어디에서 누가 주로 사용하는지 알아보겠습니다.

---

1 대수 구조를 다루는 여러 수학적 대상을 연구하는 분야

1.2 앤서블은 언제 쓰나요?

앤서블은 주로 언제 사용할까요? 앤서블은 시스템 환경을 설정하거나 애플리케이션을 설치할 때 퍼블릭이나 프라이빗 클라우드 시스템의 가상 서버 등을 생성할 때, 혹은 매일 점검해야 하는 시스템의 상태를 체크할 때도 사용할 수 있습니다. 뿐만 아니라 특정 시스템을 구축할 때도 앤서블을 사용하는 것을 종종 볼 수 있습니다. 따라서 사용 빈도가 많고 여러 시스템에 동일한 작업을 해야 할 상황에 앤서블을 사용하면 더 좋습니다.

1.3 앤서블은 어디에서 쓸 수 있나요?

앤서블은 리눅스, MacOS, BSD 계열 유닉스, WSL[Windows Subsystem for Linux]을 지원하는 윈도우에 파이썬과 앤서블 코어만 설치하면 어디에서나 플레이북(YAML 형식의 작업들을 순서대로 작성해 놓은 파일)을 작성하고 이를 실행시킬 수 있습니다. 앤서블은 이렇게 앤서블 코어가 설치되고 플레이북을 작성하여 실행할 수 있는 제어 노드[Control Node]와 플레이북이 실행되어 애플리케이션 설치나 클라우드 시스템의 가상 서버 생성과 같은 작업이 수행되는 관리 노드[Managed Node]로 구성됩니다. 물론 앤서블은 제어 노드에만 설치되고 관리 노드에는 설치되지 않습니다. 제어 노드에는 앤서블 코어가 설치되며, 사용자에 의해 정의된 플레이북과 관리 노드를 정의해놓은 인벤토리 파일에 의해 SSH[2] 프로토콜을 사용하여 다양한 환경의 관리 노드 업무 자동화를 수행할 수 있습니다.

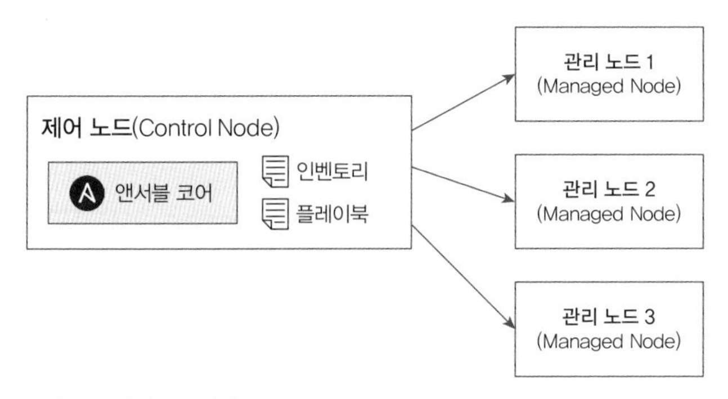

그림 1-1 앤서블 아키텍처

2 SSH는 Secure Shell의 약자입니다. 한마디로 정의하면, 네트워크상의 다른 컴퓨터에 로그인하거나 원격 시스템에서 명령을 실행하고 다른 시스템으로 파일을 복사할 수 있도록 해주는 프로토콜입니다.

1.4 앤서블은 누가 쓰나요?

앤서블은 반복적인 작업을 많이 하는 시스템 엔지니어나 인프라와 시스템 관리 또는 개발을 담당하는 데브옵스 엔지니어, 클라우드 관리 포털 개발자도 사용할 수 있습니다. 또한 네트워크 엔지니어, 퍼블릭 클라우드나 프라이빗 클라우드 담당자도 사용할 수 있습니다. 이처럼 앤서블은 자동화를 원하는 누구에게나 유용합니다.

어떤 곳에서는 서로 다른 부서의 개발 환경을 자동화하기 위해 앤서블을 사용하기도 하고, 또 어떤 곳에서는 클라우드 콘솔의 비즈니스 로직을 처리하기 위해 이용하기도 합니다. 서버와 같은 물리 디바이스의 성능 측정 프로세스를 자동화하기 위해 사용하는 곳도 있습니다. 이렇듯 매우 다양한 곳에서 여러 분야의 사용자들이 앤서블을 사용합니다.

1.5 앤서블 관련 자료는 어디에서 찾아볼 수 있나요?

이 책은 다음과 같은 사이트들을 참조하였으며, 직접 방문하면 앤서블과 관련된 좀 더 많은 정보를 찾아볼 수 있습니다.

- 앤서블 공식 깃허브 : https://github.com/ansible
- 앤서블 공식 문서 : https://docs.ansible.com/ansible/latest/index.html
- 앤서블 공식 블로그 : https://www.ansible.com/blog/2013/03/04/introducing-ansibleworks

CHAPTER 2

앤서블 아키텍처

앤서블은 크게 커뮤니티 앤서블과 레드햇 앤서블 오토메이션 플랫폼Red Hat Ansible Automation Platform으로 나누어 설명할 수 있습니다. 커뮤니티 앤서블은 오픈소스 형태로 운영체제가 리눅스라면 어디에나 설치하여 사용할 수 있으며, 레드햇 앤서블 오토메이션 플랫폼은 레드햇 서브스크립션을 통해 사용할 수 있습니다. 이번 챕터에서는 커뮤니티 앤서블과 레드햇 앤서블 오토메이션 플랫폼의 아키텍처를 살펴보겠습니다.

2.1 커뮤니티 앤서블

앤서블 아키텍처는 제어 노드와 관리 노드라는 두 가지 유형의 시스템으로 구성됩니다. 앤서블은 제어 노드에 설치되어 실행되며, 앤서블이 실행되기 위해서는 파이썬Python이 기본적으로 설치되어 있어야 합니다. 또한 앤서블 안에는 다양한 모듈과 플러그인이 함께 설치되어 있으며, 앤서블이 관리하는 노드 정보를 저장하고 있는 인벤토리와 관리 노드에서 수행될 작업 절차가 작성되어 있는 플레이북이 존재합니다.

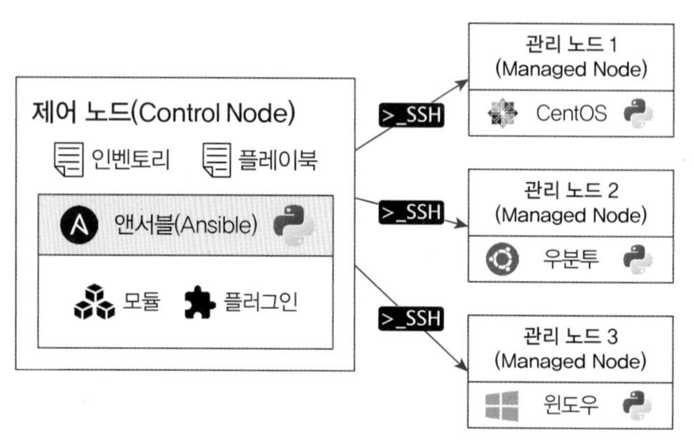

그림 2-1 커뮤니티 앤서블 아키텍처

제어 노드

제어 노드Control Node는 앤서블이 설치되는 노드로 운영체제가 리눅스라면 제어 노드가 될 수 있습니다. 앤서블은 파이썬 모듈을 이용하므로 앤서블을 설치하고 실행하려면 파이썬이 함께 설치되어 있어야 합니다.

관리 노드

관리 노드Managed Node는 앤서블이 제어하는 원격 시스템 또는 호스트를 의미합니다. 관리 노드는 [그림 2-1]처럼 리눅스가 설치된 노드일 수도 있고, 윈도우가 설치된 노드일 수도 있습니다. 또는 퍼블릭 클라우드나 프라이빗 클라우드 시스템에서 생성한 가상 서버가 될 수도 있습니다. 앤서블은 별도의 에이전트를 설치하지 않으므로 관리 노드는 제어 노드와 SSH 통신이 가능해야 하며, 파이썬이 설치되어 있어야 합니다.

인벤토리

인벤토리Inventory는 제어 노드가 제어하는 관리 노드의 목록을 나열해놓은 파일입니다. 앤서블은 인벤토리에 사전에 정의되어 있는 관리 노드에만 접근할 수 있습니다. 또한 인벤토리 목록은 관리 노드의 성격별로 다음과 같이 그룹핑할 수 있습니다.

```
$ vi inventory
192.168.10.101

[WebServer]
web1.example.com
web2.example.com

[DBServer]
db1.example.com
db2.example.com
```

모듈

앤서블은 관리 노드의 작업을 수행할 때 SSH를 통해 연결한 후 '앤서블 모듈Modules'이라는 스크립트를 푸시하여 작동합니다. 대부분의 모듈은 원하는 시스템 상태를 설명하는 매개 변수를 허용하며, 모듈 실행이 완료되면 제거됩니다.

플러그인

플러그인Plugins은 앤서블의 핵심 기능을 강화합니다. 모듈이 대상 시스템에서 별도의 프로세스로 실행되는 동안 플러그인은 제어 노드에서 실행됩니다. 플러그인은 앤서블의 핵심 기능(데이터 변환, 로그 출력, 인벤토리 연결 등)에 대한 옵션 및 확장 기능을 제공합니다.

플레이북

플레이북Playbook은 관리 노드에서 수행할 작업들을 YAML 문법을 이용해 순서대로 작성해놓은 파일입니다. 앤서블은 이렇게 작성된 플레이북을 활용하여 관리 노드에 SSH로 접근해 작업을 수행합니다. 따라서 플레이북은 자동화를 완성하는 가장 중요한 파일이며 사용자가 직접 작성합니다.

```
---
- hosts: webservers
  serial: 5 #한 번에 5대의 머신을 업데이트하라는 의미
  roles:
  - common
```

```
    - webapp

- hosts: content_servers
  roles:
    - common
    - content
```

지금까지 커뮤니티 앤서블 아키텍처를 살펴보았습니다. 이어서 레드햇 앤서블 오토메이션 플랫폼 아키텍처를 살펴보겠습니다.

2.2 앤서블 오토메이션 플랫폼

커뮤니티 앤서블이나 레드햇의 앤서블 오토메이션 플랫폼Ansible Automation Platform(AAP)의 주요 컴포넌트는 동일합니다. 다만 앤서블 오토메이션 플랫폼에는 커뮤니티 앤서블과 다르게 인벤토리, 제어 노드에 대한 인증 정보, 실행 환경 등을 관리하는 CMDBConfiguration Management Database가 존재합니다. 또한 이런 자원들을 관리하는 관리 웹 UI가 존재하며, REST API를 제공합니다.

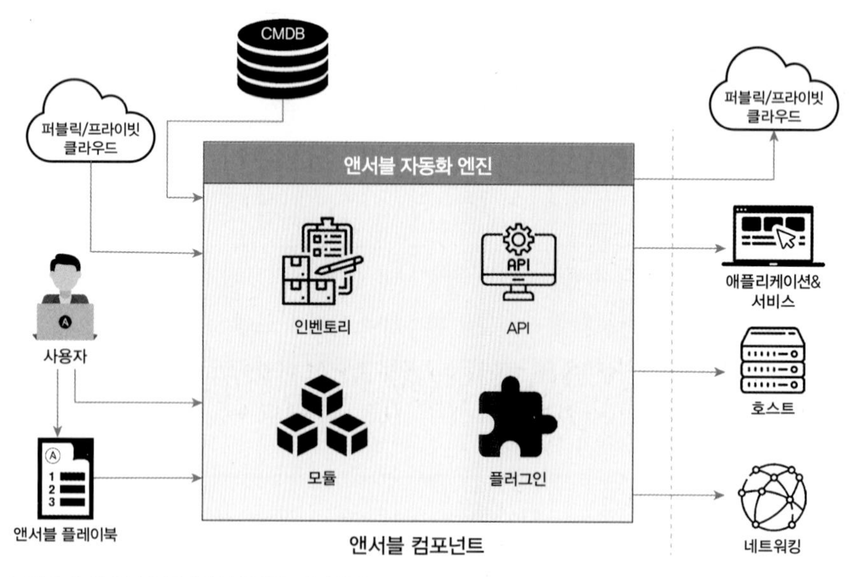

그림 2-2 앤서블 오토메이션 플랫폼 아키텍처

앤서블 플레이북은 사용자가 외부에서 작성한 내용을 앤서블 관리 웹 UI를 통해 가져올 수 있습니다. 그리고 호스트, 애플리케이션 및 서비스, 퍼블릭 및 프라이빗 클라우드, 네트워킹과 같은 다양한 환경에 접속하여 플레이북에 작성된 작업을 수행합니다.

레드햇 앤서블 오토메이션 플랫폼은 다음과 같이 크게 3가지 필수 컴포넌트와 1가지 옵셔널 컴포넌트로 구성됩니다.

- 오토메이션 컨트롤러 : 앤서블 타워로 불리던 앤서블 관리 웹 UI
- 실행 환경 : 앤서블 모듈과 플러그인이 존재하는 컨테이너 기반의 실행 환경
- PostgreSQL : 인벤토리, 인증 정보, 실행 환경 등의 메타데이터를 관리하는 CMDB
- 오토메이션 허브(옵션) : 레드햇에서 기술지원을 받을 수 있는 컬렉션 제공 서비스

그리고 이 요소들을 어떻게 구성하느냐에 따라 [그림 2-3]과 같이 3가지 아키텍처로 분류할 수 있습니다.

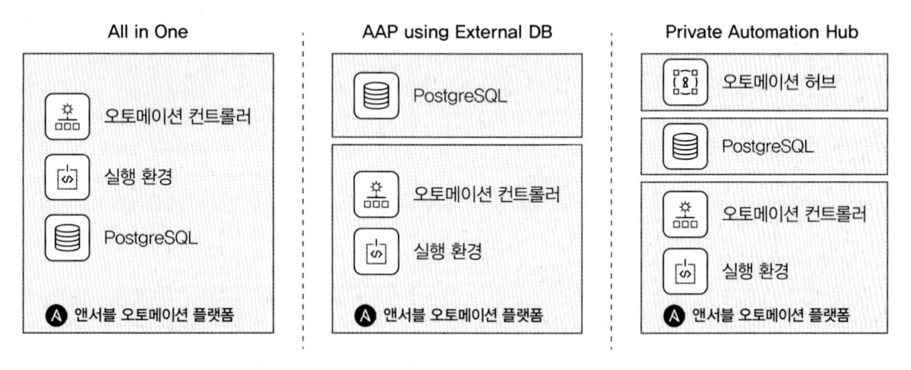

그림 2-3 앤서블 구성 아키텍처

All in One

가장 기본적인 구성 아키텍처로 오토메이션 컨트롤러, 실행 환경, PostgreSQL이 모두 한 노드에 구성됩니다.

AAP using External DB

AAP[Ansible Automation Platform] using External DB는 PostgreSQL이 별도의 노드로, 오토메이션 컨트롤러와 실행 환경이 같은 노드로 구성됩니다. 오토메이션 컨트롤러는 별도로 구성된 PostgreSQL과 연동되어 앤서블 관리 웹 UI 서비스를 제공합니다.

Private Automation Hub

AAP using External DB와 같은 아키텍처에 오토메이션 허브를 내부에서 사용할 수 있도록 별도의 노드로 구성합니다. 주로 인터넷이 되지 않는 경우에 구성하는 방식입니다.

2.3 마무리

지금까지 커뮤니티 앤서블과 레드햇 앤서블 오토메이션 아키텍처에 대해 알아보았습니다. 핵심 내용을 정리하면 다음과 같습니다.

① 제어 노드와 관리 노드로 구성된다.

커뮤니티 앤서블과 레드햇 앤서블 오토메이션 플랫폼은 모두 앤서블이 설치되는 제어 노드와 그 밖의 관리 노드로 구성됩니다.

② 인벤토리는 관리 노드의 집합이다.

제어 노드에는 관리 노드를 정의하고 관리할 수 있는 인벤토리가 존재합니다.

③ 플레이북은 작업을 정의해놓은 파일이다.

작업을 YAML 형식에 맞춰 정의해놓은 플레이북은 인벤토리를 참조하여 인벤토리에 정의되어 있는 관리 노드에서 작업을 수행합니다.

④ 에이전트 없이 SSH를 통해 작업을 수행한다.

관리 노드에 접근해 작업을 수행하기 위해서는 SSH 통신이 가능해야 합니다. 그래야 별도의 에이전트 없이도 작업을 수행할 수 있습니다.

CHAPTER 3

앤서블 실습 환경 준비하기

앤서블은 앤서블이 설치되는 제어 노드와 작업이 수행되는 관리 노드로 구성됩니다. 이번 챕터에서는 버추얼 머신 매니저를 활용하여 실습 환경을 준비하고, 제어 노드에 앤서블을 설치하여 실습 환경을 준비하겠습니다.

3.1 VM을 활용한 실습 환경 준비하기

리눅스에서는 버추얼 머신 매니저Virtual Machine Manager를, 윈도우와 Mac 환경에서는 오라클 버추얼박스Oracle VirtualBox를 이용하여 실습 환경을 만들도록 하겠습니다.

이 책에서 준비할 앤서블 실습 환경은 다음과 같습니다.

Node Name	OS	CPU	Memory	Disk	NIC
ansible-server	CentOS Stream 8	2	4GB	100GB	192.168.100.4
tnode1-centos	CentOS Stream 8	2	4GB	50GB	192.168.100.5
tnode2-ubuntu	Ubuntu 20.04	2	4GB	50GB	192.168.100.6
tnode3-rhel	RHEL 8.8	2	4GB	50GB	192.168.100.7

ansible-server는 앤서블이 설치되고 인벤토리와 플레이북이 위치할 제어 노드로, CentOS Stream 8로 구성합니다. 여기서는 운영체제별로 앤서블 구성 테스트를 진행하기 위해 tnode

를 CentOS, 우분투, RHEL의 3가지 운영체제별로 준비했습니다. 만일 RHEL을 구성할 수 없다면 구성이 가능한 리눅스 운영체제로 준비하면 됩니다.

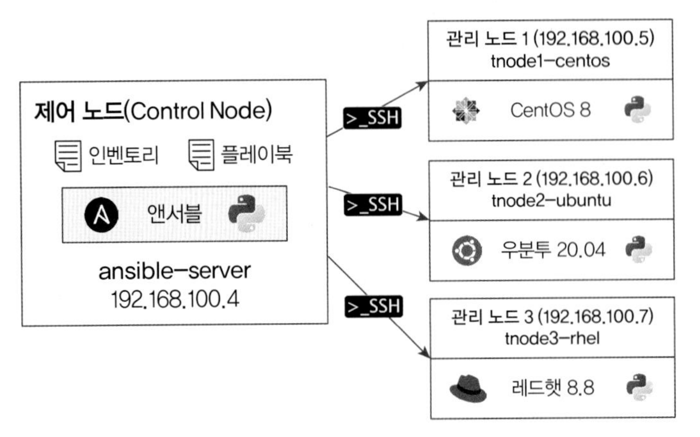

그림 3-1 실습 환경 아키텍처

운영체제별로 리눅스 이미지를 다운로드할 수 있는 사이트는 다음과 같습니다. 다음 사이트에 방문하여 해당하는 리눅스 이미지를 미리 다운로드합니다.

- CentOS : https://www.centos.org/centos-stream
- Ubuntu : https://ubuntu.com/download/server#downloads
- RHEL : https://access.redhat.com/downloads/content/rhel

3.1.1 리눅스 환경에서 실습 환경 준비하기

리눅스 환경에서는 버추얼 머신 매니저와 KVM[Kernel-based Virtual Machine]을 이용하여 실습 환경을 준비합니다. 설치되어 있는 리눅스 환경에 버추얼 머신 매니저가 없다면 다음과 같은 방법으로 설치할 수 있습니다.

페도라 환경에서 KVM 및 virt-manager 설치

먼저 호스트에 구성되어 있는 CPU가 가상화를 지원하는지 확인한 후 'virtualization'이라는 패키지 그룹을 확인합니다. 그러면 다음과 같이 KVM에 해당하는 virt-install, qemu-kvm 및 버추얼 머신 매니저에 해당하는 virt-manager를 확인할 수 있습니다. 그 후 `dnf install` 명령어를 이용하여 virtualization이라는 패키지 그룹을 설치합니다.

```
# CPU 가상화 여부 확인
$ cat /proc/cpuinfo | egrep "vmx|svm"
# 패키지 그룹 확인
$ sudo dnf groupinfo virtualization

Group: Virtualization
 Description: These packages provide a graphical virtualization environment.
 Mandatory Packages:
   virt-install
 Default Packages:
   libvirt-daemon-config-network
   libvirt-daemon-kvm
   qemu-kvm
   virt-manager
   virt-viewer
 Optional Packages:
   libguestfs-tools
   python3-libguestfs
   virt-top

# 패키지 설치 및 시작
$ sudo dnf install @virtualization
$ sudo systemctl start libvirtd
$ sudo systemctl enable libvirtd
```

CentOS 및 레드햇 환경에서 KVM 및 virt-manager 설치

CentOS나 레드햇 환경에서도 가장 먼저 CPU 가상화 여부를 확인하고 시스템 업데이트를 한 후 virt라는 패키지 그룹을 설치합니다. KVM이 설치되면 이어서 버추얼 머신 매니저와 관련된 유틸리티와 virt-manager를 설치합니다.

```
# CPU 가상화 여부 확인
$ cat /proc/cpuinfo | egrep "vmx|svm"
# 시스템 업데이트
$ sudo dnf update
# kvm 설치 및 시작
$ sudo dnf install @virt
$ sudo systemctl enable --now libvirtd
# virt-manager 패키지 설치 및 시작
$ sudo dnf -y install libvirt-devel virt-top libguestfs-tools virt-manager
```

우분투 및 데비안 환경에서 KVM 및 virt-manager 설치

우분투 환경에서도 CPU 가상화 여부를 확인 후 시스템을 업데이트합니다. 그리고 KVM 관련 패키지와 버추얼 머신 매니저 관련 패키지를 설치합니다.

```
# CPU 가상화 여부 확인
$ cat /proc/cpuinfo ¦ egrep "vmx¦svm"
# 시스템 업데이트
$ sudo apt update
# kvm 관련 패키지 설치
$ sudo apt install qemu-kvm libvirt-daemon-system libvirt-clients bridge-utils
# virt-manager 설치
$ sudo apt install virt-manager
```

가상 서버 생성 및 운영체제 설치

이번에는 사전에 설계한 앤서블 실습 환경에 맞춰 [그림 3-2]와 같이 가상 서버를 생성하고 사전에 내려받아 놓은 운영체제 이미지로 서버를 설치합니다.

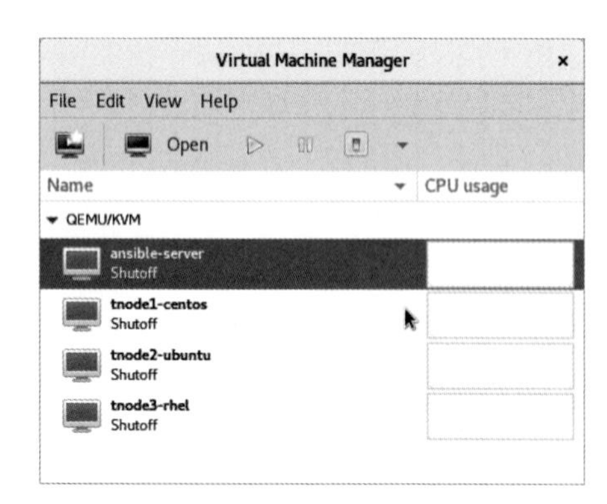

그림 3-2 버추얼 머신 매니저에 생성한 가상 서버

[그림 3-3]은 CentOS 설치 화면이며, 레드햇 역시 동일한 화면을 확인할 수 있습니다.

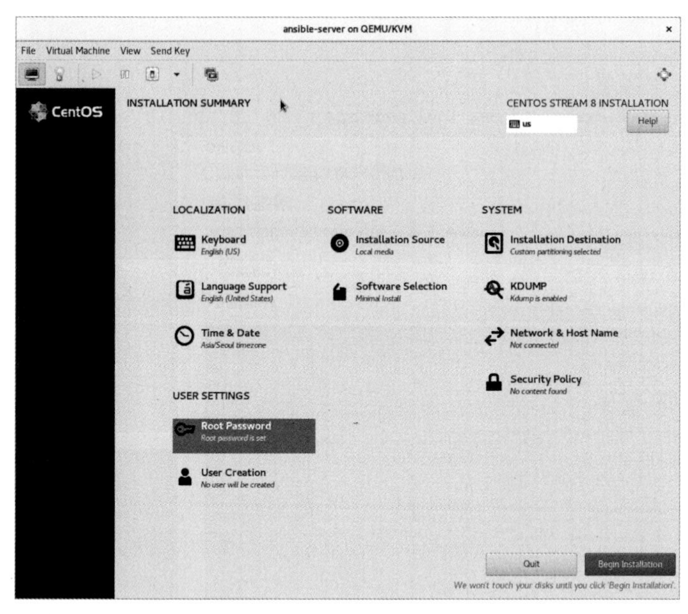

그림 3-3 CentOS 설치 화면

[그림 3-4]는 우분투 20.04 LTS 설치 화면입니다.

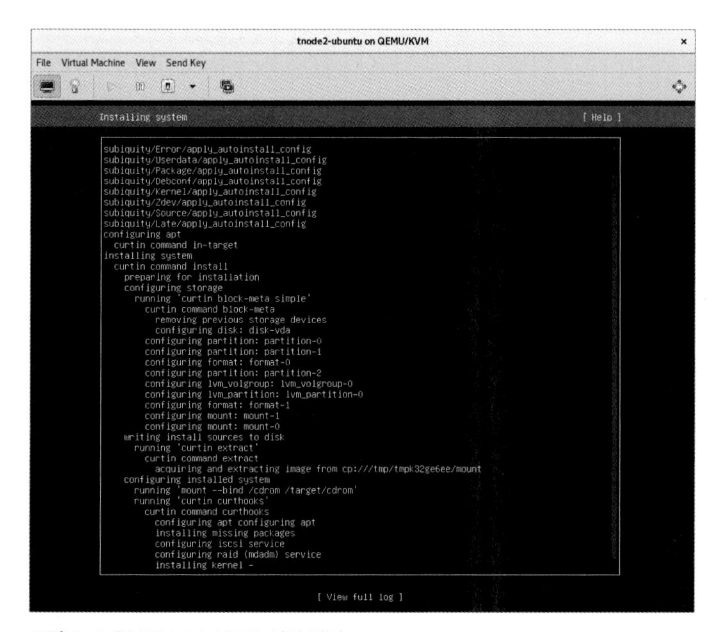

그림 3-4 우분투 20.04 LTS 설치 화면

설치가 완료되면 CentOS와 레드햇은 nmcli 명령어를 이용하여 IP를 설정하고, 우분투는 netplan 설정 파일과 명령어를 이용하여 IP 설정을 합니다.

```
# ansible-server(CentOS) IP 설정
$ nmcli con modify enp1s0 ipv4.method manual ipv4.addresses 192.168.100.4/24 ipv4.
gateway 192.168.100.1 ipv4.dns 192.168.100.1
$ nmcli con up enp1s0

# tnode1-centos(CentOS) IP 설정
$ nmcli con modify enp1s0 ipv4.method manual ipv4.addresses 192.168.100.5/24 ipv4.
gateway 192.168.100.1 ipv4.dns 192.168.100.1
$ nmcli con up enp1s0

# tnode2-ubuntu(우분투) IP 설정
$ sudo vi /etc/netplan/00-installer-config.yaml
network:
  ethernets:
    enp1s0:
      dhcp4: no
      dhcp6: no
      addresses: [192.168.100.6/24]
      gateway4: 192.168.100.1
      nameservers:
        addresses: [192.168.100.1]
  version: 2
$ sudo netplan apply

# tnode3-rhel(레드햇) IP 설정
$ nmcli con modify enp1s0 ipv4.method manual ipv4.addresses 192.168.100.7/24 ipv4.
gateway 192.168.100.1 ipv4.dns 192.168.100.1
$ nmcli con up enp1s0
```

3.1.2 윈도우 환경이나 Mac 환경에서 실습 환경 준비하기

이번에는 윈도우 환경과 Mac 환경에서 실행 환경을 준비해보겠습니다. 먼저 버추얼박스 웹사이트에 방문하여 설치되어 있는 운영체제에 적합한 실행 파일을 다운로드받아 설치합니다.

- 버추얼박스 웹사이트 : https://www.virtualbox.org/wiki/Downloads

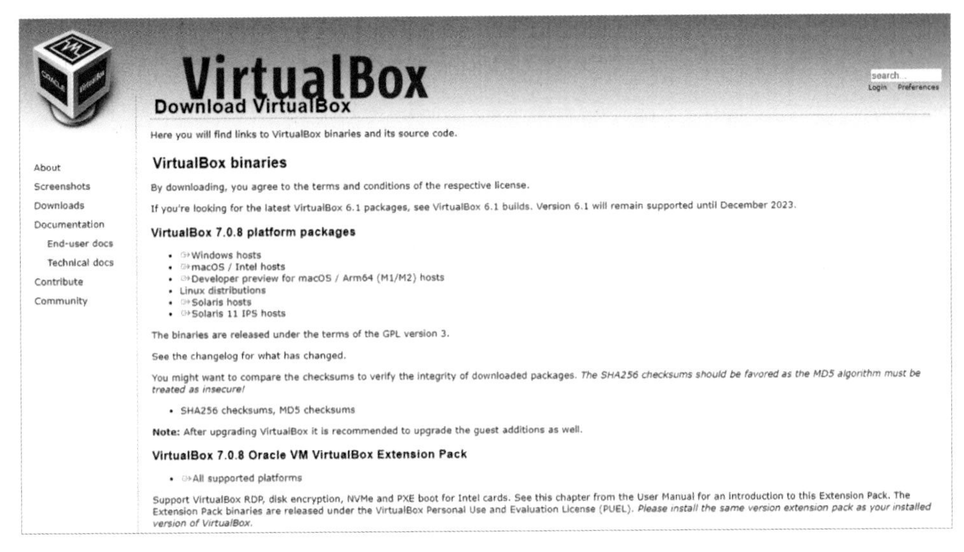

그림 3-5 버추얼박스 웹페이지

사전에 설계한 앤서블 실습 환경에 맞춰 설치한 버추얼박스에 다음과 같이 가상 서버를 생성하고 사전에 내려받아 놓은 운영체제 이미지를 이용하여 서버를 설치합니다.

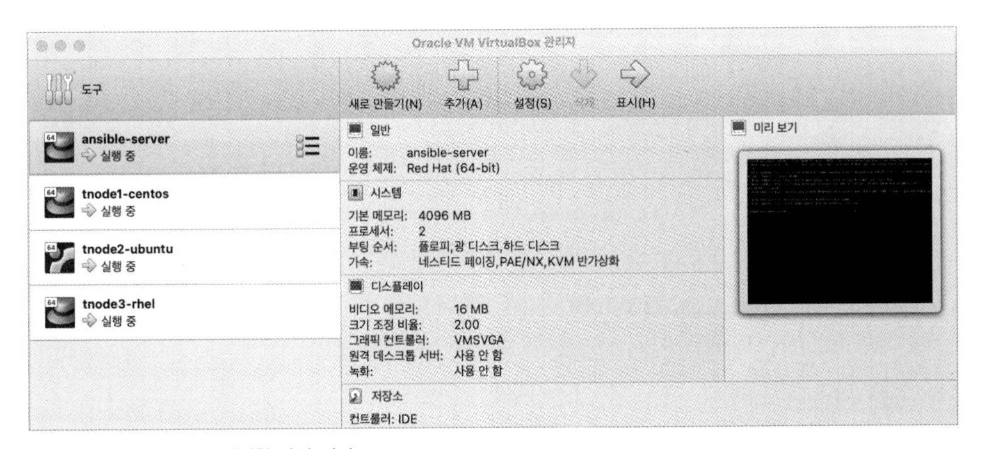

그림 3-6 버추얼박스에 생성한 가상 서버

가상 서버 생성 시 NAT 네트워크를 사용한 경우 호스트(윈도우나 Mac)에서 가상 서버에 접속하기 위해 다음과 같이 Net Networks 설정에서 포트 포워딩Port Forwarding 구성을 합니다. 여기서는 앤서블이 설치되는 ansible-server의 IP만 포트 포워딩 구성을 했습니다.

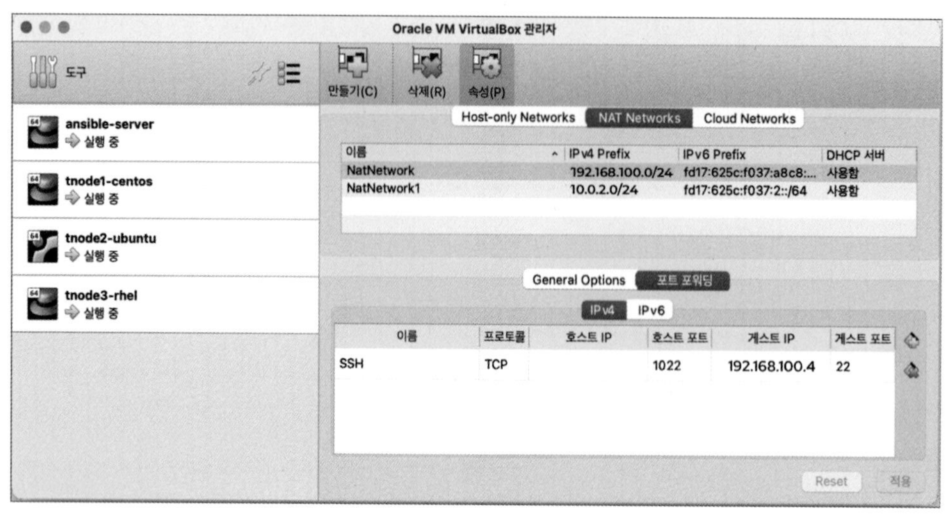

그림 3-7 포트 포워딩 구성

마지막으로 ssh 명령어를 이용하여 해당 가상 서버에 접속이 되는지 확인합니다. SSH 접속 시 사용하는 IP는 윈도우나 Mac에 설정된 IP입니다.

```
# SSH 접속 확인
$ ssh -p 1022 root@192.168.45.199
The authenticity of host '[192.168.45.199]:1022 ([192.168.45.199]:1022)' can't be
established.
ED25519 key fingerprint is SHA256:k/u27aorxSF70GtTFpxvqP8ttXDHVfo0CbcU2l+tGN8.
This key is not known by any other names
Are you sure you want to continue connecting (yes/no/[fingerprint])? yes
Warning: Permanently added '[192.168.45.199]:1022' (ED25519) to the list of known
hosts.
root@192.168.45.199's password: *****
Activate the web console with: systemctl enable --now cockpit.socket
Last login: Fri Jun  2 12:01:16 2023
[root@localhost ~]#
```

3.2 앤서블 설치하기

실습 환경 준비가 완료되면 생성한 가상 서버의 IP로 ansible-server에 접속하여 앤서블을 설치합니다. ansible-server의 운영체제는 CentOS이므로 CentOS 설치 방법을 참조합니다. 이 외에도 앤서블을 설치할 서버의 리눅스 운영체제에 따라 다음과 같이 설치할 수 있습니다.

CentOS 환경에서 앤서블 설치

CentOS 환경에서는 `epel-release` 명령어로 CentOS 패키지 리포지터리Repository를 먼저 설치합니다. 그리고 `dnf`나 `yum` 명령어를 이용하여 앤서블을 설치합니다.

```
# EPEL-Release 설치
[root@ansible-server ~]# dnf install epel-release
Last metadata expiration check: 0:57:55 ago on Fri Jun  2 12:29:16 2023.
Dependencies resolved.
==================================================================================
Package              Architecture       Version       Repository           Size
==================================================================================
Installing:
 epel-release         noarch             8-11.el8      extras               24 k
Transaction Summary
==================================================================================
Install  1 Package
Total download size: 24 k
Installed size: 35 k
Is this ok [y/N]: y
Downloading Packages:
epel-release-8-11.el8.noarch.rpm
175 kB/s ¦  24 kB     00:00
----------------------------------------------------------------------------------
…
Installed:
  epel-release-8-11.el8.noarch
Complete!

# Ansible 설치
[root@ansible-server ~]# dnf install ansible
Extra Packages for Enterprise Linux 8 - x86_64
447 kB/s ¦  14 MB     00:31
Extra Packages for Enterprise Linux Modular 8 - x86_64
485 kB/s ¦ 733 kB     00:01
```

```
Dependencies resolved.
================================================================================
 Package                      Architecture  Version       Repository    Size
================================================================================
Installing:
 ansible                      noarch        7.2.0-1.el8   epel          43 M
Installing dependencies:
 ansible-core                 x86_64        2.15.0-1.el8  appstream     4.1 M
 mpdecimal                    x86_64        2.5.1-3.el8   appstream     93 k
 python3.11                   x86_64        3.11.2-2.el8  appstream     30 k
 python3.11-cffi              x86_64        1.15.1-1.el8  appstream     305 k
 python3.11-cryptography      x86_64        37.0.2-5.el8  appstream     1.2 M
 python3.11-libs              x86_64        3.11.2-2.el8  appstream     11 M
 python3.11-pip-wheel         noarch        22.3.1-3.el8  appstream     1.4 M
 python3.11-ply               noarch        3.11-1.el8    appstream     138 k
 python3.11-pycparser         noarch        2.20-1.el8    appstream     157 k
 python3.11-pyyaml            x86_64        6.0-1.el8     appstream     228 k
 python3.11-setuptools-wheel  noarch        65.5.1-2.el8  appstream     720 k
 sshpass                      x86_64        1.09-4.el8    appstream     30 k
Installing weak dependencies:
 python3-jmespath             noarch        0.9.0-11.el8  appstream     45 k
Transaction Summary
================================================================================
Install  14 Packages
Total download size: 62 M
Installed size: 398 M
Is this ok [y/N]: y  #설치 진행을 위해 y 입력
Downloading Packages:
(1/14): mpdecimal-2.5.1-3.el8.x86_64.rpm
…
Installed:
  ansible-7.2.0-1.el8.noarch                         ansible-core-2.15.0-1.el8.x86_64
mpdecimal-2.5.1-3.el8.x86_64
  python3-jmespath-0.9.0-11.el8.noarch               python3.11-3.11.2-2.el8.x86_64
python3.11-cffi-1.15.1-1.el8.x86_64
  python3.11-cryptography-37.0.2-5.el8.x86_64        python3.11-libs-3.11.2-2.el8.
x86_64      python3.11-pip-wheel-22.3.1-3.el8.noarch
  python3.11-ply-3.11-1.el8.noarch                   python3.11-pycparser-2.20-1.el8.
noarch   python3.11-pyyaml-6.0-1.el8.x86_64
  python3.11-setuptools-wheel-65.5.1-2.el8.noarch    sshpass-1.09-4.el8.x86_64
Complete!
[root@ansible-server ~]#
```

레드햇 환경에서도 CentOS와 동일한 방법으로 커뮤니티 앤서블을 설치할 수 있습니다. 이 외에도 페도라Fedora, 우분투, 데비안Debian 환경에서도 다음과 같이 앤서블을 설치할 수 있습니다. 테스트 환경의 ansible-server에는 CentOS가 설치되어 있으므로 CentOS 환경에서 앤서블 설치 내용을 바탕으로 설치하고 다음 가이드는 참조만 하면 됩니다.

페도라 환경에서 앤서블 설치

```
$ sudo dnf install ansible
```

우분투 환경에서 앤서블 설치

```
$ sudo apt update
$ sudo apt install software-properties-common
$ sudo add-apt-repository --yes --update ppa:ansible/ansible
$ sudo apt install ansible
```

데비안 환경에서 앤서블 설치

```
$ deb http://ppa.launchpad.net/ansible/ansible/ubuntu focal main
$ sudo apt-key adv --keyserver keyserver.ubuntu.com --recv-keys 93C4A3FD7BB9C367
$ sudo apt update
$ sudo apt install ansible
```

앤서블 버전 확인

앤서블 설치가 완료되면 ansible --version 명령어를 이용하여 앤서블 버전 정보를 확인합니다. 현재 설치된 앤서블 버전은 Ansible-core 2.15.0이며, 파이썬 버전은 3.11.2, 진자jinja 버전은 3.1.2입니다.

```
[root@ansible-server ~]# ansible --version
ansible [core 2.15.0]
  config file = /etc/ansible/ansible.cfg
```

```
  configured module search path = ['/root/.ansible/plugins/modules', '/usr/share/
ansible/plugins/modules']
  ansible python module location = /usr/lib/python3.11/site-packages/ansible
  ansible collection location = /root/.ansible/collections:/usr/share/ansible/
collections
  executable location = /usr/bin/ansible
  python version = 3.11.2 (main, Feb 28 2023, 23:00:48) [GCC 8.5.0 20210514 (Red Hat
8.5.0-18)] (/usr/bin/python3.11)
  jinja version = 3.1.2
  libyaml = True
[root@ansible-server ~]#
```

PART II

앤서블 기본 사용법

앤서블을 사용하는 이유는 베어메탈, 가상머신, 클라우드와 같은 다양한 운영 환경에서 매일 반복하는 작업이나 복잡한 명령어들을 자동화함으로써 실수를 줄이고 업무를 좀 더 효율적으로 관리하기 위함입니다. 그러기 위해서는 자동화를 수행할 대상 호스트를 선정하고, 어떤 업무를 자동화할 것인지 프로세스화한 것을 앤서블 플레이북으로 정의하는 작업을 해야 합니다. 이를 위해서는 먼저 플레이북에서 사용하는 기본 문법과 사용법을 알아야 합니다. 2부에서는 앤서블의 기본 사용법과 기본 문법을 알아보겠습니다.

PART II

앤서블 기본 사용법

CHAPTER 4

자동화 대상 호스트 선정하기

자동화를 위해 가장 먼저 해야 할 일은 어떤 시스템의 호스트를 자동화할 것인지 대상 호스트를 선정하는 것입니다. 대상 호스트 선정이 되면 인벤토리를 통해 대상 호스트를 설정합니다. 지금부터 인벤토리를 이용하여 자동화 대상 호스트를 설정하는 방법을 알아보겠습니다.

4.1 인벤토리를 이용한 자동화 대상 호스트 설정

인벤토리 파일은 텍스트 파일이며, 앤서블이 자동화 대상으로 하는 관리 호스트를 지정합니다. 이 파일은 INI 스타일 형식(이름 = 값) 또는 YAML을 포함한 다양한 형식을 사용하여 작성할 수 있습니다.

가장 간단한 형식의 INI 스타일 인벤토리 파일은 다음과 같이 관리 호스트의 호스트명 또는 IP 주소가 한 줄에 하나씩 있는 목록 형태입니다.

```
web1.example.com
web2.example.com
db1.example.com
db2.example.com
192.0.2.42
```

IP를 이용한 인벤토리 파일 생성

실습 환경에 있는 자동화 대상 호스트로 인벤토리 파일을 생성해보도록 하겠습니다. 먼저 my-ansible이라는 디렉터리를 하나 생성합니다. 그리고 해당 디렉터리 내에 inventory라는 파일을 vi 에디터로 열어 다음과 같이 IP 기반의 대상 호스트 목록을 작성하면 인벤토리 작성이 완료됩니다.

```
# my-ansible 디렉터리 생성
[root@ansible-server ~]# mkdir my-ansible
[root@ansible-server ~]# cd my-ansible/
[root@ansible-server my-ansible]# ll
total 0
# IP를 이용한 inventory 파일 생성
[root@ansible-server my-ansible]# vi inventory
192.168.100.5
192.168.100.6
192.168.100.7
[root@ansible-server my-ansible]#
```

호스트명을 이용한 인벤토리 파일 생성

이번에는 앤서블이 호스트명으로 접근할 수 있도록 IP를 /etc/hosts에 다음과 같이 등록합니다. 등록한 호스트명을 이용해 inventory 파일에 다음과 같이 설정할 수 있습니다.

```
# /etc/hosts에 자동화 대상 호스트 등록
[root@ansible-server my-ansible]# vi /etc/hosts
…
192.168.100.5  tnode1-centos.exp.com
192.168.100.6  tnode2-ubuntu.exp.com
192.168.100.7  tnode3-rhel.exp.com

# 호스트명을 이용한 inventory 파일 생성
[root@ansible-server my-ansible]# vi inventory
tnode1-centos.exp.com
tnode2-ubuntu.exp.com
tnode3-rhel.exp.com
[root@ansible-server my-ansible]#
```

4.2 역할에 따른 호스트 그룹 설정

작업을 하다 보면 호스트별로 롤Role(역할)을 주고 롤별로 특정 작업을 수행해야 하는 경우가 종종 발생합니다. 예를 들어 웹 서비스를 구성한다고 가정해보겠습니다. 웹 서비스를 구성하기 위해서는 웹 서버와 데이터베이스 서버가 필요합니다. 그런데 이런 서버들을 고가용성High Availability(HA)을 위해 여러 대로 구성할 경우 인벤토리도 유형별로 호스트를 설정할 수 있습니다.

그룹별 호스트 설정

그룹별로 호스트를 설정하여 사용하면 앤서블 플레이북 실행 시 그룹별로 작업을 처리할 수 있어 좀 더 효과적입니다. 이 경우 다음과 같이 그룹명을 대괄호([ ]) 내에 작성하고 해당 그룹에 속하는 호스트명이나 IP를 한 줄에 하나씩 나열합니다. 아래 인벤토리는 두 개의 호스트 그룹인 webservers와 db-servers를 정의한 것입니다.

```
[webservers]
web1.example.com
web2.example.com
192.0.2.42

[db-servers]
db01.example.com
db02.example.com
```

또한 호스트는 여러 그룹에 있을 수 있습니다. 실제 호스트를 여러 그룹으로 구성하면 호스트의 역할, 실제 위치, 프로덕션 여부 등에 따라 다양한 방식으로 구성할 수 있습니다. 그러면 특성, 용도 또는 위치에 따라 특정 호스트 집합에 앤서블 플레이를 쉽게 적용할 수 있습니다.

```
[webservers]
web1.example.com
web2.example.com
192.0.2.42

[db-servers]
db01.example.com
db02.example.com
```

```
[east-datacenter]
web1.example.com
db01.example.com

[west-datacenter]
web2.example.com
db02.example.com

[production]
web1.example.com
web2.example.com
db01.example.com
db02.example.com

[development]
192.0.2.42
```

중첩 그룹 정의

앤서블 인벤토리는 호스트 그룹에 기존에 정의한 호스트 그룹을 포함할 수도 있습니다. 이 경우 호스트 그룹 이름 생성 시 `:children`이라는 접미사를 추가하면 됩니다. 다음은 webservers 및 db-servers 그룹의 모든 호스트를 포함하는 datacenter 그룹을 생성하는 예입니다.

```
[webservers]
web1.example.com
web2.example.com

[db-servers]
db01.example.com
db02.example.com

[datacenter:children]
webservers
dbservers
```

범위를 사용한 호스트 사양 간소화

인벤토리의 호스트 이름 또는 IP 주소를 설정할 때 범위를 지정하여 호스트 인벤토리를 간소화할 수 있습니다. 숫자 또는 영문자로 범위를 지정할 수 있으며, 대괄호 사이에 시작 구문과 종료 구문을 포함합니다.

```
[start:end]
```

다음과 같이 webservers는 대괄호 사이에 [1:2]로 범위를 지정했으며, db-servers는 [01:02]로 범위를 지정했습니다. 이렇게 지정하면 webservers의 경우 web1.example.com, web2.example.com에 해당하는 호스트에 앤서블 플레이북 작업들이, db-servers의 경우 db01.example.com, db02.example.com에 해당하는 호스트에 앤서블 플레이북 작업들이 실행됩니다.

```
[webservers]
web[1:2].example.com

[db-servers]
db[01:02].example.com
```

이 외에도 IP 주소 범위를 표현할 때나 여러 호스트의 호스트명을 지정할 때, 혹은 DNS와 같이 호스트의 어미 부분을 범위로 지정하면 IPv6의 범위 설정에도 사용할 수 있습니다.

```
# IP 범위 설정 - 192.168.4.0 ~ 192.168.4.255 사이의 IP 범위를 표현
[defaults]
192.168.4.[0:255]

# 호스트명 범위 설정 - com01.example.com ~ com20.example.com의 범위를 표현
[compute]
com[01:20].example.com

# DNS 범위 설정 - a.dns.example.com, b.dns.example.com, c.dns.example.com을 의미함
[dns]
[a:c].dns.example.com

# IPv6 범위 설정 - 2001:db08::a ~ 2001:db08::f 사이의 IPv6 범위를 표현
[ipv6]
2001:db8::[a:f]
```

ansible-server 노드에 접속하여 /etc/ansible/hosts의 내용을 보면 앞에서 설명한 인벤토리 사용 예를 확인할 수 있습니다.

```
[root@ansible-server ~]# cat /etc/ansible/hosts
# This is the default ansible 'hosts' file.
#
# It should live in /etc/ansible/hosts
#
#   - Comments begin with the '#' character
#   - Blank lines are ignored
#   - Groups of hosts are delimited by [header] elements
#   - You can enter hostnames or ip addresses
#   - A hostname/ip can be a member of multiple groups

# Ex 1: Ungrouped hosts, specify before any group headers:

## green.example.com
## blue.example.com
## 192.168.100.1
## 192.168.100.10

# Ex 2: A collection of hosts belonging to the 'webservers' group:

## [webservers]
## alpha.example.org
## beta.example.org
## 192.168.1.100
## 192.168.1.110

# If you have multiple hosts following a pattern, you can specify
# them like this:

## www[001:006].example.com

# Ex 3: A collection of database servers in the 'dbservers' group:

## [dbservers]
##
## db01.intranet.mydomain.net
## db02.intranet.mydomain.net
## 10.25.1.56
## 10.25.1.57
```

```
# Here's another example of host ranges, this time there are no
# leading 0s:

## db-[99:101]-node.example.com

[root@ansible-server ~]#
```

4.3 인벤토리 확인

앤서블을 이용하여 나만의 자동화 플레이북을 작성할 수도 있지만, 기존에 이미 구성되어 있는 플레이북을 확인하고 실행해야 할 경우도 발생합니다. 이때는 기존 인벤토리 파일의 내용을 ansible-inventory라는 명령어를 이용해 확인할 수 있습니다.

인벤토리 그룹 구성

앞에서 구성한 인벤토리 파일을 vi 에디터로 열어 그룹별로 설정합니다. 예를 들어 web 그룹에는 tnode1-centos.exp.com와 tnode2-ubuntu.exp.com 서버를 등록하고, db 그룹에는 tnode3-rhel.exp.com 서버를 등록합니다. 그리고 all이라는 그룹에 web과 db 그룹을 추가합니다.

```
# inventory 그룹 구성
[root@ansible-server my-ansible]# vi inventory
[web]
tnode1-centos.exp.com
tnode2-ubuntu.exp.com

[db]
tnode3-rhel.exp.com

[all:children]
web
db
[root@ansible-server my-ansible]#
```

명령어 ansible-inventory를 이용하여 다음과 같이 특정 인벤토리 정보를 JSON 형태로 확인할 수 있습니다. 이때 -i 옵션을 사용하면 특정 인벤토리를 지정할 수 있습니다.

```
[root@ansible-server my-ansible]# ansible-inventory -i ./inventory --list
{
    "_meta": {
        "hostvars": {}
    },
    "all": {
        "children": [
            "ungrouped",
            "web",
            "db"
        ]
    },
    "db": {
        "hosts": [
            "tnode3-rhel.exp.com"
        ]
    },
    "web": {
        "hosts": [
            "tnode1-centos.exp.com",
            "tnode2-ubuntu.exp.com"
        ]
    }
}
[root@ansible-server my-ansible]#
```

ansible-inventory 명령어와 --graph 옵션을 이용하면 트리 형태로 인벤토리 정보를 확인할 수 있습니다.

```
[root@ansible-server my-ansible]# ansible-inventory -i ./inventory --graph
@all:
  |--@ungrouped:
  |--@web:
  |  |--tnode1-centos.exp.com
  |  |--tnode2-ubuntu.exp.com
  |--@db:
  |  |--tnode3-rhel.exp.com
[root@ansible-server my-ansible]#
```

현재 프로젝트 디렉터리 내인 /root/my-ansible/ansible.cfg라는 앤서블 환경 설정 파일을 다음과 같이 구성합니다. 해당 파일이 존재하면 ansible-inventory 명령어 사용 시 -i 옵션을 사용하지 않아도 ansible.cfg 설정 파일에 정의된 인벤토리의 호스트 정보를 확인할 수 있습니다.

```
# ansible.cfg 파일 생성
[root@ansible-server my-ansible]# vi ansible.cfg
[defaults]
inventory = ./inventory

# --list 옵션을 통해 ansible inventory 목록 확인
[root@ansible-server my-ansible]# ansible-inventory --list
{
    "_meta": {
        "hostvars": {}
    },
    "all": {
        "children": [
            "ungrouped",
            "web",
            "db"
        ]
    },
    "db": {
        "hosts": [
            "tnode3-rhel.exp.com"
        ]
    },
    "web": {
        "hosts": [
            "tnode1-centos.exp.com",
            "tnode2-ubuntu.exp.com"
        ]
    }
}

# --graph 옵션을 통해 ansible inventory 트리 형태 확인
[root@ansible-server my-ansible]# ansible-inventory --graph
@all:
  |--@ungrouped:
  |--@web:
  |  |--tnode1-centos.exp.com
```

```
 ¦  ¦--tnode2-ubuntu.exp.com
 ¦--@db:
 ¦  ¦--tnode3-rhel.exp.com
[root@ansible-server my-ansible]#
```

CHAPTER 5

첫 번째 플레이북 작성하기

인벤토리를 이용하여 대상 호스트를 정의했다면, 이번에는 대상 호스트에 수행될 작업들을 정의하기 위한 플레이북을 작성해보겠습니다. `ansible.cfg`라는 환경 설정 파일이 존재하는 디렉터리가 앤서블 프로젝트 디렉터리가 될 수 있습니다. 이번 챕터에서는 플레이북을 실행하기 위한 환경 설정 파일인 `ansible.cfg`에 대해 알아보고, 나만의 첫 번째 플레이북을 작성하고 실행해보겠습니다.

5.1 플레이북 환경 설정

플레이북을 작성하고 실행하려면 여러 가지 설정을 미리 해주어야 합니다. 예를 들어 어떤 호스트에서 플레이북을 실행할 것인지, 플레이북을 루트root 권한으로 실행할 것인지, 대상 호스트에 접근할 때는 SSH 키를 이용할 것인지 패스워드를 이용할 것인지 등을 설정해주어야 합니다. 5.1절에서는 이런 앤서블 환경 설정 파일의 위치와 설정 가능한 내용 등을 알아보겠습니다.

5.1.1 앤서블 환경 설정 파일

앤서블 프로젝트 디렉터리에 `ansible.cfg` 파일을 생성하면 다양한 앤서블 설정을 적용할 수 있습니다. 앤서블 환경 설정 파일에는 각 섹션에 키-값 쌍으로 정의된 설정이 포함되며, 여러 개의 섹션으로 구성됩니다. 섹션 제목은 대괄호로 묶여 있으며, 기본적인 실행을 위해 다음 예제와 같이 [defaults]와 [privilege_escalation] 두 개의 섹션으로 구성합니다.

```
[defaults]
inventory = ./inventory
remote_user = user
ask_pass = false

[privilege_escalation]
become = true
become_method = sudo
become_user = root
become_ask_pass = false
```

[defaults] 섹션

여기서는 앤서블 작업을 위한 기본값을 설정하며, 매개 변수별 설정값은 다음과 같은 의미를 갖습니다.

매개 변수	설명
inventory	인벤토리 파일의 경로를 지정함.
remote_user	앤서블이 관리 호스트에 연결할 때 사용하는 사용자 이름을 지정함. 이때, 사용자 이름을 지정하지 않으면 현재 사용자 이름으로 지정됨.
ask_pass	SSH 암호를 묻는 메시지 표시 여부를 지정함. SSH 공개 키 인증을 사용하는 경우 기본값은 false임.

[privilege_escalation] 섹션

보안과 감사로 인해 앤서블을 원격 호스트에 권한이 없는 사용자로 먼저 연결한 후 관리 액세스 권한을 에스컬레이션escalation하여 루트 사용자로 가져와야 할 때도 있습니다. 이 경우 해당 권한은 [privilege_escalation] 섹션에 설정할 수 있습니다.

매개 변수	설명
become	기본적으로 권한 에스컬레이션을 활성화할 때 사용하며, 연결 후 관리 호스트에서 자동으로 사용자를 전환할지 여부를 지정함. 일반적으로 root로 전환되며, 플레이북에서도 지정할 수 있음.
become_method	권한을 에스컬레이션하는 사용자 전환 방식을 의미함. 일반적으로 기본값은 sudo를 사용하며, su는 옵션으로 설정할 수 있음.
become_user	관리 호스트에서 전환할 사용자를 지정함. 일반적으로 기본값은 root임.
become_ask_pass	become_method 매개 변수에 대한 암호를 묻는 메시지 표시 여부를 지정함. 기본값은 false임. 권한을 에스컬레이션하기 위해 사용자가 암호를 입력해야 하는 경우, 구성 파일에 become_ask_pass = true 매개 변수를 설정하면 됨.

앤서블은 리눅스에서 기본적으로 SSH 프로토콜을 사용하여 관리 호스트에 연결합니다. 앤서블에서 관리 호스트에 연결하는 방법을 제어하는 가장 중요한 매개 변수는 [defaults] 섹션에 설정되어 있습니다. 또한, 별도로 설정되어 있지 않으면 앤서블은 실행 시 로컬 사용자와 같은 사용자 이름을 사용하여 관리 호스트에 연결합니다. 이때 다른 사용자를 지정하려면 remote_user 매개 변수를 사용하여 해당 사용자 이름으로 설정할 수 있습니다.

5.1.2 앤서블 접근을 위한 SSH 인증 구성

앤서블은 로컬 사용자에게 개인 SSH 키가 있거나 관리 호스트에서 원격 사용자임을 인증 가능한 키가 구성된 경우 자동으로 로그인됩니다. SSH 키 기반의 인증을 구성할 때는 ssh-keygen 명령어를 이용하여 다음과 같이 생성할 수 있습니다. 또한 ssh-copy-id 명령어를 이용하여 SSH 공개 키를 해당 호스트로 복사할 수 있습니다.

01 먼저 ssh-keygen 명령어를 이용하여 SSH 키를 생성합니다.

```
[root@ansible-server ~]# ssh-keygen
Generating public/private rsa key pair.
Enter file in which to save the key (/root/.ssh/id_rsa): [enter]
Created directory '/root/.ssh'.
Enter passphrase (empty for no passphrase): [enter]
Enter same passphrase again: [enter]
Your identification has been saved in /root/.ssh/id_rsa.
Your public key has been saved in /root/.ssh/id_rsa.pub.
```

```
The key fingerprint is:
SHA256:P4FccOA5NKcYqx5iF4I4ec7jztCNul7Lj5+9eTu1GiA root@ansible-server
The key's randomart image is:
+---[RSA 3072]----+
|       . =.o     |
|.o      * B      |
|= o . o = .      |
| = . o . +       |
|  * +E .S .      |
| + B .. .. o     |
|. +.o    .+ .    |
| =o o o .o.o     |
|+oo+o+ +oo+      |
+----[SHA256]-----+
```

02 SSH 키가 생성되면 ssh-copy-id 명령어를 이용하여 관리 노드로 복사합니다.

```
[root@ansible-server ~]# for i in {5..7}; do ssh-copy-id root@192.168.100.$i; done
/usr/bin/ssh-copy-id: INFO: Source of key(s) to be installed: "/root/.ssh/id_rsa.pub"
The authenticity of host '192.168.100.5 (192.168.100.5)' can't be established.
ECDSA key fingerprint is SHA256:R78xNyGxusfnKj/cYkhiIrHCoMhnAaw9ujbq9pFPFgY.
Are you sure you want to continue connecting (yes/no/[fingerprint])? yes
/usr/bin/ssh-copy-id: INFO: attempting to log in with the new key(s), to filter out
any that are already installed
/usr/bin/ssh-copy-id: INFO: 1 key(s) remain to be installed -- if you are prompted
now it is to install the new keys
root@192.168.100.5's password: *********

Number of key(s) added: 1

Now try logging into the machine, with:   "ssh 'root@192.168.100.5'"
and check to make sure that only the key(s) you wanted were added.
…
[root@ansible-server ~]#
```

03 이번에는 인벤토리 파일을 생성했던 my-ansible 디렉터리로 전환하여 ansible.cfg 파일 내용을 다음과 같이 수정합니다.

```
[root@ansible-server ~]# cd my-ansible
[root@ansible-server my-ansible]# vi ansible.cfg
[defaults]
```

```
inventory = ./inventory
remote_user = root
ask_pass = false

[privilege_escalation]
become = true
become_method = sudo
become_user = root
become_ask_pass = false

[root@ansible-server my-ansible]# cat inventory
[web]
tnode1-centos.exp.com
tnode2-ubuntu.exp.com

[db]
tnode3-rhel.exp.com

[all:children]
web
db
```

04 앤서블 환경 설정 파일이 준비되면 ansible 명령어를 이용하여 ping 테스트를 진행합니다. ping 모듈을 이용하여 web 그룹의 호스트로 ping을 수행하면 정상적으로 통신이 이루어질 시 'SUCCESS'라는 메시지를 볼 수 있습니다.

```
[root@ansible-server my-ansible]# ansible -m ping web
tnode2-ubuntu.exp.com | SUCCESS => {
    "ansible_facts": {
        "discovered_interpreter_python": "/usr/bin/python3"
    },
    "changed": false,
    "ping": "pong"
}
tnode1-centos.exp.com | SUCCESS => {
    "ansible_facts": {
        "discovered_interpreter_python": "/usr/libexec/platform-python"
    },
    "changed": false,
    "ping": "pong"
}
[root@ansible-server my-ansible]#
```

05 이번에는 `--ask-pass` 옵션을 추가하여 ping 테스트를 합니다. 그러면 SSH password를 입력하라는 프롬프트가 뜨고, 정확한 패스워드를 입력하면 ping 테스트가 진행됩니다.

```
[root@ansible-server my-ansible]# ansible -m ping --ask-pass web
SSH password: **********
tnode1-centos.exp.com | SUCCESS => {
    "ansible_facts": {
        "discovered_interpreter_python": "/usr/libexec/platform-python"
    },
    "changed": false,
    "ping": "pong"
}
tnode2-ubuntu.exp.com | SUCCESS => {
    "ansible_facts": {
        "discovered_interpreter_python": "/usr/bin/python3"
    },
    "changed": false,
    "ping": "pong"
}
[root@ansible-server my-ansible]#
```

이렇게 플레이북을 작성하고 실행할 기본 준비가 완료되었습니다. 이제 첫 번째 플레이북을 작성하고 실행해보겠습니다.

5.2 첫 번째 플레이북 작성하기

플레이북은 YAML 포맷으로 작성된 텍스트 파일이며, 일반적으로 `.yml`이라는 확장자를 사용하여 저장됩니다. 플레이북은 대상 호스트나 호스트 집합에 수행할 작업을 정의하고 이를 실행합니다. 이때 특정 작업 단위를 수행하기 위해 모듈을 적용합니다.

플레이북 작성하기

그럼, 가장 심플한 첫 번째 플레이북을 작성하겠습니다. 앤서블이 설치된 ansible-server에 접속하고 my-ansible이라는 디렉터리로 전환합니다. 그리고 vi 에디터를 이용해 다음과 같이 입력하고 저장합니다. 저자는 vi 에디터가 기본 편집기이기 때문에 그대로 사용했지만, 독자분들은 본인이 편하게 느끼는 vim이나 그 외 에디터를 사용하여 플레이북을 작성하면 됩니다.

```
[root@ansible-server my-ansible]# vi first-playbook.yml
---
- hosts: all
  tasks:
    - name: Print message
      debug:
        msg: Hello Ansible World
```

앞서 우리가 작성한 플레이북은 debug 모듈을 이용하여 "Hello Ansible World"라는 문자열을 출력합니다. 플레이북을 작성할 때는 데이터 구조를 표현하기 위해 들여쓰기를 하는데, 이때는 공백 문자(스페이스)만 허용되므로 탭 문자는 사용하지 않는 것이 좋습니다.

플레이북 문법 체크하기

플레이북 작성 시 엄격한 공백 문자 때문에 문법 오류가 발생할 확률이 높습니다. 앤서블은 플레이북 실행 시 자체적으로 제공하는 모듈을 사용했는지 그리고 공백은 잘 들여쓰기가 되었는지 확인하기 위해 문법을 체크할 수 있는 옵션을 제공합니다. 다음과 같이 ansible-playbook 명령어에 --syntax-check 옵션을 추가한 후 실행하고자 하는 플레이북 yml 파일명을 입력하면 문법 체크를 수행합니다. 특별한 오류가 없으면 다음 결과를 확인할 수 있습니다.

```
[root@ansible-server my-ansible]# ansible-playbook --syntax-check first-playbook.yml

playbook: first-playbook.yml
[root@ansible-server my-ansible]#
```

플레이북에 오류가 있는 경우에는 붉은색 글씨로 어떤 작업에 문법 오류가 있는지 위치를 보여줍니다.

```
[root@ansible-server my-ansible]# cat first-playbook-with-error.yml
---
- hosts: all
  tasks:
    - name: Print message
```

```
      debug:
      msg: Hello Ansible World #오류가 있는 부분 - 붉은색 표시
[root@ansible-server my-ansible]# ansible-playbook --check first-playbook-with-error.
yml
ERROR! conflicting action statements: debug, msg

The error appears to be in '/root/my-ansible/first-playbook-with-error.yml': line 4,
column 7, but may
be elsewhere in the file depending on the exact syntax problem.

The offending line appears to be:

  tasks:
    - name: Print message
      ^ here
[root@ansible-server my-ansible]#
```

5.3 첫 번째 플레이북 실행하기

이제 작성한 플레이북을 실행할 차례입니다. 플레이북을 실행할 때는 `ansible-playbook` 명령어를 이용합니다. 환경 설정 파일인 `ansible.cfg`가 존재하는 프로젝트 디렉터리 내에서 실행할 경우에는 `ansible-playbook` 명령어와 함께 실행하고자 하는 플레이북 파일명을 입력하면 됩니다.

첫 번째 플레이북 실행하기

먼저 my-ansible이라는 프로젝트 디렉터리로 이동합니다. 그리고 `ansible-playbook` 명령어와 함께 앞에서 생성한 `first-playbook.yml` 파일을 입력하고 Enter 키를 누르면 플레이북이 실행되는 과정을 볼 수 있습니다.

```
[root@ansible-server my-ansible]# ansible-playbook first-playbook.yml

PLAY [all] *********************************************************************

TASK [Gathering Facts] *********************************************************
```

```
ok: [tnode1-centos.exp.com]
ok: [tnode3-rhel.exp.com]
ok: [tnode2-ubuntu.exp.com]

TASK [Print message] ****************************************************************
ok: [tnode1-centos.exp.com] => {
    "msg": "Hello Ansible World"
}
ok: [tnode2-ubuntu.exp.com] => {
    "msg": "Hello Ansible World"
}
ok: [tnode3-rhel.exp.com] => {
    "msg": "Hello Ansible World"
}

PLAY RECAP **************************************************************************
tnode1-centos.exp.com      : ok=2    changed=0    unreachable=0    failed=0
skipped=0    rescued=0    ignored=0
tnode2-ubuntu.exp.com      : ok=2    changed=0    unreachable=0    failed=0
skipped=0    rescued=0    ignored=0
tnode3-rhel.exp.com        : ok=2    changed=0    unreachable=0    failed=0
skipped=0    rescued=0    ignored=0

[root@ansible-server my-ansible]#
```

플레이북 실행 점검하기

플레이북을 실행하기 전에 먼저 플레이북이 제대로 실행될지 궁금하다면 `--check` 옵션을 사용해 플레이북의 실행 상태를 미리 점검할 수 있습니다. 이 옵션을 사용하면 앤서블에서 플레이북을 실행해도 관리 대상 호스트는 실제로 변경되지 않고 어떤 내용이 변경될지만 미리 알 수 있습니다.

01 먼저 vi 에디터를 사용해 sshd 서비스를 재시작하는 `restart-service.yml`이라는 파일을 다음과 같은 내용으로 하나 생성합니다.

```
[root@ansible-server my-ansible]# vi restart-service.yml
---
- hosts: all
  tasks:
    - name: Restart sshd service
      ansible.builtin.service:
        name: sshd
        state: restarted
[root@ansible-server my-ansible]#
```

02 --check 옵션을 사용해 ansible-playbook을 실행합니다. 그러면 다음과 같이 ssh 서비스가 재시작되어 서비스 상태가 변경될 예정이므로 Restart sshd service 태스크에서 "changed"라는 문구를 확인할 수 있습니다.

```
[root@ansible-server my-ansible]# ansible-playbook --check restart-service.yml

PLAY [all] *********************************************************************

TASK [Gathering Facts] *********************************************************
ok: [tnode1-centos.exp.com]
ok: [tnode3-rhel.exp.com]
ok: [tnode2-ubuntu.exp.com]

TASK [Restart sshd service] ****************************************************
changed: [tnode2-ubuntu.exp.com]
changed: [tnode1-centos.exp.com]
changed: [tnode3-rhel.exp.com]

PLAY RECAP *********************************************************************
tnode1-centos.exp.com      : ok=2    changed=1    unreachable=0    failed=0
skipped=0    rescued=0    ignored=0
tnode2-ubuntu.exp.com      : ok=2    changed=1    unreachable=0    failed=0
skipped=0    rescued=0    ignored=0
tnode3-rhel.exp.com        : ok=2    changed=1    unreachable=0    failed=0
skipped=0    rescued=0    ignored=0

[root@ansible-server my-ansible]#
```

03 이번에는 `--check` 옵션을 빼고 `ansible-playbook`을 실행합니다.

```
[root@ansible-server my-ansible]# ansible-playbook restart-service.yml

PLAY [all] *************************************************************************

TASK [Gathering Facts] *************************************************************
ok: [tnode1-centos.exp.com]
ok: [tnode3-rhel.exp.com]
ok: [tnode2-ubuntu.exp.com]

TASK [Restart sshd service] ********************************************************
changed: [tnode2-ubuntu.exp.com]
changed: [tnode3-rhel.exp.com]
changed: [tnode1-centos.exp.com]

PLAY RECAP *************************************************************************
tnode1-centos.exp.com      : ok=2    changed=1    unreachable=0    failed=0
skipped=0    rescued=0    ignored=0
tnode2-ubuntu.exp.com      : ok=2    changed=1    unreachable=0    failed=0
skipped=0    rescued=0    ignored=0
tnode3-rhel.exp.com        : ok=2    changed=1    unreachable=0    failed=0
skipped=0    rescued=0    ignored=0

[root@ansible-server my-ansible]#
```

04 tnode1-centos 서버에 접속하여 /var/log/messages를 통해 실제로 sshd 서비스가 재시작되었는지 확인할 수 있습니다. "Started Session 8 of user root" 메시지와 "session-8.scope: Succeeded" 메시지 사이에서는 ansible 로그를 확인할 수 있습니다. 이는 앤서블이 실행되면서 정보를 수집하는 facts가 실행된 것입니다. 또한 "Started Session 9 of user root" 메시지와 "session-9.scope: Succeeded" 메시지 사이에는 ansible 로그와 함께 OpenSSH 서비스가 재시작된 것을 확인할 수 있습니다. 이는 실제 앤서블이 실행되면서 sshd 서비스를 재시작한 것입니다.

```
[root@tnode1-centos ~]# tail -f /var/log/messages
Jun  9 09:58:54 tnode1-centos systemd[1]: Started Session 8 of user root.
Jun  9 09:58:54 tnode1-centos platform-python[3659]: ansible-ansible.legacy.setup
Invoked with gather_subset=['all'] gather_timeout=10 filter=[] fact_path=/etc/
ansible/facts.d
Jun  9 09:58:55 tnode1-centos platform-python[3821]: ansible-ansible.legacy.systemd
Invoked with name=sshd state=restarted daemon_reload=False daemon_reexec=False
scope=system no_block=False enabled=None force=None masked=None
Jun  9 09:59:55 tnode1-centos systemd[1]: session-8.scope: Succeeded.
…
Jun  9 10:14:22 tnode1-centos systemd[1]: Started Session 9 of user root.
Jun  9 10:14:22 tnode1-centos systemd-logind[773]: New session 9 of user root.
Jun  9 10:14:22 tnode1-centos platform-python[4021]: ansible-ansible.legacy.setup
Invoked with gather_subset=['all'] gather_timeout=10 filter=[] fact_path=/etc/
ansible/facts.d
Jun  9 10:14:23 tnode1-centos platform-python[4182]: ansible-ansible.legacy.systemd
Invoked with name=sshd state=restarted daemon_reload=False daemon_reexec=False
scope=system no_block=False enabled=None force=None masked=None
Jun  9 10:14:23 tnode1-centos systemd[1]: Stopping OpenSSH server daemon...
Jun  9 10:14:23 tnode1-centos systemd[1]: sshd.service: Succeeded.
Jun  9 10:14:23 tnode1-centos systemd[1]: Stopped OpenSSH server daemon.
Jun  9 10:14:23 tnode1-centos systemd[1]: Stopped target sshd-keygen.target.
Jun  9 10:14:23 tnode1-centos systemd[1]: Stopping sshd-keygen.target.
Jun  9 10:14:23 tnode1-centos systemd[1]: Reached target sshd-keygen.target.
Jun  9 10:14:23 tnode1-centos systemd[1]: Starting OpenSSH server daemon...
Jun  9 10:14:23 tnode1-centos systemd[1]: Started OpenSSH server daemon.
Jun  9 10:15:23 tnode1-centos systemd[1]: session-9.scope: Succeeded.
```

CHAPTER 6

변수와 팩트 사용하기

동일한 코드 구문에 입력되는 값에 따라 동작을 변경하여 반복적인 사용이 가능하도록 설계하기 위해 앤서블 플레이북에서도 변수를 정의하고 사용할 수 있습니다. 변수를 어디에 정의하느냐에 따라 그룹 변수가 될 수도, 호스트 변수가 될 수도, 플레이 변수가 될 수도 있습니다. 변수에는 일반적인 내용을 저장하는 일반 변수와 패스워드와 같이 암호화가 필요한 정보들을 저장하는 변수가 있습니다. 또한, 시스템에서 수집한 값들을 저장하는 변수도 있습니다.

6.1 변수의 종류와 사용법

앤서블은 변수를 사용하여 사용자, 설치하고자 하는 패키지, 재시작할 서비스, 생성 또는 삭제할 파일명 등 시스템 작업 시 사용되는 다양한 값을 저장할 수 있습니다. 이런 변수를 활용하면 얼마든지 플레이북을 재사용할 수 있으며, 사용자로부터 받은 값도 쉽게 적용할 수 있습니다.

앤서블에서 사용되는 변수는 그룹 변수, 호스트 변수, 플레이 변수, 추가 변수가 있으며 플레이 결과를 저장하기 위한 작업 변수도 있습니다. 그럼 지금부터 각각의 변수에 대해 알아보겠습니다.

그룹 변수

그룹 변수는 인벤토리에 정의된 호스트 그룹에 적용하는 변수를 의미합니다. 따라서 인벤토리에 선언해야 하고, 선언하고자 하는 그룹명과 함께 :vars라는 문자열을 추가해 변수를 선언한다는 것을 알려줍니다. 예제를 통해 알아보겠습니다.

01 ansible-server의 my-ansible 디렉터리에 있는 inventory 파일 하단에 [all:vars] 섹션을 선언하고 해당 섹션 아래에 user=ansible이라는 변수와 값을 선언합니다. 이렇게 하면 all이라는 그룹에서 user라는 변수를 사용할 수 있습니다. 다음 예제에서 all 그룹에는 web 그룹과 db 그룹이, web 그룹에는 tnode1-centos.exp.com, tnode2-ubuntu.exp.com이 포함되며, db 그룹에는 tnode3-rhel.exp.com이라는 호스트가 포함됩니다.

```
[root@ansible-server my-ansible]# vi inventory
[web]
tnode1-centos.exp.com
tnode2-ubuntu.exp.com

[db]
tnode3-rhel.exp.com

[all:children]
web
db

[all:vars]
user=ansible
```

02 이번에는 create-user.yml이라는 파일을 생성합니다. 해당 파일은 사용자를 생성하는 태스크를 포함합니다. 앤서블에서 시스템 사용자(account)를 생성하기 위해서는 ansible.builtin.user라는 모듈을 사용합니다. 그리고 인벤토리에서 선언한 user라는 변수를 겹중괄호 사이에 넣어주면, 해당 변수를 플레이북에서 사용할 수 있습니다. 이때 겹 중괄호와 변수명 사이는 항상 한 칸씩 띄어주어야 합니다.

```
[root@ansible-server my-ansible]# vi create-user.yml
---

- hosts: all
  tasks:
  - name: Create User {{ user }}
    ansible.builtin.user:
```

```
      name: "{{ user }}"
      state: present
```

03 앞에서 생성한 플레이북을 ansible-playbook 명령어와 함께 실행합니다. 그러면 태스크 명으로 "Create User {{ user }}"라고 변수를 사용한 부분에 해당 변수의 값인 ansible 이라는 문자열이 보이는 것을 확인할 수 있습니다.

```
[root@ansible-server my-ansible]# ansible-playbook create-user.yml

PLAY [all] ************************************************************************

TASK [Gathering Facts] ************************************************************
ok: [tnode3-rhel.exp.com]
ok: [tnode1-centos.exp.com]
ok: [tnode2-ubuntu.exp.com]

TASK [Create User ansible] ********************************************************
changed: [tnode2-ubuntu.exp.com]
changed: [tnode1-centos.exp.com]
changed: [tnode3-rhel.exp.com]

PLAY RECAP ************************************************************************
tnode1-centos.exp.com      : ok=2    changed=1    unreachable=0    failed=0
skipped=0    rescued=0    ignored=0
tnode2-ubuntu.exp.com      : ok=2    changed=1    unreachable=0    failed=0
skipped=0    rescued=0    ignored=0
tnode3-rhel.exp.com        : ok=2    changed=1    unreachable=0    failed=0
skipped=0    rescued=0    ignored=0

[root@ansible-server my-ansible]#
```

04 실제 대상 호스트에 접근하여 ansible이라는 사용자가 생성되었는지 확인합니다. 시스템에서 사용자를 생성하면 /home 디렉터리 아래에 해당 사용자명으로 디렉터리가 생성됩니다. 따라서 /home 디렉터리를 먼저 확인하면 그 안에서 ansible이라는 사용자를 확인할 수 있습니다.

```
# tnode1-centos의 ansible 사용자 생성 확인
[root@tnode1-centos log]# ll /home
total 0
```

```
drwx------. 2 ansible ansible 76 Jun  9 12:41 ansible
[root@tnode1-centos log]#
# tnode2-ubuntu의 ansible 사용자 생성 확인
root@tnode2-ubuntu:~# ll /home
total 16
drwxr-xr-x  4 root    root    4096 Jun  9 03:41 ./
drwxr-xr-x 19 root    root    4096 Jun  2 09:41 ../
drwxr-xr-x  2 ansible ansible 4096 Jun  9 03:41 ansible/
root@tnode2-ubuntu:~#
# tnode3-rhel의 ansible 사용자 생성 확인
[root@tnode3-rhel ~]# ll /home
total 0
drwx------. 2 ansible ansible 76 Jun  9 12:41 ansible
[root@tnode3-rhel ~]#
```

호스트 변수

이번에는 호스트 변수를 선언하고 사용하겠습니다. 호스트 변수는 말 그대로 변수를 해당 호스트에서만 사용할 수 있습니다. 예제를 통해 좀 더 자세히 알아보겠습니다.

01 인벤토리 파일을 열고 db 그룹의 tnode3-rhel.exp.com 호스트 옆에 user=ansible1이라는 변수를 선언합니다.

```
[root@ansible-server my-ansible]# vi inventory
[web]
tnode1-centos.exp.com
tnode2-ubuntu.exp.com

[db]
tnode3-rhel.exp.com user=ansible1

[all:children]
web
db

[all:vars]
user=ansible
```

02 앞에서 생성한 create-user.yml 파일을 create-user1.yml 파일로 복사한 다음 vi 에디터로 create-user1.yml 파일을 열어 다음과 같이 hosts를 all에서 db로 수정합니다.

```
[root@ansible-server my-ansible]# cp create-user.yml create-user1.yml
[root@ansible-server my-ansible]# vi create-user1.yml
---

- hosts: db
  tasks:
  - name: Create User {{ user }}
    ansible.builtin.user:
      name: "{{ user }}"
      state: present
```

03 플레이북 작성을 완료하고 ansible-playbook 명령어를 이용하여 create-user1.yml 파일을 실행합니다. 이때 user명은 인벤토리 [all:vars] 섹션에 선언된 ansible이 아니라 db 그룹의 tnode3-rhel.exp.com 호스트 옆에 선언한 ansible1을 사용한 것을 확인할 수 있습니다. 이를 통해 호스트 변수는 그룹 변수에 비해 우선순위가 높다는 것을 알 수 있습니다.

```
[root@ansible-server my-ansible]# ansible-playbook create-user1.yml

PLAY [db] **************************************************************************

TASK [Gathering Facts] *************************************************************
ok: [tnode3-rhel.exp.com]

TASK [Create User ansible1] ********************************************************
changed: [tnode3-rhel.exp.com]

PLAY RECAP *************************************************************************
tnode3-rhel.exp.com        : ok=2    changed=1    unreachable=0    failed=0
skipped=0    rescued=0    ignored=0

[root@ansible-server my-ansible]#
```

플레이 변수

플레이 변수는 플레이북 내에서 선언되는 변수를 의미합니다. 예제를 통해 플레이 변수 사용법을 알아보겠습니다.

01 앞에서 작성했던 `create-user1.yml` 파일을 `create-user3.yml` 파일로 복사합니다. 그리고 vi 에디터로 열어 다음과 같이 수정합니다. 기존에는 hosts 아래에 바로 tasks가 왔지만, 이번에는 hosts 아래에 `vars:`를 추가하고 그 아래에 다시 `user: ansible2`라는 변수와 값을 추가합니다.

```
[root@ansible-server my-ansible]# cp create-user1.yml create-user3.yml
[root@ansible-server my-ansible]# vi create-user3.yml
---

- hosts: all
  vars:
    user: ansible2

  tasks:
  - name: Create User {{ user }}
    ansible.builtin.user:
      name: "{{ user }}"
      state: present
```

02 명령어 `ansible-playbook`과 함께 `create-user3.yml` 파일을 실행합니다. 그러면 인벤토리에서 선언한 그룹 변수 `ansible`과 호스트 변수 `ansible1` 대신 플레이 변수 `ansible2`가 사용된 것을 볼 수 있습니다. 이는 플레이 변수가 그룹 변수나 호스트 변수보다 우선순위가 높기 때문입니다.

```
[root@ansible-server my-ansible]# ansible-playbook create-user3.yml

PLAY [all] ***************************************************************************

TASK [Gathering Facts] *****************************************************************
ok: [tnode3-rhel.exp.com]
ok: [tnode1-centos.exp.com]
ok: [tnode2-ubuntu.exp.com]

TASK [Create User ansible2] ***********************************************************
```

```
changed: [tnode2-ubuntu.exp.com]
changed: [tnode3-rhel.exp.com]
changed: [tnode1-centos.exp.com]

PLAY RECAP ************************************************************************
tnode1-centos.exp.com      : ok=2    changed=1    unreachable=0    failed=0
skipped=0    rescued=0    ignored=0
tnode2-ubuntu.exp.com      : ok=2    changed=1    unreachable=0    failed=0
skipped=0    rescued=0    ignored=0
tnode3-rhel.exp.com        : ok=2    changed=1    unreachable=0    failed=0
skipped=0    rescued=0    ignored=0
```

03 이번에는 플레이 변수를 별도의 파일로 분리하여 정의한 후 이를 플레이북에서 선언하는 방법으로 변수를 사용하겠습니다. 먼저 vars 디렉터리 안에 있는 users.yml 파일에 다음과 같이 user: ansible4라는 내용을 추가합니다. 그리고 앞에서 생성했던 create-user3.yml 파일을 create-user4.yml 파일로 복사하고, create-user4.yml 파일의 vars를 vars_files:로 수정합니다. user: ansible3은 vars/user.yml로 수정합니다.

```
[root@ansible-server my-ansible]# vi vars/users.yml
user: ansible4

[root@ansible-server my-ansible]# cp create-user3.yml create-user4.yml
[root@ansible-server my-ansible]# vi create-user4.yml
---

- hosts: all
  vars_files:
    - vars/users.yml

  tasks:
  - name: Create User {{ user }}
    ansible.builtin.user:
      name: "{{ user }}"
      state: present
```

04 플레이북 수정이 끝나면 ansible-playbook 명령어와 함께 create-user4.yml 파일을 실행합니다. 파일을 통해 선언한 user 변수의 ansible4가 사용된 것을 확인할 수 있습니다.

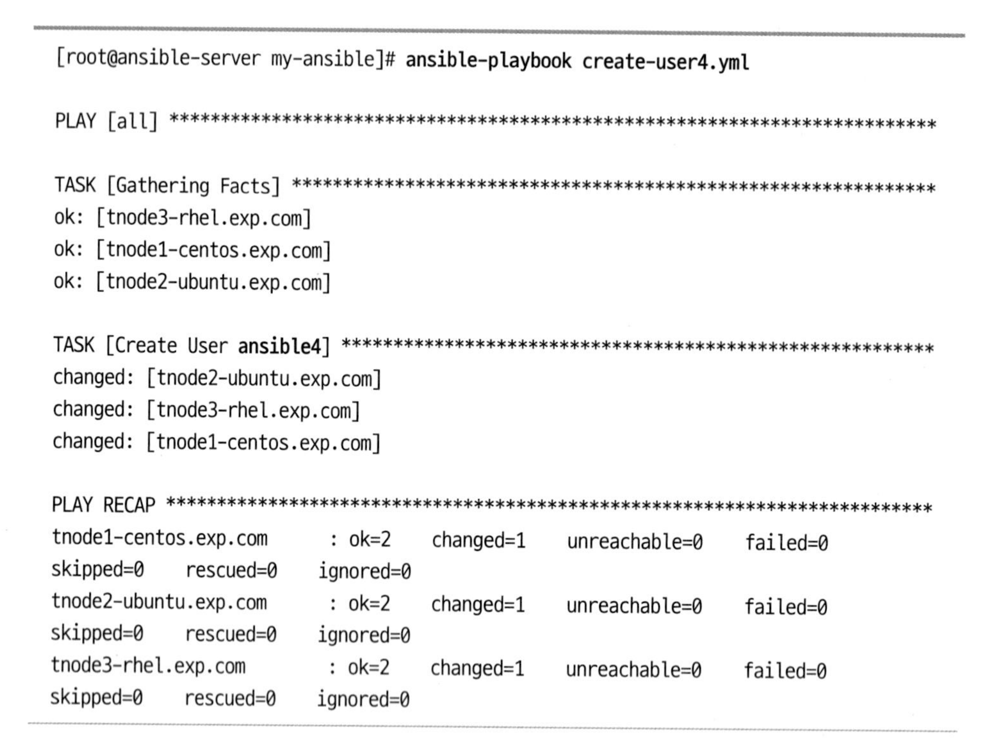

```
[root@ansible-server my-ansible]# ansible-playbook create-user4.yml

PLAY [all] ***************************************************************************

TASK [Gathering Facts] *******************************************************************
ok: [tnode3-rhel.exp.com]
ok: [tnode1-centos.exp.com]
ok: [tnode2-ubuntu.exp.com]

TASK [Create User ansible4] *************************************************************
changed: [tnode2-ubuntu.exp.com]
changed: [tnode3-rhel.exp.com]
changed: [tnode1-centos.exp.com]

PLAY RECAP ***************************************************************************
tnode1-centos.exp.com      : ok=2    changed=1    unreachable=0    failed=0
skipped=0    rescued=0    ignored=0
tnode2-ubuntu.exp.com      : ok=2    changed=1    unreachable=0    failed=0
skipped=0    rescued=0    ignored=0
tnode3-rhel.exp.com        : ok=2    changed=1    unreachable=0    failed=0
skipped=0    rescued=0    ignored=0
```

추가 변수

추가 변수는 외부에서 ansible-playbook를 실행할 때 함께 파라미터로 넘겨주는 변수를 의미합니다. 추가 변수는 앞에서 살펴봤던 변수 중 우선순위가 가장 높습니다. 예제를 통해 자세히 살펴보겠습니다.

01 이번에는 플레이북을 새로 생성하지 않고 기존에 사용했던 create-user4.yml 파일을 이용하여 바로 실행하겠습니다. ansible-playbook 명령어와 함께 -e user=ansible5라는 값을 추가합니다. 이때 -e 옵션은 --extra_vars의 약어로 추가 변수를 의미합니다. 이렇게 플레이북을 실행하면 별도의 파일로 추가한 ansible4가 아닌 추가 변수에 의해 선언한 ansible5가 사용된 것을 볼 수 있습니다.

```
[root@ansible-server my-ansible]# ansible-playbook -e user=ansible5 create-user4.yml

PLAY [all] ***************************************************************************
```

```
TASK [Gathering Facts] ***************************************************************
ok: [tnode3-rhel.exp.com]
ok: [tnode1-centos.exp.com]
ok: [tnode2-ubuntu.exp.com]

TASK [Create User ansible5] **********************************************************
changed: [tnode2-ubuntu.exp.com]
changed: [tnode3-rhel.exp.com]
changed: [tnode1-centos.exp.com]

PLAY RECAP ***************************************************************************
tnode1-centos.exp.com      : ok=2    changed=1    unreachable=0    failed=0
skipped=0    rescued=0    ignored=0
tnode2-ubuntu.exp.com      : ok=2    changed=1    unreachable=0    failed=0
skipped=0    rescued=0    ignored=0
tnode3-rhel.exp.com        : ok=2    changed=1    unreachable=0    failed=0
skipped=0    rescued=0    ignored=0

[root@ansible-server my-ansible]#
```

작업 변수

작업 변수는 플레이북의 태스크 수행 결과를 저장한 것을 의미합니다. 특정 작업 수행 후 그 결과를 후속 작업에서 사용할 때 주로 사용됩니다. 예를 들어 클라우드 시스템에 VM을 생성한다고 가정해보겠습니다. 이를 위해서는 네트워크나 운영체제 이미지와 같은 가상 자원이 필요합니다. 가상 자원을 조회하고, 조회된 결과를 가지고 VM을 생성할 때는 작업 변수를 사용하면 좋습니다. 예제를 통해 알아보겠습니다.

01 기존에 작성했던 `create-user1.yml` 파일을 `create-user6.yml` 파일로 복사합니다. 그리고 vi 에디터로 `create-user6.yml` 파일을 열어 Create User 태스크에 `register: result`라는 문구를 추가합니다. register를 선언하면 태스크를 실행한 결과를 register 다음에 나오는 `result`라는 변수에 저장하겠다는 의미가 됩니다. 그리고 `result`라는 변수에 저장한 결과를 debug 모듈을 통해 출력합니다.

```
[root@ansible-server my-ansible]# cp create-user1.yml create-user6.yml
[root@ansible-server my-ansible]# vi create-user6.yml
---
```

```
- hosts: db
  tasks:
  - name: Create User {{ user }}
    ansible.builtin.user:
      name: "{{ user }}"
      state: present
    register: result

  - ansible.builtin.debug:
      var: result
```

02 앞에서 생성한 create-user6.yml 파일을 ansible-playbook 명령어와 추가 변수 -e user=ansible6으로 함께 실행합니다. 그러면 사용자 계정이 생성되고 그 결과를 확인할 수 있습니다.

```
[root@ansible-server my-ansible]# ansible-playbook -e user=ansible6 create-user6.yml

PLAY [db] ************************************************************************

TASK [Gathering Facts] ***********************************************************
ok: [tnode3-rhel.exp.com]

TASK [Create User ansible6] ******************************************************
changed: [tnode3-rhel.exp.com]

TASK [debug] *********************************************************************
ok: [tnode3-rhel.exp.com] => {
    "result": {
        "changed": true,
        "failed": false,
        "name": ansible6,
        "state": present
    }
}

PLAY RECAP ***********************************************************************
tnode3-rhel.exp.com        : ok=2    changed=1    unreachable=0    failed=0
skipped=0    rescued=0    ignored=0

[root@ansible-server my-ansible]#
```

지금까지 변수에 대해 알아보았습니다. 이런 변수들은 플레이북이 실행될 때 다음과 같은 우선순위에 의해 변수 값이 적용됩니다.

1 추가 변수
2 플레이 변수
3 호스트 변수
4 그룹 변수

같은 이름의 변수를 플레이북에서 선언하고 실행할 때 `-e` 옵션 또는 `--extra-vars` 옵션과 함께 변수를 선언하면, 플레이북에 선언된 변수 값 대신 `-e` 옵션과 함께 선언된 추가 변수 값이 사용됩니다.

6.2 패스워드를 안전하게 보관할 수 있는 Ansible Vault

앤서블을 사용할 때 패스워드나 API 키 등 중요한 데이터에 대한 액세스 권한이 필요할 수 있습니다. 이런 정보들은 인벤토리 변수나 일반 앤서블 플레이북에 텍스트로 저장됩니다. 이때 앤서블 파일에 접근 권한이 있는 사용자라면 모두 파일 내용을 볼 수 있는데, 이런 파일은 외부로 유출될 수 있다는 보안상의 위험을 야기하게 됩니다. 따라서 앤서블은 사용되는 모든 데이터 파일을 암호화하고 암호화된 파일의 내용을 해독할 수 있는 Ansible Vault라는 기능을 제공합니다.

암호화된 파일 만들기

Vault는 `ansible-vault`라는 명령어를 이용하여 파일을 생성하고 암호화하여 사용할 수 있습니다. 또한 암호화된 파일 내용을 해독하고 확인할 수도 있습니다. 그럼 예제를 통해 암호화된 파일을 만들어보겠습니다.

01 SSH를 통해 ansible-server에 접근한 후 my-ansible이라는 프로젝트 디렉터리로 전환합니다. 그리고 `ansible-vault create` 명령어와 함께 생성하려는 플레이북 파일명을 입력합니다. 그러면 패스워드를 입력하라는 프롬프트가 나오는데, 여기에 해당 파일에서 사용할 패스워드와 확인용 패스워드도 한 번 더 입력합니다.

```
[root@ansible-server my-ansible]# ansible-vault create mysecret.yml
New Vault password: P@ssw0rd!
Confirm New Vault password: P@ssw0rd!
```

02 vi 에디터와 같이 파일을 편집할 수 있는 창으로 전환되면 다음과 같은 내용을 입력한 후 저장하고 빠져나옵니다.

```
user: ansible
password: P@ssw0rd!
~
~
:wq
```

03 생성된 파일의 파일 접근 권한을 살펴보면 파일을 생성한 소유자만 읽고 쓸 수 있음을 확인할 수 있습니다. 해당 파일 내용을 cat으로 보면 파일 내용이 모두 암호화되어 어떤 내용인지 알 수 없습니다.

```
[root@ansible-server my-ansible]# ll mysecret.yml
-rw-------. 1 root root 484 Jun 11 12:18 mysecret.yml

[root@ansible-server my-ansible]# cat mysecret.yml
$ANSIBLE_VAULT;1.1;AES256
65333136396135626338383836633764666437353263663166323662373136613062623438353965
3566633165653936626436313261353032343632306131330a373830393464333233313038666162
34653962656563653866313833326334626365346335373633306237393133386562373738326536
3835323332376561360a323162626135383364663035643135316138666461643034353263316164
38613037303632633337393635383163616630303866636435626531323430366433303166613435
6230393439663534343465313733666638636333656330616436
[root@ansible-server my-ansible]#
```

04 ansible-vault view 명령어와 해당 파일명을 입력하면 파일을 생성할 때 사용했던 vault 패스워드를 입력하라는 프롬프트가 나타납니다. 패스워드를 입력하면 다음과 같이 원래 파일 내용을 확인할 수 있습니다.

```
[root@ansible-server my-ansible]# ansible-vault view mysecret.yml
Vault password: P@ssw0rd!
```

```
user: ansible
password: P@ssw0rd!
```

파일을 이용한 암호화 파일 만들기

암호화된 파일을 만들 때는 `ansible-vault create` 명령어와 함께 패스워드를 입력해야 합니다. 이때 vault 용으로 입력한 패스워드를 별도의 파일에 저장하면 해당 파일을 이용하여 패스워드 입력 없이 암호화 파일을 만들 수 있습니다. 그러나, 운영 환경에서 암호화 파일을 서버에 두는 것은 좋은 방법이 아니므로 사용을 권장하지는 않습니다.

01 먼저 vi 에디터를 통해 `vault-pass`라는 파일을 생성합니다. 이때 식별하기 쉬운 파일명을 사용하는 것이 좋습니다. 해당 파일에는 사용하고자 하는 패스워드를 입력합니다.

```
[root@ansible-server my-ansible]# vi vault-pass
P@ssw0rd!
[root@ansible-server my-ansible]#
```

02 명령어 `ansible-vault create`와 함께 옵션 `--vault-pass-file`을 사용하여 앞에서 생성한 파일 경로를 입력하고, 생성하고자 하는 파일명을 입력합니다.

```
[root@ansible-server my-ansible]# ansible-vault create --vault-pass-file ./vault-pass
mysecret1.yml
```

03 이번에는 패스워드를 묻지 않고 바로 에디터 창으로 전환됩니다. 다음과 같은 내용을 입력한 다음 `:wq`로 내용을 저장하고 빠져나옵니다.

```
user: ansible
password: P@ssw0rd!
~
~
:wq
```

04 생성한 파일의 접근 권한을 확인하면 이 역시 파일 소유자에게만 읽고 쓰기 권한이 할당되었음을 확인할 수 있습니다.

```
[root@ansible-server my-ansible]# ll mysecret1.yml
-rw-------. 1 root root 484 Jun 11 12:49 mysecret1.yml
[root@ansible-server my-ansible]#
```

05 암호화된 파일을 다시 ansible-vault view 명령어로 확인해보겠습니다. 이때 옵션에는 --vault-pass-file과 함께 vault 패스워드를 설정해놓은 파일 경로를 입력한 후 확인하고자 하는 파일명을 입력하면 파일 내용을 확인할 수 있습니다.

```
[root@ansible-server my-ansible]# ansible-vault view --vault-pass-file ./vault-pass
mysecret1.yml
user: ansible1
password: P@ssw0rd!
[root@ansible-server my-ansible]#
```

기존 파일 암호화

기존에 이미 만들어놓은 파일도 암호화할 수 있습니다. ansible-vault encrypt 명령어를 이용하면 기존 파일을 암호화하고, 해당 파일을 다시 복호화할 수도 있습니다.

01 ansible-vault encrypt 명령어를 이용해 기존에 생성했던 create-user.yml 파일을 암호화하겠습니다. 다음과 같이 ansible-vault 명령어를 입력하면 vault 패스워드를 입력하라는 프롬프트가 나타납니다. 패스워드를 입력하면 해당 파일이 암호화됩니다.

```
[root@ansible-server my-ansible]# ansible-vault encrypt create-user.yml
New Vault password: P@ssw0rd!
Confirm New Vault password: P@ssw0rd!
Encryption successful
[root@ansible-server my-ansible]#
```

02 암호화된 파일의 접근 권한을 확인하면, 역시 파일 소유자만 읽고 쓰기가 가능합니다.

```
[root@ansible-server my-ansible]# ll create-user.yml
-rw-------. 1 root root 2039 Jun 11 12:29 create-user.yml
```

03 ansible-vault decrypt 명령어를 이용하면 암호화된 파일을 복호화할 수 있습니다. 단, 이때는 --output 옵션과 함께 복호화할 파일명을 함께 입력해야 합니다. vault 패스워드를 입력하면 암호화된 create-user.yml 파일이 create-user-decrypted.yml 파일로 복호화됩니다.

```
[root@ansible-server my-ansible]# ansible-vault decrypt create-user.yml
--output=create-user-decrypted.yml
Vault password: P@ssw0rd!
Decryption successful
[root@ansible-server my-ansible]#
```

04 이렇게 암호화, 복호화된 파일은 파일 소유자만 읽고 쓸 수 있으며 복호화된 파일 내용을 cat 명령어로 확인해보면 정상적으로 파일 내용이 보이는 것을 확인할 수 있습니다.

```
[root@ansible-server my-ansible]# ll create-user*
-rw-------. 1 root root  418 Jun 11 12:35 create-user-decrypted.yml
-rw-------. 1 root root 2039 Jun 11 12:29 create-user.yml

[root@ansible-server my-ansible]# cat create-user-decrypted.yml
---

- hosts: all
  tasks:
  - name: Create User {{ user }}
    ansible.builtin.user:
      name: "{{ user }}"
      state: present
[root@ansible-server my-ansible]#
```

암호화된 파일의 패스워드 변경

우리는 종종 패스워드를 변경해야 할 상황과 마주합니다. 앤서블은 ansible-vault로 암호화된 파일의 패스워드를 변경할 수 있습니다. 예제를 통해 살펴보겠습니다.

01 ansible-vault rekey 명령어와 함께 암호화된 파일명을 입력하면 다음과 같이 기존 패스워드와 신규 패스워드를 입력하라는 프롬프트가 나타납니다. 이를 모두 입력하면 vault 패스워드가 변경됩니다.

```
[root@ansible-server my-ansible]# ansible-vault rekey mysecret.yml
Vault password: P@ssw0rd!
New Vault password: NewP@ssw0rd!
Confirm New Vault password: NewP@ssw0rd!
Rekey successful
[root@ansible-server my-ansible]#
```

02 패스워드를 입력해놓은 파일을 이용해 패스워드를 변경할 수도 있습니다. 먼저 변경할 패스워드를 입력한 파일을 생성 후 `ansible-vault rekey` 명령어와 함께 옵션 `--new-vault-password-file`을 사용하여 사전에 생성한 패스워드 파일 경로를 입력하고, vault 패스워드를 변경하고자 하는 파일명을 입력합니다. 그리고 기존 vault 패스워드만 입력하면 파일 vault 패스워드가 변경됩니다.

```
[root@ansible-server my-ansible]# vi vault-pass
P@ssw0rd!

[root@ansible-server my-ansible]# ansible-vault rekey --new-vault-password-file=./
vault-pass mysecret.yml
Vault password: NewP@ssw0rd!
Rekey successful
[root@ansible-server my-ansible]#
```

암호화된 플레이북 실행

그럼 암호화된 플레이북은 어떻게 실행할까요? 지금부터 예제를 통해 그 방법을 알아보겠습니다.

01 먼저 암호화된 파일 내용을 살펴봅니다. 앞에서 생성했던 `mysecret.yml` 파일을 vars 디렉터리에 옮겨 놓습니다. 그리고 `ansible-vault view` 명령어를 이용해 파일 내용도 확인합니다. 여기에는 user와 password에 대한 변수와 값이 설정되어 있습니다.

```
[root@ansible-server my-ansible]# mv ./mysecret.yml vars/
[root@ansible-server my-ansible]# ansible-vault view vars/mysecret.yml
Vault password: P@ssw0rd!
user: ansible
password: P@ssw0rd!
```

02 이번에는 사전에 생성했던 create-user.yml 파일을 열어 다음과 같이 hosts 아래에 vars_files 내용을 추가합니다. 이때 파일 경로는 앞에서 vars 디렉터리로 옮겨놓은 mysecret.yml 파일 경로를 입력합니다.

```
[root@ansible-server my-ansible]# vi create-user.yml
---

- hosts: db
  vars_files:
    - vars/mysecret.yml

  tasks:
  - name: Create User {{ user }}
    ansible.builtin.user:
      name: "{{ user }}"
      state: present
[root@ansible-server my-ansible]#
```

03 수정된 플레이북을 실행할 때는 ansible-playbook 명령어를 사용하면 에러 메시지만 보여주고 실행은 되지 않습니다.

```
[root@ansible-server my-ansible]# ansible-playbook create-user.yml
ERROR! Attempting to decrypt but no vault secrets found
[root@ansible-server my-ansible]#
```

04 따라서 암호화된 파일이 포함된 플레이북을 실행할 때는 ansible-playbook 명령어와 --vault-id @prompt 옵션을 함께 사용해야 합니다. 그러면 vault 패스워드를 입력하라는 프롬프트가 나타나고, 패스워드를 입력하면 플레이북이 실행됩니다.

```
[root@ansible-server my-ansible]# ansible-playbook --vault-id @prompt create-user.yml
Vault password (default): P@ssw0rd!

PLAY [all] **************************************************************************

TASK [Gathering Facts] **************************************************************
ok: [tnode3-rhel.exp.com]

TASK [Create User ansible] **********************************************************
```

```
changed: [tnode3-rhel.exp.com]

PLAY RECAP ***************************************************************************
tnode3-rhel.exp.com         : ok=2    changed=1    unreachable=0    failed=0
skipped=0    rescued=0    ignored=0

[root@ansible-server my-ansible]#
```

05 플레이북을 실행할 때 매번 valut 패스워드를 입력하려면 매우 번거롭습니다. 이럴 땐 다음과 같이 `--vault-password-file` 옵션과 함께 vault 패스워드를 입력한 파일을 이용하면 별도의 패스워드 입력 없이 플레이북을 실행할 수 있습니다.

```
[root@ansible-server my-ansible]# ansible-playbook --vault-password-file=./vault-pass
create-user.yml

PLAY [all] ***************************************************************************

TASK [Gathering Facts] ***************************************************************
ok: [tnode3-rhel.exp.com]

TASK [Create User ansible] ***********************************************************
changed: [tnode3-rhel.exp.com]

PLAY RECAP ***************************************************************************
tnode3-rhel.exp.com         : ok=2    changed=1    unreachable=0    failed=0
skipped=0    rescued=0    ignored=0

[root@ansible-server my-ansible]#
```

지금까지 패스워드와 같은 민감한 정보를 안전하게 보관할 수 있는 Vault 사용법에 대해 알아봤습니다. Vault는 시스템의 패스워드와 같이 민감한 정보를 플레이북 내에 함께 사용할 경우 해당 정보를 보호하기 위해 사용할 수 있습니다.

6.3 자동 예약 변수 – 팩트

팩트Facts는 앤서블이 관리 호스트에서 자동으로 검색한 변수입니다. 팩트에는 플레이, 조건문, 반복문 또는 관리 호스트에서 수집한 값에 의존하는 기타 명령문의 일반 변수처럼 사용 가능한 호스트별 정보가 포함되어 있습니다.

관리 호스트에서 수집된 일부 팩트에는 다음 내용들이 포함될 수 있습니다.

- 호스트 이름
- 커널 버전
- 네트워크 인터페이스 이름
- 운영체제 버전
- CPU 개수
- 사용 가능한 메모리
- 스토리지 장치의 크기 및 여유 공간

이렇게 팩트에 의해 수집된 변수 값을 이용하여 서비스 상태를 확인하고 나면 다음 작업 진행 여부를 판단할 수 있습니다.

팩트 사용하기

앤서블은 팩트 기능이 활성화되어 있어 플레이북을 실행할 때 자동으로 팩트가 수집됩니다. 팩트는 ansible_facts라는 변수를 통해 사용할 수 있습니다.

01 먼저 vi 에디터를 이용해 facts.yml이라는 파일을 생성하고 다음과 같은 내용을 입력합니다. ansible.builtin.debug라는 모듈을 이용하여 ansible_facts라는 변수의 모든 내용을 출력하라는 의미입니다.

```
[root@ansible-server my-ansible]# vi facts.yml
---

- hosts: db

  tasks:
  - name: Print all facts
    ansible.builtin.debug:
```

```
    var: ansible_facts
[root@ansible-server my-ansible]#
```

02 ansible-playbook 명령어를 이용하여 facts.yml 플레이북을 실행합니다. 예제에서는 db 그룹의 호스트인 tnode3-rhel.exp.com에서 수집한 시스템 정보를 모두 확인할 수 있습니다.

```
[root@ansible-server my-ansible]# ansible-playbook facts.yml

PLAY [db] ***********************************************************************

TASK [Gathering Facts] **********************************************************
ok: [tnode3-rhel.exp.com]

TASK [Print all facts] **********************************************************
ok: [tnode3-rhel.exp.com] => {
    "ansible_facts": {
        "all_ipv4_addresses": [
            "192.168.100.7"
        ],
        "all_ipv6_addresses": [
            "fe80::5054:ff:fe45:129a"
        ],
        "ansible_local": {},
        "apparmor": {
            "status": "disabled"
        },
        "architecture": "x86_64",
        "bios_date": "04/01/2014",
        "bios_vendor": "SeaBIOS",
        "bios_version": "1.16.0-3.module+el8.8.0+16781+9f4724c2",
        "board_asset_tag": "NA",
        "board_name": "RHEL-AV",
        "board_serial": "NA",
        "board_vendor": "Red Hat",
        "board_version": "RHEL-8.6.0 PC (Q35 + ICH9, 2009)",
        "chassis_asset_tag": "NA",
        "chassis_serial": "NA",
        "chassis_vendor": "Red Hat",
        "chassis_version": "RHEL-8.6.0 PC (Q35 + ICH9, 2009)",
…
        "virtualization_tech_host": [
```

```
            "kvm"
        ],
        "virtualization_type": "kvm"
    }
}

PLAY RECAP ************************************************************************
tnode3-rhel.exp.com        : ok=2    changed=0    unreachable=0    failed=0
skipped=0    rescued=0    ignored=0
```

03 팩트를 통해 수집된 변수는 특정 값만 추출하여 사용할 수 있습니다. 앞에서 생성한 `facts.yml` 파일을 `facts1.yml` 파일로 복사한 후 다음과 같이 수정합니다. debug 모듈을 이용하여 메시지를 출력하는 예제로, 메시지 출력 시 `ansible_facts`의 값을 함께 출력합니다.

```
[root@ansible-server my-ansible]# cp facts.yml facts1.yml
[root@ansible-server my-ansible]# vi facts1.yml
---

- hosts: db

  tasks:
  - name: Print all facts
    ansible.builtin.debug:
      msg: >
        The default IPv4 address of {{ ansible_facts.fqdn }}
        is {{ ansible_facts.default_ipv4.address }}
[root@ansible-server my-ansible]#
```

04 이번에는 `ansible-playbook` 명령어와 함께 `facts1.yml` 파일을 실행합니다. 그러면 다음과 같은 메시지를 확인할 수 있습니다.

```
[root@ansible-server my-ansible]# ansible-playbook facts1.yml

PLAY [db] *************************************************************************

TASK [Gathering Facts] ************************************************************
ok: [tnode3-rhel.exp.com]
```

```
TASK [Print all facts] ************************************************************
ok: [tnode3-rhel.exp.com] => {
    "msg": "The default IPv4 address of tnode3-rhel is 192.168.100.7 \n"
}

PLAY RECAP ************************************************************************
tnode3-rhel.exp.com        : ok=2    changed=0    unreachable=0    failed=0
skipped=0    rescued=0    ignored=0

[root@ansible-server my-ansible]#
```

변수로 사용할 수 있는 앤서블 팩트

앤서블 팩트를 통해 수집된 팩트 중에는 자주 사용하는 것들이 있습니다. 다음 표는 주로 사용하는 팩트를 정리한 것으로, 앤서블 2.* 버전에서 사용하는 ansible_facts.* 네임스페이스 표기법을 따릅니다.

팩트	ansible_facts.* 표기법
호스트명	ansible_facts.hostname
도메인 기반 호스트명	ansible_facts.fqdn
기본 IPv4 주소	ansible_facts.defatult_ipv4.address
네트워크 인터페이스 이름 목록	ansible_facts.interfaces
/dev/vda1 디스크 파티션 크기	ansible_facts.device.vda.partitions.vda1.size
DNS 서버 목록	ansible_facts.dns.nameservers
현재 실행중인 커널 버전	ansible_facts.kernel
운영체제 종류	ansible_facts.distribution

앤서블 2.5 이전에는 ansible_facts가 아니라 "ansible_문자열"과 같은 형식의 개별 변수 형태로 사용되었습니다. 예를 들어 ansible_facts.distribution은 ansible_distribution으로 사용하는 방식입니다. 그러나 이제는 ansible_facts.* 네임스페이스 표기법을 사용하는 것을 권장합니다. ansible_* 표기법을 사용하면 팩트와 일반 변수 사이에 예기치 않은 충돌이 발생할 위험이 있기 때문입니다. 팩트는 우선순위가 매우 높아 플레이북과 인벤토리 호스트 및 그룹 변수를 재정의하기 때문에 여기서 예기치 않은 부작용이 발생할 수 있습니다.

다음 표는 ansible_facts.* 표기법과 ansible_* 표기법의 몇 가지 예를 보여줍니다.

ansible_facts.* 표기법	ansible_* 표기법
ansible_facts.hostname	ansible_hostname
ansible_facts.fqdn	ansible_fqdn
ansible_facts.defatult_ipv4.address	ansible_defatult_ipv4.address
ansible_facts.interfaces	ansible_interfaces
ansible_facts.device.vda.partitions.vda1.size	ansible_device.vda.partitions.vda1.size
ansible_facts.dns.nameservers	ansible_dns.nameservers
ansible_facts.kernel	ansible_kernel
ansible_facts.distribution	ansible_distribution

현재 앤서블은 ansible_facts.* 기반의 표기법과 이전 표기법인 ansible_* 표기법을 모두 인지합니다. 이는 앤서블 환경 설정 파일인 **ansible.cfg**의 [defaults] 섹션에 있는 inject_facts_as_vars 매개 변수 기본 설정 값이 true이기 때문이며, 이것을 false로 설정하면 ansible_* 표기법을 비활성화할 수 있습니다. ansible_* 표기법이 비활성화되어 있는 상태에서 해당 표기법을 사용하면 오류가 발생합니다. 플레이북 작성 시 이전 구문을 사용하지 않을 계획이라면 비활성화할 수 있지만, 대부분의 플레이북에서 이전 표기법인 ansible_* 표기법을 사용하므로 기본 설정 값인 true를 그대로 사용하는 것이 좋습니다. 그럼 예제를 통해 ansible_* 표기법 및 비활성화 설정을 알아보겠습니다.

01 앞에서 생성한 `facts1.yml` 파일을 `facts2.yml` 파일로 복사 후 msg 내용을 다음과 같이 변경합니다. `facs1.yml` 파일에는 ansible_facts.* 표기법을 사용했지만, `facts2.yml` 파일에서는 ansible_* 표기법을 사용했습니다.

```
[root@ansible-server my-ansible]# cp facts1.yml facts2.yml
[root@ansible-server my-ansible]# vi facts2.yml
---

- hosts: db

  tasks:
  - name: Print facts
    ansible.builtin.debug:
      msg: >
```

```
        This node's host name is {{ ansible_hostname }}
        and the ip is {{ ansible_default_ipv4.address }}
[root@ansible-server my-ansible]#
```

02 ansible-playbook 명령어와 함께 fact2.yml 파일을 실행합니다. ansible_* 표기법을 사용해도 해당 변수의 값을 잘 가지고 온 것을 확인할 수 있습니다.

```
[root@ansible-server my-ansible]# ansible-playbook facts2.yml

PLAY [db] ***************************************************************************

TASK [Gathering Facts] **************************************************************
ok: [tnode3-rhel.exp.com]

TASK [Print facts] ******************************************************************
ok: [tnode3-rhel.exp.com] => {
    "msg": "This node's host name is tnode3-rhel and the ip is 192.168.100.7 \n"
}

PLAY RECAP **************************************************************************
tnode3-rhel.exp.com        : ok=2    changed=0    unreachable=0    failed=0
skipped=0    rescued=0    ignored=0
```

03 이번에는 my-ansible 디렉터리 내에 있는 ansible.cfg 파일을 엽니다. 그리고 다음과 같이 inject_facts_as_vars = false를 추가합니다.

```
[root@ansible-server my-ansible]# vi ansible.cfg
[defaults]
inventory = ./inventory
remote_user = root
ask_pass = false
inject_facts_as_vars = false

[privilege_escalation]
become = true
become_method = sudo
become_user = root
become_ask_pass = false
```

04 다시 fact2.yml 파일을 ansible-playbook 명령어를 통해 실행합니다. 이번에는 실행 결과가 정상이 아니라 에러가 발생한 것을 확인할 수 있습니다.

```
[root@ansible-server my-ansible]# ansible-playbook facts2.yml

PLAY [db] ***********************************************************************

TASK [Gathering Facts] **********************************************************
ok: [tnode3-rhel.exp.com]

TASK [Print facts] **************************************************************
fatal: [tnode3-rhel.exp.com]: FAILED! => {"msg": "The task includes an option with
an undefined variable. The error was: 'ansible_hostname' is undefined. 'ansible_
hostname' is undefined\n\nThe error appears to be in '/root/my-ansible/facts2.yml':
line 6, column 5, but may\nbe elsewhere in the file depending on the exact syntax
problem.\n\nThe offending line appears to be:\n\n  tasks:\n  - name: Print facts\n
^ here\n"}

PLAY RECAP **********************************************************************
tnode3-rhel.exp.com        : ok=1    changed=0    unreachable=0    failed=1
skipped=0    rescued=0    ignored=0
```

팩트 수집 끄기

팩트 수집을 위해 해당 호스트에 특정 패키지를 설치해야만 하는 경우가 있습니다. 그런데 간혹 특정 이유로 패키지를 설치할 수 없는 경우에는 앤서블도 팩트 수집을 할 수 없게 됩니다. 또는 사용자가 팩트 수집으로 인해 호스트에 부하가 걸리는 것을 원치 않을 수도 있습니다. 이런 경우에는 팩트 수집 기능을 비활성화할 수 있습니다.

01 먼저 앞에서 생성한 facts1.yml 파일을 facts3.yml 파일로 복사합니다. 그리고 facts3.yml 파일에 다음과 같이 gather_facts: no를 hosts 아래에 추가합니다.

```
[root@ansible-server my-ansible]# cp facts1.yml facts3.yml
[root@ansible-server my-ansible]# vi facts3.yml
---

- hosts: db
  gather_facts: no
```

```
  tasks:
  - name: Print all facts
    ansible.builtin.debug:
      msg: >
        The default IPv4 address of {{ ansible_facts.fqdn }}
        is {{ ansible_facts.default_ipv4.address }}
[root@ansible-server my-ansible]#
```

02 수정한 facts3.yml 파일을 ansible-playbook 명령어와 함께 실행합니다. 팩트를 수집하지 않았기 때문에 팩트에서 수집한 변수를 사용하려고 하면 다음과 같은 에러가 발생합니다.

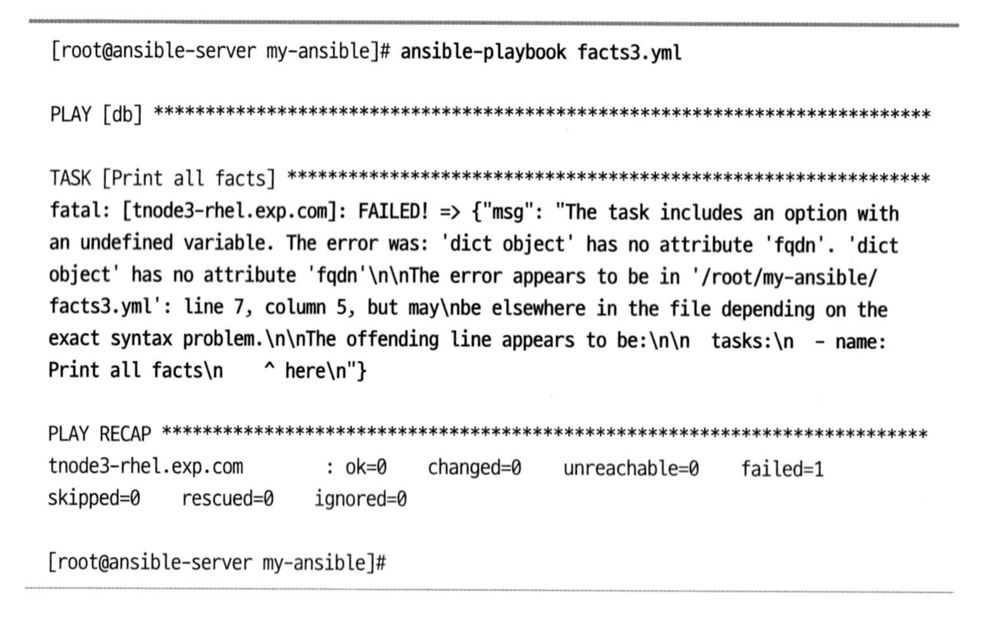

```
[root@ansible-server my-ansible]# ansible-playbook facts3.yml

PLAY [db] ***************************************************************************

TASK [Print all facts] **************************************************************
fatal: [tnode3-rhel.exp.com]: FAILED! => {"msg": "The task includes an option with
an undefined variable. The error was: 'dict object' has no attribute 'fqdn'. 'dict
object' has no attribute 'fqdn'\n\nThe error appears to be in '/root/my-ansible/
facts3.yml': line 7, column 5, but may\nbe elsewhere in the file depending on the
exact syntax problem.\n\nThe offending line appears to be:\n\n  tasks:\n  - name:
Print all facts\n    ^ here\n"}

PLAY RECAP **************************************************************************
tnode3-rhel.exp.com        : ok=0    changed=0    unreachable=0    failed=1
skipped=0    rescued=0    ignored=0

[root@ansible-server my-ansible]#
```

03 이번에는 매뉴얼한 방법으로 플레이북에 팩트 수집을 설정해보겠습니다. facts3.yml 파일을 facts4.yml 파일로 복사 후 facts4.yml에 다음과 같이 ansible.builtin.setup을 tasks 바로 아래에 추가합니다.

```
[root@ansible-server my-ansible]# cp facts3.yml facts4.yml
[root@ansible-server my-ansible]# vi facts4.yml
---

- hosts: db
```

```
  gather_facts: no

  tasks:
  - name: Manually gather facts
    ansible.builtin.setup:

  - name: Print all facts
    ansible.builtin.debug:
      msg: >
        The default IPv4 address of {{ ansible_facts.fqdn }}
        is {{ ansible_facts.default_ipv4.address }}
[root@ansible-server my-ansible]#
```

04 다시 ansible-playbook 명령어와 함께 facts4.yml 파일을 실행합니다. 이번에는 플레이북이 정상적으로 실행된 것을 확인할 수 있습니다.

```
[root@ansible-server my-ansible]# ansible-playbook facts4.yml

PLAY [db] ************************************************************************

TASK [Manually gather facts] ******************************************************
ok: [tnode3-rhel.exp.com]

TASK [Print all facts] ************************************************************
ok: [tnode3-rhel.exp.com] => {
    "msg": "The default IPv4 address of tnode3-rhel is 192.168.100.7 \n"
}

PLAY RECAP ***********************************************************************
tnode3-rhel.exp.com        : ok=2    changed=0    unreachable=0    failed=0
skipped=0    rescued=0    ignored=0

[root@ansible-server my-ansible]#
```

사용자 지정 팩트 만들기

앤서블은 사용자에 의해 정의된 팩트를 이용하여 환경 설정 파일의 일부 항목을 구성하거나 조건부 작업을 진행할 수 있습니다. 사용자 지정 팩트는 관리 호스트의 로컬에 있는 /etc/ansible/facts.d 디렉터리 내에 '*.fact'로 저장되어야만 앤서블이 플레이북을 실행할 때 자동으로 팩트를 수집할 수 있습니다.

01 테스트를 위한 앤서블이 설치된 ansible-server에서 진행하겠습니다. 먼저 /etc/ansible/facts.d 디렉터리를 생성합니다. 그리고 해당 디렉터리 내에 `my-custom.fact`라는 파일을 vi 에디터로 열어 다음 내용을 입력합니다.

```
[root@ansible-server my-ansible]# mkdir /etc/ansible/facts.d
[root@ansible-server my-ansible]# vi /etc/ansible/facts.d/my-custom.fact
[packages]
web_package = httpd
db_package = mariadb-server

[users]
user1 = ansible
user2 = naleejang
[root@ansible-server my-ansible]#
```

02 이번에는 `facts4.yml` 파일을 `facts5.yml` 파일로 복사하고 다음과 같이 수정합니다.

```
[root@ansible-server my-ansible]# cp facts4.yml facts5.yml
[root@ansible-server my-ansible]# vi facts5.yml
---

- hosts: localhost

  tasks:
  - name: Print local facts
    ansible.builtin.debug:
      var: ansible_local
[root@ansible-server my-ansible]#
```

03 수정한 `facts5.yml` 파일을 `ansible-playbook` 명령어와 함께 실행합니다. 그러면 Print local facts 태스크에서 커스텀으로 생성했던 팩트 내용이 출력된 것을 확인할 수 있습니다.

```
[root@ansible-server my-ansible]# ansible-playbook facts5.yml

PLAY [localhost] ******************************************************************
```

```
TASK [Gathering Facts] ************************************************************
ok: [localhost]

TASK [Print local facts] **********************************************************
ok: [localhost] => {
    "ansible_local": {
        "my-custom": {
            "packages": {
                "db_package": "mariadb-server",
                "web_package": "httpd"
            },
            "users": {
                "user1": "ansible",
                "user2": "naleejang"
            }
        }
    }
}

PLAY RECAP ************************************************************************
localhost                  : ok=2    changed=0    unreachable=0    failed=0
skipped=0    rescued=0    ignored=0

[root@ansible-server my-ansible]#
```

지금까지 앤서블에서 주로 사용하는 변수의 종류와 사용법에 대해 알아보았습니다. 변수 종류를 한 번 더 정리하면 다음과 같습니다. 여기에 나열한 순서대로 앤서블에서 우선순위가 높으므로 변수를 사용할 때는 이와 같은 우선순위를 고려합니다.

- 그룹 변수 : 인벤토리에 정의되며, 모든 그룹에서 적용되는 변수
- 호스트 변수 : 인벤토리에 정의되며, 특정 호스트에만 적용되는 변수
- 앤서블 팩트 : 플레이북 실행 시 자동으로 호스트에서 수집한 변수
- 플레이 변수 : 플레이북 실행 시 실행 결과를 저장한 변수
- 추가 변수 : 플레이북 실행 시 함께 선언되는 변수

CHAPTER 7

반복문과 조건문을 이용한 제어문 구현하기

플레이북을 이용하여 자동화하려는 프로세스 개발을 하다 보면 애플리케이션 설치와 같이 동일한 작업을 여러 번 해야 하거나, 운영체제에 따라 다른 모듈을 써야 할 경우가 발생합니다. 이런 경우 앤서블에서는 loop라는 반복문과 when이라는 조건문을 사용할 수 있습니다. 반복문과 조건문을 사용하면 적절한 조건에 따라 작업을 수행할 수 있도록 플레이북을 더욱 효율적으로 작성할 수 있습니다.

7.1 반복문

반복문을 사용하면 동일한 모듈을 사용하는 작업을 여러 번 작성하지 않아도 됩니다. 예를 들어 서비스에 필요한 포트를 방화벽에 추가한다고 하면, 포트를 추가하는 작업을 여러 개 작성하는 대신 loop 반복문을 이용해 작업 하나로 여러 개의 포트를 추가할 수 있습니다.

단순 반복문

단순 반복문은 특정 항목에 대한 작업을 반복합니다. loop 키워드를 작업에 추가하면 작업을 반복해야 하는 항목의 목록을 값으로 사용합니다. 그리고 해당하는 값을 사용하려면 item 변수를 이용할 수 있습니다. 그럼 예제를 통해 단순 반복문을 알아보겠습니다.

01 먼저 vi 에디터를 이용하여 sshd 서비스와 rsyslog 서비스의 상태를 체크하는 플레이북을 ansible.builtin.service 모듈을 이용하여 다음과 같이 작성합니다.

```
[root@ansible-server my-ansible]# vi check-services.yml
---
- hosts: all
  tasks:
    - name: Check sshd state
      ansible.builtin.service:
        name: sshd
        state: started

    - name: Check rsyslog state
      ansible.builtin.service:
        name: rsyslog
        state: started
[root@ansible-server my-ansible]#
```

02 ansible-playbook 명령어로 check-services.yml 파일을 실행합니다. 앞에서 작성한 플레이북에는 sshd 서비스와 rsyslog 서비스를 체크하는 작업이 각각 작성된 것을 알 수 있습니다.

```
[root@ansible-server my-ansible]# ansible-playbook check-services.yml

PLAY [all] *************************************************************************

TASK [Gathering Facts] *************************************************************
ok: [tnode3-rhel.exp.com]
ok: [tnode1-centos.exp.com]
ok: [tnode2-ubuntu.exp.com]

TASK [Check sshd state] ************************************************************
ok: [tnode2-ubuntu.exp.com]
ok: [tnode3-rhel.exp.com]
ok: [tnode1-centos.exp.com]

TASK [Check rsyslog state] *********************************************************
ok: [tnode2-ubuntu.exp.com]
ok: [tnode3-rhel.exp.com]
ok: [tnode1-centos.exp.com]
```

```
PLAY RECAP
***********************************************************************************
tnode1-centos.exp.com      : ok=3    changed=0    unreachable=0    failed=0
skipped=0    rescued=0    ignored=0
tnode2-ubuntu.exp.com      : ok=3    changed=0    unreachable=0    failed=0
skipped=0    rescued=0    ignored=0
tnode3-rhel.exp.com        : ok=3    changed=0    unreachable=0    failed=0
skipped=0    rescued=0    ignored=0

[root@ansible-server my-ansible]#
```

03 이번에는 check-service.yml 파일을 check-services1.yml 파일로 복사한 후 loop 반복문을 적용해보겠습니다. ansible.builtin.service 모듈은 하나만 작성하고 하단에 loop 키워드를 다음과 같이 추가합니다. loop 키워드 아래에는 체크할 서비스인 sshd와 rsyslog를 나열하고, service 모듈 name에는 item이라는 변수를 사용합니다.

```
[root@ansible-server my-ansible]# cp check-service.yml check-services1.yml
[root@ansible-server my-ansible]# vi check-services1.yml
---
- hosts: all
  tasks:
    - name: Check sshd and rsyslog state
      ansible.builtin.service:
        name: "{{ item }}"
        state: started
      loop:
        - sshd
        - rsyslog
[root@ansible-server my-ansible]#
```

04 ansible-playbook 명령어로 check-services1.yml 파일을 실행합니다. 노드별, 서비스별로 서비스 상태가 체크되는 것을 확인할 수 있습니다.

```
[root@ansible-server my-ansible]# ansible-playbook check-services1.yml

PLAY [all] ***********************************************************************

TASK [Gathering Facts] ***********************************************************
ok: [tnode3-rhel.exp.com]
```

```
ok: [tnode1-centos.exp.com]
ok: [tnode2-ubuntu.exp.com]

TASK [Check sshd and rsyslog state] *********************************************
ok: [tnode2-ubuntu.exp.com] => (item=sshd)
ok: [tnode3-rhel.exp.com] => (item=sshd)
ok: [tnode1-centos.exp.com] => (item=sshd)
ok: [tnode2-ubuntu.exp.com] => (item=rsyslog)
ok: [tnode3-rhel.exp.com] => (item=rsyslog)
ok: [tnode1-centos.exp.com] => (item=rsyslog)

PLAY RECAP **********************************************************************
tnode1-centos.exp.com      : ok=2    changed=0    unreachable=0    failed=0
skipped=0    rescued=0    ignored=0
tnode2-ubuntu.exp.com      : ok=2    changed=0    unreachable=0    failed=0
skipped=0    rescued=0    ignored=0
tnode3-rhel.exp.com        : ok=2    changed=0    unreachable=0    failed=0
skipped=0    rescued=0    ignored=0

[root@ansible-server my-ansible]#
```

05 loop 문에 사용하는 아이템을 변수에 저장하면 `loop` 키워드에 해당 변수명을 사용할 수 있습니다. 아래 플레이북은 체크한 sshd와 rsyslog를 `services`라는 변수에 목록으로 저장하고, 태스크의 loop 문에서는 앞에서 선언한 `services`라는 변수를 사용했습니다.

```
[root@ansible-server my-ansible]# cp check-services1.yml check-services2.yml
[root@ansible-server my-ansible]# vi check-services2.yml
---
- hosts: all
  vars:
    services:
      - sshd
      - rsyslog

  tasks:
    - name: Check sshd and rsyslog state
      ansible.builtin.service:
        name: "{{ item }}"
        state: started
      loop: "{{ services }}"
[root@ansible-server my-ansible]#
```

06 ansible-playbook 명령어로 플레이북을 실행하면 앞에서 작성했던 플레이북과 동일한 결과가 나오는 것을 볼 수 있습니다.

```
[root@ansible-server my-ansible]# ansible-playbook check-services2.yml

PLAY [all] ************************************************************************

TASK [Gathering Facts] ************************************************************
ok: [tnode3-rhel.exp.com]
ok: [tnode1-centos.exp.com]
ok: [tnode2-ubuntu.exp.com]

TASK [Check sshd and rsyslog state] ***********************************************
ok: [tnode2-ubuntu.exp.com] => (item=sshd)
ok: [tnode1-centos.exp.com] => (item=sshd)
ok: [tnode3-rhel.exp.com] => (item=sshd)
ok: [tnode2-ubuntu.exp.com] => (item=rsyslog)
ok: [tnode3-rhel.exp.com] => (item=rsyslog)
ok: [tnode1-centos.exp.com] => (item=rsyslog)

PLAY RECAP ************************************************************************
tnode1-centos.exp.com      : ok=2    changed=0    unreachable=0    failed=0
skipped=0    rescued=0    ignored=0
tnode2-ubuntu.exp.com      : ok=2    changed=0    unreachable=0    failed=0
skipped=0    rescued=0    ignored=0
tnode3-rhel.exp.com        : ok=2    changed=0    unreachable=0    failed=0
skipped=0    rescued=0    ignored=0

[root@ansible-server my-ansible]#
```

사전 목록에 의한 반복문

플레이북을 작성하다 보면 단순하게 하나의 아이템만 사용할 때도 있지만, 여러 개의 아이템이 필요한 경우도 발생합니다. 예를 들어 여러 개의 사용자 계정을 생성하는 플레이북을 작성한다면 사용자 계정을 생성하기 위해 필요한 이름과 패스워드 등의 여러 항목을 loop 문에서 사전 목록으로 사용할 수 있습니다.

01 먼저 make-file.yml이라는 파일을 하나 생성한 뒤 다음과 같은 플레이북을 작성합니다. 아래 내용을 살펴보면 loop 키워드 아래에 log-path라는 변수와 log-mode라는 변수가

차례대로 여러 건 입력된 것을 볼 수 있습니다. 그리고 상단의 ansible.builtin.file 모듈에는 loop 문을 통해 추가한 변수를 item['log-path'], item['log-mode']로 참조하여 사용하였습니다.

```
[root@ansible-server my-ansible]# vi make-file.yml
---

- hosts: all

  tasks:
    - name: Create files
      ansible.builtin.file:
        path: "{{ item['log-path'] }}"
        mode: "{{ item['log-mode'] }}"
        state: touch
      loop:
        - log-path: /var/log/test1.log
          log-mode: '0644'
        - log-path: /var/log/test2.log
          log-mode: '0600'
[root@ansible-server my-ansible]#
```

02 이렇게 작성한 파일 make-file.yml을 실행합니다. 다음과 같이 각 노드에 test1.log와 test2.log라는 파일이 생성되었습니다.

```
[root@ansible-server my-ansible]# ansible-playbook make-file.yml

PLAY [all] *************************************************************************

TASK [Gathering Facts] *************************************************************
ok: [tnode3-rhel.exp.com]
ok: [tnode1-centos.exp.com]
ok: [tnode2-ubuntu.exp.com]

TASK [Create files] ****************************************************************
changed: [tnode2-ubuntu.exp.com] => (item={'log-path': '/var/log/test1.log', 'log-
mode': '0644'})
changed: [tnode1-centos.exp.com] => (item={'log-path': '/var/log/test1.log', 'log-
mode': '0644'})
changed: [tnode3-rhel.exp.com] => (item={'log-path': '/var/log/test1.log', 'log-
mode': '0644'})
```

```
changed: [tnode2-ubuntu.exp.com] => (item={'log-path': '/var/log/test2.log', 'log-
mode': '0600'})
changed: [tnode3-rhel.exp.com] => (item={'log-path': '/var/log/test2.log', 'log-
mode': '0600'})
changed: [tnode1-centos.exp.com] => (item={'log-path': '/var/log/test2.log', 'log-
mode': '0600'})

PLAY RECAP ***********************************************************************
tnode1-centos.exp.com      : ok=2    changed=1    unreachable=0    failed=0
skipped=0    rescued=0    ignored=0
tnode2-ubuntu.exp.com      : ok=2    changed=1    unreachable=0    failed=0
skipped=0    rescued=0    ignored=0
tnode3-rhel.exp.com        : ok=2    changed=1    unreachable=0    failed=0
skipped=0    rescued=0    ignored=0

[root@ansible-server my-ansible]#
```

실제로 해당 노드에 접속하면 log 파일이 다음과 같이 잘 생성되었음을 확인할 수 있습니다.

```
[root@tnode1-centos ~]# ll /var/log/test*
-rw-r--r--. 1 root root 0 Jun 15 14:36 /var/log/test1.log
-rw-------. 1 root root 0 Jun 15 14:36 /var/log/test2.log
[root@tnode1-centos ~]#

root@tnode2-ubuntu:~# ll /var/log/test*
-rw-r--r-- 1 root root 0 Jun 15 05:36 /var/log/test1.log
-rw------- 1 root root 0 Jun 15 05:36 /var/log/test2.log
root@tnode2-ubuntu:~#

[root@tnode3-rhel ~]# ll /var/log/test*
-rw-r--r--. 1 root root 0 Jun 15 14:36 /var/log/test1.log
-rw-------. 1 root root 0 Jun 15 14:36 /var/log/test2.log
[root@tnode3-rhel ~]#
```

이전 앤서블 스타일 반복문

앤서블 2.5 버전 이전에는 with_ 접두사 뒤에 여러 개의 반복문 키워드를 제공하는 서로 다른 구문의 반복문을 사용했습니다. 그러나 해당 반복문의 구문은 기존 플레이북에서는 사용이 가능하지만 향후 어느 시점부터는 사용되지 않을 것이므로, with_ 로 시작하는 구문은 사용하지 않는 편이 좋습니다.

다음 표에 몇 가지 예를 정리했습니다.

반복문 키워드	설명
with_items	문자열 목록 또는 사전 목록과 같은 단순한 목록의 경우 loop 키워드와 동일하게 작동함. loop와 달리 목록으로 이루어진 목록이 with_items에 제공되는 경우 단일 수준의 목록으로 병합되며, 반복문 변수 item에는 각 반복 작업 중 사용되는 목록 항목이 있음.
with_file	제어 노드의 파일 이름을 목록으로 사용할 경우 사용되며, 반복문 변수 item에는 각 반복 작업 중 파일 목록에 있는 해당 파일의 콘텐츠가 있음.
with_sequence	숫자로 된 순서에 따라 값 목록을 생성하는 매개 변수가 필요한 경우 사용되며, 반복문 변수 item에는 각 반복 작업 중 생성된 순서대로 생성된 항목 중 하나의 값이 있음.

그러나 기존에 작성된 플레이북을 분석해야 하는 경우도 발생하니 with_ 구문으로 시작하는 반복문도 알아두면 플레이북 분석에 도움이 됩니다. 예제를 통해 기존 반복문을 알아보겠습니다.

01 vi 에디터를 이용하여 `old-style-loop.yml`이라는 파일을 하나 생성하고 다음과 같은 내용을 입력합니다. 아래 플레이북에서는 `loop` 키워드 대신 `with_items`를 사용하였습니다.

```
[root@ansible-server my-ansible]# vi old-style-loop.yml
---

- hosts: localhost
  vars:
    data:
      - user0
      - user1
      - user2

  tasks:
    - name: "with_items"
      ansible.builtin.debug:
        msg: "{{ item }}"
      with_items: "{{ data }}"
[root@ansible-server my-ansible]#
```

02 `old-style-loop.yml` 파일을 실행합니다. data 변수에 저장된 값들이 하나씩 출력되는 것을 확인할 수 있습니다.

```
[root@ansible-server my-ansible]# ansible-playbook old-style-loop.yml

PLAY [localhost] *******************************************************************

TASK [Gathering Facts] *************************************************************
ok: [localhost]

TASK [with_items] ******************************************************************
ok: [localhost] => (item=user0) => {
    "msg": "user0"
}
ok: [localhost] => (item=user1) => {
    "msg": "user1"
}
ok: [localhost] => (item=user2) => {
    "msg": "user2"
}

PLAY RECAP *************************************************************************
localhost                  : ok=2    changed=0    unreachable=0    failed=0
skipped=0    rescued=0    ignored=0

[root@ansible-server my-ansible]#
```

반복문과 Register 변수 사용

Register 변수는 반복 실행되는 작업의 출력을 캡처할 수 있습니다. 이를 통해 반복 실행되는 작업들이 모두 잘 수행되었는지 확인할 수 있으며, 이 값을 이용하여 다음 작업을 수행할 수 있습니다.

01 먼저 `loop_register.yml`이라는 파일을 생성하고 다음과 같이 내용을 입력합니다. `ansible.builtin.shell` 모듈을 이용하여 "I can speak ~"라는 메시지를 출력하는 내용입니다. 이때 loop 키워드를 이용하여 Korean과 English를 할 수 있다고 아이템을 나열합니다. 그리고 하단에 register 키워드를 이용하여 실행 결과를 `result` 변수로 저장합니다. 이렇게 저장된 result 변수는 `ansible.builtin.debug` 모듈을 통해 해당 내용을 확인할 수 있습니다.

```
[root@ansible-server my-ansible]# vi loop_register.yml
---
- hosts: localhost
  tasks:
    - name: loop echo test
      ansible.builtin.shell: "echo 'I can speak {{ item }}'"
      loop:
        - Korean
        - English
      register: result

    - name: Show result
      ansible.builtin.debug:
        var: result
[root@ansible-server my-ansible]#
```

02 작성된 플레이북은 ansible-playbook 명령어와 함께 실행합니다. echo 문이 잘 실행된 결과를 확인할 수 있습니다. register 키워드에 의해 저장된 **result** 내용에는 대괄호([ ]) 사이에 Key-Value 쌍으로 구성된 결과 값들이 모두 저장되어 있습니다.

```
[root@ansible-server my-ansible]# ansible-playbook loop_register.yml

PLAY [localhost] ******************************************************************

TASK [Gathering Facts] ************************************************************
ok: [localhost]

TASK [loop echo test] *************************************************************
changed: [localhost] => (item=Korean)
changed: [localhost] => (item=English)

TASK [Show result] ****************************************************************
ok: [localhost] => {
    "result": {
        "changed": true,
        "msg": "All items completed",
        "results": [
            {
                "ansible_loop_var": "item",
                "changed": true,
                "cmd": "echo 'I can speak Korean'",
```

```
                "delta": "0:00:00.001537",
                "end": "2023-06-15 14:52:29.998345",
                "failed": false,
                …
                "stdout": "I can speak Korean",
                "stdout_lines": [
                    "I can speak Korean"
                ]
            },
            {
                "ansible_loop_var": "item",
                "changed": true,
                "cmd": "echo 'I can speak English'",
                "delta": "0:00:00.001728",
                "end": "2023-06-15 14:52:30.095147",
                "failed": false,
                …
                "stdout": "I can speak English",
                "stdout_lines": [
                    "I can speak English"
                ]
            }
        ],
        "skipped": false
    }
}

PLAY RECAP ************************************************************************
localhost                  : ok=3    changed=1    unreachable=0    failed=0
skipped=0    rescued=0    ignored=0

[root@ansible-server my-ansible]#
```

03 앞에서 실행한 플레이북 결과를 보면 result 내의 results의 실행 결과는 배열 형식으로 저장된 것을 볼 수 있습니다. 이때 results의 특정 값을 플레이북에서 사용할 경우 loop 문을 이용할 수 있습니다. 아래 예제는 ansible.builtin.debug 모듈에 loop 키워드를 사용하여 result.results를 아이템 변수로 사용한 것입니다. 그리고 해당 아이템의 stdout의 값을 출력할 때는 item.stdout이라는 변수로 결과값을 출력합니다.

```
[root@ansible-server my-ansible]# cp loop_register.yml loop_register1.yml
[root@ansible-server my-ansible]# vi loop_register1.yml
---
- hosts: localhost
  tasks:
    - name: loop echo test
      ansible.builtin.shell: "echo 'I can speak {{ item }}'"
      loop:
        - Korean
        - English
      register: result

    - name: Show result
      ansible.builtin.debug:
        msg: "Stdout: {{ item.stdout }}"
      loop: "{{ result.results }}"
[root@ansible-server my-ansible]#
```

04 ansible-playbook 명령어로 loop_register.yml 파일을 실행합니다. 그러면 loop로 사용된 item에 저장된 값과 ansible.builtin.debug 모듈을 이용해 출력한 메시지를 다음과 같이 확인할 수 있습니다.

```
[root@ansible-server my-ansible]# ansible-playbook loop_register1.yml

PLAY [localhost] ******************************************************************

TASK [Gathering Facts] ************************************************************
ok: [localhost]

TASK [loop echo test] *************************************************************
changed: [localhost] => (item=Korean)
changed: [localhost] => (item=English)

TASK [Show result] ****************************************************************
ok: [localhost] => (item={'changed': True, 'stdout': 'I can speak Korean',
'stderr': '', 'rc': 0, 'cmd': "echo 'I can speak Korean'", 'start': '2023-06-15
15:07:36.264603', 'end': '2023-06-15 15:07:36.266133', 'delta': '0:00:00.001530',
'msg': '', 'invocation': {'module_args': {'_raw_params': "echo 'I can speak Korean'",
'_uses_shell': True, 'stdin_add_newline': True, 'strip_empty_ends': True, 'argv':
None, 'chdir': None, 'executable': None, 'creates': None, 'removes': None, 'stdin':
None}}, 'stdout_lines': ['I can speak Korean'], 'stderr_lines': [], 'failed': False,
```

```
'item': 'Korean', 'ansible_loop_var': 'item'}) => {
    "msg": "Stdout: I can speak Korean"
}
ok: [localhost] => (item={'changed': True, 'stdout': 'I can speak English',
'stderr': '', 'rc': 0, 'cmd': "echo 'I can speak English'", 'start': '2023-06-15
15:07:36.359941', 'end': '2023-06-15 15:07:36.361539', 'delta': '0:00:00.001598',
'msg': '', 'invocation': {'module_args': {'_raw_params': "echo 'I can speak
English'", '_uses_shell': True, 'stdin_add_newline': True, 'strip_empty_ends':
True, 'argv': None, 'chdir': None, 'executable': None, 'creates': None, 'removes':
None, 'stdin': None}}, 'stdout_lines': ['I can speak English'], 'stderr_lines': [],
'failed': False, 'item': 'English', 'ansible_loop_var': 'item'}) => {
    "msg": "Stdout: I can speak English"
}

PLAY RECAP ************************************************************************
localhost                  : ok=3    changed=1    unreachable=0    failed=0
skipped=0    rescued=0    ignored=0

[root@ansible-server my-ansible]#
```

7.2 조건문

앤서블은 조건문을 사용하여 특정 조건이 충족될 때 작업 또는 플레이를 실행할 수 있습니다. 예를 들면 조건문을 사용하여 호스트의 운영체제 버전에 해당하는 서비스를 설치하는 식입니다. 앤서블에서 조건문을 사용할 때는 플레이 변수, 작업 변수, 앤서블 팩트 등을 사용할 수 있습니다.

조건 작업 구문

when 문은 조건부로 작업을 실행할 때 테스트할 조건을 값으로 사용합니다. 조건이 충족되면 작업이 실행되고, 조건이 충족되지 않으면 작업을 건너뜁니다. when 문을 테스트하는 가장 간단한 조건 중 하나는 Boolean 변수가 true인지 false인지 여부입니다.

01 아래 플레이북은 run_my_task라는 변수에 true라는 값을 저장했습니다. when 문에서 run_my_task를 사용하면 run_my_task가 true인 경우에만 작업이 실행됩니다. vi 에디터를 이용하여 when_task.yml 파일을 생성하고 다음 내용을 입력합니다.

```
[root@ansible-server my-ansible]# vi when_task.yml
---

- hosts: localhost
  vars:
    run_my_task: true

  tasks:
    - name: echo message
      ansible.builtin.shell: "echo test"
      when: run_my_task
[root@ansible-server my-ansible]#
```

02 ansible-playbook 명령어를 이용하여 플레이북을 실행하면 run_my_task가 true이므로 echo message 태스크가 수행됩니다.

```
[root@ansible-server my-ansible]# ansible-playbook when_task.yml

PLAY [localhost] ******************************************************************

TASK [Gathering Facts] ************************************************************
ok: [localhost]

TASK [echo message] ***************************************************************
changed: [localhost]

PLAY RECAP ************************************************************************
localhost                  : ok=2    changed=1    unreachable=0    failed=0
skipped=0    rescued=0    ignored=0

[root@ansible-server my-ansible]#
```

03 이번에는 when_task.yml 파일을 열어 run_my_task 값을 true에서 false로 수정합니다.

```
[root@ansible-server my-ansible]# vi when_task.yml
---

- hosts: localhost
  vars:
    run_my_task: false

  tasks:
    - name: echo message
      ansible.builtin.shell: "echo test"
      when: run_my_task
[root@ansible-server my-ansible]#
```

04 다시 ansible-playbook 명령어와 함께 when_task.yml 파일을 실행하면 echo message 태스크가 수행되지 않고 건너뛴 것을 확인할 수 있습니다.

```
[root@ansible-server my-ansible]# ansible-playbook when_task.yml

PLAY [localhost] ********************************************************************

TASK [Gathering Facts] **************************************************************
ok: [localhost]

TASK [echo message] *****************************************************************
skipping: [localhost]

PLAY RECAP **************************************************************************
localhost                  : ok=1    changed=0    unreachable=0    failed=0
skipped=1    rescued=0    ignored=0

[root@ansible-server my-ansible]#
```

조건 연산자

when 문을 사용할때는 true 또는 false 값을 갖는 부울bool 변수 외에도 조건 연산자를 사용할 수 있습니다. 다음 표는 앤서블 when 문에서 사용할 수 있는 조건 연산자 예시입니다. 예를 들어 when 문에 ansible_facts['machine'] == "x86_64"라는 구문을 사용했다면 ansible_facts['machine'] 값이 x86_64일 때만 해당 태스크를 수행합니다.

연산 예시	설명
ansible_facts['machine'] == "x86_64"	ansible_facts['machine']의 값이 "x86_64"와 같으면 true
max_memory == 512	max_memory 값이 512와 같으면 true
min_memory < 128	min_memory 값이 128보다 작으면 true
min_memory > 256	min_memory 값이 256보다 크면 true
min_memory <= 256	min_memory 값이 256보다 작거나 같으면 true
min_memory >= 512	min_memory 값이 512보다 크거나 같으면 true
min_memory != 512	min_memory 값이 512와 같지 않으면 true
min_memory is defined	min_memory라는 변수가 있으면 true
min_memory is not defined	min_memory라는 변수가 없으면 true
memory_available	memory 값이 true이면 true. 이때 해당 값이 1이거나 True 또는 yes면 true
not memory_available	memory 값이 false면 true. 이때 해당 값이 0이거나 false 또는 no이면 true
ansible_facts['distribution'] in supported_distros	Ansible_facts['distribution']의 값이 supported_distros라는 변수에 있으면 true

그럼, OS 종류에 따라 태스크를 수행하는 예제를 통해 조건 연산자 사용법에 대해 알아보겠습니다.

01 vi 에디터로 `check-os.yml` 파일을 생성하고 다음 내용을 입력합니다. `vars` 키워드로 `supported_distros`라는 변수를 사전 타입의 값으로 저장합니다. 그리고 태스크의 when 구문에서 `ansible_facts['distribution'] in supported_distros`라는 조건문을 추가합니다.

```
[root@ansible-server my-ansible]# vi check-os.yml
---

- hosts: all
  vars:
    supported_distros:
      - RedHat
      - CentOS

  tasks:
```

```
    - name: Print supported os
      ansible.builtin.debug:
        msg: "This {{ ansible_facts['distribution'] }} need to use dnf"
      when: ansible_facts['distribution'] in supported_distros
[root@ansible-server my-ansible]#
```

02 플레이북을 실행해보면 tnode1-centos.exp.com과 tnode-rhel.exp.com은 작업이 실행되었지만, tnode2-ubuntu.exp.com은 작업이 실행되지 않았음을 볼 수 있습니다. 이는 `ansible_facts ['distribution']`의 값이 'RedHat'이나 'CentOS'면 출력하고, 그렇지 않으면 해당 태스크를 수행하지 않기 때문입니다.

```
[root@ansible-server my-ansible]# ansible-playbook check-os.yml

PLAY [all] ***************************************************************************

TASK [Gathering Facts] ***************************************************************
ok: [tnode1-centos.exp.com]
ok: [tnode3-rhel.exp.com]
ok: [tnode2-ubuntu.exp.com]

TASK [Print supported os] ************************************************************
ok: [tnode1-centos.exp.com] => {
    "msg": "This CentOS need to use dnf"
}
skipping: [tnode2-ubuntu.exp.com]
ok: [tnode3-rhel.exp.com] => {
    "msg": "This RedHat need to use dnf"
}

PLAY RECAP ***************************************************************************
tnode1-centos.exp.com      : ok=2    changed=0    unreachable=0    failed=0
skipped=0    rescued=0    ignored=0
tnode2-ubuntu.exp.com      : ok=1    changed=0    unreachable=0    failed=0
skipped=1    rescued=0    ignored=0
tnode3-rhel.exp.com        : ok=2    changed=0    unreachable=0    failed=0
skipped=0    rescued=0    ignored=0

[root@ansible-server my-ansible]#
```

복수 조건문

앤서블의 when 문은 단일 조건문뿐만 아니라 복수 조건문도 사용할 수 있습니다. 예를 들어 운영체제가 CentOS이고 서버 타입이 x86_64일 경우에만 작업이 실행되게 구성할 수 있습니다. 그럼, 운영체제가 CentOS이거나 우분투일 경우 작업이 수행되는 예제를 통해 복수 조건문 사용 예를 살펴보겠습니다.

01 앞에서 생성했던 `check-os.yml` 파일을 `check-os1.yml` 파일로 복사 후 다음과 같이 내용을 수정합니다. 이때 when 문에서는 `ansible_facts['distribution']`의 값이 'CentOS'이거나 'Ubuntu'일 경우에만 수행되도록 or 구문을 사용했습니다.

```
[root@ansible-server my-ansible]# cp check-os.yml check-os1.yml
[root@ansible-server my-ansible]# vi check-os1.yml
---

- hosts: all

  tasks:
    - name: Print os type
      ansible.builtin.debug:
        msg: "OS Type: {{ ansible_facts['distribution'] }}"
      when: ansible_facts['distribution'] == "CentOS" or ansible_
facts['distribution'] == "Ubuntu"
[root@ansible-server my-ansible]#
```

02 플레이북을 실행하면 운영체제가 'CentOS'일 경우와 'Ubuntu'일 경우 모두 작업이 수행된 것을 볼 수 있습니다.

```
[root@ansible-server my-ansible]# ansible-playbook check-os1.yml

PLAY [all] ***********************************************************************

TASK [Gathering Facts] ***********************************************************
ok: [tnode3-rhel.exp.com]
ok: [tnode1-centos.exp.com]
ok: [tnode2-ubuntu.exp.com]

TASK [Print os type] *************************************************************
ok: [tnode1-centos.exp.com] => {
```

```
    "msg": "OS Type: CentOS"
}
skipping: [tnode3-rhel.exp.com]
ok: [tnode2-ubuntu.exp.com] => {
    "msg": "OS Type: Ubuntu"
}

PLAY RECAP ***************************************************************************
tnode1-centos.exp.com      : ok=2    changed=0    unreachable=0    failed=0
skipped=0    rescued=0    ignored=0
tnode2-ubuntu.exp.com      : ok=2    changed=0    unreachable=0    failed=0
skipped=0    rescued=0    ignored=0
tnode3-rhel.exp.com        : ok=1    changed=0    unreachable=0    failed=0
skipped=1    rescued=0    ignored=0

[root@ansible-server my-ansible]#
```

03 이번에는 `check-os1.yml` 파일을 `check-os2.yml` 파일로 복사 후 when 문을 다음과 같이 수정합니다. `ansibel_facts['distribution']`의 값이 'CentOS'이고 `ansible_facts['distribution_version']`의 값이 '8'인 경우에만 작업이 수행되도록 and 연산자를 사용했습니다.

```
[root@ansible-server my-ansible]# cp check-os1.yml check-os2.yml
[root@ansible-server my-ansible]# vi check-os2.yml
---

- hosts: all

  tasks:
    - name: Print os type
      ansible.builtin.debug:
        msg: >
             OS Type: {{ ansible_facts['distribution'] }}
             OS Version: {{ ansible_facts['distribution_version'] }}
      when: ansible_facts['distribution'] == "CentOS" and ansible_
facts['distribution_version'] == "8"
[root@ansible-server my-ansible]#
```

04 플레이북을 실행하면 운영체제가 'CentOS'이면서 버전이 '8'인 tnode1-centos.exp.com만 작업이 실행되었음을 볼 수 있습니다.

```
[root@ansible-server my-ansible]# ansible-playbook check-os2.yml

PLAY [all] ************************************************************************

TASK [Gathering Facts] ************************************************************
ok: [tnode1-centos.exp.com]
ok: [tnode3-rhel.exp.com]
ok: [tnode2-ubuntu.exp.com]

TASK [Print os type] **************************************************************
ok: [tnode1-centos.exp.com] => {
    "msg": "OS Type: CentOS OS Version: 8\n"
}
skipping: [tnode2-ubuntu.exp.com]
skipping: [tnode3-rhel.exp.com]

PLAY RECAP ************************************************************************
tnode1-centos.exp.com      : ok=2    changed=0    unreachable=0    failed=0
skipped=0    rescued=0    ignored=0
tnode2-ubuntu.exp.com      : ok=1    changed=0    unreachable=0    failed=0
skipped=1    rescued=0    ignored=0
tnode3-rhel.exp.com        : ok=1    changed=0    unreachable=0    failed=0
skipped=1    rescued=0    ignored=0

[root@ansible-server my-ansible]#
```

05 and 연산자는 조건문에서 바로 사용하거나 아래 플레이북처럼 사전 형태의 목록으로 표현하는 방법 두 가지가 있습니다. check-os2.yml 파일을 check-os3.yml 파일로 복사 후 when 문을 다음과 같이 수정합니다.

```
[root@ansible-server my-ansible]# cp check-os2.yml check-os3.yml
[root@ansible-server my-ansible]# vi check-os3.yml
---

- hosts: all

  tasks:
    - name: Print os type
      ansible.builtin.debug:
        msg: >
            OS Type: {{ ansible_facts['distribution'] }}
```

```
            OS Version: {{ ansible_facts['distribution_version'] }}
      when:
        - ansible_facts['distribution'] == "CentOS"
        - ansible_facts['distribution_version'] == "8"
[root@ansible-server my-ansible]#
```

06 ansible-playbook 명령어로 check-os3.yml 파일을 실행하면 **04**에서 수행한 것과 동일한 결과를 확인할 수 있습니다.

```
[root@ansible-server my-ansible]# ansible-playbook check-os3.yml

PLAY [all] ***********************************************************************

TASK [Gathering Facts] ***********************************************************
ok: [tnode1-centos.exp.com]
ok: [tnode3-rhel.exp.com]
ok: [tnode2-ubuntu.exp.com]

TASK [Print os type] *************************************************************
ok: [tnode1-centos.exp.com] => {
    "msg": "OS Type: CentOS OS Version: 8\n"
}
skipping: [tnode2-ubuntu.exp.com]
skipping: [tnode3-rhel.exp.com]

PLAY RECAP ***********************************************************************
tnode1-centos.exp.com      : ok=2    changed=0    unreachable=0    failed=0
skipped=0    rescued=0    ignored=0
tnode2-ubuntu.exp.com      : ok=1    changed=0    unreachable=0    failed=0
skipped=1    rescued=0    ignored=0
tnode3-rhel.exp.com        : ok=1    changed=0    unreachable=0    failed=0
skipped=1    rescued=0    ignored=0

[root@ansible-server my-ansible]#
```

07 when 문에서는 and 연산자와 or 연산자를 함께 사용할 수도 있습니다. 다음 플레이북은 두 연산자를 함께 사용한 예제로, ansible_facts['distribution']의 값이 'CentOS'이면서 ansible_facts['distribution_version']의 값이 '8'이거나, ansible_facts['distribution']의 값이 'Ubuntu'이고 ansible_facts['distribution_version']의 값이 '20.04'인 경우를 표현합니다.

```
[root@ansible-server my-ansible]# cp check-os3.yml check-os4.yml
[root@ansible-server my-ansible]# vi check-os4.yml
---

- hosts: all

  tasks:
    - name: Print os type
      ansible.builtin.debug:
        msg: >
             OS Type: {{ ansible_facts['distribution'] }}
             OS Version: {{ ansible_facts['distribution_version'] }}
      when: >
          ( ansible_facts['distribution'] == "CentOS" and
            ansible_facts['distribution_version'] == "8" )
          or
          ( ansible_facts['distribution'] == "Ubuntu" and
            ansible_facts['distribution_version'] == "20.04" )
[root@ansible-server my-ansible]#
```

08 ansible-playbook 명령어를 이용하여 check-os4.yml 파일로 실행하면 tnode3-rhel.exp.com 노드를 제외한 노드에서 작업이 실행되었음을 알 수 있습니다.

```
[root@ansible-server my-ansible]# ansible-playbook check-os4.yml

PLAY [all] ************************************************************************

TASK [Gathering Facts] ***************************************************************
ok: [tnode1-centos.exp.com]
ok: [tnode3-rhel.exp.com]
ok: [tnode2-ubuntu.exp.com]

TASK [Print os type] ****************************************************************
ok: [tnode1-centos.exp.com] => {
    "msg": "OS Type: CentOS OS Version: 8\n"
}
skipping: [tnode3-rhel.exp.com]
ok: [tnode2-ubuntu.exp.com] => {
    "msg": "OS Type: Ubuntu OS Version: 20.04\n"
}

PLAY RECAP ************************************************************************
```

```
tnode1-centos.exp.com      : ok=2    changed=0    unreachable=0    failed=0
skipped=0    rescued=0    ignored=0
tnode2-ubuntu.exp.com      : ok=2    changed=0    unreachable=0    failed=0
skipped=0    rescued=0    ignored=0
tnode3-rhel.exp.com        : ok=1    changed=0    unreachable=0    failed=0
skipped=1    rescued=0    ignored=0

[root@ansible-server my-ansible]#
```

반복문과 조건문 사용

모든 개발 언어가 그렇듯이 반복문과 조건문을 함께 사용할 수도 있습니다. 예제를 통해 좀 더 자세히 살펴보겠습니다.

01 vi 에디터로 check-mount.yml 파일을 생성한 뒤 다음 내용을 입력합니다. 이때 사용된 when 문의 item['mount']은 loop 문에서 선언한 ansible_facts의 mounts 중 mount라는 값과 size_available이라는 값을 사용해 구현한 것입니다.

```
[root@ansible-server my-ansible]# vi check-mount.yml
---

- hosts: db

  tasks:
    - name: Print Root Directory Size
      ansible.builtin.debug:
        msg: "Directory {{ item.mount }} size is {{ item.size_available }}"
      loop: "{{ ansible_facts['mounts'] }}"
      when: item['mount'] == "/" and item['size_available'] > 300000000
[root@ansible-server my-ansible]#
```

02 플레이북을 실행하면 앤서블 팩트에서 mounts라는 사전 타입의 변수값을 반복하면서 mount가 '/' 이고 size_available 값이 '300000000'보다 큰 경우에만 메시지를 출력하고, 그렇지 않을 경우에는 작업을 건너뜁니다.

```
[root@ansible-server my-ansible]# ansible-playbook check-mount.yml

PLAY [db] ***************************************************************************
```

```
TASK [Gathering Facts] **************************************************************
ok: [tnode3-rhel.exp.com]

TASK [Print Root Directory Size] ****************************************************
ok: [tnode3-rhel.exp.com] => (item={'mount': '/', 'device': '/dev/mapper/rhel-root',
'fstype': 'xfs', 'options': 'rw,seclabel,relatime,attr2,inode64,logbufs=8,logbsize=3
2k,noquota', 'size_total': 48336711680, 'size_available': 45013864448, 'block_size':
4096, 'block_total': 11800955, 'block_available': 10989713, 'block_used': 811242,
'inode_total': 23613440, 'inode_available': 23526567, 'inode_used': 86873, 'uuid':
'12cbf917-1462-4eb2-928f-3870f4e73a84'}) => {
    "msg": "Directory / size is 45013864448"
}
skipping: [tnode3-rhel.exp.com] => (item={'mount': '/boot', 'device': '/dev/vda1',
'fstype': 'xfs', 'options': 'rw,seclabel,relatime,attr2,inode64,logbufs=8,logbsize=
32k,noquota', 'size_total': 1063256064, 'size_available': 836145152, 'block_size':
4096, 'block_total': 259584, 'block_available': 204137, 'block_used': 55447, 'inode_
total': 524288, 'inode_available': 523978, 'inode_used': 310, 'uuid': 'a2968e56-1c8f-
45bc-b98b-c0b5ad5486e8'})

PLAY RECAP **************************************************************************
tnode3-rhel.exp.com        : ok=2    changed=0    unreachable=0    failed=0
skipped=0    rescued=0    ignored=0

[root@ansible-server my-ansible]#
```

03 조건문을 사용할 때는 반복문뿐만 아니라 register 키워드로 작업 변수도 사용할 수 있습니다. 아래 예제는 `systemctl` 명령어로 `rsyslog`가 `active`인지를 체크하여 해당 결과를 `result` 변수에 저장하고, Print rsyslog status 태스크에서 `result.stdout` 값이 `active`일 경우에만 해당 값을 출력하는 내용입니다.

```
[root@ansible-server my-ansible]# vi register-when.yml
---

- hosts: all

  tasks:
    - name: Get rsyslog service status
      ansible.builtin.command: systemctl is-active rsyslog
      register: result

    - name: Print rsyslog status
```

```
      ansible.builtin.debug:
        msg: "Rsyslog status is {{ result.stdout }}"
      when: result.stdout == "active"
[root@ansible-server my-ansible]#
```

04 ansible-playbook 명령어와 함께 플레이북을 실행하면 각 호스트의 rsyslog 상태를 확인하고 해당 결과를 출력했음을 확인할 수 있습니다.

```
[root@ansible-server my-ansible]# ansible-playbook register-when.yml

PLAY [all] ***************************************************************************

TASK [Gathering Facts] ***************************************************************
ok: [tnode3-rhel.exp.com]
ok: [tnode1-centos.exp.com]
ok: [tnode2-ubuntu.exp.com]

TASK [Get rsyslog service status] ****************************************************
changed: [tnode2-ubuntu.exp.com]
changed: [tnode3-rhel.exp.com]
changed: [tnode1-centos.exp.com]

TASK [Print rsyslog status] **********************************************************
ok: [tnode1-centos.exp.com] => {
    "msg": "Rsyslog status is active"
}
ok: [tnode2-ubuntu.exp.com] => {
    "msg": "Rsyslog status is active"
}
ok: [tnode3-rhel.exp.com] => {
    "msg": "Rsyslog status is active"
}

PLAY RECAP ***************************************************************************
tnode1-centos.exp.com      : ok=3    changed=1    unreachable=0    failed=0
skipped=0    rescued=0    ignored=0
tnode2-ubuntu.exp.com      : ok=3    changed=1    unreachable=0    failed=0
skipped=0    rescued=0    ignored=0
tnode3-rhel.exp.com        : ok=3    changed=1    unreachable=0    failed=0
skipped=0    rescued=0    ignored=0

[root@ansible-server my-ansible]#
```

7.3 핸들러 및 작업 실패 처리

앤서블 모듈은 멱등idempotent이 가능하도록 설계되어 있습니다. 즉, 플레이북을 여러 번 실행해도 결과는 항상 동일합니다. 또한 플레이 및 해당 작업은 여러 번 실행할 수 있지만, 해당 호스트는 원하는 상태로 만드는 데 필요한 경우에만 변경됩니다.

하지만 한 작업에서 시스템을 변경해야 하는 경우 추가 작업을 실행해야 할 수도 있습니다. 예를 들어 서비스의 구성 파일을 변경하려면 변경 내용이 적용되도록 서비스를 다시 로드해야 합니다. 이때 핸들러는 다른 작업에서 트리거한 알림에 응답하는 작업이며, 해당 호스트에서 작업이 변경될 때만 핸들러에 통지합니다.

앤서블 핸들러

앤서블에서 핸들러를 사용하려면 notify 문을 사용하여 명시적으로 호출된 경우에만 사용할 수 있습니다. 또한 핸들러를 정의할 때는 같은 이름으로 여러 개의 핸들러를 정의하기보다는 각각의 고유한 이름을 사용하여 정의하는 것이 좋습니다. 이제 예제를 통해 핸들러 사용법을 알아보겠습니다.

01 vi 에디터로 `handler-sample.yml`이라는 파일을 생성하고 다음 내용을 입력합니다. 다음 플레이북에 선언된 태스크는 rsyslog라는 서비스를 재시작하는 태스크입니다. 해당 태스크가 실행되면 notify 키워드를 통해 `print msg`라는 핸들러를 호출합니다. 핸들러는 `handlers`라는 키워드로 시작하며, 태스크와 동일하게 작성합니다.

```
[root@ansible-server my-ansible]# vi handler-sample.yml
---

- hosts: tnode2-ubuntu.exp.com

  tasks:
    - name: restart rsyslog
      ansible.builtin.service:
        name: "rsyslog"
        state: restarted
      notify:
        - print msg
```

```
  handlers:
    - name: print msg
      ansible.builtin.debug:
        msg: "rsyslog is restarted"
[root@ansible-server my-ansible]#
```

02 플레이북을 실행하면 tnode2-ubuntu.exp.com 노드의 rsyslog 서비스를 재시작하고, print msg라는 핸들러를 호출해 "rsyslog is restarted"라는 메시지를 출력합니다.

```
[root@ansible-server my-ansible]# ansible-playbook handler-sample.yml

PLAY [tnode2-ubuntu.exp.com] ******************************************************

TASK [Gathering Facts] ************************************************************
ok: [tnode2-ubuntu.exp.com]

TASK [restart rsyslog] ************************************************************
changed: [tnode2-ubuntu.exp.com]

RUNNING HANDLER [print msg] *******************************************************
ok: [tnode2-ubuntu.exp.com] => {
    "msg": "rsyslog is restarted"
}

PLAY RECAP ************************************************************************
tnode2-ubuntu.exp.com      : ok=3    changed=1    unreachable=0    failed=0
skipped=0    rescued=0    ignored=0

[root@ansible-server my-ansible]#
```

작업 실패 무시

앤서블은 플레이 시 각 작업의 반환 코드를 평가하여 작업의 성공 여부를 판단합니다. 일반적으로 작업이 실패하면 앤서블은 이후의 모든 작업을 건너뜁니다. 하지만 작업이 실패해도 플레이를 계속 실행할 수 있습니다. 이는 ignore_errors라는 키워드로 구현할 수 있습니다.

01 vi 에디터로 ignore-example.yml이라는 파일에 다음 내용을 입력합니다. 플레이북의 대상 호스트는 tnode1-centos.exp.com입니다. 에러를 발생시키기 위해 CentOS에는 없

는 apache2 패키지를 설치하는 작업을 추가하고, 해당 작업 하단에 ignore_erros: yes 라는 구문을 입력합니다.

```
[root@ansible-server my-ansible]# vi ignore-example.yml
---

- hosts: tnode1-centos.exp.com

  tasks:
    - name: Install apache2
      ansible.builtin.dnf:
        name: apache2
        state: latest
      ignore_errors: yes

    - name: Print msg
      ansible.builtin.debug:
        msg: "Before task is ignored"
[root@ansible-server my-ansible]#
```

02 ansible-playbook 명령어로 플레이북을 실행하면 Install apache2 태스크에서 에러가 발생하지만, ignoring이라는 메시지와 함께 에러가 무시되고 다음 태스크 수행으로 넘어가는 것을 확인할 수 있습니다.

```
[root@ansible-server my-ansible]# ansible-playbook ignore-example.yml

PLAY [tnode1-centos.exp.com] *******************************************************

TASK [Gathering Facts] *************************************************************
ok: [tnode1-centos.exp.com]

TASK [Install apache2] *************************************************************
fatal: [tnode1-centos.exp.com]: FAILED! => {"changed": false, "failures": ["No
package apache2 available."], "msg": "Failed to install some of the specified
packages", "rc": 1, "results": []}
...ignoring

TASK [Print msg] *******************************************************************
ok: [tnode1-centos.exp.com] => {
    "msg": "Before task is ignored"
```

```
}

PLAY RECAP ***********************************************************************
tnode1-centos.exp.com      : ok=3    changed=0    unreachable=0    failed=0
skipped=0    rescued=0    ignored=1

[root@ansible-server my-ansible]#
```

작업 실패 후 핸들러 실행

앤서블은 일반적으로 작업이 실패하고 해당 호스트에서 플레이가 중단되면 이전 작업에서 알림을 받은 모든 핸들러가 실행되지 않습니다. 하지만 플레이북에 force_handlers: yes 키워드를 설정하면 이후 작업이 실패하여 플레이가 중단되어도 알림을 받은 핸들러가 호출됩니다.

01 앞에서 작성했던 `handler-sample.yml` 파일을 `force-handler.yml` 파일로 복사합니다. 그리고 `force-handler.yml` 파일에서 `force_handlers: yes`를 hosts 아래에 추가하고, restart rsyslog 태스크와 handlers 사이에 install apache2라는 태스크를 추가합니다.

```
[root@ansible-server my-ansible]# cp handler-sample.yml force-handler.yml
[root@ansible-server my-ansible]# vi force-handler.yml
---

- hosts: tnode2-ubuntu.exp.com
  force_handlers: yes

  tasks:
    - name: restart rsyslog
      ansible.builtin.service:
        name: "rsyslog"
        state: restarted
      notify:
        - print msg

    - name: install apache2
      ansible.builtin.dnf:
        name: "apache2"
        state: lastest

  handlers:
```

```
    - name: print msg
      ansible.builtin.debug:
        msg: "rsyslog is restarted"

[root@ansible-server my-ansible]#
```

02 수정한 플레이북을 ansible-playbook 명령어와 함께 실행하면 restart rsyslog 태스크가 수행되고 install apache2 태스크에서 에러가 발생하는 걸 볼 수 있습니다. 또한 작업이 끝나지 않고 handler가 수행되는 것도 확인할 수 있습니다.

```
[root@ansible-server my-ansible]# ansible-playbook force-handler.yml

PLAY [tnode2-ubuntu.exp.com] ******************************************************

TASK [Gathering Facts] ************************************************************
ok: [tnode2-ubuntu.exp.com]

TASK [restart rsyslog] ************************************************************
changed: [tnode2-ubuntu.exp.com]

TASK [install apache2] ************************************************************
fatal: [tnode2-ubuntu.exp.com]: FAILED! => {"ansible_facts": {"pkg_mgr": "apt"},
"changed": false, "msg": ["Could not detect which major revision of dnf is in use,
which is required to determine module backend.", "You should manually specify use_
backend to tell the module whether to use the dnf4 or dnf5 backend})"]}

RUNNING HANDLER [print msg] *******************************************************
ok: [tnode2-ubuntu.exp.com] => {
    "msg": "rsyslog is restarted"
}

PLAY RECAP ************************************************************************
tnode2-ubuntu.exp.com      : ok=3    changed=1    unreachable=0    failed=1
skipped=0    rescued=0    ignored=0

[root@ansible-server my-ansible]#
```

작업 실패 조건 지정

앤서블에서 셸 스크립트를 실행한 뒤 결과로 실패 또는 에러 메시지를 출력해도 앤서블에서는 작업이 성공했다고 간주합니다. 이런 경우에는 failed_when 키워드를 사용하여 작업이 실패했음을 나타내는 조건을 지정할 수 있습니다.

01 저자가 이전에 출간한 『처음 배우는 셸 스크립트』의 8.1절을 보면 사용자를 추가하는 셸 스크립트가 있습니다. 저자의 깃허브GitHub 사이트(t.ly/j8W1)에서도 참조할 수 있으며, 이번 예제에서 해당 스크립트를 활용하겠습니다.

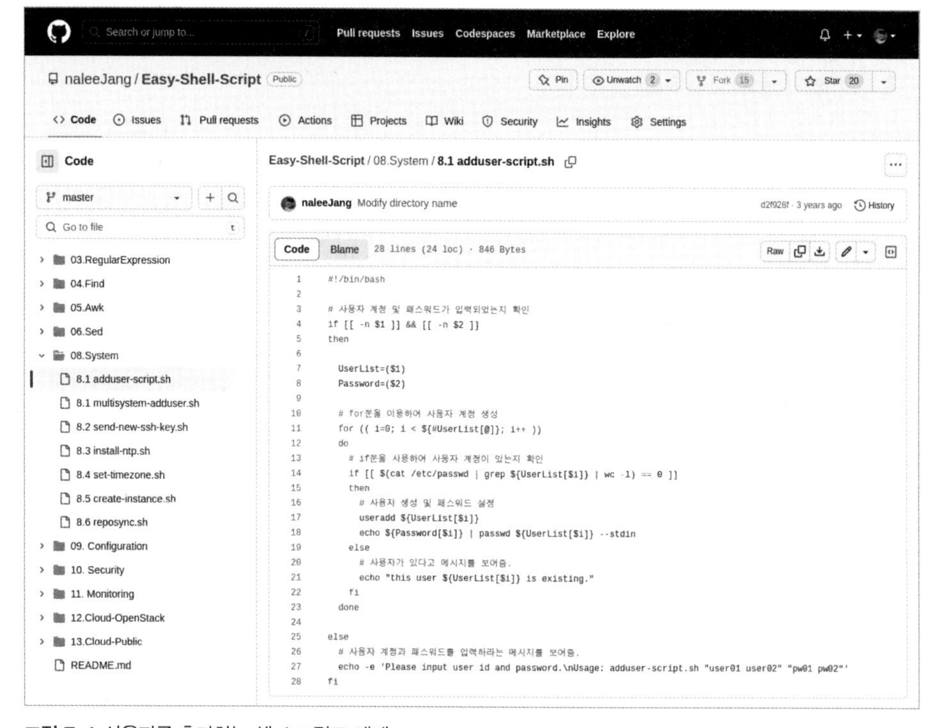

그림 7-1 사용자를 추가하는 셸 스크립트 예제

02 앞에서 확인한 스크립트 내용을 복사하여 tnode1-centos 노드의 `adduser-script.sh` 파일에 붙여넣습니다.

```
[root@tnode1-centos ~]# vi adduser-script.sh
#!/bin/bash
```

```
# 사용자 계정 및 패스워드가 입력되었는지 확인
if [[ -n $1 ]] && [[ -n $2 ]]
then

  UserList=($1)
  Password=($2)

  # for 문을 이용하여 사용자 계정 생성
  for (( i=0; i < ${#UserList[@]}; i++ ))
  do
    # if 문을 사용하여 사용자 계정이 있는지 확인
    if [[ $(cat /etc/passwd | grep ${UserList[$i]} | wc -l) == 0 ]]
    then
      # 사용자 생성 및 패스워드 설정
      useradd ${UserList[$i]}
      echo ${Password[$i]} | passwd ${UserList[$i]} --stdin
    else
      # 사용자가 있다고 메시지를 보여줌.
      echo "this user ${UserList[$i]} is existing."
    fi
  done

else
  # 사용자 계정과 패스워드를 입력하라는 메시지를 보여줌.
  echo -e 'Please input user id and password.\nUsage: adduser-script.sh "user01
user02" "pw01 pw02"'
fi
[root@tnode1-centos ~]# chmod +x adduser-script.sh
```

03 다시 ansible-server로 돌아와 my-ansible 디렉터리에 `failed-when.yml` 파일을 생성합니다. 플레이북에는 `adduser-script.sh`를 실행하기 위한 `ansible.builtn.shell` 모듈 사용 태스크를 추가하고, 해당 태스크 하단에 failed_when 구문을 추가합니다. failed_when 구문에는 조건식이 들어갑니다. `command_result.stdout` 변수에 "Please input user id and password"라는 문자열이 있으면 작업을 실패(fail)로 처리하겠다는 의미입니다.

```
[root@ansible-server my-ansible]# vi failed-when.yml
---

- hosts: tnode1-centos.exp.com
```

```
  tasks:
    - name: Run user add script
      ansible.builtin.shell: /root/adduser-script.sh
      register: command_result
      failed_when: "'Please input user id and password' in command_result.stdout"

    - name: Print msg
      ansible.builtin.debug:
        msg: "This task is next task"

[root@ansible-server my-ansible]#
```

04 ansible-playbook 명령어와 함께 플레이북을 실행하면 Run user add script 태스크에 fatal이라는 단어와 함께 태스크가 실패한 것을 확인할 수 있습니다. 만일 플레이북에서 failed_when 구문을 사용하지 않았다면 해당 태스크가 실패했는지도 모른 채 다음 태스크를 수행했을 것입니다.

```
[root@ansible-server my-ansible]# ansible-playbook failed-when.yml

PLAY [tnode1-centos.exp.com] *****************************************************

TASK [Gathering Facts] ***********************************************************
ok: [tnode1-centos.exp.com]

TASK [Run user add script] *******************************************************
fatal: [tnode1-centos.exp.com]: FAILED! => {"changed": true, "cmd": "/root/adduser-script.sh", "delta": "0:00:00.001969", "end": "2023-06-17 01:17:14.037576", "failed_when_result": true, "msg": "", "rc": 0, "start": "2023-06-17 01:17:14.035607", "stderr": "", "stderr_lines": [], "stdout": "Please input user id and password.\nUsage: adduser-script.sh \"user01 user02\" \"pw01 pw02\"", "stdout_lines": ["Please input user id and password.", "Usage: adduser-script.sh \"user01 user02\" \"pw01 pw02\""]}

PLAY RECAP ***********************************************************************
tnode1-centos.exp.com      : ok=1    changed=0    unreachable=0    failed=1
skipped=0    rescued=0    ignored=0

[root@ansible-server my-ansible]#
```

05 앞에서 작성한 failed-when.yml 파일을 failed-when2.yml 파일로 복사 후 다음과 같이 수정합니다. Run user add script 태스크에 있던 failed_when 구문을 삭제하고 ignore_errors: yes 구문을 추가합니다. 그리고 하단에 ansible.builtin.fail 모듈과 when 구문을 이용하여 command_result.stdout 변수에 "Please input user id and password" 문자열이 있으면 메시지를 출력하고 실패 처리를 하라는 태스크를 추가합니다.

```
[root@ansible-server my-ansible]# cp failed-when.yml failed-when2.yml
[root@ansible-server my-ansible]# vi failed-when2.yml
---

- hosts: tnode1-centos.exp.com

  tasks:
    - name: Run user add script
      ansible.builtin.shell: /root/adduser-script.sh
      register: command_result
      ignore_errors: yes

    - name: Report script failure
      ansible.builtin.fail:
        msg: "{{ command_result.stdout }}"
      when: "'Please input user id and password' in command_result.stdout"

[root@ansible-server my-ansible]#
```

06 failed-when2.yml 플레이북을 실행하면 Run user add script 태스크는 정상적으로 수행되지만 Report script failure 태스크에서 실패로 감지되어 플레이 수행이 중단된 것을 확인할 수 있습니다.

```
[root@ansible-server my-ansible]# ansible-playbook failed-when2.yml

PLAY [tnode1-centos.exp.com] *******************************************************

TASK [Gathering Facts] *************************************************************
ok: [tnode1-centos.exp.com]

TASK [Run user add script] *********************************************************
```

```
changed: [tnode1-centos.exp.com]

TASK [Report script failure] *****************************************************
fatal: [tnode1-centos.exp.com]: FAILED! => {"changed": false, "msg": "Please input
user id and password.\nUsage: adduser-script.sh \"user01 user02\" \"pw01 pw02\""}

PLAY RECAP ***********************************************************************
tnode1-centos.exp.com      : ok=2    changed=1    unreachable=0    failed=1
skipped=0    rescued=0    ignored=0

[root@ansible-server my-ansible]#
```

앤서블 블록 및 오류처리

앤서블은 블록block이라는 오류를 제어하는 문법을 제공합니다. 블록은 작업을 논리적으로 그룹화하는 절이며, 작업 실행 방법을 제어하는 데 사용할 수 있습니다. 또한 블록을 통해 rescue 문과 always 문을 함께 사용함으로써 오류를 처리할 수 있습니다.

- block: 실행할 기본 작업을 정의함.
- rescue: block 절에 정의된 작업이 실패하는 경우 실행할 작업을 정의함.
- always: block 및 rescue 절에 정의된 작업의 성공 또는 실패 여부와 관계없이 항상 실행되는 작업을 정의함.

01 vi 에디터를 이용해 `block-example.yml` 파일을 생성 후 다음 내용을 입력합니다. 해당 플레이북은 block 구문에서 `ansible.builtin.find` 모듈을 이용하여 '/var/log/daily_log'라는 디렉터리를 찾습니다. 이때 해당 디렉터리가 없으면 Warning을 발생시킨 후 다음 태스크로 넘어가지만, failed_when 구문을 사용하여 `result.msg` 변수에 "Not all paths"라는 메시지가 발견되면 실패 처리하도록 합니다. rescue 구문에는 디렉터리가 없으면 해당 디렉터리를 생성하며, always 구문에는 로그 파일을 생성합니다.

```
[root@ansible-server my-ansible]# vi block-example.yml
---

- hosts: tnode2-ubuntu.exp.com
  vars:
    logdir: /var/log/daily_log
    logfile: todays.log
```

```
  tasks:
  - name: Configure Log Env
      block:
        - name: Find Directory
          ansible.builtin.find:
            paths: "{{ logdir }}"
          register: result
          failed_when: "'Not all paths' in result.msg"

      rescue:
        - name: Make Directory when Not found Directory
          ansible.builtin.file:
            path: "{{ logdir }}"
            state: directory
            mode: '0755'

      always:
        - name: Create File
          ansible.builtin.file:
            path: "{{ logdir }}/{{ logfile }}"
            state: touch
            mode: '0644'
[root@ansible-server my-ansible]#
```

02 플레이북을 실행하면 Find Directory 태스크에서 디렉터리를 찾지 못해 오류가 발생하고, Make Directory when Not found Directory 태스크에서 디렉터리를 생성합니다. 그리고 Create File 태스크가 실행되었음을 확인할 수 있습니다.

```
[root@ansible-server my-ansible]# ansible-playbook block-example.yml

PLAY [tnode2-ubuntu.exp.com] *******************************************************

TASK [Gathering Facts] *************************************************************
ok: [tnode2-ubuntu.exp.com]

TASK [Find Directory] **************************************************************
[WARNING]: Skipped '/var/log/daily_log' path due to this access issue: '/var/log/
daily_log' is not a directory
fatal: [tnode2-ubuntu.exp.com]: FAILED! => {"changed": false, "examined": 0, "failed_
when_result": true, "files": [], "matched": 0, "msg": "Not all paths examined, check
warnings for details", "skipped_paths": {"/var/log/daily_log": "'/var/log/daily_log'
is not a directory"}}
```

```
TASK [Make Directory when Not found Directory] ************************************
changed: [tnode2-ubuntu.exp.com]

TASK [Create File] ****************************************************************
changed: [tnode2-ubuntu.exp.com]

PLAY RECAP ************************************************************************
tnode2-ubuntu.exp.com      : ok=3    changed=2    unreachable=0    failed=0
skipped=0    rescued=1    ignored=0

[root@ansible-server my-ansible]#
```

03 tnode2-ubuntu 노드에 들어가 /var/log/daily_log 디렉터리 안을 확인하면 todays.log 파일이 생성된 것을 볼 수 있으며, daily_log 디렉터리도 새로 생성된 것을 볼 수 있습니다.

```
root@tnode2-ubuntu:~# ll /var/log/daily_log/
total 8
drwxr-xr-x  2 root root   4096 Jun 17 02:58 ./
drwxrwxr-x 10 root syslog 4096 Jun 17 02:58 ../
-rw-r--r--  1 root root      0 Jun 17 02:59 todays.log
root@tnode2-ubuntu:~#
```

04 /var/log/daily_log 디렉터리가 있는 것을 확인 후 다시 block-example.yml 파일을 실행합니다. 이번에는 Find Directory 태스크에 디렉터리가 존재하므로 rescue 구문에 있던 Make Directory when Not found Directory 태스크를 실행하지 않고 always 구문에 있던 Create File 태스크가 실행됩니다.

```
[root@ansible-server my-ansible]# ansible-playbook block-example.yml

PLAY [tnode2-ubuntu.exp.com] ******************************************************

TASK [Gathering Facts] ************************************************************
ok: [tnode2-ubuntu.exp.com]

TASK [Find Directory] *************************************************************
ok: [tnode2-ubuntu.exp.com]

TASK [Create File] ****************************************************************
```

```
changed: [tnode2-ubuntu.exp.com]

PLAY RECAP ***********************************************************************
tnode2-ubuntu.exp.com      : ok=3    changed=1    unreachable=0    failed=0
skipped=0    rescued=0    ignored=0

[root@ansible-server my-ansible]#
```

CHAPTER 8

롤과 콘텐츠 컬렉션을 활용한 플레이북 구현

앤서블에는 협업을 위한 매력적인 기능이 있습니다. 내가 만든 플레이북을 다른 사람들과 공유하거나 다른 사람들이 만든 플레이북을 활용할 수 있는 기능입니다. 이런 기능은 앤서블 커뮤니티 생태계를 더욱 활성화시키고, 플레이북 작성 시간을 단축시켜줍니다. 또한 다른 이들의 플레이북을 통해 잘 만들어진 구조를 학습할 수 있다는 장점이 있습니다. 이런 작업은 앤서블의 롤Role을 통해 구현하고, 앤서블 갤럭시를 통해 공유할 수 있으며, 누군가가 이미 만들어놓은 롤을 검색하여 가져올 수도 있습니다. 또한 앤서블 공식 문서의 콘텐츠 컬렉션 사이트를 참조하면 플레이북 개발에 많은 도움이 됩니다. 지금부터 롤, 앤서블 갤럭시, 콘텐츠 컬렉션에 대해 자세히 알아보겠습니다.

8.1 롤 구조 소개 및 사용법

플레이북을 개발하다 보면 이전에 작성한 플레이북의 코드를 재사용할 기회가 많다는 것을 깨닫게 됩니다. 이때 앤서블에서 제공하는 롤을 사용하면 일반적인 앤서블 코드를 더 쉽게 재사용할 수 있습니다. 인프라를 프로비저닝하거나 애플리케이션을 배포하는 데 필요한 모든 작업, 변수, 파일, 템플릿, 기타 리소스를 표준화된 디렉터리 구조로 패키징하는 데 도움이 됩니다. 디렉터리를 복사하여 롤을 다른 프로젝트로 복사한 다음 플레이 내에서 호출할 수도 있습니다.

또한 잘 작성된 롤은 플레이북에서 전달된 변수를 사용할 수 있습니다. 변수는 사이트별 호스트 이름, IP 주소, 사용자 이름, 비밀 또는 기타 로컬 특정 세부 정보를 설정하여 롤의 동작을 수정할 수 있습니다. 물론 롤을 호출하는 플레이북에 해당 변수를 설정하지 않을 경우에는 기본값을 롤의 해당 변수에 설정하기도 합니다.

앤서블 롤에는 다음과 같은 장점이 있습니다.

- 콘텐츠를 그룹화하여 코드를 다른 사용자와 쉽게 공유할 수 있습니다.
- 웹 서버, 데이터베이스 서버 또는 깃(Git) 리포지터리와 같은 시스템 유형의 필수 요소를 정의할 수 있습니다.
- 대규모 프로젝트를 쉽게 관리할 수 있습니다.
- 다른 사용자와 동시에 개발할 수 있습니다.
- 잘 작성한 롤은 앤서블 갤럭시를 통해 공유하거나 다른 사람이 공유한 롤을 가져올 수도 있습니다.

지금부터 롤의 구조와 함께 롤을 만들고 사용하는 방법을 하나씩 알아보겠습니다.

앤서블 롤 구조

앤서블 롤Role은 하위 디렉터리 및 파일의 표준화된 구조에 의해 정의됩니다. 최상위 디렉터리는 롤 자체의 이름을 의미하고, 그 안은 tasks 및 handlers 등 롤에서 목적에 따라 정의된 하위 디렉터리로 구성됩니다. 다음 표는 롤의 최상위 디렉터리 아래에 있는 하위 디렉터리의 이름과 기능을 설명한 것입니다.

하위 디렉터리	기능
defaults	이 디렉터리의 main.yml 파일에는 롤이 사용될 때 덮어쓸 수 있는 롤 변수의 기본값이 포함되어 있습니다. 이러한 변수는 우선순위가 낮으며 플레이에서 변경할 수 있습니다.
files	이 디렉터리에는 롤 작업에서 참조한 정적 파일이 있습니다.
handlers	이 디렉터리의 main.yml 파일에는 롤의 핸들러 정의가 포함되어 있습니다.
meta	이 디렉터리의 main.yml 파일에는 작성자, 라이센스, 플랫폼 및 옵션, 롤 종속성을 포함한 롤에 대한 정보가 들어 있습니다.
tasks	이 디렉터리의 main.yml 파일에는 롤의 작업 정의가 포함되어 있습니다.
templates	이 디렉터리에는 롤 작업에서 참조할 Jinja2 템플릿이 있습니다.
tests	이 디렉터리에는 롤을 테스트하는 데 사용할 수 있는 인벤토리와 test.yml 플레이북이 포함될 수 있습니다.
vars	이 디렉터리의 main.yml 파일은 롤의 변수 값을 정의합니다. 종종 이러한 변수는 롤 내에서 내부 목적으로 사용됩니다. 또한 우선순위가 높으며, 플레이북에서 사용될 때 변경되지 않습니다.

예제를 통해 롤을 생성하고 그 구조를 살펴보겠습니다.

01 앤서블에서 롤을 생성할 때는 `ansible-galaxy role` 명령어를 사용합니다(앤서블 갤럭시에 대해서는 8.2절에서 자세히 다룹니다). 다음과 같이 앤서블이 설치된 ansible-server에서 `ansible-galaxy role -h` 명령어를 실행하면 사용 가능한 서브 명령어와 그 의미를 확인할 수 있습니다. 여기서 롤을 생성하기 위한 서브 명령어는 `init`입니다. 이 외에도 삭제, 목록 확인, 앤서블 갤럭시로부터의 롤 검색, 설치, 삭제와 같은 작업을 할 수 있습니다.

```
[root@ansible-server my-ansible]# ansible-galaxy role -h
usage: ansible-galaxy role [-h] ROLE_ACTION ...

positional arguments:
  ROLE_ACTION
    init        Initialize new role with the base structure of a role.
    remove      Delete roles from roles_path.
    delete      Removes the role from Galaxy. It does not remove or alter the actual
GitHub repository.
    list        Show the name and version of each role installed in the roles_path.
    search      Search the Galaxy database by tags, platforms, author and multiple
keywords.
    import      Import a role into a galaxy server
    setup       Manage the integration between Galaxy and the given source.
    info        View more details about a specific role.
    install     Install role(s) from file(s), URL(s) or Ansible Galaxy

options:
  -h, --help   show this help message and exit
[root@ansible-server my-ansible]#
```

02 명령어 `ansible-galaxy role init`을 이용하여 my-role이라는 롤을 생성해보겠습니다. 롤이 정상적으로 생성되면 다음과 같이 롤이 잘 생성되었다는 메시지를 확인할 수 있습니다.

```
[root@ansible-server my-ansible]# ansible-galaxy role init my-role
- Role my-role was created successfully
[root@ansible-server my-ansible]#
```

03 이번에는 `tree` 명령어로 앞에서 생성한 롤 my-role의 구조를 살펴봅니다. my-role 디

렉터리에는 앞에서 살펴본 롤의 하위 디렉터리들이 있음을 확인할 수 있습니다.

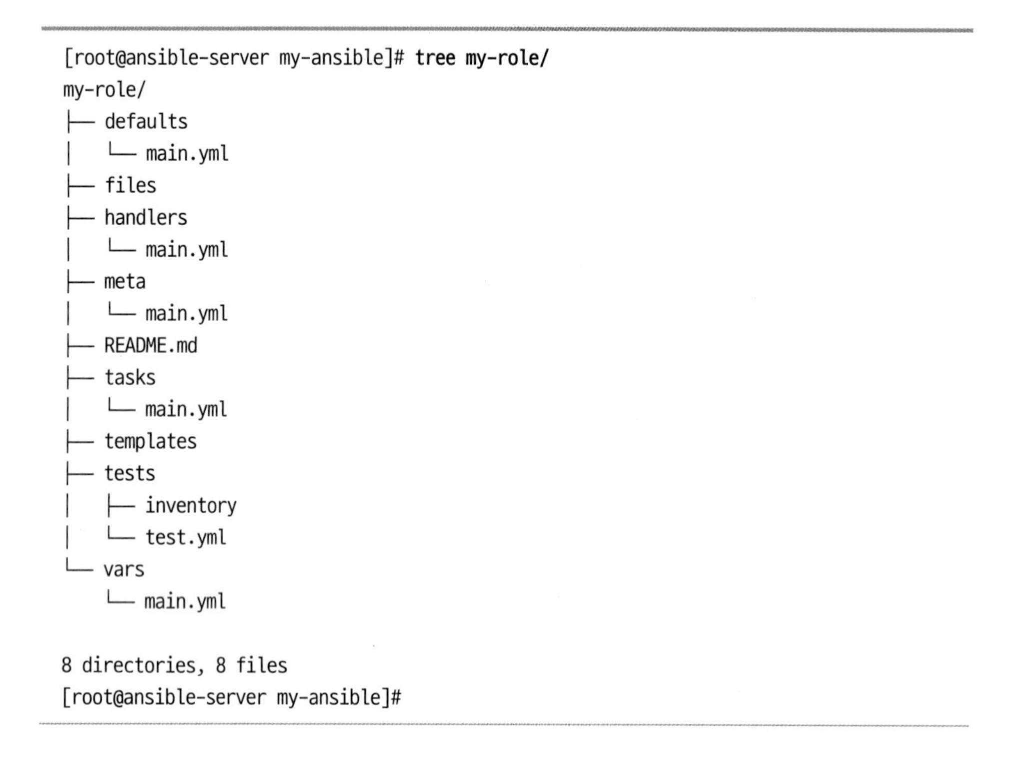

```
[root@ansible-server my-ansible]# tree my-role/
my-role/
├── defaults
│   └── main.yml
├── files
├── handlers
│   └── main.yml
├── meta
│   └── main.yml
├── README.md
├── tasks
│   └── main.yml
├── templates
├── tests
│   ├── inventory
│   └── test.yml
└── vars
    └── main.yml

8 directories, 8 files
[root@ansible-server my-ansible]#
```

롤을 이용한 플레이북 개발

이번에는 앞에서 살펴본 롤 구조에 맞게 아주 심플한 롤 플레이북을 개발해보겠습니다. 심플한 롤 플레이북은 다음과 같은 프로세스를 거쳐 각 구조에 맞게 태스크를 작성합니다.

프로세스

- 롤이 호출되면 현재 호스트의 운영체제 버전이 지원 운영체제 목록에 포함되는지 확인한다.
- 운영체제가 CentOS이거나 레드햇이면 httpd 관련 패키지를 dnf 모듈을 이용해 설치한다.
- 설치가 끝나면 제어 노드의 files 디렉터리 안에 있는 index.html 파일을 관리 노드의 /var/www/html 디렉터리에 복사한다.
- 파일 복사가 끝나면 httpd 서비스를 재시작한다.

롤 구조

- 롤 이름: my-role
- tasks(메인 태스크)
  - install service : httpd 관련 패키지 설치
  - copy html file : index.html 파일 복사
- files(정적 파일)
  - index.html
- handlers(핸들러)
  - restart service : httpd 서비스 재시작
- defaults(가변 변수) : 메인 태스크에서 사용된 변수 선언
  - service_title
- vars(불변 변수) : 메인 태스크와 핸들러에서 사용된 변수 선언
  - service_name : 서비스명
  - src_file_path : 복사할 파일 경로
  - dest_file_path : 파일이 복사될 디렉터리 경로
  - httpd_packages : httpd 관련 패키지 목록
  - supported_distros : 지원 OS 목록

앞에서 우리는 이미 my-role이라는 롤을 생성하고 그 구조도 살펴보았습니다. 이제 프로세스와 롤의 구조에 맞게 플레이북을 작성하겠습니다.

01 앞에서 생성한 my-role 디렉터리로 전환한 뒤 `tasks/main.yml` 파일에 다음과 같은 내용을 입력합니다. 첫 번째 태스크인 install service에는 플레이북에서 변수로 정의한 서비스명을 함께 출력합니다. 그리고 `ansible.builtin.dnf` 모듈을 이용하여 httpd 관련 패키지를 설치합니다. 이때 관련 패키지는 여러 개이며 loop 문을 사용합니다. 서비스 설치가 끝나면 `ansible.builtin.copy` 모듈을 이용하여 파일을 복사하고, 복사가 끝나면 restart service라는 핸들러를 호출합니다.

```
[root@ansible-server my-role]# vi tasks/main.yml
---
# tasks file for my-role

- name: install service {{ service_title }}
  ansible.builtin.dnf:
```

```
    name: "{{ item }}"
    state: latest
  loop: "{{ httpd_packages }}"
  when: ansible_facts.distribution in supported_distros

- name: copy html file
  ansible.builtin.copy:
    src: "{{ src_file_path }}"
    dest: "{{ dest_file_path }}"
  notify:
    - restart service
[root@ansible-server my-role]#
```

02 이번에는 files/index.html 파일을 생성합니다. 내용은 "Hello! Ansible"입니다.

```
[root@ansible-server my-role]# vi files/index.html
Hello! Ansible
[root@ansible-server my-role]#
```

03 핸들러를 작성해보겠습니다. 핸들러는 특정 태스크가 끝나고 그 다음에 수행해야 하는 태스크를 작성하며, 롤 디렉터리의 handlers/main.yml 파일에 작성합니다. 아래 핸들러는 ansible.builtin.service 모듈을 이용하여 서비스를 재시작합니다.

```
[root@ansible-server my-role]# vi handlers/main.yml
---
# handlers file for my-role

- name: restart service
  ansible.builtin.service:
    name: "{{ service_name }}"
    state: restarted
[root@ansible-server my-role]#
```

04 defaults/main.yml 파일에 작성되는 변수는 외부로부터 재정의될 수 있는 가변 변수입니다. 여기서는 service_title을 외부에서 받아 수정이 가능하도록 했으며, 기본 값은 "Apache Web Server"입니다.

```
[root@ansible-server my-role]# vi defaults/main.yml
---
# defaults file for my-role
service_title: "Apache Web Server"
[root@ansible-server my-role]#
```

05 vars/main.yml 파일에는 불변 변수가 정의되는데, 한 번 정의되면 외부로부터 변수 값을 수정할 수 없습니다. 따라서 롤 내의 플레이북에서만 사용되는 변수로 정의하는 것이 좋습니다. 아래 플레이북에서는 service_name, src_file_path, dest_file_path, httpd_packages, supported_distros라는 변수가 정의되었습니다.

```
[root@ansible-server my-role]# vi vars/main.yml
---
# vars file for my-role
service_name: httpd
src_file_path: ../files/index.html
dest_file_path: /var/www/html
httpd_packages:
  - httpd-tools
  - httpd-filesystem
  - httpd
supported_distros:
  - CentOS
  - RedHat
[root@ansible-server my-role]#
```

플레이북에 롤 추가하기

롤을 생성하고 롤 구조에 맞게 플레이북을 작성했지만, 지금까지와 같이 ansible-playbook 명령어를 이용해 실행할 수는 없습니다. 롤을 실행하기 위해서는 롤을 호출해주는 플레이북이 필요합니다. 플레이북에서 롤을 추가하려면 ansible.builtin.import_role 모듈을 이용하는 방법과 ansible.builtin.include_role 모듈을 이용하는 방법이 있습니다. 이 두 가지 모듈에는 차이가 있습니다. ansible.builtin.import_role 모듈은 롤을 정적으로 추가하며, ansible.builtin.include_role 모듈은 롤을 동적으로 추가합니다. 정적으로 롤을 추가한다는 건 고정된 롤을 추가하겠다는 의미이며, 동적으로 추가한다는 건 반복문이나 조건문에 의해 롤이 변경될 수 있다는 의미입니다. 예제에서는 ansible.builtin.import_role를 이용하여 롤을 추가해보도록 하겠습니다.

01 먼저 my-ansible 디렉터리로 전환 후 vi 에디터를 이용해 role-example.yml이라는 파일을 생성하고 다음과 같은 내용을 입력합니다. 플레이북에는 ansible.builtin.import_role 모듈을 이용해 앞에서 작성한 my-role이라는 롤을 추가합니다.

```
[root@ansible-server my-ansible]# vi role-example.yml
---

- hosts: tnode1-centos.exp.com

  tasks:
    - name: Print start play
      ansible.builtin.debug:
        msg: "Let's start role play"

    - name: Install Service by role
      ansible.builtin.import_role:
        name: my-role
[root@ansible-server my-ansible]#
```

02 ansible-playbook 명령어와 함께 role-example.yml 파일을 실행합니다. 그러면 다음과 같이 Print start play 태스크를 시작으로 my-role 내의 각 태스크와 핸들러가 차례대로 수행되는 것을 확인할 수 있습니다.

```
[root@ansible-server my-ansible]# ansible-playbook role-example.yml

PLAY [tnode1-centos.exp.com] *******************************************************

TASK [Gathering Facts] *************************************************************
ok: [tnode1-centos.exp.com]

TASK [Print start play] ************************************************************
ok: [tnode1-centos.exp.com] => {
    "msg": "Let's start role play"
}

TASK [my-role : install service Apache Web Server] *********************************
```

```
changed: [tnode1-centos.exp.com] => (item=httpd-tools)
changed: [tnode1-centos.exp.com] => (item=httpd-filesystem)
changed: [tnode1-centos.exp.com] => (item=httpd)

TASK [my-role : copy html file] ***************************************************
changed: [tnode1-centos.exp.com]

RUNNING HANDLER [my-role : restart service] ***************************************
changed: [tnode1-centos.exp.com]

PLAY RECAP ************************************************************************
tnode1-centos.exp.com      : ok=5    changed=3    unreachable=0    failed=0
skipped=0    rescued=0    ignored=0

[root@ansible-server my-ansible]#
```

03 이번에는 defaults/main.yml 파일에 정의되었던 가변 변수인 service_title을 롤을 호출하는 곳에서 재정의하는 플레이북으로 수정해보겠습니다. vi 에디터를 이용해 role-example.yml 파일을 열어 다음과 같이 수정합니다.

```
[root@ansible-server my-ansible]# vi role-example.yml
---

- hosts: tnode1-centos.exp.com

  tasks:
    - name: Print start play
      ansible.builtin.debug:
        msg: "Let's start role play"

    - name: Install Service by role
      ansible.builtin.import_role:
        name: my-role
      vars:
        service_title: Httpd
[root@ansible-server my-ansible]#
```

04 수정된 플레이북을 실행하면 다음과 같이 "install service Httpd"로 태스크명이 변경된 것을 확인할 수 있습니다. 이번 플레이북은 이전과는 조금 다른 결과를 볼 수 있는데,

httpd 패키지가 이전 플레이북을 실행할 때 이미 설치되었기 때문입니다. 따라서 이번 플레이북에서는 패키지를 재설치하거나 파일을 다시 복사하지 않습니다.

```
[root@ansible-server my-ansible]# ansible-playbook role-example.yml

PLAY [tnode1-centos.exp.com] ******************************************************

TASK [Gathering Facts] ************************************************************
ok: [tnode1-centos.exp.com]

TASK [Print start play] ***********************************************************
ok: [tnode1-centos.exp.com] => {
    "msg": "Let's start role play"
}

TASK [my-role : install service Httpd] ********************************************
ok: [tnode1-centos.exp.com] => (item=httpd-tools)
ok: [tnode1-centos.exp.com] => (item=httpd-filesystem)
ok: [tnode1-centos.exp.com] => (item=httpd)

TASK [my-role : copy html file] ***************************************************
ok: [tnode1-centos.exp.com]

PLAY RECAP ************************************************************************
tnode1-centos.exp.com      : ok=4    changed=0    unreachable=0    failed=0
skipped=0    rescued=0    ignored=0

[root@ansible-server my-ansible]#
```

플레이북에서 Roles 섹션 사용하기

플레이북에서 롤을 추가하는 또 다른 방법은 roles 섹션에 롤을 나열하는 것입니다. roles 섹션은 tasks 섹션과 매우 유사하나 작업 목록이 아닌 롤 목록으로 구성되어 있습니다. 그럼 예제를 통해 그 사용법을 알아보겠습니다.

01 롤 목록을 구성하기 위해 `ansible-galaxy role init` 명령어로 my-role2라는 새로운 롤을 생성합니다.

```
[root@ansible-server my-ansible]# ansible-galaxy role init my-role2
- Role my-role2 was created successfully
[root@ansible-server my-ansible]#
```

02 my-role2/tasks/main.yml 파일에 firewalld 방화벽 서비스에 http 서비스를 추가하는 태스크와 firewalld 서비스를 다시 로딩하는 태스크를 추가합니다.

```
[root@ansible-server my-ansible]# vi my-role2/tasks/main.yml
---
# tasks file for my-role2

- name: Config firewalld
  ansible.posix.firewalld:
    service: "{{ item }}"
    permanent: true
    state: enabled
  loop: "{{ service_port }}"

- name: Reload firewalld
  ansible.builtin.service:
    name: firewalld
    state: reloaded

[root@ansible-server my-ansible]#
```

03 my-role2/vars/main.yml 파일에는 my-role2/tasks/main.yml 파일에서 사용했던 service_port라는 변수를 다음과 같이 정의합니다.

```
[root@ansible-server my-ansible]# vi my-role2/vars/main.yml
---
# defaults file for my-role2

service_port:
  - http
  - https
[root@ansible-server my-ansible]#
```

04 이제 롤을 호출하는 플레이북을 작성해보겠습니다. vi 에디터를 이용해 role-example2.yml 파일을 생성하고, 다음과 같이 hosts 섹션과 tasks 섹션 사이에 roles 섹션을 추가합니다. roles 섹션에는 앞에서 생성했던 my-role과 my-role2를 추가합니다.

```
[root@ansible-server my-ansible]# vi role-example2.yml
---

- hosts: tnode1-centos.exp.com

  roles:
    - my-role
    - my-role2

  tasks:
    - name: Print finish role play
      ansible.builtin.debug:
        msg: "Finish role play"
[root@ansible-server my-ansible]#
```

05 ansible-playbook 명령어를 이용해 role-example2.yml 파일을 실행하는데, 이번에는 --check 옵션을 추가합니다. --check 옵션과 함께 실행하면 플레이가 실제 수행되기 전에 어떻게 플레이가 될지 미리 시뮬레이션을 해볼 수 있습니다. 시뮬레이션을 통해 첫 번째 롤 my-role의 태스크, 두 번째로 추가한 롤 my-role2의 태스크들이 차례대로 실행되는 것을 볼 수 있습니다.

```
[root@ansible-server my-ansible]# ansible-playbook --check role-example2.yml

PLAY [tnode1-centos.exp.com] ******************************************************

TASK [Gathering Facts] ************************************************************
ok: [tnode1-centos.exp.com]

TASK [my-role : install service Apache Web Server] ********************************
ok: [tnode1-centos.exp.com] => (item=httpd-tools)
ok: [tnode1-centos.exp.com] => (item=httpd-filesystem)
ok: [tnode1-centos.exp.com] => (item=httpd)

TASK [my-role : copy html file] ***************************************************
```

```
ok: [tnode1-centos.exp.com]

TASK [my-role2 : Config firewalld] ************************************************
changed: [tnode1-centos.exp.com] => (item=http)
changed: [tnode1-centos.exp.com] => (item=https)

TASK [my-role2 : Reload firewalld] ************************************************
changed: [tnode1-centos.exp.com]

TASK [Print finish role play] *****************************************************
ok: [tnode1-centos.exp.com] => {
    "msg": "Finish role play"
}

PLAY RECAP ************************************************************************
tnode1-centos.exp.com      : ok=6    changed=2    unreachable=0    failed=0
skipped=0    rescued=0    ignored=0

[root@ansible-server my-ansible]#
```

06 roles 섹션을 사용할 때도 `defults/main.yml` 파일에 선언한 가변 변수의 값을 함께 넘겨줄 수 있습니다. `role-example2.yml` 파일을 `role-example3.yml` 파일로 복사 후 내용을 다음과 같이 수정합니다. 가변 변수는 my-role의 `defaults/main.yml` 파일에 정의되어 있는 service_title로, "Httpd Web"이라는 값을 함께 넘겨줍니다.

```
[root@ansible-server my-ansible]# cp role-example2.yml role-example3.yml
[root@ansible-server my-ansible]# vi role-example3.yml
---

- hosts: tnode1-centos.exp.com

  roles:
    - role: my-role
      service_title: "Httpd Web"
    - role: my-role2

  tasks:
    - name: Print finish role play
      ansible.builtin.debug:
        msg: "Finish role play"
[root@ansible-server my-ansible]#
```

07 앞에서 작성한 플레이북에 `--check` 옵션을 적용하면 "install service Httpd Web"이라는 태스크명으로 변경된 것을 확인할 수 있습니다.

```
[root@ansible-server my-ansible]# ansible-playbook --check role-example3.yml

PLAY [tnode1-centos.exp.com] ******************************************************

TASK [Gathering Facts] ************************************************************
ok: [tnode1-centos.exp.com]

TASK [my-role : install service Httpd Web] ****************************************
ok: [tnode1-centos.exp.com] => (item=httpd-tools)
ok: [tnode1-centos.exp.com] => (item=httpd-filesystem)
ok: [tnode1-centos.exp.com] => (item=httpd)

TASK [my-role : copy html file] ***************************************************
ok: [tnode1-centos.exp.com]

TASK [my-role2 : Config firewalld] ************************************************
changed: [tnode1-centos.exp.com] => (item=http)
changed: [tnode1-centos.exp.com] => (item=https)

TASK [my-role2 : Reload firewalld] ************************************************
changed: [tnode1-centos.exp.com]

TASK [Print finish role play] *****************************************************
ok: [tnode1-centos.exp.com] => {
    "msg": "Finish role play"
}

PLAY RECAP ************************************************************************
tnode1-centos.exp.com      : ok=6    changed=2    unreachable=0    failed=0
skipped=0    rescued=0    ignored=0

[root@ansible-server my-ansible]#
```

특수 작업 섹션

roles 섹션과 함께 자주 사용되는 두 개의 특수 작업 섹션이 있습니다. 바로 pre_tasks와 post_tasks입니다. pre_tasks 섹션은 tasks와 유사한 작업 목록이지만 roles 섹션의 롤보다 먼저 실행됩니다. 또한 pre-tasks 섹션의 작업을 핸들러에 알리면 해당 핸들러 작업이 롤 또는 일반 태스크 전에 실행됩니다. post_tasks 섹션은 tasks 및 tasks에서 알림을 받은 핸들러 다음에 실행됩니다. 그럼 예제를 통해 특수 작업 섹션에 대해 알아보겠습니다.

01 vi 에디터를 통해 `special_role.yml` 파일을 생성하고 다음과 같은 내용을 입력합니다. 플레이북에는 특수 작업 섹션인 pre_tasks, post_tasks가 포함되며 roles 섹션과 tasks 섹션, 그리고 태스크에서 호출한 handlers 섹션도 포함됩니다.

```
[root@ansible-server my-ansible]# vi special_role.yml
---

- hosts: tnode1-centos.exp.com

  pre_tasks:
    - name: Print Start role
      ansible.builtin.debug:
        msg: "Let's start role play"

  roles:
    - role: my-role
    - role: my-role2

  tasks:
    - name: Curl test
      ansible.builtin.uri:
        url: http://tnode1-centos.exp.com
        return_content: true
      register: curl_result
      notify: Print result
      changed_when: true

  post_tasks:
    - name: Print Finish role
      ansible.builtin.debug:
        msg: "Finish role play"

  handlers:
    - name: Print result
      ansible.builtin.debug:
        msg: "{{ curl_result.content }}"
[root@ansible-server my-ansible]#
```

02 플레이북을 실행하여 어떤 순서로 태스크와 롤이 실행되는지 확인합니다. 가장 먼저 실행되는 태스크는 pre_tasks 섹션에 있던 "Print Start role" 태스크이며, 가장 마지막에 실행된 태스크는 post_tasks 섹션에 있던 "Print Finish role" 태스크입니다. 실행 결과를 보면 pre_tasks 실행 후에 추가했던 roles 섹션의 my-role과 my-role2가 차례대로 실행되고, 롤 실행이 끝나면 "Curl test"라는 tasks 섹션의 태스크가 수행됩니다. 이때 "Curl test" 태스크에 선언된 notify 구문에 의해 Handlers 섹션의 "Print result"가 실행됩니다. 마지막으로 post_tasks 섹션의 Print Finish role 태스크가 실행됩니다.

```
[root@ansible-server my-ansible]# ansible-playbook special_role.yml

PLAY [tnode1-centos.exp.com] ****************************************************

TASK [Gathering Facts] **********************************************************
ok: [tnode1-centos.exp.com]

TASK [Print Start role] *********************************************************
ok: [tnode1-centos.exp.com] => {
    "msg": "Let's start role play"
}

TASK [my-role : install service Apache Web Server] ******************************
ok: [tnode1-centos.exp.com] => (item=httpd-tools)
ok: [tnode1-centos.exp.com] => (item=httpd-filesystem)
ok: [tnode1-centos.exp.com] => (item=httpd)

TASK [my-role : copy html file] *************************************************
ok: [tnode1-centos.exp.com]

TASK [my-role2 : Config firewalld] **********************************************
changed: [tnode1-centos.exp.com] => (item=http)
changed: [tnode1-centos.exp.com] => (item=https)

TASK [my-role2 : Reload firewalld] **********************************************
changed: [tnode1-centos.exp.com]

TASK [Curl test] ****************************************************************
changed: [tnode1-centos.exp.com]

RUNNING HANDLER [Print result] **************************************************
ok: [tnode1-centos.exp.com] => {
```

```
    "msg": "Hello! Ansible\n"
}

TASK [Print Finish role] *********************************************************
ok: [tnode1-centos.exp.com] => {
    "msg": "Finish role play"
}

PLAY RECAP ***********************************************************************
tnode1-centos.exp.com      : ok=9    changed=2    unreachable=0    failed=0
skipped=0    rescued=0    ignored=0

[root@ansible-server my-ansible]#
```

8.2 앤서블 갤럭시

지금까지 롤을 생성하고, 구조를 살펴보고, 구조에 맞게 태스크를 작성하고, 실행을 위해 플레이북에 롤을 추가하고 실행하는 것까지 해보았습니다. 그리고 롤을 생성할 때는 `ansible-galaxy role init` 명령어를 사용했습니다. 이번 챕터에서는 롤을 생성할 때 사용했던 앤서블 갤럭시ansible-galaxy에 대해 알아보겠습니다.

앤서블 갤럭시 소개

많은 사람이 앤서블을 이용해 롤을 개발하고, 개발한 롤을 앤서블 갤럭시에 공유합니다. 또 다른 누군가는 사람들이 공유한 앤서블 갤럭시의 롤을 가지고 와 본인의 앤서블 프로젝트에 활용하기도 합니다. 그러나 앤서블 갤럭시에서 가지고 온 롤은 검증되지 않은 것이 대부분이기 때문에 사용 시 주의해야 합니다.

그럼 커뮤니티에서 운영하는 앤서블 갤럭시 사이트에 방문해보겠습니다.

- 앤서블 갤럭시 주소 : https://galaxy.ansible.com

01 앤서블 갤럭시에 방문하면 다음과 같이 매우 심플한 화면을 만날 수 있습니다. 화면 상단의 Most Popular 섹션을 통해 앤서블이 주로 활용되는 범위를 확인할 수 있습니다.

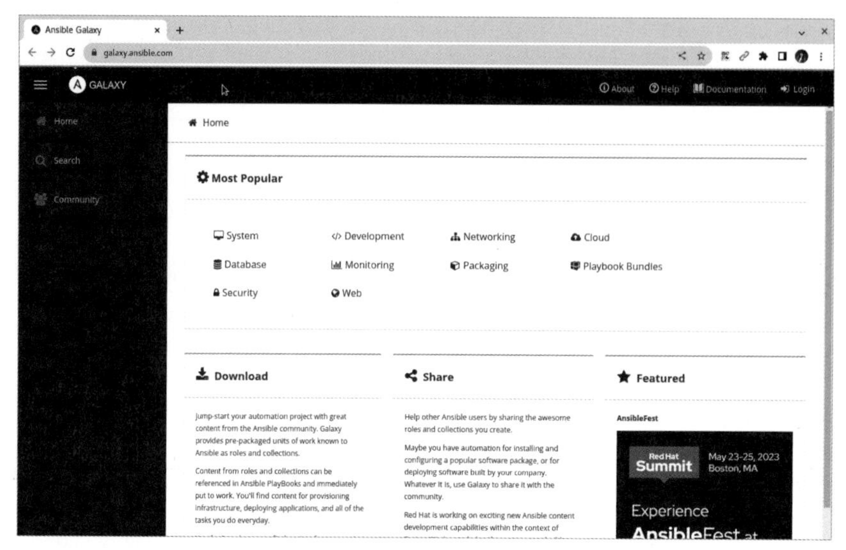

그림 8-1 앤서블 갤럭시

02 앤서블 갤럭시 왼쪽 메뉴의 'Search'를 클릭하면 다음과 같은 화면을 만날 수 있습니다. 그 후 상단의 텍스트박스에 검색하려는 키워드를 입력하면 관련 롤들을 목록으로 확인할 수 있습니다. 여기서는 'postgres'를 검색하겠습니다.

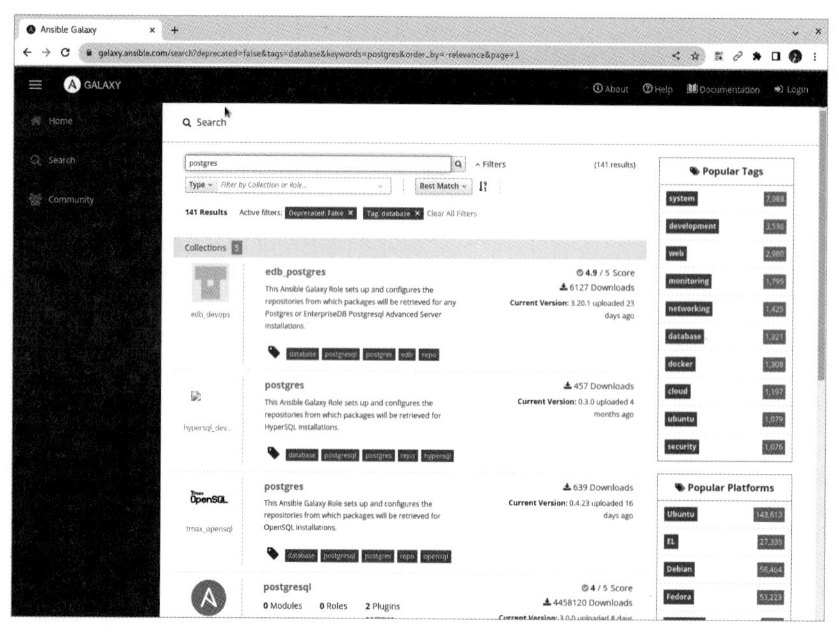

그림 8-2 키워드 검색

03 검색된 롤 중 하나를 클릭하면 다음과 같은 화면을 확인할 수 있습니다. 상세 화면에서는 해당 롤을 설치하는 방법, 커밋commit한 날짜, 다른 유저가 다운로드한 횟수, 설치 가능한 운영체제, 지원 가능한 버전 등의 내용을 확인할 수 있습니다.

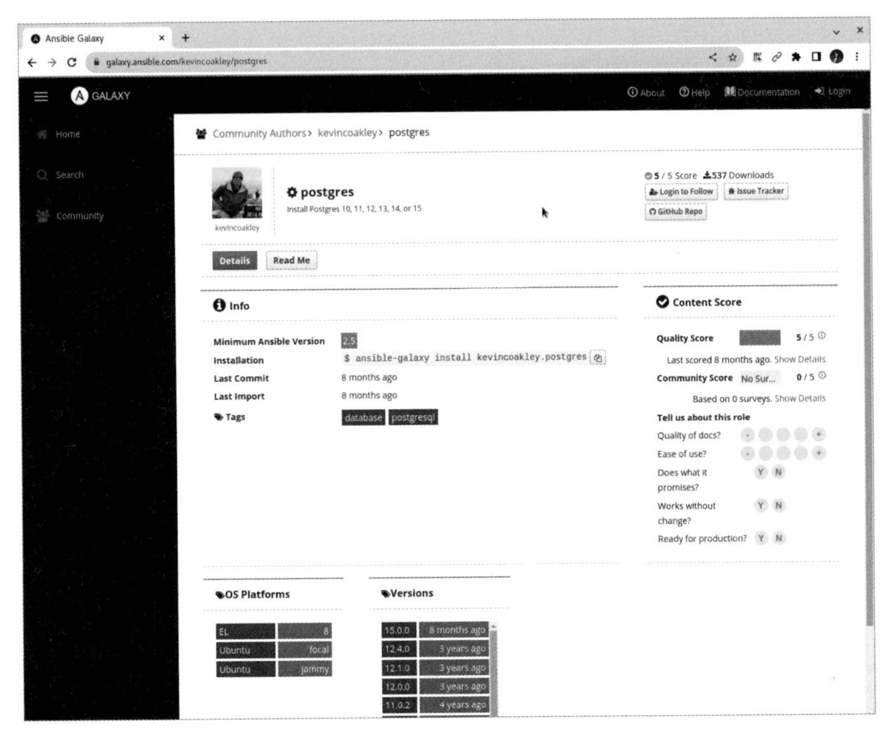

그림 8-3 롤 상세화면

명령어를 이용한 앤서블 갤럭시 활용

앤서블 갤럭시 사이트에서 찾은 롤을 개발 중인 앤서블 프로젝트로 가져오려면 `ansible-galaxy` 명령어를 이용하면 됩니다. 예제를 통해 앤서블 갤럭시로부터 롤을 가져와보겠습니다.

01 `ansible-galaxy role` 명령어를 이용해 롤을 가져오려는데 어떤 서브 명령어가 있는지 기억나지 않는다면 `-h`(--help) 옵션으로 서브 명령어와 그 설명을 함께 확인할 수 있습니다.

```
[root@ansible-server my-ansible]# ansible-galaxy role -h
usage: ansible-galaxy role [-h] ROLE_ACTION ...

positional arguments:
  ROLE_ACTION
    init        Initialize new role with the base structure of a role.
    remove      Delete roles from roles_path.
    delete      Removes the role from Galaxy. It does not remove or alter the actual
GitHub repository.
    list        Show the name and version of each role installed in the roles_path.
    search      Search the Galaxy database by tags, platforms, author and multiple
keywords.
    import      Import a role into a galaxy server
    setup       Manage the integration between Galaxy and the given source.
    info        View more details about a specific role.
    install     Install role(s) from file(s), URL(s) or Ansible Galaxy

options:
  -h, --help    show this help message and exit
[root@ansible-server my-ansible]#
```

02 앤서블 갤럭시 사이트에서 롤을 검색했던 것처럼 ansible-galaxy role search 명령어를 이용해 롤을 검색할 수 있습니다. 다음은 우분투에서 사용 가능한 PostgreSQL을 검색한 것입니다.

```
[root@ansible-server my-ansible]# ansible-galaxy role search postgresql --platforms
Ubuntu

Found 515 roles matching your search:

 Name                                                   Description
 ----                                                   -----------
 0x5a17ed.ansible_role_netbox                           Installs and configures NetBox,
a DCIM suite, in a production setting.
 0x_peace.postgres                                      PostgreSQL role
 5u623l20.pgsql                                         PostgreSQL server for *nix
alike OS.
 aadl.evergreenils_database                             Role for Evergreen ILS Database
Provisioning
 aalaesar.backup_nextcloud                              Create a backup of your
nextcloud server with this ansible role
```

```
 aalaesar.install_nextcloud                         Install Nextcloud server like
you want ! Apache2 or Nginx ? MariaDB or PostgresQL ? You>
 aalaesar.upgrade-nextcloud                         Upgrade an Nextcloud instance
in your infrastructure. The role manages backup and CLI u>
 aaronpederson.aws-infrastructure                   aws-infrastructure builds out
things according to seemingly arbitrary conventions. They>
 aaronpederson.postgresql                           PostgreSQL is a powerful, open
source object-relational database system. It has more th>
 aboveops.ct_postgres                               Ansible role deploys PostgreSQL
container
 aehlke.postgresql                                  Upstream PostgreSQL server
 AerisCloud.librato                                 Install and configure the
Librato Agent
 ageres210784.ansible_walg                          This role is for install wal-g
 ahelal.concourse                                   Install Concourse CI
 alexey-medvedchikov.barman                         Role for PostgreSQL Backup and
Restore manager -- barman
 alexey-medvedchikov.pgbouncer                      Role for PostgreSQL connection
pooler PgBouncer
 alexey-medvedchikov.pgpool2                        Role for PostgreSQL load
balancer and replication system pgpool2
 :
```

03 앤서블 갤럭시에서 검색한 롤이나 `ansible-galaxy role search` 명령어를 통해 검색한 롤 모두 `ansible-galaxy role info` 명령어를 통해 상세 내용을 확인할 수 있습니다. 이때 commit_url의 깃허브에 방문하여 어떤 플레이북으로 구성되어 있는지 확인하면 롤 사용법, 설치 가능한 운영체제 버전 등을 확인할 수 있습니다. 다음은 'postgresql'로 검색된 롤 중 buluma.postgres 롤의 상세 정보를 확인한 내용입니다.

```
[root@ansible-server my-ansible]# ansible-galaxy role info buluma.postgres

Role: buluma.postgres
        description: Install and configure postgres on your system.
        active: True
        commit: 515116b1941867e07d0f43985bfd59f490243bc9
        commit_message: buster.
        commit_url: https://api.github.com/repos/buluma/ansible-role-postgres/git/com
mits/515116b1941867e07d0f43985bfd59f490243bc9
        company: ShadowNet
        created: 2022-02-06T07:47:43.496097Z
        download_count: 58413
```

```
        forks_count: 0
        github_branch: main
        github_repo: ansible-role-postgres
        github_user: buluma
        id: 57951
        imported: 2022-10-07T23:42:46.547826-04:00
        is_valid: True
        issue_tracker_url: https://github.com/buluma/ansible-role-postgres/issues
        license: Apache-2.0
        min_ansible_version: 2.10
        modified: 2022-10-08T03:42:46.552521Z
        open_issues_count: 1
        path: ('/root/.ansible/roles', '/usr/share/ansible/roles', '/etc/ansible/
roles')
:
```

04 검색으로 살펴본 롤을 사용할 계획이라면 개발 중인 앤서블 프로젝트 디렉터리에 해당 롤을 가져와야 합니다. `ansible-galaxy role install` 명령어를 이용하면 검색한 롤을 설치할 수 있습니다. 이때 `-p` 옵션을 이용하여 롤이 설치될 디렉터리 경로를 지정합니다. 다음은 명령어가 실행되는 현재 디렉터리 내의 roles 디렉터리에 롤을 설치하겠다는 의미입니다.

```
[root@ansible-server my-ansible]# ansible-galaxy role install -p roles buluma.
postgres
Starting galaxy role install process
- downloading role 'postgres', owned by buluma
- downloading role from https://github.com/buluma/ansible-role-postgres/
archive/1.0.8.tar.gz
- extracting buluma.postgres to /root/my-ansible/roles/buluma.postgres
- buluma.postgres (1.0.8) was installed successfully
[root@ansible-server my-ansible]#
```

05 롤이 정상적으로 잘 설치되었는지는 `ll`(ls –al 명령어의 별명) 명령어를 이용하여 roles 디렉터리를 살펴보면 buluma.postgres라는 디렉터리로 확인할 수 있습니다. 또한 `tree` 명령어를 이용하여 해당 디렉터리 구조를 다음과 같이 확인할 수 있습니다.

```
[root@ansible-server my-ansible]# ll roles
total 4
```

```
drwxr-xr-x. 10 root root 4096 Jun 18 11:04 buluma.postgres
[root@ansible-server my-ansible]# tree roles/buluma.postgres/
roles/buluma.postgres/
├── CHANGELOG.md
├── CODE_OF_CONDUCT.md
├── CONTRIBUTING.md
├── defaults
│   └── main.yml
├── handlers
│   └── main.yml
├── LICENSE
├── meta
│   ├── exception.yml
│   ├── main.yml
│   └── preferences.yml
├── molecule
│   └── default
│       ├── converge.yml
│       ├── molecule.yml
│       ├── prepare.yml
│       └── verify.yml
├── README.md
├── requirements.txt
├── requirements.yml
├── SECURITY.md
├── tasks
│   ├── assert.yml
│   └── main.yml
├── templates
│   └── pg_hba.conf.j2
├── tox.ini
└── vars
    └── main.yml

8 directories, 22 files
[root@ansible-server my-ansible]#
```

06 롤이 설치되면 이제 롤 안에 있는 yml 파일들을 살펴볼 차례입니다. 그 중 메인 태스크가 정의되어 있는 tasks/main.yml 파일 내용을 먼저 살펴봅니다. 이어서 다른 디렉터리의 yml 파일도 확인합니다.

```
[root@ansible-server my-ansible]# cat roles/buluma.postgres/tasks/main.yml
---
# tasks file for postgres

- name: Import assert.yml
  ansible.builtin.import_tasks: assert.yml
  run_once: yes
  delegate_to: localhost

- name: Install postgres
  ansible.builtin.package:
    name: "{{ postgres_packages }}"
    state: present
  notify:
    - Systemctl daemon-reexec

- name: Create postgres data directory
  ansible.builtin.file:
    path: "{{ postgres_dir }}"
    state: directory
    owner: postgres
    group: postgres
    mode: "700"

- name: Initialize database
  ansible.builtin.command:
    cmd: initdb -D {{ postgres_dir }}
    creates: "{{ postgres_dir }}/PG_VERSION"
  when:
    - ansible_os_family != "Debian"
  become_user: postgres
  become: yes
…
```

07 설치된 롤은 `ansible-galaxy role list` 명령어를 이용하여 다음과 같이 확인할 수 있습니다. 이때 `-p` 옵션을 이용하여 롤이 있는 경로를 지정할 수 있습니다. 그러나 이렇게 경로 지정을 해도 WARNING 메시지는 계속해서 보입니다. 이는 앤서블 환경 설정에 롤 디렉터리 관련 설정이 되어 있지 않아 발생하는 메시지입니다.

```
[root@ansible-server my-ansible]# ansible-galaxy role list -p ./roles
# /root/my-ansible/roles
- buluma.postgres, 1.0.8
# /usr/share/ansible/roles
# /etc/ansible/roles
[WARNING]: - the configured path /root/.ansible/roles does not exist.
[root@ansible-server my-ansible]#
```

08 이번에는 `ansible.cfg` 파일을 열어 [defatults] 섹션 아래에 roles_path라는 파라미터를 다음과 같이 추가합니다. 이때 ./roles는 현재 디렉터리의 roles 디렉터리라는 뜻입니다.

```
[root@ansible-server my-ansible]# vi ansible.cfg
[defaults]
inventory = ./inventory
remote_user = root
ask_pass = false
inject_facts_as_vars = false
roles_path = ./roles
…
```

09 다시 `ansible-galaxy role list` 명령어를 실행합니다. 이번에는 `-p` 옵션 없이 실행해도 WARNING 메시지 없이 롤 목록을 확인할 수 있습니다.

```
[root@ansible-server my-ansible]# ansible-galaxy role list
# /root/my-ansible/roles
- buluma.postgres, 1.0.8
[root@ansible-server my-ansible]#
```

10 설치한 롤이 필요 없다면 `ansible-galaxy role remove` 명령어를 이용하여 롤을 삭제합니다. 다음 예제에서 'buluma.postgres'는 롤 이름입니다.

```
[root@ansible-server my-ansible]# ansible-galaxy role remove buluma.postgres
- successfully removed buluma.postgres
[root@ansible-server my-ansible]#
```

8.3 콘텐츠 컬렉션

앤서블이 처음 개발되었을 때는 사용되는 모듈이 모두 핵심 소프트웨어 패키지의 일부로 포함되었습니다. 그런데 모듈 수가 늘어나면서 업스트림 프로젝트에서 모듈을 관리하기가 더 어려워졌습니다. 모든 모듈에는 고유한 이름이 필요하고, 모듈 업데이트를 핵심 앤서블 코드에 대한 업데이트와 동기화해야 했습니다.

그래서 개발된 것이 바로 앤서블 콘텐츠 컬렉션입니다. 앤서블 콘텐츠 컬렉션을 사용하면 핵심 앤서블 코드 업데이트와 모듈 및 플러그인에 대한 업데이트가 분리됩니다. 그리고 플레이북에서 사용할 수 있는 일련의 관련 모듈, 역할, 기타 플러그인을 제공합니다. 그렇기 때문에 벤더와 개발자는 앤서블 릴리스와 독립적으로 컬렉션을 자신의 속도에 맞게 유지, 관리하고 배포할 수 있습니다.

앤서블 콘텐츠 컬렉션을 사용하면 유연성도 향상됩니다. 지원되는 모듈을 모두 설치하는 대신 필요한 콘텐츠만 설치할 수 있습니다. 특정 버전(이전 버전 또는 이후 버전)의 컬렉션을 선택하거나 레드햇 또는 벤더가 지원하는 컬렉션 버전 또는 커뮤니티에서 제공하는 버전 중에서 선택할 수도 있습니다.

Ansible 2.9 이상은 콘텐츠 컬렉션을 지원합니다. 업스트림 앤서블은 Ansible Base 2.10 및 Ansible Core 2.11의 코어 Ansible 코드에서 대부분의 모듈을 번들 해제하고 컬렉션에 배치했습니다. 레드햇 앤서블 오토메이션 플랫폼 2.2는 자동화 실행 기능을 상속하는 Ansible Core 2.13 기반의 자동화 실행 환경을 제공합니다.

앤서블 공식 문서의 콘텐츠 컬렉션

앤서블 공식 문서를 통해 어떤 콘텐츠 컬렉션이 있는지 확인하고 참조할 수 있습니다. 앤서블 공식 문서의 Collection Index 페이지에 방문하면 현재 제공 중인 컬렉션 목록, 제공하는 모듈, 파라미터, 사용 예제 등을 확인할 수 있습니다. 그럼 지금 바로 접속해 살펴보겠습니다.

- 앤서블 공식 문서 Collection Index 주소 : https://docs.ansible.com/ansible/latest/collections/index.html

01 앤서블 공식 문서의 Collection Index 페이지에 방문하면 현재 제공 중인 컬렉션 목록을 확인할 수 있습니다.

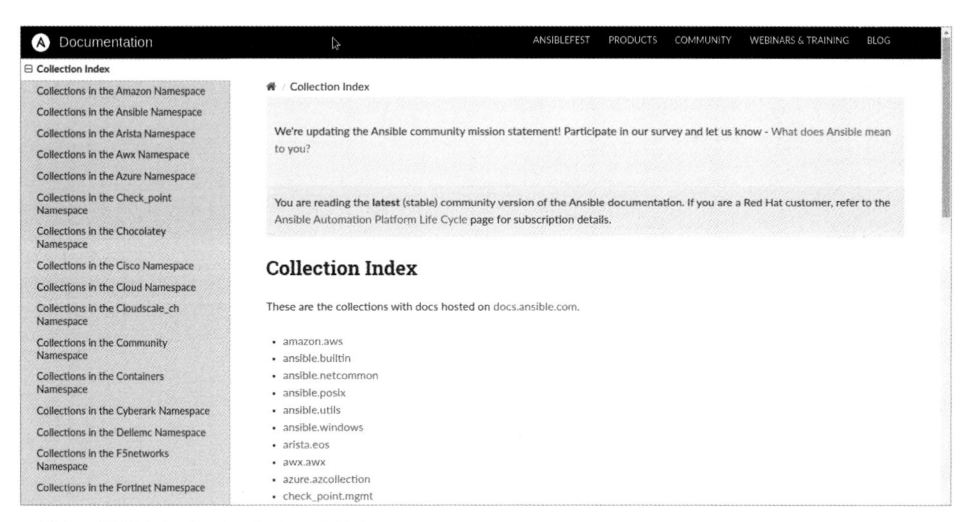

그림 8-4 앤서블 Collection Index 페이지

02 목록에서 원하는 컬렉션을 선택하면 개발자 정보, 현재 지원하는 ansible-core 버전 등을 확인할 수 있습니다. 여기서는 Openstack.Cloud 컬렉션을 선택했습니다.

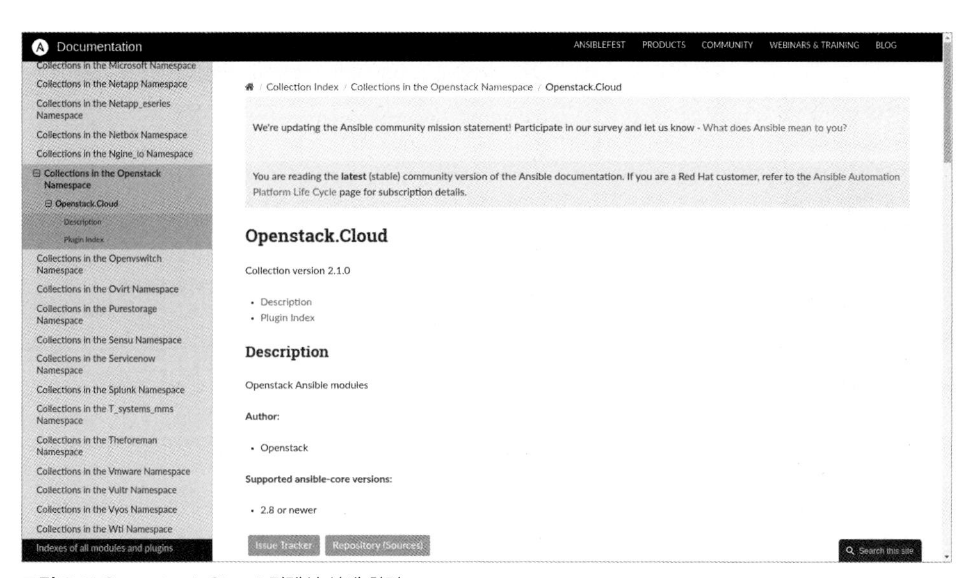

그림 8-5 Openstack.Cloud 컬렉션 상세 화면

03 선택한 컬렉션 페이지의 하단으로 가면 해당 컬렉션에서 제공하는 모듈 목록을 확인할 수 있습니다.

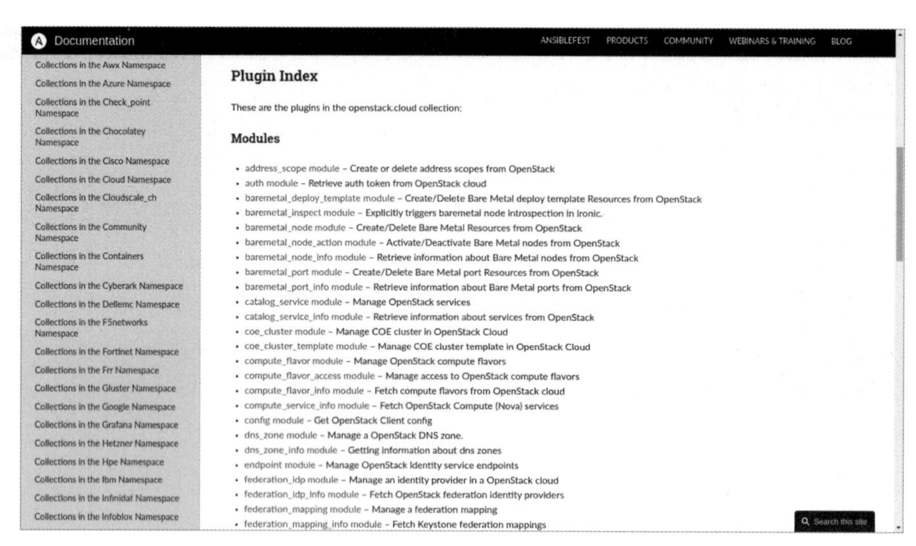

그림 8-6 Openstack.Cloud 컬렉션 모듈 목록

04 목록에서 사용하고자 하는 모듈을 선택하면 상세 정보를 확인할 수 있습니다. 페이지 상단에 콘텐츠 컬렉션을 설치하는 방법이 있습니다.

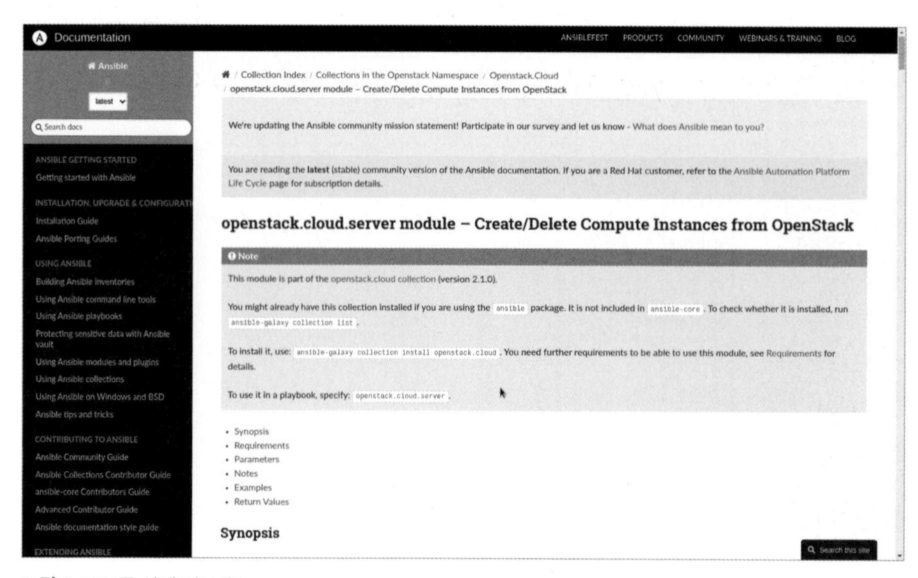

그림 8-7 모듈 상세 정보 ①

05 모듈 상세 정보 페이지에는 해당 모듈의 기능, 모듈 실행을 위해 필요한 패키지 정보와 파라미터 정보들이 정리되어 있습니다. 또한 파라미터 목록에서는 파라미터명, 파라미터 타입, 그리고 자세한 설명을 확인할 수 있습니다.

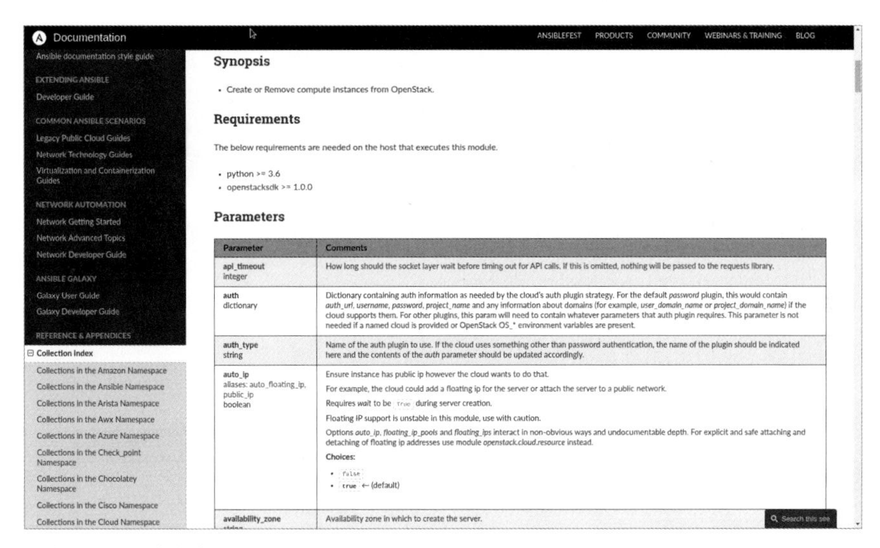

그림 8-8 모듈 상세 정보 ②

06 모듈 상세 정보 페이지 하단에는 해당 모듈에 대한 사용 예제가 나와 있습니다. 따라서 앤서블 플레이북을 개발할 때 해당 예제를 참조하면 좀 더 쉽게 개발할 수 있습니다.

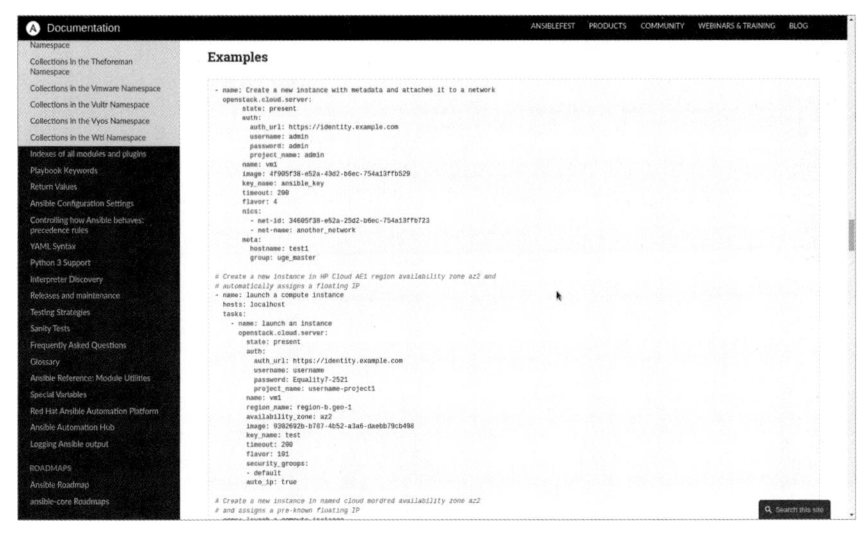

그림 8-9 모듈 상세 정보 ③

07 다시 모듈 페이지의 상단으로 가면 해당 모듈을 실행하기 위해 필요한 콘텐츠 컬렉션 설치 방법과 이를 제공하는 페이지가 컬렉션명으로 링크가 걸려 있습니다.

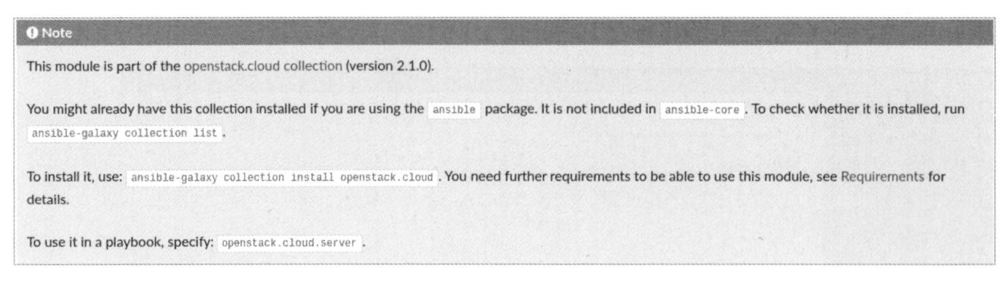

그림 8-10 콘텐츠 컬렉션 설치 방법

08 페이지 상단의 컬렉션명인 'openstack.cloud collection'을 클릭하면 다음과 같이 앤서블 갤럭시의 콘텐츠 컬렉션 상세 정보 페이지로 이동합니다.

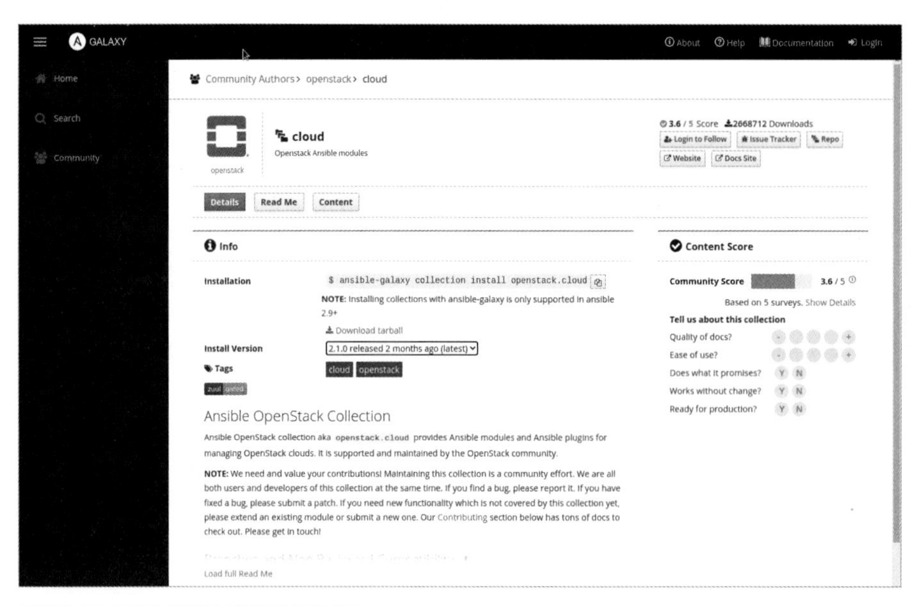

그림 8-11 콘텐츠 컬렉션 상세 정보 페이지

명령어를 이용한 앤서블 콘텐츠 컬렉션

앤서블 공식 문서를 통해 현재 제공하는 콘텐츠 컬렉션을 참조하는 방법을 알아보았습니다. 이제 콘텐츠 컬렉션을 개발 중인 앤서블 플레이북 프로젝트 환경에 설치해보겠습니다.

01 콘텐츠 컬렉션 설치는 ansible-galaxy collection 명령어를 사용합니다. 어떤 서브 명령어를 이용해야 할지 잘 모르겠다면 -h 옵션으로 서브 명령어의 종류와 설명을 확인합니다.

```
[root@ansible-server my-ansible]# ansible-galaxy collection -h
usage: ansible-galaxy collection [-h] COLLECTION_ACTION ...

positional arguments:
  COLLECTION_ACTION
    download        Download collections and their dependencies as a tarball for an
offline install.
    init            Initialize new collection with the base structure of a
collection.
    build           Build an Ansible collection artifact that can be published to
Ansible Galaxy.
    publish         Publish a collection artifact to Ansible Galaxy.
    install         Install collection(s) from file(s), URL(s) or Ansible Galaxy
    list            Show the name and version of each collection installed in the
collections_path.
    verify          Compare checksums with the collection(s) found on the server and
the installed copy. This does not verify dependencies.

options:
  -h, --help        show this help message and exit
[root@ansible-server my-ansible]#
```

02 콘텐츠 컬렉션을 설치하기 전에 앤서블이 설치된 프로젝트 환경에 어떤 컬렉션이 설치되어 있는지 먼저 확인해야 합니다. 이때는 ansible-galaxy collection list 명령어를 이용합니다. 앤서블 프로젝트 환경에 관련 패키지가 설치되어 있다면 제공 중인 콘텐츠 컬렉션이 모두 설치되어 있는 것입니다. 그런데 ansible-core만 설치되어 있다면 설치되어 있는 콘텐츠 컬렉션이 없을 수 있습니다. 다음 예제를 보면 현재 제공 중인 콘텐츠 컬렉션이 모두 설치되어 있으므로, 앤서블 패키지가 설치되어 있음을 알 수 있습니다.

```
[root@ansible-server my-ansible]# ansible-galaxy collection list

# /usr/lib/python3.11/site-packages/ansible_collections
Collection                   Version
---------------------------- -------
amazon.aws                   5.2.0
ansible.netcommon            4.1.0
ansible.posix                1.5.1
ansible.utils                2.9.0
ansible.windows              1.13.0
arista.eos                   6.0.0
awx.awx                      21.11.0
azure.azcollection           1.14.0
check_point.mgmt             4.0.0
chocolatey.chocolatey        1.4.0
cisco.aci                    2.3.0
…
openstack.cloud              1.10.0
openvswitch.openvswitch      2.1.0
ovirt.ovirt                  2.4.1
purestorage.flasharray       1.16.2
purestorage.flashblade       1.10.0
purestorage.fusion           1.3.0
sensu.sensu_go               1.13.2
splunk.es                    2.1.0
t_systems_mms.icinga_director 1.32.0
theforeman.foreman           3.8.0
vmware.vmware_rest           2.2.0
vultr.cloud                  1.7.0
vyos.vyos                    4.0.0
wti.remote                   1.0.4
[root@ansible-server my-ansible]#
```

03 모든 앤서블 환경이 온라인 환경을 지원하는 것은 아닙니다. 때로는 오프라인 환경에서 앤서블을 사용해야 할 상황이 더 많을 수도 있습니다. 그런 경우에는 온라인 환경에서 필요로 하는 컬렉션을 tar 파일 형태로 다운로드할 수 있습니다. 다음 예제처럼 `ansible-galaxy collection download` 명령어와 함께 컬렉션명을 입력합니다. 이때 `-p` 옵션을 사용하여 파일을 다운로드할 경로를 지정할 수 있습니다.

```
[root@ansible-server my-ansible]# ansible-galaxy collection download -p ./collection
openstack.cloud
Process download dependency map
Starting collection download process to '/root/my-ansible/collection'
Downloading https://galaxy.ansible.com/download/openstack-cloud-2.1.0.tar.gz to /
root/.ansible/tmp/ansible-local-1757t_tcxpky/tmpjie77mxh/openstack-cloud-2.1.0-
lm5puexr
Downloading collection 'openstack.cloud:2.1.0' to '/root/my-ansible/collection'
Collection 'openstack.cloud:2.1.0' was downloaded successfully
Writing requirements.yml file of downloaded collections to '/root/my-ansible/
collection/requirements.yml'
[root@ansible-server my-ansible]#
```

04 이렇게 다운로드한 컬렉션은 -p 옵션으로 지정한 디렉터리에서 확인할 수 있습니다.

```
[root@ansible-server my-ansible]# ll collection/
total 212
-rw-r--r--. 1 root root 210427 Jun 18 18:24 openstack-cloud-2.1.0.tar.gz
-rw-r--r--. 1 root root     67 Jun 18 18:24 requirements.yml
[root@ansible-server my-ansible]#
```

05 이번에는 콘텐츠 컬렉션을 설치하겠습니다. ansible-galaxy collection install 명령어와 함께 필요로 하는 콘텐츠 컬렉션명을 입력하면 앤서블 갤럭시로부터 콘텐츠 컬렉션이 설치됩니다.

```
[root@ansible-server my-ansible]# ansible-galaxy collection install openstack.cloud
Starting galaxy collection install process
Process install dependency map
Starting collection install process
Downloading https://galaxy.ansible.com/download/openstack-cloud-2.1.0.tar.gz to /
root/.ansible/tmp/ansible-local-1767ke_mxtqe/tmptrg_tl7p/openstack-cloud-2.1.0-
dmig91yl
Installing 'openstack.cloud:2.1.0' to '/root/.ansible/collections/ansible_
collections/openstack/cloud'
openstack.cloud:2.1.0 was installed successfully
[root@ansible-server my-ansible]#
```

06 설치된 콘텐츠 컬렉션은 ansible-galaxy collection list 명령어나 해당 콘텐츠 컬렉션명으로 확인할 수 있습니다. 앞에서 설치한 openstack.cloud 컬렉션이 2.1.0 버전으로 설치된 것을 확인할 수 있습니다.

```
[root@ansible-server my-ansible]# ansible-galaxy collection list openstack.cloud

# /root/.ansible/collections/ansible_collections
Collection      Version
--------------- -------
openstack.cloud 2.1.0

# /usr/lib/python3.11/site-packages/ansible_collections
Collection      Version
--------------- -------
openstack.cloud 1.10.0
[root@ansible-server my-ansible]#
```

07 이렇게 컬렉션을 설치해도 컬렉션 버전이 맞지 않아 삭제해야 할 수도 있습니다. 이런 경우에는 콘텐츠 컬렉션이 설치된 디렉터리에서 rm 명령어를 이용하여 삭제합니다.

```
[root@ansible-server my-ansible]# cd /root/.ansible/collections/ansible_collections
[root@ansible-server ansible_collections]# rm -rf openstack*
[root@ansible-server ansible_collections]#
```

08 정상적으로 삭제되었는지 확인하려면 ansible-galaxy collection list **컬렉션명**으로 다음과 같이 확인합니다.

```
[root@ansible-server ansible_collections]# ansible-galaxy collection list openstack.
cloud

# /usr/lib/python3.11/site-packages/ansible_collections
Collection      Version
--------------- -------
openstack.cloud 1.10.0
[root@ansible-server ansible_collections]#
```

09 tar 파일을 이용해서 콘텐츠 컬렉션을 설치할 수도 있습니다. 이 방법은 온라인 환경에서 tar 파일을 다운로드해 오프라인 환경에서 설치할 때 주로 사용합니다. 다음 예제에서는 다운로드한 `openstack-cloud-2.1.0.tar.gz` 파일을 `ansible-galaxy collection install` 명령어를 이용해 설치하겠습니다.

```
[root@ansible-server my-ansible]# ansible-galaxy collection install ./collection/
openstack-cloud-2.1.0.tar.gz
Starting galaxy collection install process
Process install dependency map
Starting collection install process
Installing 'openstack.cloud:2.1.0' to '/root/.ansible/collections/ansible_
collections/openstack/cloud'
openstack.cloud:2.1.0 was installed successfully
[root@ansible-server my-ansible]#
```

10 콘텐츠 컬렉션을 설치할 때 해당 컬렉션의 버전을 선택할 수 있습니다. 다음 예제에서는 openstack.cloud 컬렉션의 버전 2.0.0을 설치하겠습니다.

```
[root@ansible-server my-ansible]# ansible-galaxy collection install openstack.
cloud:2.0.0
Starting galaxy collection install process
Process install dependency map
Starting collection install process
Downloading https://galaxy.ansible.com/download/openstack-cloud-2.0.0.tar.gz to /
root/.ansible/tmp/ansible-local-1811tv02vtlr/tmp65jc13k7/openstack-cloud-2.0.0-
h3eek5z6
Installing 'openstack.cloud:2.0.0' to '/root/.ansible/collections/ansible_
collections/openstack/cloud'
openstack.cloud:2.0.0 was installed successfully
[root@ansible-server my-ansible]#
```

11 설치된 콘텐츠 컬렉션은 다시 `ansible-galaxy collection list` 명령어로 확인할 수 있습니다.

```
[root@ansible-server my-ansible]# ansible-galaxy collection list openstack.cloud

# /root/.ansible/collections/ansible_collections
Collection      Version
--------------- -------
openstack.cloud 2.0.0

# /usr/lib/python3.11/site-packages/ansible_collections
Collection      Version
--------------- -------
openstack.cloud 1.10.0
[root@ansible-server my-ansible]#
```

지금까지 앤서블을 이용해 플레이북을 개발하기 위한 기본 사용법과 문법, 그리고 어떤 사이트를 참조하면 플레이북을 좀 더 쉽고 효율적으로 개발할 수 있는지 등을 알아보았습니다. 앤서블 갤럭시와 콘텐츠 컬렉션, 그리고 앤서블 공식 문서의 콘텐츠 컬렉션 페이지를 참조하면 플레이북 개발 시 많은 도움이 됩니다.

PART III

예제로 알아보는 앤서블 활용

1부와 2부에서 앤서블을 사용하기 위한 기초 문법과 사용법을 습득했다면 이제 습득한 내용을 가지고 실무에 활용할 때입니다. 시스템을 운영하거나 개발 환경을 구축할 경우, 또는 클라우드 시스템을 사용하거나 운영할 경우에 발생하는 다양한 상황에서 어떻게 앤서블을 활용하는지 알아보도록 하겠습니다. 3부는 다양한 상황을 가정하고, 해당 상황에서 어떻게 문제를 해결할 것인지 방법을 찾고, 찾은 방법에 대해 플레이북을 설계, 작성, 실행해보는 방식, 즉 상황 > 방법 찾기 > 플레이북 설계 > 플레이북 작성 > 플레이북 실행 순으로 각 챕터를 진행하겠습니다.

PART III

예제로 알아보는 앤서블 활용

CHAPTER 9

시스템 구축 자동화

우리는 서비스를 구축하고 사용하기 위해 가장 먼저 시스템을 구축합니다. 그리고 사용자 계정을 만들어 해당 사용자 계정으로 시스템에 접속할 수 있도록 SSH 키를 생성합니다. 이때 여러 시스템의 시간대를 설정하고 동기화하는 작업도 진행합니다. 이런 상황에서 시스템을 효율적으로 구축할 수 있는 앤서블 활용법을 예제를 통해 알아보겠습니다.

사전 준비하기

이 책에 사용된 모든 앤서블 플레이북 예제 코드는 저자가 운영하는 깃허브에 올려두었습니다. 책을 보고 한 줄 한 줄 따라해보는 것도 의미가 있지만, 처음 앤서블을 시작한다면 어디서 얼마나 들여쓰기 등을 적용해야 하는지 혼란스러워 실습을 따라가기 어려울 수도 있습니다. 그러므로 3부를 시작하기에 앞서 저자가 운영하는 깃허브의 플레이북을 1부에서 구성했던 ansible-server에 다운로드 받아 진행하면 실습에 많은 도움이 됩니다.

실습 환경 구성도

3부에서는 1부에서 구성한 실습 환경을 그대로 이용하도록 하겠습니다.

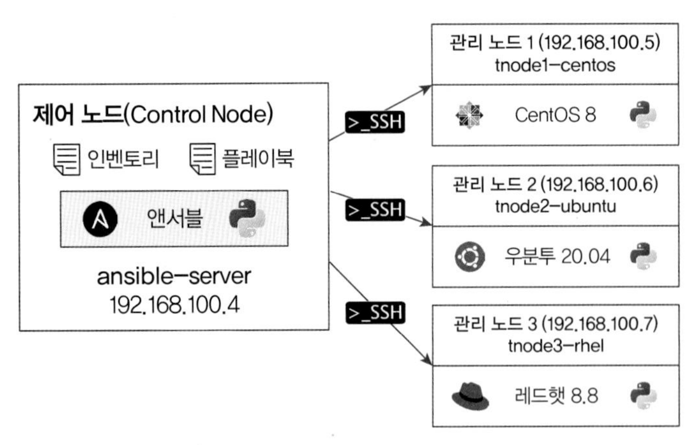

그림 9-1 실습 환경 아키텍처

깃허브 플레이북 다운로드

- 깃허브 사이트: https://github.com/naleeJang/Easy-Ansible

다음과 같이 ansible-server에 접속하여 `git clone` 명령어를 이용하여 플레이북을 다운로드합니다. 또는 깃허브 사이트의 플레이북을 참조하여 작성하거나 복사 및 붙여넣기를 하면 좀 더 쉽게 플레이북을 작성할 수 있습니다.

```
[root@ansible-server ~]# git clone https://github.com/naleeJang/Easy-Ansible.git
[root@ansible-server ~]# ls -l Easy-Ansible
total 48
drwxr-xr-x. 2 root root    23 Aug 20 11:30 chapter_04.3
drwxr-xr-x. 2 root root    42 Aug 20 11:30 chapter_05.1
drwxr-xr-x. 2 root root   105 Aug 20 11:30 chapter_05.2
drwxr-xr-x. 2 root root    69 Aug 20 11:30 chapter_05.3
…
```

9.1 사용자 계정 생성하기

상황

시스템을 구축할 때 가장 먼저 하는 일은 바로 사용자 계정을 만드는 일입니다. 사용자 계정은 목적에 따라 시스템에 접근하기 위해 생성할 수도 있고, 서비스를 설치하거나 구축하기 위해 생성할 수도 있습니다. 사용자 계정 생성 업무만 할 경우에는 굳이 앤서블을 사용하지 않아도 됩니다. 그때는 저자가 기존에 출간한 『처음 배우는 셸 스크립트』의 셸 스크립트만으로도 충분합니다. 그러나 앤서블 플레이북을 통해 사용자 계정을 생성할 줄 알면 시스템이나 서비스를 구축할 때 해당 플레이북의 태스크를 활용할 수 있습니다. 지금부터 앤서블 플레이북을 통해 사용자 계정을 생성하는 방법을 찾아보겠습니다.

방법 찾기

앤서블의 플레이북을 작성한다는 것은 플레이북을 개발한다는 것과 같은 의미입니다. 모든 개발에는 분석과 설계 단계가 필요합니다. 앤서블 역시 플레이북을 개발하는 것이므로 사전 분석과 플레이북 설계가 이루어져야 합니다. 이를 바탕으로 좀 더 쉽고 효율적으로 플레이북을 개발할 수 있습니다.

사전 분석

- 사용자 계정과 패스워드는 Vault를 이용해 암호화 처리한다.
- 사용자 계정 생성은 ansible.builtin.user 모듈을 이용한다.

플레이북 설계

플레이북을 설계할 때는 생각하고 있는 플레이북의 파일 이름, 해당 플레이북을 구성할 태스크명, 태스크에서 사용할 모듈과 변수를 정의하고, 변수명과 변수를 선언할 위치를 함께 적어주면 좋습니다. 다음과 같은 플레이북 구성도를 먼저 그려보면 플레이북이 어떻게 이루어지는지 한눈에 볼 수 있어 좋습니다.

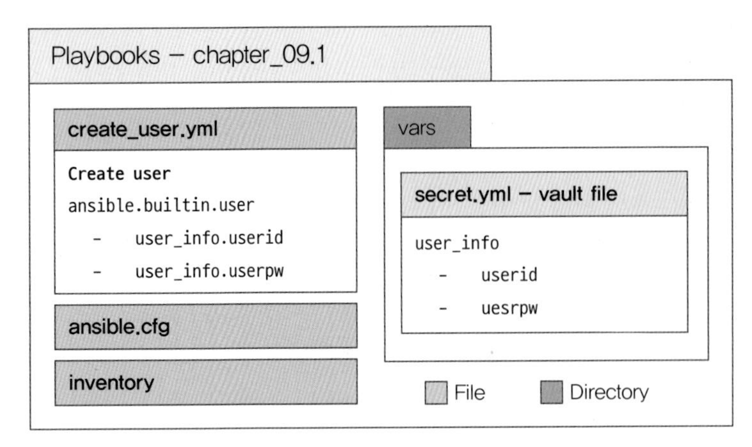

그림 9-2 플레이북 구성도 예시

플레이북 개발

플레이북 설계가 끝나면 본격적으로 플레이북을 개발해보겠습니다. 플레이북을 개발할 때는 앤서블 공식 문서[1]의 콘텐츠 컬렉션 페이지와 설계한 내용을 함께 참조하면 좀 더 쉽게 진행할 수 있습니다.

01 먼저 chapter_09.1이라는 프로젝트 디렉터리를 생성합니다. 그리고 기존의 my_ansible 디렉터리에서 `ansible.cfg` 파일과 `inventory` 파일을 chapter_09.1 디렉터리로 복사합니다. 이번 플레이북은 특별히 호스트 그룹을 나누어주지 않아도 되므로 다음과 같이 호스트명으로만 구성된 `inventory`로 수정합니다.

```
[root@ansible-server ~]# mkdir chapter_09.1
[root@ansible-server ~]# cp my_ansible/ansible.cfg chapter_09.1/
[root@ansible-server ~]# cp my_ansible/inventory chapter_09.1/
[root@ansible-server ~]# cd chapter_09.1
[root@ansible-server chapter_09.1]# vi inventory
tnode1-centos.exp.com
tnode2-ubuntu.exp.com
tnode3-rhel.exp.com
```

1 https://docs.ansible.com/ansible/latest/collections/index.html

02 이번에는 `ansible-vault` 명령어로 사용자 계정 정보가 정의된 변수 파일을 생성합니다. 이때 Vault password를 입력하라는 프롬프트가 뜨면 사용하고자 하는 패스워드를 입력합니다.

```
[root@ansible-server chapter_09.1]# ansible-vault create vars/secret.yml
New Vault password: **********
Confirm New Vault password: **********
```

03 패스워드를 입력하면 에디터 창으로 전환됩니다. 여기에 `user_info` 변수에 userid와 userpw가 같이 있는 사전형 변수를 정의합니다.

```
---

user_info:
  - userid: "ansible"
    userpw: "ansiblePw1!"
  - userid: "stack"
    userpw: "stackPw1!"
~
~
:wq
```

04 Vault로 사용자 계정 정보를 정의했다면, 이번에는 사용자 계정을 생성하는 플레이북을 작성하겠습니다. 사용자 계정은 모든 호스트에 동일하게 생성하며 vault로 작성된 변수 파일을 읽어 사용합니다. 사용자 계정은 `ansible.builtin.user` 모듈과 loop 문을 사용하여 생성합니다.

```
[root@ansible-server chapter_09.1]# cat create_user.yml
---

- hosts: all
  # vault로 사용자 계정 관련 변수가 정의된 파일을 임포트하여 사용
  vars_files:
    - vars/secret.yml

  tasks:
  # loop 문을 사용하여 user_info의 userid와 userpw 사용
  - name: Create user
```

```
    ansible.builtin.user:
      name: "{{ item.userid }}"
      password: "{{ item.userpw }}"
      state: present
    loop: "{{ user_info }}"

[root@ansible-server chapter_09.1]#
```

플레이북 실행

플레이북 작성이 끝나면 플레이북 문법을 체크하고 실행하여 인벤토리에 등록된 전 노드에 secret.yml 파일에 등록한 사용자 계정이 생성되는지 확인해보겠습니다.

01 우선 ansible-playbook 명령어와 --syntax-check 옵션으로 create_user.yml 파일의 문법을 체크합니다. 다음과 같이 에러 메시지 없이 플레이북 이름만 보여주면 문법에는 문제가 없는 것입니다.

```
[root@ansible-server chapter_09.1]# ansible-playbook --syntax-check create_user.yml

playbook: create_user.yml
[root@ansible-server chapter_09.1]#
```

02 문법 체크를 완료하면 ansible-playbook 명령어를 --ask-vault-pass 옵션과 함께 사용하여 create_user.yml 파일을 실행합니다. 그러면 다음과 같이 Vault password를 입력하라는 프롬프트가 뜨고, 패스워드를 입력하면 플레이북이 실행됩니다.

```
[root@ansible-server chapter_09.1]# ansible-playbook --ask-vault-pass create_user.yml
Vault password: **********

PLAY [all] **************************************************************************

TASK [Gathering Facts] **************************************************************
ok: [tnode3-rhel.exp.com]
ok: [tnode1-centos.exp.com]
ok: [tnode2-ubuntu.exp.com]

TASK [Create user] ******************************************************************
```

```
changed: [tnode2-ubuntu.exp.com] => (item={'userid': 'ansible', 'userpw':
'ansiblePw1!'})
changed: [tnode1-centos.exp.com] => (item={'userid': 'ansible', 'userpw':
'ansiblePw1!'})
changed: [tnode2-ubuntu.exp.com] => (item={'userid': 'stack', 'userpw': 'stackPw1!'})
[WARNING]: The input password appears not to have been hashed. The 'password'
argument must be encrypted for this module to work properly.
changed: [tnode3-rhel.exp.com] => (item={'userid': 'ansible', 'userpw':
'ansiblePw1!'})
changed: [tnode1-centos.exp.com] => (item={'userid': 'stack', 'userpw': 'stackPw1!'})
changed: [tnode3-rhel.exp.com] => (item={'userid': 'stack', 'userpw': 'stackPw1!'})

PLAY RECAP ***********************************************************************
tnode1-centos.exp.com      : ok=2    changed=1    unreachable=0    failed=0
skipped=0    rescued=0    ignored=0
tnode2-ubuntu.exp.com      : ok=2    changed=1    unreachable=0    failed=0
skipped=0    rescued=0    ignored=0
tnode3-rhel.exp.com        : ok=2    changed=1    unreachable=0    failed=0
skipped=0    rescued=0    ignored=0

[root@ansible-server chapter_09.1]#
```

03 실제 관리 노드에 들어가 /etc/passwd 파일에서 ansible과 stack 계정을 grep 명령어로 확인해보면 해당 계정이 생성되어 있는 것을 확인할 수 있습니다.

```
# tnode1-centos 노드의 /etc/passwd 내용
[root@tnode1-centos ~]# cat /etc/passwd | grep -E 'ansible|stack'
ansible:x:1000:1000::/home/ansible:/bin/bash
stack:x:1001:1001::/home/stack:/bin/bash
[root@tnode1-centos ~]#
# tnode2-ubuntu 노드의 /etc/passwd 내용
root@tnode2-ubuntu:~# cat /etc/passwd | grep -E 'ansible|stack'
ansible:x:1001:1001::/home/ansible:/bin/sh
stack:x:1003:1003::/home/stack:/bin/sh
root@tnode2-ubuntu:~#
# tnode1-rhel 노드의 /etc/passwd 내용
[root@tnode3-rhel ~]# cat /etc/passwd | grep -E 'ansible|stack'
ansible:x:1002:1002::/home/ansible:/bin/bash
stack:x:1003:1003::/home/stack:/bin/bash
[root@tnode3-rhel ~]#
```

9.2 SSH 키 생성 및 복사하기

상황

시스템을 구축하거나 애플리케이션을 설치하는 경우, 해당 애플리케이션을 사용하는 서버들 간에 SSH 접속을 할 때는 패스워드 대신 SSH 키를 주로 사용합니다. 앤서블 역시 대상 노드에 접속하여 모듈을 실행할 경우 SSH 접근을 하는데, 이때 SSH 키를 사용하여 접근하면 쉽게 작업할 수 있습니다. 이렇게 생성한 SSH 공개 키를 여러 서버에 복사할 때도 앤서블을 이용합니다.

방법 찾기

먼저 앤서블 콘텐츠 컬렉션의 어떤 모듈을 사용하면 SSH 키를 생성하고 복사할 수 있는지를 찾아야 합니다. 사전 분석을 통해 플레이북 설계와 개발에 필요한 모듈을 찾아보겠습니다.

사전 분석

- 사용자 아이디는 외부 변수로 받는다.
- ansible-server에서 ansible 계정을 만들고 SSH 키를 생성한다.
- ansible-server에 생성된 SSH 공개 키를 각 tnode에 복사한다.
- 계정을 생성할 때는 ansible.builtin.user 모듈을, SSH 공개 키를 복사할 때는 ansible.posix.authorized_key 모듈을 이용한다.

플레이북 설계

앤서블 공식 문서의 콘텐츠 컬렉션에서 플레이북 개발에 필요한 SSH 키 생성 모듈과 SSH 키 복사 모듈을 찾았다면, 해당 모듈의 예제와 파라미터 정보를 이용해 플레이북을 설계합니다. 예제에서 플레이북명은 `create_sshkey.yml`로 설정합니다. 해당 플레이북은 'Create ssh key' 태스크와 'Copy SSH Pub key'라는 2개의 태스크를 갖습니다. 이때 'Create ssh key' 태스크는 localhost에서 실행하고, 'Copy SSH Pub key' 태스크는 tnode에서 실행합니다. 인벤토리에는 다음과 같이 tnode라는 그룹을 만든 다음 모든 관리 노드를 tnode 그룹으로 정의합니다.

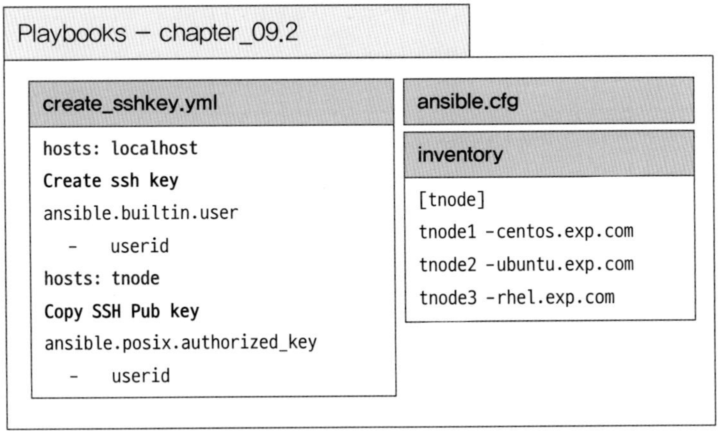

Playbooks – chapter_09.2

create_sshkey.yml

```
hosts: localhost
Create ssh key
ansible.builtin.user
  -   userid
hosts: tnode
Copy SSH Pub key
ansible.posix.authorized_key
  -   userid
```

ansible.cfg

inventory

```
[tnode]
tnode1 -centos.exp.com
tnode2 -ubuntu.exp.com
tnode3 -rhel.exp.com
```

그림 9-3 SSH 키 생성 플레이북 구성도

플레이북 개발

플레이북 설계가 끝나면 앤서블 공식 문서의 콘텐츠 컬렉션 모듈 페이지를 참조하여 개발합니다.

01 앞에서 생성했던 chapter_09.1 디렉터리를 chapter_09.2 디렉터리로 복사합니다. 이때 -r 옵션을 사용하여 디렉터리 하위 파일까지 모두 복사합니다. 그리고 chapter_09.2 디렉터리의 inventory 파일 내용을 다음과 같이 수정합니다.

```
[root@ansible-server ~]# cp -r chapter_09.1/ chapter_09.2
[root@ansible-server ~]# cd chapter_09.2/
[root@ansible-server chapter_09.2]# vi inventory
[tnode]
tnode1-centos.exp.com
tnode2-ubuntu.exp.com
tnode3-rhel.exp.com
[root@ansible-server chapter_09.2]#
```

02 이번에는 SSH 키를 생성하고 복사하는 플레이북을 작성하겠습니다. vi 에디터를 이용하여 create_sshkey.yml 파일을 생성하고 다음과 같은 내용으로 플레이북을 작성합니다. 지금까지 플레이북은 tasks 아래에 여러 태스크가 존재했지만, 여기서는 태스크가 실행될 호스트별로 태스크가 작성되었습니다. localhost인 ansible-server에서 생성된 SSH 공개 키

는 ansible.posix.authorized_key 모듈을 이용하여 인벤토리의 tnode 호스트 그룹의 각 서버로 복사됩니다. 이때 키를 등록하기 위해 lookup 함수가 사용되었습니다.

```
[root@ansible-server chapter_09.2]# vi create_sshkey.yml
---

- hosts: localhost
  tasks:
  - name : Create ssh key
    ansible.builtin.user:
      name: "{{ userid }}"
      generate_ssh_key: true
      ssh_key_bits: 2048
      ssh_key_file: /home/{{ userid }}/.ssh/id_rsa

- hosts: tnode
  tasks:
  - name: Copy SSH Pub key
    ansible.posix.authorized_key:
      user: "{{ userid }}"
      state: present
      key: "{{ lookup('file', '/home/{{ userid }}/.ssh/id_rsa.pub') }}"
[root@ansible-server chapter_09.2]#
```

플레이북 실행

플레이북 작성이 끝나면 플레이북 문법 체크를 한 뒤 문법에 이상이 없으면 플레이북을 실행합니다.

01 옵션 --syntax-check와 함께 다음과 같이 문법 체크를 합니다. 문법에 이상이 없으면 플레이북 이름만 출력됩니다.

```
[root@ansible-server chapter_09.2]# ansible-playbook --syntax-check create_sshkey.yml

playbook: create_sshkey.yml
[root@ansible-server chapter_09.2]#
```

02 이번 플레이북에서는 사용자 계정을 플레이북이나 별도의 파일에 정의하지 않았습니다. 그 이유는 플레이북 실행 시 외부 변수로 함께 정의해주기 위해서입니다. 다음과 같이 ansible-playbook 명령어와 함께 -e 옵션으로 userid라는 변수를 정의하고, create_sshkey.yml 플레이북을 실행합니다. 그러면 -e 옵션으로 정의한 userid가 플레이북에 전달되어 정상적으로 실행됩니다.

```
[root@ansible-server chapter_09.2]# ansible-playbook -e userid=ansible create_sshkey.
yml

PLAY [localhost] ********************************************************************

TASK [Gathering Facts] **************************************************************
ok: [localhost]

TASK [Create ssh key] ***************************************************************
changed: [localhost]

PLAY [tnode] ************************************************************************

TASK [Gathering Facts] **************************************************************
ok: [tnode1-centos.exp.com]
ok: [tnode3-rhel.exp.com]
ok: [tnode2-ubuntu.exp.com]

TASK [Copy SSH Pub key] *************************************************************
changed: [tnode2-ubuntu.exp.com]
changed: [tnode1-centos.exp.com]
changed: [tnode3-rhel.exp.com]

PLAY RECAP **************************************************************************
localhost                  : ok=2    changed=1    unreachable=0    failed=0
skipped=0    rescued=0    ignored=0
tnode1-centos.exp.com      : ok=2    changed=1    unreachable=0    failed=0
skipped=0    rescued=0    ignored=0
tnode2-ubuntu.exp.com      : ok=2    changed=1    unreachable=0    failed=0
skipped=0    rescued=0    ignored=0
tnode3-rhel.exp.com        : ok=2    changed=1    unreachable=0    failed=0
skipped=0    rescued=0    ignored=0

[root@ansible-server chapter_09.2]#
```

03 플레이북이 제대로 실행되었는지 검증해보겠습니다. 우선 ansible-server에서 ansible 계정으로 전환 후 ansible 홈 디렉터리의 .ssh 디렉터리에 SSH 공개 키와 개인 키가 생성되었는지 확인합니다. 그리고 tnode로 시작하는 각 제어 노드에 접속하면 /home/ansible/.ssh 디렉터리에 authorized_keys 파일이 생성되어 있는 것을 확인할 수 있습니다.

```
# ansible-server의 /home/ansible/.ssh 디렉터리 확인
[root@ansible-server chapter_09.2]# su - ansible
[ansible@ansible-server ~]$ ll .ssh
total 8
-rw-------. 1 ansible ansible 1856 Jun 23 16:07 id_rsa
-rw-r--r--. 1 ansible ansible  417 Jun 23 16:07 id_rsa.pub
[ansible@ansible-server ~]$
# tnode1-centos 노드의 /home/ansible/.ssh 디렉터리 확인
[root@tnode1-centos ~]# ll /home/ansible/.ssh
total 4
-rw-------. 1 ansible ansible 834 Jun 23 16:07 authorized_keys
[ansible@tnode1-centos ~]$
# tnode2-ubuntu 노드의 /home/ansible/.ssh 디렉터리 확인
root@tnode2-ubuntu:~# ll /home/ansible/.ssh
total 12
drwx------ 2 ansible ansible 4096 Jun 23 07:07 ./
drwxr-xr-x 3 ansible ansible 4096 Jun 23 06:56 ../
-rw------- 1 ansible ansible  834 Jun 23 07:07 authorized_keys
root@tnode2-ubuntu:~#
# tnode3-rhel 노드의 /home/ansible/.ssh 디렉터리 확인
[root@tnode3-rhel ~]# ll /home/ansible/.ssh
total 4
-rw-------. 1 ansible ansible 834 Jun 23 16:07 authorized_keys
[root@tnode3-rhel ~]#
```

04 이번에는 ansible-server에서 각 tnode로 시작하는 서버에 SSH 접속 테스트를 하겠습니다. 테스트는 ansible-server의 ansible 계정에서 진행합니다. 다음과 같이 ssh 명령어와 호스트명만으로도 패스워드 입력 없이 로그인되면 SSH 공개 키가 잘 복사된 것입니다.

```
# ansible-server에서 tnode1-centos.exp.com으로 ssh 접근 테스트
[ansible@ansible-server ~]$ ssh tnode1-centos.exp.com
The authenticity of host 'tnode1-centos.exp.com (192.168.100.5)' can't be established.
ECDSA key fingerprint is SHA256:R78xNyGxusfnKj/cYkhiIrHCoMhnAaw9ujbq9pFPFgY.
```

```
Are you sure you want to continue connecting (yes/no/[fingerprint])? yes
Warning: Permanently added 'tnode1-centos.exp.com,192.168.100.5' (ECDSA) to the list
of known hosts.
Activate the web console with: systemctl enable --now cockpit.socket

Last login: Fri Jun 23 16:05:31 2023 from 192.168.100.4
[ansible@tnode1-centos ~]$
# ansible-server에서 tnode2-ubuntu.exp.com으로 ssh 접근 테스트
[ansible@ansible-server ~]$ ssh tnode2-ubuntu.exp.com
The authenticity of host 'tnode2-ubuntu.exp.com (192.168.100.6)' can't be
established.
ECDSA key fingerprint is SHA256:Ls2xL2g/8Pzwhq4Hh6nswKmfSZRNIWkVQsbiOXsDDug.
Are you sure you want to continue connecting (yes/no/[fingerprint])? yes
Warning: Permanently added 'tnode2-ubuntu.exp.com,192.168.100.6' (ECDSA) to the list
of known hosts.
Welcome to Ubuntu 20.04.6 LTS (GNU/Linux 5.4.0-152-generic x86_64)

 * Documentation:  https://help.ubuntu.com
 * Management:     https://landscape.canonical.com
 * Support:        https://ubuntu.com/advantage

  System information as of Fri 23 Jun 2023 07:15:28 AM UTC

  System load:  0.0               Processes:                146
  Usage of /:   29.6% of 23.45GB  Users logged in:          1
  Memory usage: 7%                IPv4 address for enp1s0: 192.168.100.6
  Swap usage:   0%

…

$
# ansible-server에서 tnode3-rhel.exp.com으로 ssh 접근 테스트
[ansible@ansible-server ~]$ ssh tnode3-rhel.exp.com
The authenticity of host 'tnode3-rhel.exp.com (192.168.100.7)' can't be established.
ECDSA key fingerprint is SHA256:T1mr0xVMoPkTFA8ajP/y19yY4YkRJDvCPmg7gkZ1VcU.
Are you sure you want to continue connecting (yes/no/[fingerprint])? yes
Warning: Permanently added 'tnode3-rhel.exp.com,192.168.100.7' (ECDSA) to the list of
known hosts.
Activate the web console with: systemctl enable --now cockpit.socket

Register this system with Red Hat Insights: insights-client --register
Create an account or view all your systems at https://red.ht/insights-dashboard
Last login: Fri Jun 23 16:11:59 2023
[ansible@tnode3-rhel ~]$
```

9.3 NTP 서버 설치 및 설정하기

상황

NTP는 Network Time Protocol의 약자로 여러 서버의 시간을 동기화하기 위한 애플리케이션입니다. 예전에는 NTP 애플리케이션으로 NTP 자체를 많이 설치했지만 요즘은 'chrony'라는 NTP 애플리케이션을 더 많이 사용합니다. NTP를 사용하는 이유는 로드 밸런서를 사용하는 서버 간에 시간 동기화가 제대로 이루어지지 않으면 데이터가 생성되는 시간이 서로 맞지 않아 오류가 발생하기 때문입니다. 따라서 매우 중요한 서비스 중 하나라 볼 수 있습니다. 이런 애플리케이션 역시 앤서블을 이용하여 설치하고 환경 설정까지 할 수 있습니다.

방법 찾기

NTP 애플리케이션 중 하나인 chrony를 설치하려면 패키지 리포지터리가 설정되어 있고 인터넷이 되는 환경이어야 합니다. 만약 인터넷이 되지 않는다면 내부 로컬 리포지터리 설정이 되어 있어야 합니다. 지금부터 플레이북을 작성하기 위해 필요한 정보들을 수집하고 프로세스화를 해보겠습니다.

사전 분석

- NTP 서버 주소는 메인 플레이북에서 정의한다.
- 운영체제가 CentOS이거나 레드햇이면 dnf 모듈을 사용하여 chrony를 설치한다.
- 운영체제가 우분투면 apt 모듈을 사용하여 chrony를 설치한다.
- Jinja2 템플릿 방식의 chrony.conf 파일을 대상 호스트로 복사한다.
- 설정 파일이 복사되면 chrony 서비스를 재시작한다.
- 다음에도 사용할 수 있도록 롤을 이용하여 설계하고 작성한다.

플레이북 설계

사전 분석을 마치면 이제 플레이북을 설계해보겠습니다. 이번 예제에서는 chrony를 CentOS, 우분투, 레드햇이라는 서로 다른 운영체제에 각각의 모듈을 이용하여 설치할 것이므로 롤을 생성하고 호출하는 방식으로 작성할 것입니다.

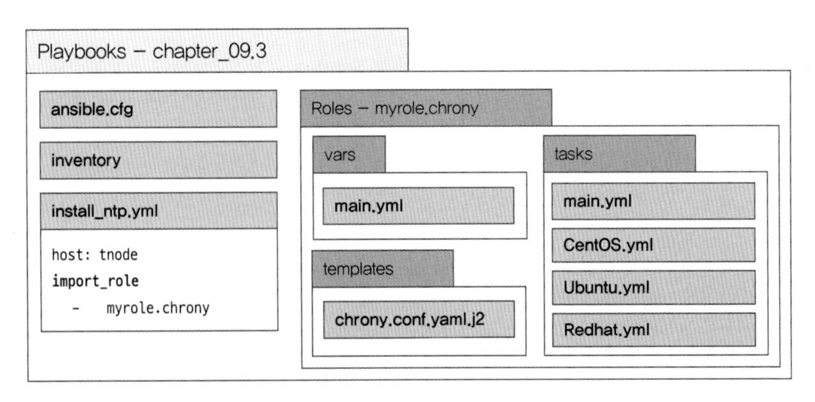

그림 9-4 chrony 설치 플레이북 구성도

플레이북 구성도는 화면 공간에 여유가 있다면 모든 컴포넌트를 상세하게 표현하면 좋겠지만 그렇게 하면 가독성이 떨어집니다. 복잡한 설계를 할 때는 큰 그림을 먼저 그리고 나서 상세한 그림을 그리는 것이 좋습니다. 구성도에서는 `install_ntp.yml`이라는 메인 플레이북에서 어떤 롤을 호출할 것인지와 롤 구성에 필요한 플레이북 정도만 간략하게 표현하였습니다.

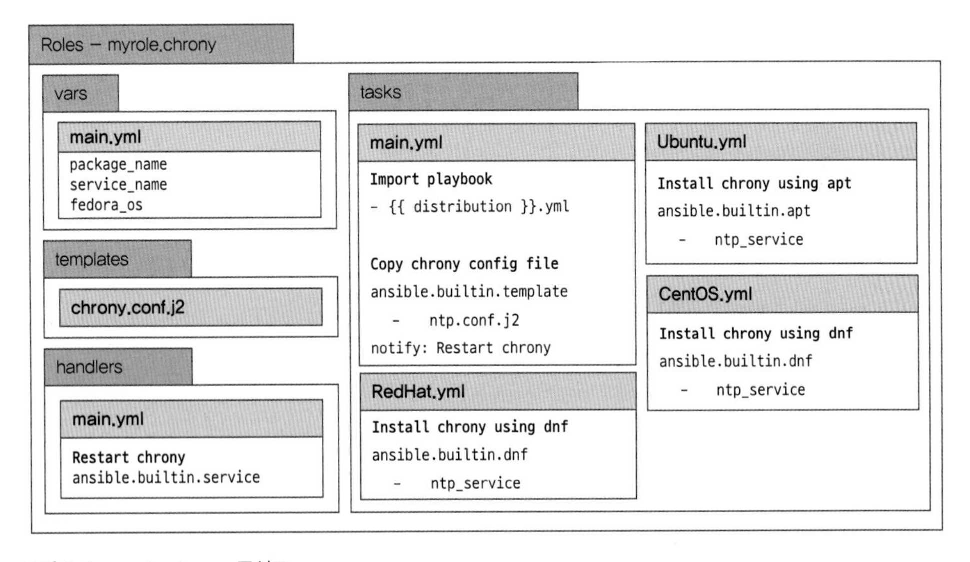

그림 9-5 myrole.chrony 구성도

대략적인 설계가 끝나면 롤에 대한 상세 설계를 합니다. chrony 서비스 설치를 위한 롤에서는 변수를 정의하는 vars, 환경 설정 템플릿을 위한 templates, 태스크를 정의한 tasks, 환경 설정 후 chrony 서비스를 재시작하기 위한 handlers를 사용합니다.

플레이북 개발

이제 플레이북을 개발할 차례입니다. 먼저 프로젝트 디렉터리를 만든 다음 앤서블 환경 설정을 합니다. 그리고 롤을 먼저 개발하고 마지막으로 메인 플레이북에서 롤을 호출하는 방식으로 작성하면 좋습니다.

01 앞서 우리는 ansible이라는 사용자 계정을 만들고 SSH 키를 생성하여 각각의 관리 노드로 복사했습니다. 이번에는 ansible 계정에서 프로젝트 디렉터리를 생성하여 플레이북을 작성해보겠습니다. 다음과 같이 `su - ansible` 명령어를 이용하여 ansible 계정으로 전환합니다. 이어서 ansible 홈 디렉터리에 ansible-project/chapter_09.3이라는 디렉터리를 생성합니다.

```
[root@ansible-server my-ansible]# su - ansible
[ansible@ansible-server ~]$ mkdir -p ansible-project/chapter_09.3
[ansible@ansible-server ~]$ cd ansible-project/chapter_09.3
[ansible@ansible-server chapter_09.3]$
```

02 프로젝트 디렉터리를 ansible 디렉터리로 옮겼으므로 `ansible.cfg` 파일을 다음과 같이 생성합니다. 이때 remote_user는 ansible로 설정합니다.

```
[ansible@ansible-server chapter_09.3]$ vi ansible.cfg
[defaults]
inventory = ./inventory
remote_user = ansible
ask_pass = false
roles_path = ./roles

[privilege_escalation]
become = true
become_method = sudo
become_user = root
become_ask_pass = false
[ansible@ansible-server chapter_09.3]$
```

03 인벤토리 역시 다음과 같이 설정합니다.

```
[ansible@ansible-server chapter_09.3]$ vi inventory
[tnode]
```

```
tnode1-centos.exp.com
tnode2-ubuntu.exp.com
tnode3-rhel.exp.com
[ansible@ansible-server chapter_09.3]$
```

04 플레이북을 작성하기 위한 기본 환경 설정을 마치면 ansible-galaxy role init 명령어를 이용하여 롤을 생성합니다. 이때 --init-path 옵션으로 롤이 생성될 경로를 ./roles로 설정합니다.

```
[ansible@ansible-server chapter_09.3]$ ansible-galaxy role init --init-path ./roles
myrole.chrony
- Role myrole.chrony was created successfully
[ansible@ansible-server chapter_09.3]$
```

05 생성된 롤 디렉터리로 전환한 후 설계도를 참조하여 vars/main.yml 파일을 다음과 같이 생성합니다.

```
[ansible@ansible-server chapter_09.3]$ cd roles/myrole.chrony
[ansible@ansible-server myrole.chrony]$ vi vars/main.yml
---
# vars file for myrole.chrony

package_name: chrony
service_name: chronyd
fedora_os:
  - RedHat
  - CentOS
[ansible@ansible-server myrole.chrony]$
```

06 이번에는 templates/chrony.conf.j2 파일을 다음과 같이 생성합니다. 이때 외부로부터 입력받은 ntp_server라는 변수를 사용합니다. chrony.conf 파일의 내용은 이미 chrony 서비스가 설치되어 있는 서버의 chrony.conf 파일 내용을 참조하여 작성합니다.

```
[ansible@ansible-server myrole.chrony]$ vi templates/chrony.conf.j2
pool {{ ntp_server }}
driftfile /var/lib/chrony/drift
makestep 1.0 3
rtcsync
```

```
allow 192.168.0.0/16
local stratum 10
keyfile /etc/chrony.keys
leapsectz right/UTC
logdir /var/log/chrony
[ansible@ansible-server myrole.chrony]$
```

07 핸들러에는 chrony 서비스를 재시작하는 태스크가 포함됩니다. ansible.builtin.service 모듈을 이용하고, state를 restarted로 설정하면 됩니다.

```
[ansible@ansible-server myrole.chrony]$ vi handlers/main.yml
---
# handlers file for myrole.chrony

- name: Restart chrony
  ansible.builtin.service:
    name: "{{ service_name }}"
    state: restarted
[ansible@ansible-server myrole.chrony]$
```

08 이제 tasks/main.yml 파일 내용을 작성하겠습니다. 설계도를 참조하여 태스크를 나열하고, 앤서블 공식 문서의 콘텐츠 컬렉션의 모듈 페이지를 참조하여 작성합니다. 이번 플레이북은 ansible_facts.distribution이라는 팩트 변수를 이용하여 다른 파일에서 태스크를 포함시켰습니다. 또한 우분투와 CentOS, 레드햇은 운영체제 종류가 다르기 때문에 chrony 환경 설정 파일 위치도 다릅니다. 따라서 when 문을 통해 운영체제가 우분투인 것과 페도라 계열인 것으로 나누어서 설정 파일을 복사했습니다. 설정 파일 복사가 끝나면 notify를 통해 'Restart chrony'라는 핸들러를 호출합니다.

```
[ansible@ansible-server myrole.chrony]$ vi tasks/main.yml
---
# tasks file for myrole.chrony

- name: Import playbook
  ansible.builtin.include_tasks:
    file: "{{ ansible_facts.distribution }}.yml"

- name: Copy chrony config file when Ubuntu
  ansible.builtin.template:
```

```
    src: chrony.conf.j2
    dest: /etc/chrony/chrony.conf
  notify: "Restart chrony"
  when: ansible_facts.distribution == "Ubuntu"

- name: Copy chrony config file when Other OS
  ansible.builtin.template:
    src: chrony.conf.j2
    dest: /etc/chrony.conf
  notify: "Restart chrony"
  when: ansible_facts.distribution in fedora_os
[ansible@ansible-server myrole.chrony]$
```

09 tasks/main.yml 파일에서 호출될 운영체제별 플레이북들을 하나씩 작성해보겠습니다. 먼저 tasks/RedHat.yml 파일을 만들고 ansible.butilin.dnf 모듈을 이용하여 chrony 서비스가 설치되는 태스크를 다음과 같이 작성합니다.

```
[ansible@ansible-server myrole.chrony]$ vi tasks/RedHat.yml
---

- name: Install chrony using dnf
  ansible.builtin.dnf:
    name: "{{ package_name }}"
    state: latest
[ansible@ansible-server myrole.chrony]$
```

10 CentOS는 레드햇과 작동 방식이 동일하므로 RedHat.yml 파일을 CentOS.yml 파일로 다음과 같이 복사합니다.

```
[ansible@ansible-server myrole.chrony]$ cp tasks/RedHat.yml tasks/CentOS.yml
[ansible@ansible-server myrole.chrony]$ cat tasks/CentOS.yml
---

- name: Install chrony using dnf
  ansible.builtin.dnf:
    name: "{{ package_name }}"
    state: latest
[ansible@ansible-server myrole.chrony]$
```

11 tasks/Ubuntu.yml 파일에는 ansible.builtin.apt 모듈을 이용하여 chrony 서비스가 설치되는 태스크를 작성합니다.

```
[ansible@ansible-server myrole.chrony]$ vi tasks/Ubuntu.yml
---

- name: Install chrony using apt
  ansible.builtin.apt:
    name: "{{ package_name }}"
    state: latest
[ansible@ansible-server myrole.chrony]$
```

12 마지막으로 메인 플레이북인 install_ntp.yml 파일을 작성해보겠습니다. 여기서는 roles 섹션을 이용해 앞에서 작성했던 myrole.chrony라는 롤을 추가하고, 해당 롤에 ntp_server라는 변수를 함께 선언합니다. 실제 환경에서 해당 플레이북을 활용할 때는 ntp_server 값을 변경하여 롤을 호출하면 됩니다.

```
[ansible@ansible-server myrole.chrony]$ cd ../..
[ansible@ansible-server chapter_09.3]$ vi install_ntp.yml
---

- hosts: tnode
  roles:
    - role: myrole.chrony
      ntp_server: 0.kr.pool.ntp.org
[ansible@ansible-server chapter_09.3]$
```

플레이북 실행

개발이 모두 끝나면 이제 플레이북을 실행합니다. 문법을 먼저 체크하고, --check 옵션을 통해 어떻게 플레이북이 실행될지 시뮬레이션한 후 실행하면 트러블슈팅에 도움이 됩니다. 그럼 플레이북을 실행해보겠습니다.

01 플레이북을 실행하기에 앞서, 이번 예제에서는 ansible 계정을 이용할 예정이므로 각 tnode로 시작하는 관리 노드의 ansible 계정에 패스워드 입력 없이 sudo 권한을 줄 수 있도록 사전 설정을 합니다.

```
# tnode1-centos 노드의 ansible 계정 sudo 권한 설정
[root@tnode1-centos ~]# echo "ansible ALL=(root) NOPASSWD:ALL" | tee -a /etc/sudoers.
d/ansible
ansible ALL=(root) NOPASSWD:ALL
[root@tnode1-centos ~]# chmod 0440 /etc/sudoers.d/ansible
# tnode2-ubuntu 노드의 ansible 계정 sudo 권한 설정
root@tnode2-ubuntu:~# echo "ansible ALL=(root) NOPASSWD:ALL" | tee -a /etc/sudoers.d/
ansible
ansible ALL=(root) NOPASSWD:ALL
root@tnode2-ubuntu:~# chmod 0440 /etc/sudoers.d/ansible
# tnode3-rhel 노드의 ansible 계정 sudo 권한 설정
[root@tnode2-rhel ~]# echo "ansible ALL=(root) NOPASSWD:ALL" | tee -a /etc/sudoers.d/
ansible
ansible ALL=(root) NOPASSWD:ALL
[root@tnode2-rhel ~]# chmod 0440 /etc/sudoers.d/ansible
```

02 사전 설정이 끝나면 ansible-playbook --syntax-check 명령어로 install_ntp.yml 파일의 문법을 체크합니다.

```
[ansible@ansible-server chapter_09.3]$ ansible-playbook --syntax-check install_ntp.yml

playbook: install_ntp.yml
[ansible@ansible-server chapter_09.3]$
```

03 문법 체크가 끝나면 플레이북을 실행합니다. 실행 결과를 통해 tnode1-centos 노드와 tnode3-rhel 노드에는 이미 chrony가 설치되어 있고, tnode2-ubuntu 노드에만 chrony 서비스가 설치된 것을 확인할 수 있습니다. 또한 when 문을 통해 해당 운영체제에 따라 특정 태스크만 실행되었음을 확인할 수 있습니다.

```
[ansible@ansible-server chapter_09.3]$ ansible-playbook install_ntp.yml

PLAY [tnode] ***********************************************************************

TASK [Gathering Facts] *************************************************************
ok: [tnode3-rhel.exp.com]
ok: [tnode1-centos.exp.com]
ok: [tnode2-ubuntu.exp.com]

TASK [myrole.chrony : Import playbook] *********************************************
```

```
included: /home/ansible/ansible_project/chapter_09.3/roles/myrole.chrony/tasks/
CentOS.yml for tnode1-centos.exp.com
included: /home/ansible/ansible_project/chapter_09.3/roles/myrole.chrony/tasks/
Ubuntu.yml for tnode2-ubuntu.exp.com
included: /home/ansible/ansible_project/chapter_09.3/roles/myrole.chrony/tasks/
RedHat.yml for tnode3-rhel.exp.com

TASK [myrole.chrony : Install chrony using dnf] ************************************
ok: [tnode1-centos.exp.com]

TASK [myrole.chrony : Install chrony using apt] ************************************
changed: [tnode2-ubuntu.exp.com]

TASK [myrole.chrony : Install chrony using dnf] ************************************
ok: [tnode3-rhel.exp.com]

TASK [myrole.chrony : Copy chrony config file when Ubuntu] *************************
changed: [tnode2-ubuntu.exp.com]
skipping: [tnode1-centos.exp.com]
skipping: [tnode3-rhel.exp.com]

TASK [myrole.chrony : Copy chrony config file when Other OS] ***********************
skipping: [tnode2-ubuntu.exp.com]
changed: [tnode1-centos.exp.com]
changed: [tnode3-rhel.exp.com]


RUNNING HANDLER [myrole.chrony : Restart chrony] ***********************************
changed: [tnode2-ubuntu.exp.com]
changed: [tnode3-rhel.exp.com]
changed: [tnode1-centos.exp.com]

PLAY RECAP *************************************************************************
tnode1-centos.exp.com      : ok=5    changed=2    unreachable=0    failed=0
skipped=1    rescued=0    ignored=0
tnode2-ubuntu.exp.com      : ok=5    changed=2    unreachable=0    failed=0
skipped=1    rescued=0    ignored=0
tnode3-rhel.exp.com        : ok=5    changed=2    unreachable=0    failed=0
skipped=1    rescued=0    ignored=0

[ansible@ansible-server chapter_09.3]$
```

04 롤을 호출하는 메인 플레이북의 대상 호스트를 변경하면 해당 호스트가 실행된 태스크만 실행되는 것을 확인할 수 있습니다. 따라서 이렇게 작성된 플레이북은 롤을 한번 생성해두면 다양한 환경에서 사용 가능합니다.

```
[ansible@ansible-server chapter_09.3]$ vi install_ntp.yml
---

- hosts: tnode1-centos.exp.com
  roles:
    - role: myrole.chrony
      ntp_server: 0.kr.pool.ntp.org
[ansible@ansible-server chapter_09.3]$ ansible-playbook install_ntp.yml

PLAY [tnode1-centos.exp.com] *********************************************************

TASK [Gathering Facts] ***************************************************************
ok: [tnode1-centos.exp.com]

TASK [myrole.chrony : Import playbook] ***********************************************
included: /home/ansible/ansible_project/chapter_09.3/roles/myrole.chrony/tasks/
CentOS.yml for tnode1-centos.exp.com

TASK [myrole.chrony : Install chrony using dnf] **************************************
ok: [tnode1-centos.exp.com]

TASK [myrole.chrony : Copy chrony config file when Ubuntu] ***************************
skipping: [tnode1-centos.exp.com]

TASK [myrole.chrony : Copy chrony config file when Other OS] *************************
ok: [tnode1-centos.exp.com]

PLAY RECAP ***************************************************************************
tnode1-centos.exp.com      : ok=4    changed=0    unreachable=0    failed=0
skipped=1    rescued=0    ignored=0

[ansible@ansible-server chapter_09.3]$
```

9.4 패키지 리포지터리 환경 설정하기

상황

패키지 리포지터리 환경은 패키지를 다운로드하는 일 외에도 패키지를 내려받을 디렉터리를 생성하고 아파치 웹 서버를 설치한 후 여러 가지 환경 설정을 해야 합니다. 리포지터리로부터 패키지를 다운로드하는 건 셸 스크립트를 이용해도 되지만, 패키지 리포지터리 환경은 앤서블을 이용하면 매우 효율적으로 구성할 수 있습니다.

방법 찾기

패키지 리포지터리 환경을 구성하기 위한 사전 분석을 통해 프로세스와 필요한 정보들을 정리해보겠습니다.

사전 분석

- 본 프로젝트는 RHEL 호스트를 대상으로 한다.
- httpd 서비스 설치와 관련된 모든 태스크는 롤을 이용해 구현한다.
- 롤을 통해 리포지터리 환경 설정이 끝나면, 리포지터리 URL을 체크한다.
- 롤에는 다음과 같은 절차를 갖는 태스크가 존재한다.
- repo 디렉터리를 생성한다.
    - httpd 서비스를 설치한다.
    - repo.conf라는 환경 설정 파일을 대상 노드로 복사한다.
    - Httpd 서비스를 재시작하고 sefcontext 설정을 한다.
    - http 서비스를 firewalld에 추가하고, firewalld 서비스를 reload한다.

플레이북 설계

사전 분석을 통해 정리된 절차들을 기반으로 플레이북을 설계합니다. 이번 예제에서는 인벤토리가 변경되어야 하므로 변경될 인벤토리 내용, 메인 플레이북의 태스크 절차, 그리고 필요한 롤 구성 요소를 설계합니다.

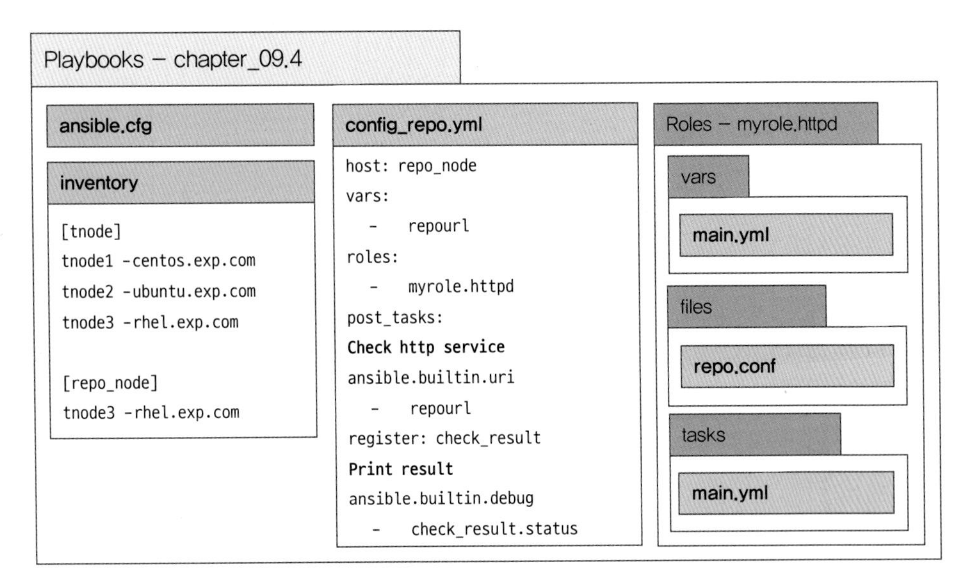

그림 9-6 패키지 리포지터리 환경 설정 플레이북 구성도

이번에는 필요한 컴포넌트들이 가질 내용을 기반으로 롤을 설계합니다. 정의해야 할 변수, 생성해야 할 파일이나 템플릿, 수행해야 할 태스크 절차와 핸들러의 태스크 내용을 다음과 같이 설계합니다.

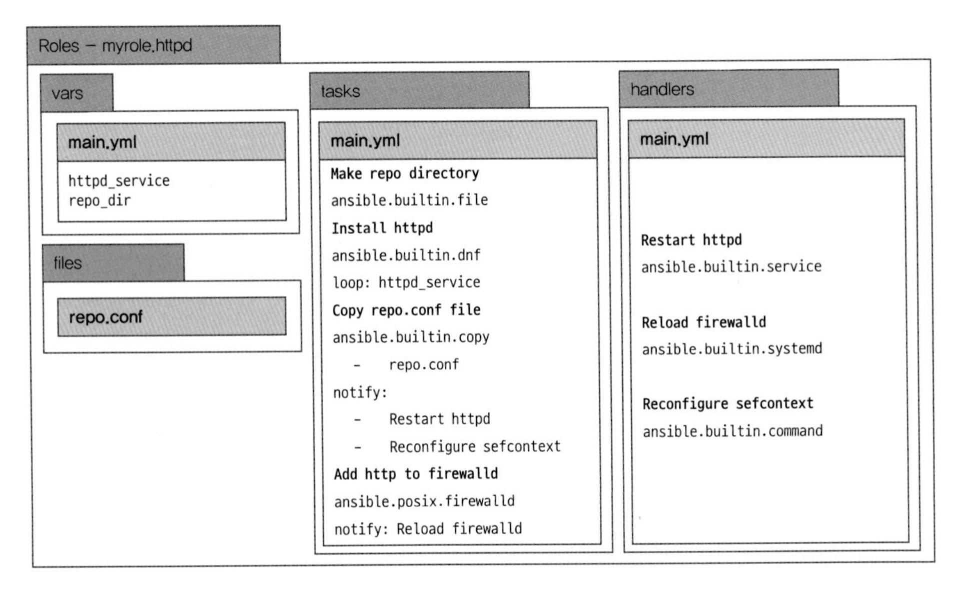

그림 9-7 롤 플레이북 구성도

설계한 대로 개발이 되지 않을 때가 많다 하더라도 사전에 분석한 내용을 기반으로 하는 것과 그냥 개발하는 것에는 큰 차이가 있습니다. 먼저 큰 그림을 그려보고 개발할 것을 권합니다.

플레이북 개발

01 이번에는 이전 9.3절 예제의 `ansible.cfg`와 `inventory`를 복사하여 사용하겠습니다.

```
[ansible@ansible-server ansible_project]$ mkdir chapter_09.4
[ansible@ansible-server ansible_project]$ cd chapter_09.3
[ansible@ansible-server chapter_09.3]$ cp ansible.cfg inventory ../chapter_09.4
```

02 복사된 `inventory` 파일을 열어 다음과 같이 repo_node 섹션을 정의하고, repo_node 섹션에 레드햇 노드인 tnode3-rhel.exp.com을 추가합니다.

```
[ansible@ansible-server chapter_09.4]$ vi inventory
[tnode]
tnode1-centos.exp.com
tnode2-ubuntu.exp.com
tnode3-rhel.exp.com

[repo_node]
tnode3-rhel.exp.com
[ansible@ansible-server chapter_09.4]$
```

03 `ansible-galaxy role init` 명령어를 이용하여 롤을 생성합니다.

```
[ansible@ansible-server chapter_09.4]$ ansible-galaxy role init --init-path ./roles
myrole.httpd
- Role myrole.httpd was created successfully
[ansible@ansible-server chapter_09.4]$
```

04 `vars/main.yml` 파일을 열어 롤에서 사용할 변수들을 다음과 같이 정의합니다. httpd_service는 설치될 패키지를 정의하는 것으로, 여기서는 httpd와 yum-utils를 설치합니다. repo_dir은 패키지를 다운로드할 리포지터리 경로로 사용되며, /repo로 정의합니다.

```
[ansible@ansible-server chapter_09.4]$ cd roles/myrole.httpd
[ansible@ansible-server myrole.httpd]$ vi vars/main.yml
```

```
---
# vars file for myrole.httpd

httpd_service:
  - httpd
  - yum-utils
repo_dir: /repo
[ansible@ansible-server myrole.httpd]$
```

05 환경 설정 파일인 repo.conf 내용은 files 디렉터리에 다음과 같은 내용으로 생성합니다.

```
[ansible@ansible-server myrole.httpd]$ vi files/repo.conf
<VirtualHost *:80>
  DocumentRoot /repo
  CustomLog "logs/http_repo.log" combined
  <Directory "/repo">
    Options Indexes FollowSymLinks
    AllowOverride None
    Require all granted
  </Directory>
</VirtualHost>

Alias /repo "/repo"
[ansible@ansible-server myrole.httpd]$
```

06 httpd 서비스가 설치되면 패키지 리포지터리 환경을 설정할 메인 태스크를 tasks/main.yml에 다음과 같이 작성합니다. 이번 플레이북에서 살펴봐야 할 부분은 설치된 패키지가 2개 이상인 것입니다. loop 키워드를 이용하여 패키지 설치 부분을 구현하였으며, repo.conf 파일이 복사된 후 notify 키워드를 이용하여 2개 이상의 핸들러 태스크를 호출하였습니다. 또한 notify 키워드를 통해 여러 개의 핸들러 태스크를 호출할 수 있습니다.

```
[ansible@ansible-server myrole.httpd]$ vi tasks/main.yml
---
# tasks file for myrole.httpd

- name: Make repo directory
  ansible.builtin.file:
    path: "{{ repo_dir }}"
    state: directory
```

```
- name: Install httpd
  ansible.builtin.dnf:
    name: "{{ item }}"
    state: latest
  loop: "{{ httpd_service }}"

- name: Copy repo.conf file
  ansible.builtin.copy:
    src: ../files/repo.conf
    dest: /etc/httpd/conf.d/
  notify:
    - Restart httpd
    - Reconfigure sefcontext

- name: Add http to firewalld
  ansible.posix.firewalld:
    service: http
    permanent: true
    state: enabled
  notify: Reload firewalld
[ansible@ansible-server chapter_09.4]$
```

07 핸들러는 handlers/main.yml 파일에 작성합니다. 여기서는 SELinux 컨텍스트를 적용할 수 있는 적합한 모듈이 없어 ansible.builtin.command 모듈을 이용하여 직접 명령어를 실행하는 방식으로 태스크를 작성했습니다.

```
[ansible@ansible-server myrole.httpd]$ cat handlers/main.yml
---
# handlers file for myrole.httpd

- name: Restart httpd
  ansible.builtin.service:
    name: httpd
    state: restarted

- name: Reload firewalld
  ansible.builtin.systemd:
    name: firewalld
    state: reloaded

- name: Reconfigure sefcontext
  ansible.builtin.command: chcon -R -h -t httpd_sys_content_t /repo
[ansible@ansible-server myrole.httpd]$
```

08 마지막으로 롤을 호출하는 메인 플레이북인 `config_repo.yml` 파일을 작성합니다. 여기에서는 failed_when 키워드를 사용하여 `ansible.builtin.uri` 모듈을 통해 체크한 리포지터리 사이트 호출 결과가 200이 아니면 실패로 처리되도록 했으며, 웹 서비스를 체크하는 태스크는 롤이 전부 실행된 다음에 실행될 수 있도록 post_tasks 세션을 이용했습니다. 만일 여기서 post_tasks가 아닌 tasks를 사용하면 롤을 실행하는 과정에서 발생하는 핸들러 태스크보다 먼저 실행되어 에러가 발생하게 됩니다. 따라서 롤과 함께 핸들러가 모두 수행된 다음 웹 서비스를 체크할 수 있도록 특수 작업 세션인 post_tasks를 사용합니다.

```
[ansible@ansible-server chapter_09.4]$ vi config_repo.yml
---

- hosts: repo_node
  vars:
    repo_url: http://192.168.100.7/repo

  roles:
    - role: myrole.httpd

  post_tasks:
    - name: Check http service
      ansible.builtin.uri:
        url: "{{ repo_url }}"
        return_content: true
      register: check_result
      failed_when: check_result.status != 200

    - name: Print result
      ansible.builtin.debug:
        var: check_result.status
[ansible@ansible-server chapter_09.4]$
```

플레이북 실행

01 `ansible-playbook --syntax-check` 명령어를 이용하여 플레이북 문법을 체크합니다.

```
[ansible@ansible-server chapter_09.4]$ ansible-playbook --syntax-check config_repo.yml

playbook: config_repo.yml
[ansible@ansible-server chapter_09.4]$
```

02 ansible-playbook 명령어와 함께 플레이북을 실행합니다. 롤 태스크와 핸들러가 모두 수행된 후에 메인 플레이북의 웹 서비스 체크 태스크가 수행된 것을 확인할 수 있습니다.

```
[ansible@ansible-server chapter_09.4]$ ansible-playbook config_repo.yml

PLAY [repo_node] *******************************************************************

TASK [Gathering Facts] *************************************************************
ok: [tnode3-rhel.exp.com]

TASK [myrole.httpd : Make repo directory] ******************************************
changed: [tnode3-rhel.exp.com]

TASK [myrole.httpd : Install httpd] ************************************************
changed: [tnode3-rhel.exp.com] => (item=httpd)
changed: [tnode3-rhel.exp.com] => (item=yum-utils)

TASK [myrole.httpd : Copy repo.conf file] ******************************************
changed: [tnode3-rhel.exp.com]

TASK [myrole.httpd : Add http to firewalld] ****************************************
changed: [tnode3-rhel.exp.com]

RUNNING HANDLER [myrole.httpd : Restart httpd] *************************************
changed: [tnode3-rhel.exp.com]

RUNNING HANDLER [myrole.httpd : Reload firewalld] **********************************
changed: [tnode3-rhel.exp.com]

RUNNING HANDLER [myrole.httpd : Reconfigure sefcontext] ****************************
changed: [tnode3-rhel.exp.com]

TASK [Check http service] **********************************************************
ok: [tnode3-rhel.exp.com]

TASK [Print result] ****************************************************************
ok: [tnode3-rhel.exp.com] => {
    "check_result.status": "200"
}

PLAY RECAP *************************************************************************
tnode3-rhel.exp.com        : ok=10   changed=7    unreachable=0    failed=0
```

```
skipped=0    rescued=0    ignored=0

[ansible@ansible-server chapter_09.4]$
```

03 개발하다 보면 테스트를 위해 플레이북을 여러 번 수행하는 경우가 많습니다. 앤서블은 셸 스크립트와는 달리 이미 수행된 것은 상태 확인만 하고 재수행을 하지는 않습니다.

```
[ansible@ansible-server chapter_09.4]$ ansible-playbook config_repo.yml

PLAY [repo_node] ********************************************************************

TASK [Gathering Facts] **************************************************************
ok: [tnode3-rhel.exp.com]

TASK [myrole.httpd : Make repo directory] *******************************************
ok: [tnode3-rhel.exp.com]

TASK [myrole.httpd : Install httpd] *************************************************
ok: [tnode3-rhel.exp.com] => (item=httpd)
ok: [tnode3-rhel.exp.com] => (item=yum-utils)

TASK [myrole.httpd : Copy repo.conf file] *******************************************
ok: [tnode3-rhel.exp.com]

TASK [myrole.httpd : Add http to firewalld] *****************************************
ok: [tnode3-rhel.exp.com]

TASK [Check http service] ***********************************************************
ok: [tnode3-rhel.exp.com]

TASK [Print result] *****************************************************************
ok: [tnode3-rhel.exp.com] => {
    "check_result.status": "200"
}

PLAY RECAP **************************************************************************
tnode3-rhel.exp.com        : ok=7    changed=0    unreachable=0    failed=0
skipped=0    rescued=0    ignored=0

[ansible@ansible-server chapter_09.4]$
```

04 리포지터리 서버 환경 설정이 끝나면 tnode3-rhel.exp.com 노드에 들어가 다음과 같은 셸 스크립트 실행을 통해 패키지를 다운로드할 수 있습니다. 만일 레드햇 서브스크립션이 없다면 CentOS에서도 이와 유사한 작업을 수행할 수 있습니다.

```
# 패키지 리포지터리 다운로드 셸 스크립트
[root@tnode3-rhel ~]# cat reposync.sh
#!/bin/bash

repolist="rhel-8-for-x86_64-baseos-rpms rhel-8-for-x86_64-appstream-rpms"
repopath=/repo

for repo in $repolist; do
  reposync --download-metadata --repo=$repo -p $repopath
done
[root@tnode3-rhel ~]#
# 셸 스크립트 실행을 통한 패키지 다운로드
[root@tnode3-rhel ~]# sh reposync.sh
Updating Subscription Management repositories.
Red Hat Enterprise Linux 8 for x86_64 - BaseOS (RPMs)   8.3 kB/s | 4.1 kB     00:00
Red Hat Enterprise Linux 8 for x86_64 - BaseOS (RPMs)    26 MB/s | 168 MB     00:06
(1/13894): glib2-fam-2.56.4-1.el8.x86_64.rpm             50 kB/s |  15 kB     00:00
(2/13894): libnfsidmap-2.3.3-14.el8.x86_64.rpm          398 kB/s | 121 kB     00:00
(3/13894): libksba-1.3.5-7.el8.i686.rpm                 462 kB/s | 142 kB     00:00
(4/13894): python3-talloc-2.1.14-3.el8.x86_64.rpm        88 kB/s |  26 kB     00:00
…
```

05 패키지 다운로드가 끝나고 웹 브라우저를 열어 앞에서 구성한 리포지터리 서버에 들어가 보면 다음과 같은 화면을 확인할 수 있습니다.

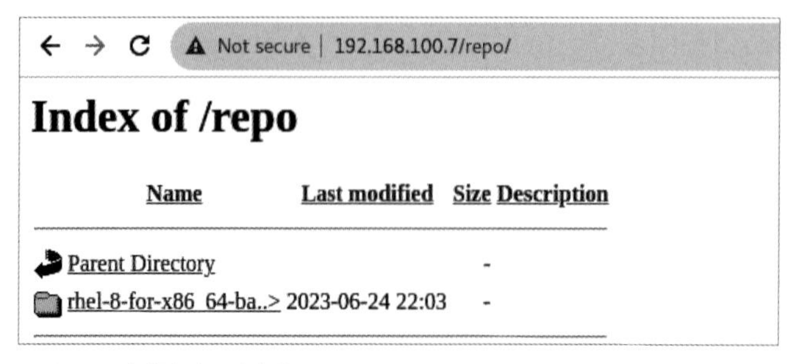

그림 9-8 변경된 리포지터리

CHAPTER 10

환경 설정 자동화

서버에 운영체제나 다양한 애플리케이션을 설치하려면 네트워크와 호스트명을 설정해야 합니다. 이렇게 설정된 서버에서는 각종 설정 파일을 관리하고 NFS 스토리지와 연결합니다. 그리고 애플리케이션을 설치하고 사용하기 위한 환경 설정을 수행합니다. 이번 챕터에서는 환경 설정 자동화를 위한 앤서블 플레이북을 개발하고 실습 환경도 만들어보겠습니다.

10.1 네트워크 IP 설정하기

상황

앤서블을 이용하여 시스템 환경을 구성하다 보면 네트워크 IP를 구성할 일이 매우 많습니다. 물론 앤서블이 대상 호스트에 접속하기 위한 네트워크는 사전에 구성되어 있어야 하지만, 기본 네트워크 이외의 네트워크 IP 설정은 앤서블을 이용해 설정할 수 있습니다. 지금부터 앤서블에서 제공하는 네트워크 관련 모듈을 이용하여 네트워크 IP를 설정해보겠습니다.

방법 찾기

네트워크 정보를 확인하고 네트워크 IP를 설정하려면 페도라 계열의 운영체제에서는 `nmcli`라는 명령어를 이용하여 설정하고, 데비안 계열의 운영체제는 `netplan`이라는 파일을 통해 설정합니다. 테스트를 위해 실습 환경의 관리 노드 VM에서 네트워크 인터페이스를 하나씩 추가하고 IP를 설정해 보겠습니다.

사전 분석

- nmcli 명령어는 community.general.nmcli라는 모듈을 제공한다.
- netplan은 파일이므로 사전에 netplan 파일 구조를 확인하고 jinja2 템플릿으로 작성한다.
- 운영체제가 레드햇이면서 앤서블 오토메이션 플랫폼을 사용할 경우에는 redhat.rhel_system_roles.network라는 롤을 사용할 수 있다.
- 예제에서는 ethernet 타입의 네트워크 IP를 설정한다.
- IP 설정 관련 정보는 메인 플레이북에서 변수로 정의한다.
- 변수로 정의한 네트워크 인터페이스가 실제 호스트에 존재하는지 앤서블 팩트를 통해 확인한다.
- 운영체제가 CentOS이거나 레드햇일 경우에는 nmcli 모듈을 사용하여 IP를 설정한다.
- 운영체제가 우분투일 경우에는 netplan 파일을 이용하여 IP를 설정한다.

플레이북 설계

사전 분석한 정보를 바탕으로 플레이북의 대략적인 설계를 진행합니다. 먼저 인벤토리에 구성된 호스트 그룹과 호스트를 정의합니다. 이번에는 운영체제가 CentOS이거나 레드햇일 때 nmcli 모듈을 사용하는 롤과 우분투일 경우 netplan을 사용하는 롤로 구성합니다. 그리고 운영체제의 종류에 따라 해당 롤을 호출하는 방식으로 메인 플레이북을 설계하였습니다.

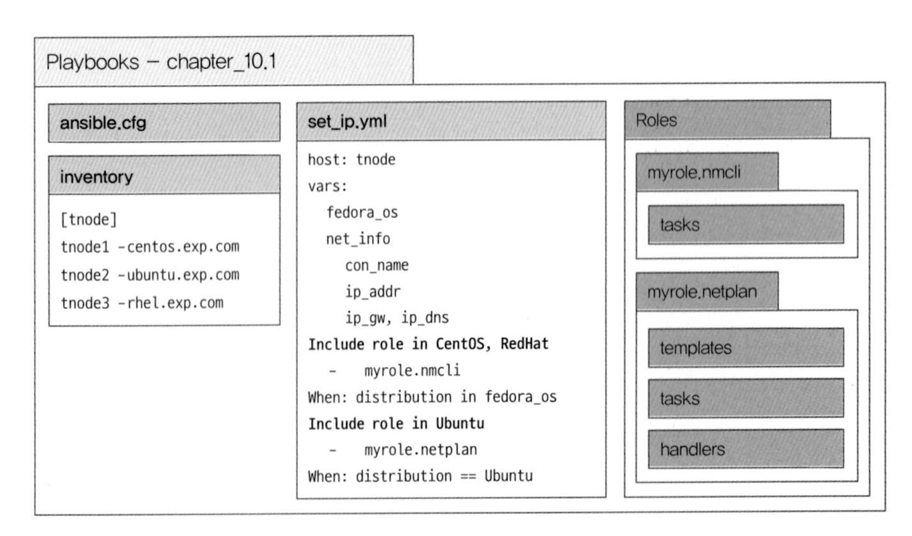

그림 10-1 네트워크 IP 설정 플레이북 설계

대략적인 설계가 끝나면 롤 설계를 진행합니다. 롤은 2개를 생성할 예정이며 myrole.nmcli 롤에는 태스크만, myrole.netplan 롤에는 템플릿, 태스크, 핸들러를 구성합니다. nmcli 롤은 commnutiy.general.nmcli 모듈을 이용하여 구현하는데, 이때 ansible_facts를 이용하여 외부로부터 입력받은 인터페이스명이 대상 호스트에 존재하는지 확인합니다. netplan 롤은 netplan 파일이 핵심이기 때문에 사전에 netplan 파일을 분석하여 어떤 식으로 작성할 것인지 대략적으로 적어두면 플레이북 개발 시 도움이 됩니다.

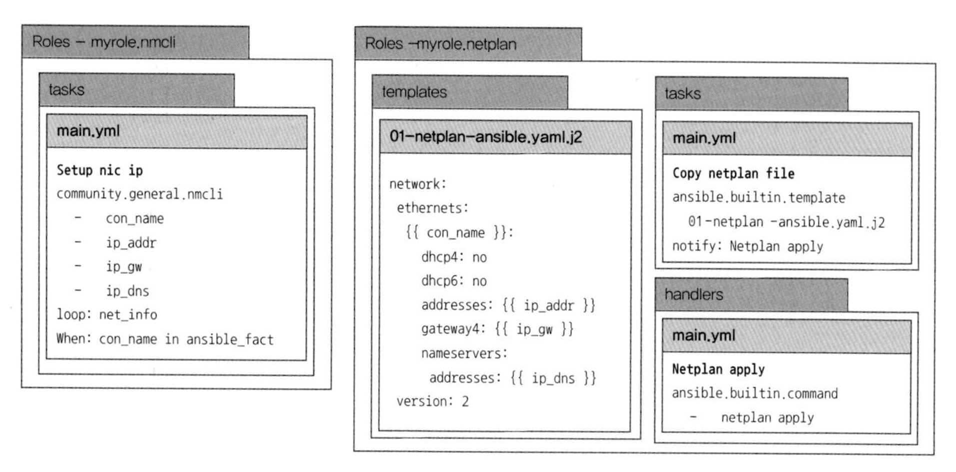

그림 10-2 네트워크 IP 설정 롤 설계

플레이북 개발

설계가 마무리되면 플레이북을 개발합니다. 플레이북 개발 시에는 앤서블 공식 문서의 콘텐츠 컬렉션 모듈 페이지를 참조하면 좀 더 쉽게 개발할 수 있습니다.

01 먼저 프로젝트 디렉터리인 chapter_10.1을 생성하고, chapter_09.4 디렉터리에서 ansible.cfg와 inventory 파일을 생성한 프로젝트 디렉터리로 복사합니다.

```
[ansible@ansible-server ansible_project]$ mkdir chapter_10.1
[ansible@ansible-server ansible_project]$ cp chapter_09.4/ansible.cfg chapter_09.4/
inventory chapter_10.1/
[ansible@ansible-server ansible_project]$
```

02 `inventory` 파일을 열어 다음과 같이 tnode 호스트 그룹만 남겨둡니다.

```
[ansible@ansible-server chapter_10.1]$ vi inventory
[tnode]
tnode1-centos.exp.com
tnode2-ubuntu.exp.com
tnode3-rhel.exp.com
[ansible@ansible-server chapter_10.1]$
```

03 `ansible-galaxy role init` 명령어를 이용해 myrole.nmcli 롤과 myrole.netplan 롤을 생성합니다.

```
[ansible@ansible-server chapter_10.1]$ ansible-galaxy role init --init-path ./roles
myrole.nmcli
- Role myrole.nmcli was created successfully
[ansible@ansible-server chapter_10.1]$ ansible-galaxy role init --init-path ./roles
myrole.netplan
- Role myrole.netplan was created successfully
[ansible@ansible-server chapter_10.1]$
```

04 생성된 롤 myrole.nmcli 디렉터리로 이동하여 `tasks/main.yml` 파일에 다음과 같은 내용을 작성합니다. `community.general.nmcli` 모듈을 사용하여 외부로부터 받은 변수로 네트워크 IP를 설정하는 내용입니다. 이때 변수는 배열 방식으로 받은 변수이므로 loop를 이용하였고, when 키워드를 사용하여 외부로부터 받은 인터페이스가 앤서블 팩트에 존재하는지 확인합니다.

```
[ansible@ansible-server chapter_10.1]$ cd roles/myrole.nmcli
[ansible@ansible-server myrole.nmcli]$ vi tasks/main.yml
---
# tasks file for myrole.nmcli

- name: Setup nic ip
  community.general.nmcli:
    type: ethernet
    conn_name: "{{ item.con_name }}"
    ip4: "{{ item.ip_addr }}"
    gw4: "{{ item.ip_gw }}"
    dns4: "{{ item.ip_dns }}"
```

```
    state: present
  loop: "{{ net_info }}"
  when: net_info[0].con_name in ansible_facts.interfaces
[ansible@ansible-server myrole.nmcli]$
```

05 이번에는 myrole.netplan 롤 디렉터리로 전환하여 템플릿을 작성합니다. Jinja2 템플릿(파이썬 웹 프로그래밍에 주로 쓰이는 템플릿 파일)을 이용하여 외부로부터 받은 배열형 변수를 for 문으로 하나씩 꺼내 사용할 수 있습니다. Jinja2 템플릿에서 제어문이나 반복문을 사용할 때는 다음과 같이 {% ~ %}를 이용합니다.

```
[ansible@ansible-server myrole.nmcli]$ cd ../myrole.netplan
[ansible@ansible-server myrole.netplan]$ vi templates/01-netplan-ansible.yaml.j2
# This is the network config written by 'ansible'
network:
  version: 2
  ethernets:
{% for item in net_info %}
    {{ item.con_name }}:
      dhcp4: no
      dhcp6: no
      addresses: [{{ item.ip_addr }}]
      gateway4: {{ item.ip_gw }}
      nameservers:
        addresses: [{{ item.ip_dns }}]
{% endfor %}
[ansible@ansible-server myrole.netplan]$
```

06 netplan 롤의 태스크에는 `ansible.builtin.template` 모듈을 이용하여 앞에서 생성한 템플릿 파일을 대상 호스트에 복사합니다. 이때 when 구문을 이용하여 외부로부터 받은 인터페이스가 앤서블 팩트에 존재하는지 확인합니다. 템플릿 복사가 잘 되면 notify 키워드를 사용하여 핸들러를 호출합니다.

```
[ansible@ansible-server myrole.netplan]$ vi tasks/main.yml
---
# tasks file for myrole.netplan

- name: Copy netplan file
  ansible.builtin.template:
    src: 01-netplan-ansible.yaml.j2
```

```
    dest: /etc/netplan/01-netplan-ansible.yaml
  when: net_info[0].con_name in ansible_facts.interfaces
  notify: Netplan apply
[ansible@ansible-server myrole.netplan]$
```

07 핸들러에는 ansible.builtin.command 모듈을 이용하여 netpaln apply 명령어를 수행합니다.

```
[ansible@ansible-server myrole.netplan]$ vi handlers/main.yml
---
# handlers file for myrole.netplan

- name: Netplan apply
  ansible.builtin.command: netplan apply
[ansible@ansible-server myrole.netplan]$
```

08 마지막으로 롤을 호출한 메인 플레이북을 작성합니다. 메인 플레이북에는 롤에 전달할 변수들을 vars 섹션에 선언하고 tasks 섹션에 롤을 추가합니다. 이때 ansible.builtin.include_role 모듈을 이용하여 롤을 호출하면 when 구문을 함께 사용할 수 있습니다. 이렇게 앤서블 팩트에서 수집한 운영체제 버전에 따라 해당 롤을 호출할 수 있습니다.

```
[ansible@ansible-server myrole.netplan]$ cd ../..
[ansible@ansible-server chapter_10.1]$ vi set_ip.yml
---

- hosts: tnode1-centos.exp.com
  vars:
    fedora_os:
      - CentOS
      - RedHat
    net_info:
      - con_name: enp7s0
        ip_addr: 192.168.20.5/24
        ip_gw: 192.168.20.1
        ip_dns: 192.168.20.1

  tasks:
  - name: Include role in CentOS and RedHat
    ansible.builtin.include_role:
      name: myrole.nmcli
```

```
    when: ansible_facts.distribution in fedora_os

  - name: Include role in Ubuntu
    ansible.builtin.include_role:
      name: myrole.netplan
    when: ansible_facts.distribution == "Ubuntu"
[ansible@ansible-server chapter_10.1]$
```

플레이북 실행

플레이북 개발이 끝나면 실행 테스트를 하면서 오타나 구문 오류를 찾고 수정하는 일을 반복합니다. 앤서블은 에러 메시지가 매우 상세한 편이어서 트러블슈팅을 하기 쉽습니다.

플레이북 실행을 하기에 앞서 실습 환경에 생성된 tnode1-centos VM과 tnode2-ubuntu VM에 네트워크 인터페이스를 하나씩 추가합니다. 네트워크 인터페이스가 추가되면 플레이북을 실행합니다.

01 플레이북 개발이 끝나면 반드시 --syntax-check 옵션으로 문법 오류는 없는지 확인합니다.

```
[ansible@ansible-server chapter_10.1]$ ansible-playbook --syntax-check set_ip.yml

playbook: set_ip.yml
[ansible@ansible-server chapter_10.1]$
```

02 --check 옵션을 이용하여 한 번 더 실행 결과를 리뷰하고 이상이 없으면 플레이북을 실행합니다. 아래 실행 결과를 살펴보면 대상 호스트가 tnode1-centos.exp.com이며, 해당 호스트의 운영체제가 CentOS이기 때문에 CentOS와 레드햇에 해당하는 롤이 호출된 것을 볼 수 있습니다. 반면 우분투에 해당하는 롤은 건너뛰고 실행되지 않았습니다.

```
[ansible@ansible-server chapter_10.1]$ ansible-playbook set_ip.yml

PLAY [tnode1-centos.exp.com] *****************************************************

TASK [Gathering Facts] ***********************************************************
ok: [tnode1-centos.exp.com]

TASK [Include role in CentOS and RedHat] *****************************************
```

```
TASK [myrole.nmcli : Setup nic ip] ****************************************************
changed: [tnode1-centos.exp.com] => (item={'con_name': 'enp7s0', 'ip_addr':
'192.168.20.5/24', 'ip_gw': '192.168.20.1', 'ip_dns': '192.168.20.1'})

TASK [Include role in Ubuntu] *******************************************************
skipping: [tnode1-centos.exp.com]

PLAY RECAP ************************************************************************
tnode1-centos.exp.com      : ok=2    changed=1    unreachable=0    failed=0
skipped=1    rescued=0    ignored=0

[ansible@ansible-server chapter_10.1]$
```

03 tnode1-centos 노드에 접속하여 ip address show 명령어로 IP가 잘 설정되었는지 확인합니다.

```
[root@tnode1-centos ~]# ip address show enp7s0
3: enp7s0: <BROADCAST,MULTICAST,UP,LOWER_UP> mtu 1500 qdisc fq_codel state UP group
default qlen 1000
    link/ether 52:54:00:0e:76:bb brd ff:ff:ff:ff:ff:ff
    inet 192.168.20.5/24 brd 192.168.20.255 scope global noprefixroute enp7s0
       valid_lft forever preferred_lft forever
    inet6 fe80::256c:1620:95a2:626a/64 scope link noprefixroute
       valid_lft forever preferred_lft forever
[root@tnode1-centos ~]#
```

04 이번에는 우분투 호스트에서 플레이북을 실행해보겠습니다. set_ip.yml 파일을 set_ip_ubuntu.yml 파일로 복사한 후 hosts와 ip_addr을 다음과 같이 수정합니다.

```
[ansible@ansible-server chapter_10.1]$ cp set_ip.yml set_ip_ubuntu.yml
[ansible@ansible-server chapter_10.1]$ vi set_ip_ubuntu.yml
---

- hosts: tnode2-ubuntu.exp.com
  vars:
    fedora_os:
      - CentOS
      - RedHat
    net_info:
      - con_name: enp7s0
```

```
        ip_addr: 192.168.20.6/24
        ip_gw: 192.168.20.1
        ip_dns: 192.168.20.1
…
```

05 그리고 수정한 `set_ip_ubuntu.yml` 파일을 실행합니다. 이번에는 CentOS와 레드햇에 해당하는 롤은 건너뛰고 우분투에 해당하는 롤이 호출된 것을 볼 수 있습니다.

```
[ansible@ansible-server chapter_10.1]$ ansible-playbook set_ip_ubuntu.yml

PLAY [tnode2-ubuntu.exp.com] *****************************************************

TASK [Gathering Facts] ***********************************************************
ok: [tnode2-ubuntu.exp.com]

TASK [Include role in CentOS and RedHat] *****************************************
skipping: [tnode2-ubuntu.exp.com]

TASK [Include role in Ubuntu] ****************************************************

TASK [myrole.netplan : Copy netplan file] ****************************************
changed: [tnode2-ubuntu.exp.com]

RUNNING HANDLER [myrole.netplan : Netplan apply] *********************************
changed: [tnode2-ubuntu.exp.com]

PLAY RECAP ***********************************************************************
tnode2-ubuntu.exp.com      : ok=3    changed=2    unreachable=0    failed=0    
skipped=1    rescued=0    ignored=0

[ansible@ansible-server chapter_10.1]$
```

06 tnode2-ubuntu 호스트에 접속하여 IP가 잘 설정되었는지 확인합니다.

```
root@tnode2-ubuntu:/etc/netplan# ip addr show enp7s0
3: enp7s0: <BROADCAST,MULTICAST,UP,LOWER_UP> mtu 1500 qdisc fq_codel state UP group 
default qlen 1000
    link/ether 52:54:00:16:ce:03 brd ff:ff:ff:ff:ff:ff
    inet 192.168.20.6/24 brd 192.168.20.255 scope global enp7s0
       valid_lft forever preferred_lft forever
    inet6 fe80::5054:ff:fe16:ce03/64 scope link
```

```
        valid_lft forever preferred_lft forever
root@tnode2-ubuntu:/etc/netplan#
```

07 네트워크 인터페이스가 없을 경우의 플레이북도 실행해보겠습니다. `set_ip.yml` 파일을 `set_ip_redhat.yml` 파일로 복사 후 다음과 같이 hosts와 ip_addr을 수정합니다.

```
[ansible@ansible-server chapter_10.1]$ cp set_ip.yml set_ip_redhat.yml
[ansible@ansible-server chapter_10.1]$ vi set_ip_redhat.yml
---

- hosts: tnode3-rhel.exp.com
  vars:
    fedora_os:
      - CentOS
      - RedHat
    net_info:
      - con_name: enp7s0
        ip_addr: 192.168.20.7/24
        ip_gw: 192.168.20.1
        ip_dns: 192.168.20.1
…
```

08 수정한 `set_ip_redhat.yml` 파일을 실행하면 CentOS와 레드햇에 해당하는 롤은 호출하지만, 네트워크 인터페이스가 없어 Setup nic ip 태스크가 실행되지 않는 것을 볼 수 있습니다.

```
[ansible@ansible-server chapter_10.1]$ ansible-playbook set_ip_redhat.yml

PLAY [tnode3-rhel.exp.com] *******************************************************

TASK [Gathering Facts] ***********************************************************
ok: [tnode3-rhel.exp.com]

TASK [Include role in CentOS and RedHat] *****************************************

TASK [myrole.nmcli : Setup nic ip] ***********************************************
skipping: [tnode3-rhel.exp.com] => (item={'con_name': 'enp7s0', 'ip_addr':
'192.168.20.7/24', 'ip_gw': '192.168.20.1', 'ip_dns': '192.168.20.1'})
skipping: [tnode3-rhel.exp.com]
```

```
TASK [Include role in Ubuntu] *****************************************************
skipping: [tnode3-rhel.exp.com]

PLAY RECAP ************************************************************************
tnode3-rhel.exp.com        : ok=1    changed=0    unreachable=0    failed=0
skipped=2    rescued=0    ignored=0

[ansible@ansible-server chapter_10.1]$
```

10.2 호스트명 설정하기

상황

시스템을 구성하다 보면 여러 서버의 호스트명을 설정하고 hosts 파일에 호스트명을 추가하는 작업들을 종종 하게 됩니다. 호스트명 추가 정도는 서버에서 직접 해도 매우 쉬운 일이지만 작업해야 하는 서버 대수가 많아진다면 또 다른 이야기가 됩니다. 이때 앤서블을 이용해 호스트명을 설정하고 hosts 파일에 해당 호스트 정보까지 추가하는 작업을 하면 매우 효율적입니다. 지금부터 앤서블로 호스트명을 설정하기 위한 방법을 알아보겠습니다.

방법 찾기

호스트명을 설정할 때는 단순히 이름만 설정할 때가 있고, FQDN(Fully Qualified Domain Name) 형식의 호스트명을 설정할 때가 있습니다. 시스템을 구성할 때는 단순 이름보다는 FQDN 형식의 이름을 호스트명으로 주로 사용합니다. 그럼 앤서블의 어떤 모듈을 이용하여 호스트명을 확인하고 설정할 수 있는지 알아보겠습니다.

사전 분석

- 앤서블로 접근하기 위한 대상 서버들은 이미 제어 노드의 인벤토리에 등록되어 있다.
- 호스트명 설정을 하기 위해 ansible.builtin.hostname 모듈을 사용한다.
- /etc/hosts에 tnode 정보들을 등록하기 위해 필요한 정보들을 변수로 정의한다.
- 호스트명을 hosts 파일에 추가할 때는 ansible.builtin.lineinfile 모듈을 사용한다.

플레이북 설계

사전 분석한 내용과 앤서블 공식 문서의 콘텐츠 컬렉션 모듈 페이지를 참조해 플레이북을 설계합니다. 플레이북을 어떤 순서로 디자인해야 할지 잘 모르겠다면 검색을 통해 누군가가 작성해 놓은 플레이북을 참조하는 것도 상당한 도움이 됩니다. 이번 플레이북은 프로세스가 간단하여 롤을 사용하지 않고 메인 플레이북 하나로 설계가 끝났습니다.

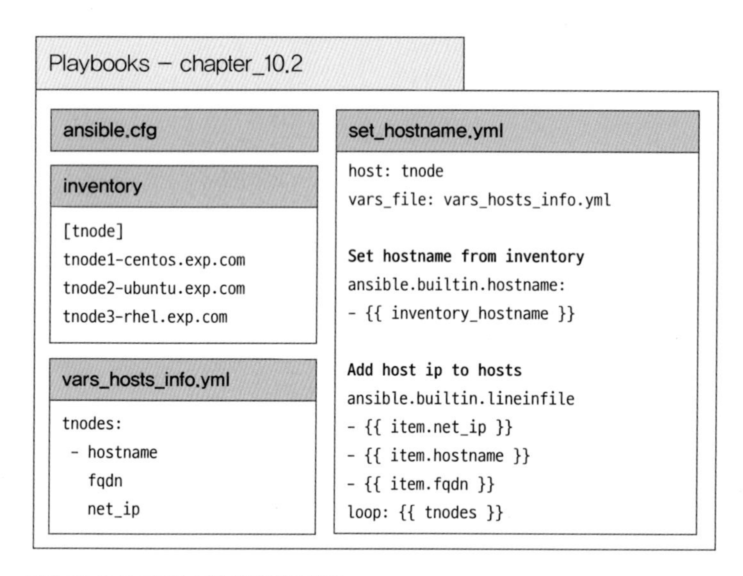

그림 10-3 호스트명 설정 플레이북 설계

플레이북 개발

사전에 설계한 설계도와 앤서블 공식 문서를 참조하면 쉽게 플레이북을 작성할 수 있습니다.

01 먼저 프로젝트 디렉터리를 생성하고, 이전 프로젝트 디렉터리에서 `ansible.cfg`와 `inventory`를 복사합니다.

```
[ansible@ansible-server ansible_project]$ mkdir chapter_10.2
[ansible@ansible-server ansible_project]$ cp chapter_10.1/ansible.cfg chapter_10.1/
inventory chapter_10.2
[ansible@ansible-server ansible_project]$
```

02 hosts 파일에 추가할 호스트 정보들을 `vars_hosts_info.yml` 파일로 생성하고 다음 내용을 변수로 설정합니다. 이때 변수는 사전형 변수로 정의하여 반복문을 사용할 수 있도록 합니다.

```
[ansible@ansible-server chapter_10.2]$ vi vars_hosts_info.yml
tnodes:
  - hostname: tnode1-centos
    fqdn: tnode1-centos.exp.com
    net_ip: 192.168.100.5
  - hostname: tnode2-ubuntu
    fqdn: tnode2-ubuntu.exp.com
    net_ip: 192.168.100.6
  - hostname: tnode3-rhel
    fqdn: tnode3-rhel.exp.com
    net_ip: 192.168.100.7
[ansible@ansible-server chapter_10.2]$
```

03 마지막으로 메인 플레이북을 개발합니다. 이번엔 변수를 외부 파일로부터 읽어와 사용합니다. `vars_files`라는 키워드를 사용하여 변수가 정의된 파일명을 입력하면 해당 파일로부터 변수를 가져와 사용할 수 있습니다.

```
[ansible@ansible-server chapter_10.2]$ vi set_hostname.yml
---

- hosts: tnode
  vars_files: vars_hosts_info.yml

  tasks:
  - name: Set hostname from inventory
    ansible.builtin.hostname:
      name: {{ inventory_hostname }}

  - name: Add host ip to hosts
    ansible.builtin.lineinfile:
      path: /etc/hosts
      line: "{{ item.net_ip }}  {{ item.hostname }} {{ item.fqdn }}"
      regexp: "^{{ item.net_ip }}"
    loop: "{{ tnodes }}"
[ansible@ansible-server chapter_10.2]$
```

플레이북 실행

개발이 끝나면 문법 체크를 하고 플레이북을 실행합니다. 그리고 반드시 실행 결과가 원하는 대로 나오는지 확인해야 합니다. 원하는 대로 실행되지 않았다면 플레이북이나 설계에 문제가 있는 것이므로 다시 점검합니다.

01 먼저 ansible-playbook --syntax-check 명령어로 문법을 체크합니다. 만일 문법에 문제가 있으면 빨간색 글씨로 문제가 있는 부분을 알려줍니다.

```
[ansible@ansible-server chapter_10.2]$ ansible-playbook --syntax-check set_hostname.
yml
ERROR! We were unable to read either as JSON nor YAML, these are the errors we got
from each:
JSON: Expecting value: line 1 column 1 (char 0)

Syntax Error while loading YAML.
  found unacceptable key (unhashable type: 'AnsibleMapping')

The error appears to be in '/home/ansible/ansible_project/chapter_10.2/set_hostname.
yml': line 8, column 14, but may
be elsewhere in the file depending on the exact syntax problem.

The offending line appears to be:

    ansible.builtin.hostname:
      name: {{ inventory_hostname }}
             ^ here
We could be wrong, but this one looks like it might be an issue with
missing quotes. Always quote template expression brackets when they
start a value. For instance:

    with_items:
      - {{ foo }}

Should be written as:

    with_items:
      - "{{ foo }}"
[ansible@ansible-server chapter_10.2]$
```

02 앞에서 확인한 대로 set_hostname.yml 파일을 열어 {{ inventory_hostname }} 앞뒤로 큰따옴표("")를 붙여줍니다. 플레이북에서 변수를 사용할 때는 큰따옴표와 함께 겹 중괄호({{}}) 사이에 변수명을 정의합니다.

```
[ansible@ansible-server chapter_10.2]$ vi set_hostname.yml
---

- hosts: tnode
  tasks:
  - name: Set hostname from inventory
    ansible.builtin.hostname:
      name: "{{ inventory_hostname }}"
…
```

03 플레이북을 수정했으니 다시 한번 문법 체크를 합니다.

```
[ansible@ansible-server chapter_10.2]$ ansible-playbook --syntax-check set_hostname.yml

playbook: set_hostname.yml
[ansible@ansible-server chapter_10.2]$
```

04 문법에 문제가 없다면 이제 ansible-playbook 명령어를 이용하여 플레이북을 실행합니다.

```
[ansible@ansible-server chapter_10.2]$ ansible-playbook set_hostname.yml

PLAY [tnode] *********************************************************************

TASK [Gathering Facts] ***********************************************************
ok: [tnode3-rhel.exp.com]
ok: [tnode2-ubuntu.exp.com]
ok: [tnode1-centos.exp.com]

TASK [Set hostname from inventory] ***********************************************
changed: [tnode2-ubuntu.exp.com]
changed: [tnode1-centos.exp.com]
changed: [tnode3-rhel.exp.com]

TASK [Add host ip to hosts] ******************************************************
changed: [tnode2-ubuntu.exp.com] => (item={'hostname': 'tnode1-centos', 'fqdn':
'tnode1-centos.exp.com', 'net_ip': '192.168.100.5'})
```

```
changed: [tnode1-centos.exp.com] => (item={'hostname': 'tnode1-centos', 'fqdn':
'tnode1-centos.exp.com', 'net_ip': '192.168.100.5'})
changed: [tnode3-rhel.exp.com] => (item={'hostname': 'tnode1-centos', 'fqdn':
'tnode1-centos.exp.com', 'net_ip': '192.168.100.5'})
changed: [tnode2-ubuntu.exp.com] => (item={'hostname': 'tnode2-ubuntu', 'fqdn':
'tnode2-ubuntu.exp.com', 'net_ip': '192.168.100.6'})
changed: [tnode2-ubuntu.exp.com] => (item={'hostname': 'tnode3-rhel', 'fqdn':
'tnode3-rhel.exp.com', 'net_ip': '192.168.100.7'})
changed: [tnode1-centos.exp.com] => (item={'hostname': 'tnode2-ubuntu', 'fqdn':
'tnode2-ubuntu.exp.com', 'net_ip': '192.168.100.6'})
changed: [tnode3-rhel.exp.com] => (item={'hostname': 'tnode2-ubuntu', 'fqdn':
'tnode2-ubuntu.exp.com', 'net_ip': '192.168.100.6'})
changed: [tnode1-centos.exp.com] => (item={'hostname': 'tnode3-rhel', 'fqdn':
'tnode3-rhel.exp.com', 'net_ip': '192.168.100.7'})
changed: [tnode3-rhel.exp.com] => (item={'hostname': 'tnode3-rhel', 'fqdn': 'tnode3-
rhel.exp.com', 'net_ip': '192.168.100.7'})

PLAY RECAP ***************************************************************************
tnode1-centos.exp.com      : ok=3    changed=2    unreachable=0    failed=0
skipped=0    rescued=0    ignored=0
tnode2-ubuntu.exp.com      : ok=3    changed=2    unreachable=0    failed=0
skipped=0    rescued=0    ignored=0
tnode3-rhel.exp.com        : ok=3    changed=2    unreachable=0    failed=0
skipped=0    rescued=0    ignored=0

[ansible@ansible-server chapter_10.2]$
```

05 호스트명과 /etc/hosts 파일이 잘 변경되었는지 각 노드에 들어가 확인합니다. 호스트명도 잘 변경되었고, /etc/hosts 파일에도 추가한 호스트 정보가 존재하는 것을 확인할 수 있습니다.

```
# tnode1-centos 노드의 hostname 확인
[root@tnode1-centos ~]# hostname
tnode1-centos.exp.com
# tnode1-centos 노드의 /etc/hosts 파일 확인
[root@tnode1-centos ~]# cat /etc/hosts
127.0.0.1   localhost localhost.localdomain localhost4 localhost4.localdomain4
::1         localhost localhost.localdomain localhost6 localhost6.localdomain6
192.168.100.5  tnode1-centos tnode1-centos.exp.com
192.168.100.6  tnode2-ubuntu tnode2-ubuntu.exp.com
192.168.100.7  tnode3-rhel tnode3-rhel.exp.com
```

```
[root@tnode1-centos ~]#
# tnode2-ubuntu 노드의 hostname 확인
root@tnode2-ubuntu:~# hostname
tnode2-ubuntu.exp.com
# tnode2-ubuntu 노드의 /etc/hosts 파일 확인
root@tnode2-ubuntu:~# cat /etc/hosts
127.0.0.1 localhost
127.0.1.1 tnode2-ubuntu

# The following lines are desirable for IPv6 capable hosts
::1     ip6-localhost ip6-loopback
fe00::0 ip6-localnet
ff00::0 ip6-mcastprefix
ff02::1 ip6-allnodes
ff02::2 ip6-allrouters
192.168.100.6  tnode2-ubuntu tnode2-ubuntu.exp.com
192.168.100.5  tnode1-centos tnode1-centos.exp.com
192.168.100.7  tnode3-rhel tnode3-rhel.exp.com
root@tnode2-ubuntu:~#
# tnode3-rhel 노드의 hostname 확인
[root@tnode3-rhel ~]# hostname
tnode3-rhel.exp.com
# tnode3-rhel 노드의 /etc/hosts 파일 확인
[root@tnode3-rhel ~]# cat /etc/hosts
127.0.0.1   localhost localhost.localdomain localhost4 localhost4.localdomain4
::1         localhost localhost.localdomain localhost6 localhost6.localdomain6
192.168.100.7  tnode3-rhel tnode3-rhel.exp.com
192.168.100.5  tnode1-centos tnode1-centos.exp.com
192.168.100.6  tnode2-ubuntu tnode2-ubuntu.exp.com
```

10.3 NFS 서버 설치 및 NFS 스토리지 마운트하기

상황

NFS는 Network File Storage의 약자로, 네트워크를 통해 스토리지 저장 공간을 사용할 수 있는 공유 스토리지입니다. 상용 환경에서는 주로 벤더사에서 제공하는 NFS 스토리지 제품을 사용하지만, 개발 환경이나 테스트 시에는 리눅스에서 제공하는 NFS 서버에 스토리지를 마운트해서 사용합니다. 이런 경우에도 앤서블 플레이북을 이용하여 자동화를 구현할 수 있습니다.

지금부터는 앤서블을 이용하여 NFS 서버를 설치하고 구성한 NFS 스토리지를 마운트하는 방법을 알아보겠습니다.

방법 찾기

이번 챕터는 요즘 화두가 되고 있는 인공지공 AI 서비스인 챗GPT[ChatGPT]를 이용하겠습니다. 사전 분석 과정에서 NFS 서버를 설치하는 플레이북에 대해 물어보고, 챗GPT가 제공하는 플레이북을 참조하여 설계 및 개발을 해보겠습니다.

- 챗GPT 사이트: https://openai.com

01 먼저 챗GPT를 이용할 수 있는 OpenAI 플랫폼에 접속하여 로그인합니다. 만일 회원이 아니라면 회원 가입을 합니다. 가입에 별도의 비용이 발생하지는 않습니다. 로그인을 하면 다음과 같은 화면을 확인할 수 있습니다.

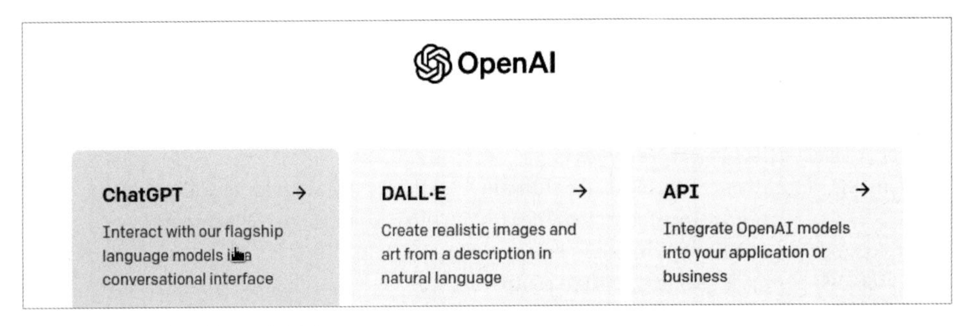

그림 10-4 OpenAI 플랫폼 메인 화면

02 로그인한 화면에서 'ChatGPT'를 클릭하면 질문을 할 수 있는 화면으로 전환됩니다. 하단의 'Send a message' 칸에 원하는 질문을 입력합니다.

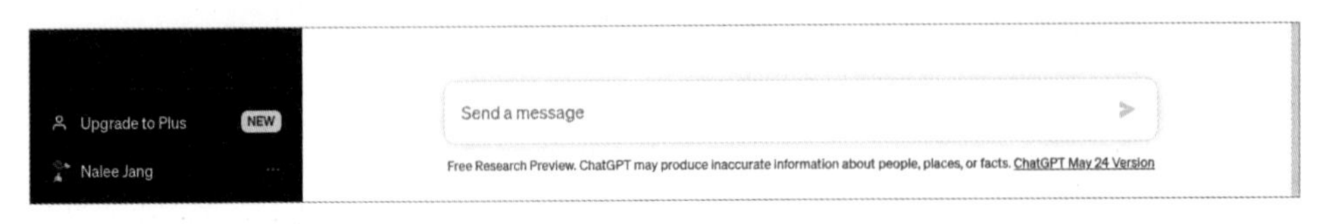

그림 10-5 챗GPT에게 질문하기

03 그러면 다음과 같이 챗GPT의 대답을 확인할 수 있습니다.

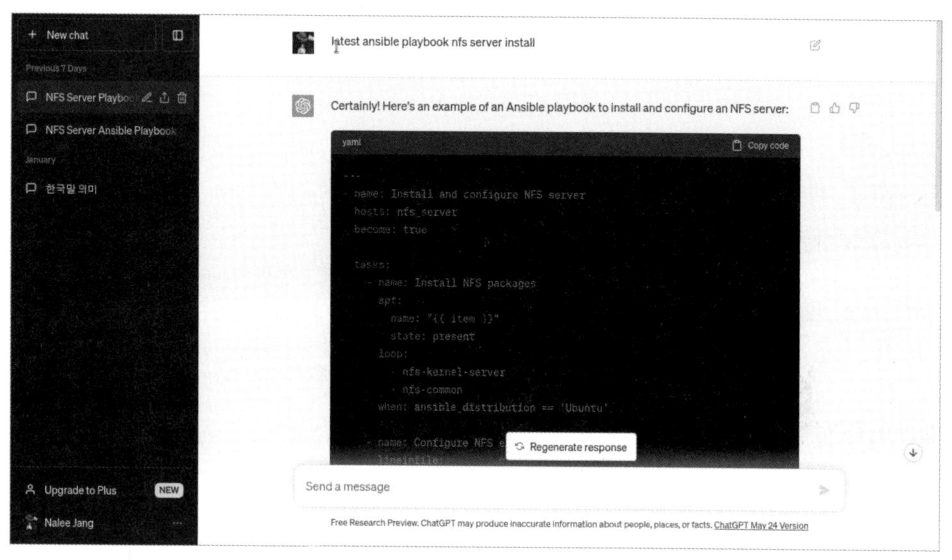

그림 10-6 챗GPT의 답변

04 화면 하단에서는 플레이북에 대한 설명과 실행 방법까지 확인할 수 있습니다.

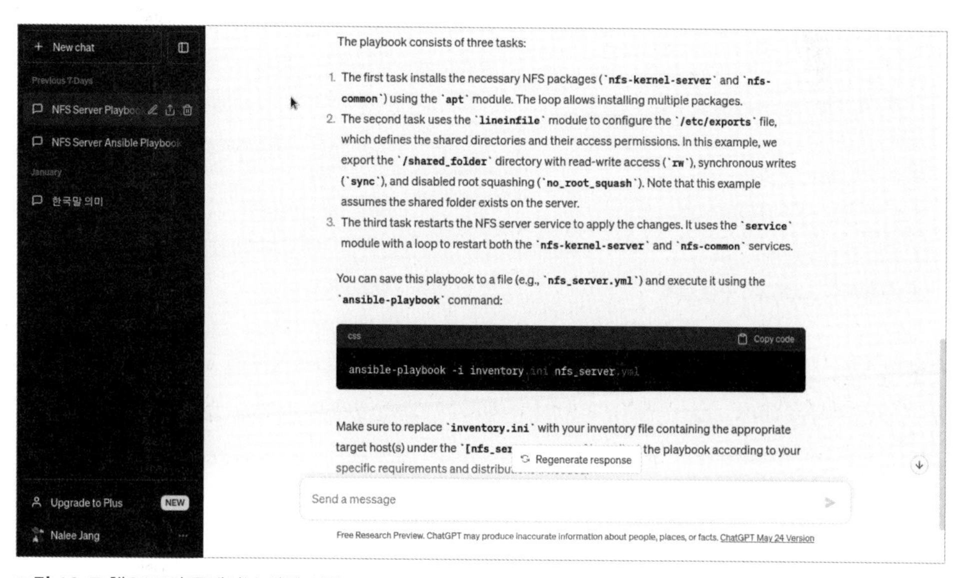

그림 10-7 챗GPT의 플레이북 상세 설명

챗GPT를 통해 얻은 플레이북은 우분투 환경에서 NFS 서버를 구성하는 방법으로, 이전 버전의 앤서블 플레이북 문법으로 구현되어 있습니다. 그럼 이 플레이북을 참조하여 NFS 서버 환경 구성 및 스토리지 마운트에 대한 사전 분석 내용을 정리해보겠습니다.

사전 분석

- NFS 구성 방법 및 플레이북 모듈은 챗GPT를 통해 찾은 플레이북을 참조한다.
- 실습 환경에서는 NFS 서버를 CentOS에 구성한다.
- NFS 서버가 구성되면 나머지 두 노드에는 NFS 스토리지를 마운트한다.
- 플레이북 재사용을 위한 NFS 서버 및 클라이언트는 롤로 구성한다.

플레이북 설계

사전 분석한 내용을 기반으로 대략적인 플레이북 구성도를 설계합니다.

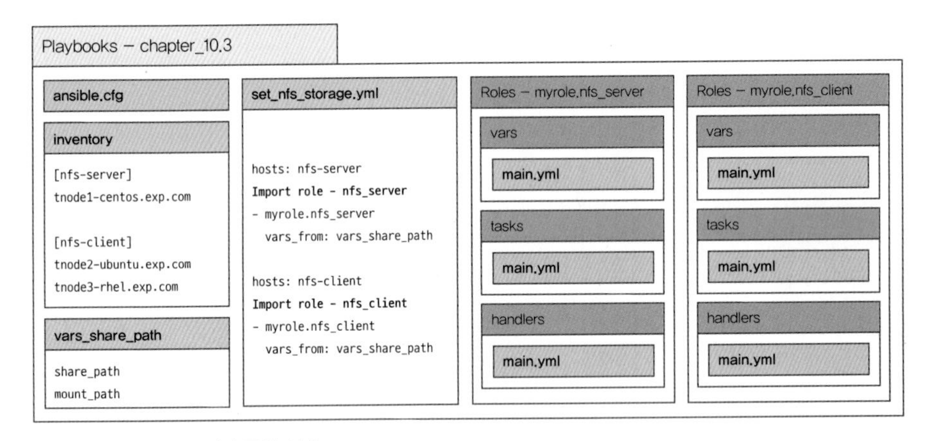

그림 10-8 NFS 스토리지 구성 설계

프로젝트 디렉터리에는 환경 설정 파일인 `ansible.cfg` 외에 호스트 정보를 포함하는 `inventory`, 변수를 정의하는 `vars_share_path` 파일이 존재하며, 롤을 호출하는 메인 플레이북인 `set_nfs_storage.yml`이 존재합니다. 그리고 NFS 서버 설치를 위한 `myrole.nfs_server` 롤과 NFS 스토리지 마운트를 위한 `myrole.nfs_client` 롤이 있습니다.

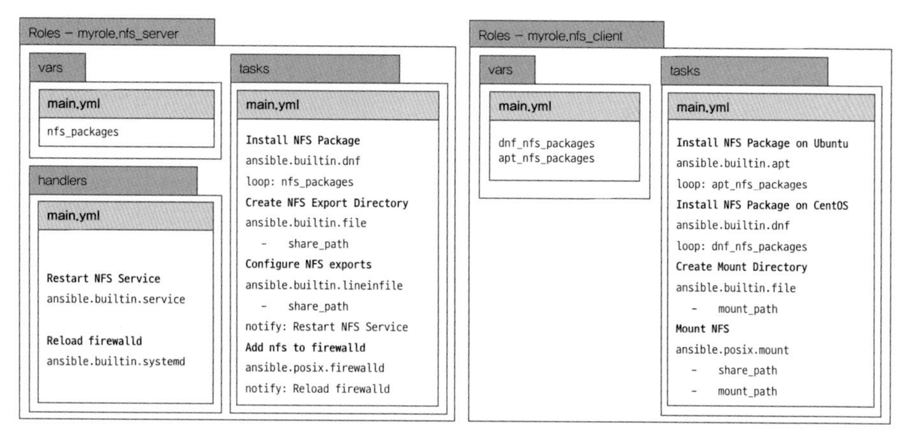

그림 10-9 NFS 스토리지 구성 롤 설계

NFS 서버 설치를 위한 `myrole.nfs_server` 롤에는 변수 정의를 위한 vars, 메인 태스크를 포함하는 tasks, 핸들러를 위한 handlers가 있습니다. tasks의 `main.yml`은 챗GPT를 통해 응답받은 플레이북을 참조하여 플레이북 프로세스와 사용할 모듈을 설계합니다. NFS 스토리지를 마운트할 `myrole.nfs_client`에는 변수 정의를 위한 vars, 태스크가 포함된 tasks가 있습니다. `tasks/main.yml`은 NFS 프로토콜 사용을 위한 NFS 패키지를 운영체제 버전에 맞게 설치하고, 패키지 설치가 끝나면 마운트할 디렉터리를 생성하고 설치한 NFS 서버의 공유 디렉터리로 마운트합니다.

플레이북 개발

설계가 끝났으니 이제 플레이북을 개발하겠습니다.

01 먼저 프로젝트 디렉터리를 생성하고 이전 프로젝트 디렉터리에 있는 `ansible.cfg`와 `inventory` 파일을 chapter_10.3 디렉터리로 복사합니다.

```
[ansible@ansible-server ansible_project]$ mkdir chapter_10.3
[ansible@ansible-server ansible_project]$ cp chapter_10.2/ansible.cfg chapter_10.2/
inventory chapter_10.3
[ansible@ansible-server ansible_project]$
```

02 환경 설정 파일 복사가 끝나면 inventory 파일을 열어 사전에 설계한 대로 수정합니다. 여기서는 NFS 서버를 설치할 nfs_server 그룹과 NFS 스토리지를 마운트할 nfs_client 그룹으로 호스트를 분류하여 정의하였습니다.

```
[ansible@ansible-server ansible_project]$ cd chapter_10.3
[ansible@ansible-server chapter_10.3]$ vi inventory
[nfs_server]
tnode1-centos.exp.com

[nfs_client]
tnode2-ubuntu.exp.com
tnode3-rhel.exp.com
[ansible@ansible-server chapter_10.3]$
```

03 이번에는 ansible-galaxy role init 명령어를 이용하여 이번 프로젝트에서 필요한 롤을 생성합니다.

```
[ansible@ansible-server chapter_10.3]$ ansible-galaxy role init --init-path roles
myrole.nfs_server
- Role myrole.nfs_server was created successfully
[ansible@ansible-server chapter_10.3]$ ansible-galaxy role init --init-path roles
myrole.nfs_client
- Role myrole.nfs_client was created successfully
[ansible@ansible-server chapter_10.3]$
```

04 롤 생성이 끝나면 myrole.nfs_server 디렉터리로 이동하여 vars/main.yml 파일을 열어 변수를 먼저 정의합니다. 여기서 정의된 nfs_packages 변수는 설치할 NFS 서버 관련 패키지입니다.

```
[ansible@ansible-server chapter_10.3]$ cd roles/myrole.nfs_server/
[ansible@ansible-server myrole.nfs_server]$ vi vars/main.yml
---
# vars file for myrole.nfs_server

nfs_packages:
  - nfs-utils
[ansible@ansible-server myrole.nfs_server]$
```

05 이제 챗GPT를 통해 찾은 플레이북을 참조해 NFS 서버를 설치하는 플레이북을 작성합니다. 사전에 찾은 플레이북은 우분투 기반의 설치 방법이었습니다. 여기서는 CentOS에 설치할 것이므로 `ansible.builtin.dnf` 모듈을 사용하였으며, 기존 모듈 방식의 표기법을 콘텐츠 컬렉션 방식의 표기법으로 수정하였습니다. 그리고 챗GPT에서 찾은 플레이북에는 방화벽에 포트를 추가하는 모듈이 없어 여기서는 `ansible.posix.firewalld` 모듈을 이용하여 방화벽에 포트를 추가하는 프로세스를 추가하였습니다.

```
[ansible@ansible-server myrole.nfs_server]$ vi tasks/main.yml
---
# tasks file for myrole.nfs_server

- name: Install NFS packages
  ansible.builtin.dnf:
    name: "{{ item }}"
    state: present
  loop: "{{ nfs_packages }}"

- name: Create NFS export directory
  ansible.builtin.file:
    path: "{{ share_path }}"
    state: directory
    owner: root
    group: root
    mode: "0777"

- name: Configure NFS exports
  ansible.builtin.lineinfile:
    path: "/etc/exports"
    line: "{{ share_path }}    *(rw,sync)"
    regexp: "^{{ share_path }}"
    state: present
    create: true
  notify: Restart NFS Service

- name: Add nfs to firewalld
  ansible.posix.firewalld:
    service: "{{ item }}"
    permanent: true
    state: enabled
  loop:
    - nfs
```

```
    - rpc-bind
    - mountd
  notify: Reload firewalld
[ansible@ansible-server myrole.nfs_server]$
```

06 핸들러에는 /etc/exports 파일의 환경 설정이 완료되면 nfs-server 서비스를 재시작하는 태스크와 firewalld 포트 추가 후 firewalld 서비스 데몬을 다시 읽어들이는 태스크를 작성합니다.

```
[ansible@ansible-server myrole.nfs_server]$ vi handlers/main.yml
---
# handlers file for myrole.nfs_server

- name: Restart NFS Service
  ansible.builtin.service:
    name: nfs-server
    state: restarted

- name: Reload firewalld
  ansible.builtin.service:
    name: firewalld
    state: reloaded
[ansible@ansible-server myrole.nfs_server]$
```

07 NFS 서버 설치가 끝나면 myrole.nfs_client 롤 디렉터리로 전환합니다. 그리고 vars/main.yml 파일을 열어 dnf 모듈로 설치할 nfs 패키지와 apt 모듈로 설치할 nfs 패키지를 다음과 같이 정의합니다.

```
[ansible@ansible-server myrole.nfs_server]$ cd ../myrole.nfs_client
[ansible@ansible-server myrole.nfs_client]$ vi vars/main.yml
---
# vars file for myrole.nfs_client

dnf_nfs_packages:
  - nfs-utils
apt_nfs_packages:
  - nfs-common
[ansible@ansible-server myrole.nfs_client]$
```

08 vi 에디터로 `tasks/main.yml` 파일을 열어 NFS 스토리지를 마운트하기 위한 태스크들을 작성합니다. NFS 스토리지를 마운트할 호스트 운영체제가 우분투라면 `ansible.builtin.apt` 모듈을, 레드햇이라면 `ansible.builtin.dnf` 모듈을 이용하여 패키지를 설치합니다. 그리고 `ansible.builtin.file` 모듈을 이용하여 마운트할 디렉터리를 생성하고, `ansible.posix.mount` 모듈을 사용하여 NFS 서버의 스토리지로 마운트합니다.

```
[ansible@ansible-server myrole.nfs_client]$ vi tasks/main.yml
---
# tasks file for myrole.nfs-client

- name: Install NFS Packages on Ubuntu
  ansible.builtin.apt:
    name: "{{ item }}"
    state: present
  loop: "{{ apt_nfs_packages }}"
  when: ansible_facts.distribution == "Ubuntu"

- name: Install NFS Packages on Rhel
  ansible.builtin.dnf:
    name: "{{ item }}"
    state: present
  loop: "{{ dnf_nfs_packages }}"
  when: ansible_facts.distribution == "RedHat"

- name: Create Mount Directory
  ansible.builtin.file:
    path: "{{ mount_path }}"
    state: directory

- name: Mount NFS
  ansible.posix.mount:
    src: "{{ share_server }}:{{ share_path }}"
    path: "{{ mount_path }}"
    opts: rw,sync
    state: mounted
    fstype: nfs
[ansible@ansible-server myrole.nfs_client]$
```

09 롤에 대한 플레이북 개발을 완료했다면, 메인 플레이북에서 사용할 변수를 vars_share_path.yml에 다음과 같이 정의합니다. 변수 정의 파일을 플레이북에 포함하지 않고 별도로 분리한 이유는 여러 번 정의하지 않고 각각의 롤에서 동일한 값의 변수를 사용하기 위함입니다.

```
[ansible@ansible-server chapter_10.3]$ vi vars_share_path.yml
---

share_server: tnode1-centos.exp.com
share_path: /mnt/nfs_shares
mount_path: /mnt/nfs_data
[ansible@ansible-server chapter_10.3]$
```

10 마지막으로 set_nfs_storage.yml 파일을 열어 nfs_server 호스트 그룹에서 실행한 변수와 롤을 먼저 정의한 다음 nfs_client 호스트 그룹에서 실행할 변수와 롤을 정의합니다.

```
[ansible@ansible-server chapter_10.3]$ vi set_nfs_storage.yml
---

- hosts: nfs_server
  vars_files: vars_share_path.yml
  roles:
    - role: myrole.nfs_server

- hosts: nfs_client
  vars_files: vars_share_path.yml
  roles:
    - role: myrole.nfs_client
[ansible@ansible-server chapter_10.3]$
```

플레이북 실행

이제 플레이북 문법을 체크하고 문법에 오류가 있으면 수정한 후 플레이북을 실행합니다. 이때 원하는 대로 해당 서버에서 환경 설정이 되는지 반드시 확인해야 합니다. 만일 원하는 대로 설정되지 않았다면 플레이북 프로세스와 파라미터 등에 문제가 있는 것으로, 한 번 더 점검합니다.

01 먼저 ansible-playbook --syntax-check 명령어로 set_nfs_storage.yml 문법을 체크합니다.

```
[ansible@ansible-server chapter_10.3]$ ansible-playbook --syntax-check set_nfs_
storage.yml

playbook: set_nfs_storage.yml
[ansible@ansible-server chapter_10.3]$
```

02 문법에 문제가 없다면 --check 옵션을 통해 플레이북이 어떻게 실행될지 사전 리뷰를 진행합니다. 사전 리뷰에 이상이 없으면 ansible-playbook 명령어로 플레이북을 실행합니다. 실행을 통해 nfs_server 호스트 그룹에는 myrole.nfs_server 롤이 호출되어 NFS 서버 설치 및 환경 설정이 되고, nfs_client 호스트 그룹에는 myrole.nfs_client 롤이 호출되어 NFS 스토리지가 마운트되는 것을 확인할 수 있습니다.

```
# --check 옵션을 통해 플레이북 실행 리뷰
[ansible@ansible-server chapter_10.3]$ ansible-playbook --check set_nfs_storage.yml
…
PLAY RECAP ***************************************************************************
tnode1-centos.exp.com      : ok=7    changed=6    unreachable=0    failed=0
skipped=0    rescued=0    ignored=0
tnode2-ubuntu.exp.com      : ok=4    changed=3    unreachable=0    failed=0
skipped=1    rescued=0    ignored=0
tnode3-rhel.exp.com        : ok=4    changed=3    unreachable=0    failed=0
skipped=1    rescued=0    ignored=0

# 리뷰 시 문제가 없으면 플레이북 실행
[ansible@ansible-server chapter_10.3]$ ansible-playbook set_nfs_storage.yml

PLAY [nfs_server] ********************************************************************

TASK [Gathering Facts] ***************************************************************
ok: [tnode1-centos.exp.com]

TASK [myrole.nfs_server : Install NFS packages] **************************************
changed: [tnode1-centos.exp.com] => (item=nfs-utils)

TASK [myrole.nfs_server : Create NFS export directory] *******************************
changed: [tnode1-centos.exp.com]
```

```
TASK [myrole.nfs_server : Configure NFS exports] ***********************************
changed: [tnode1-centos.exp.com]

TASK [myrole.nfs_server : Add nfs to firewalld] ************************************
changed: [tnode1-centos.exp.com] => (item=nfs)
changed: [tnode1-centos.exp.com] => (item=rpc-bind)
changed: [tnode1-centos.exp.com] => (item=mountd)

RUNNING HANDLER [myrole.nfs_server : Restart NFS Service] **************************
changed: [tnode1-centos.exp.com]

RUNNING HANDLER [myrole.nfs_server : Reload firewalld] *****************************
changed: [tnode1-centos.exp.com]

PLAY [nfs_client] ******************************************************************

TASK [Gathering Facts] *************************************************************
ok: [tnode3-rhel.exp.com]
ok: [tnode2-ubuntu.exp.com]

TASK [myrole.nfs_client : Install NFS Packages on Ubuntu] **************************
skipping: [tnode3-rhel.exp.com] => (item=nfs-common)
skipping: [tnode3-rhel.exp.com]
changed: [tnode2-ubuntu.exp.com] => (item=nfs-common)

TASK [myrole.nfs_client : Install NFS Packages on Rhel] ****************************
skipping: [tnode2-ubuntu.exp.com] => (item=nfs-utils)
skipping: [tnode2-ubuntu.exp.com]
changed: [tnode3-rhel.exp.com] => (item=nfs-utils)

TASK [myrole.nfs_client : Create Mount Directory] **********************************
changed: [tnode2-ubuntu.exp.com]
changed: [tnode3-rhel.exp.com]

TASK [myrole.nfs_client : Mount NFS] ***********************************************
changed: [tnode2-ubuntu.exp.com]
changed: [tnode3-rhel.exp.com]

PLAY RECAP *************************************************************************
tnode1-centos.exp.com      : ok=7    changed=6    unreachable=0    failed=0
skipped=0    rescued=0    ignored=0
tnode2-ubuntu.exp.com      : ok=4    changed=3    unreachable=0    failed=0
skipped=1    rescued=0    ignored=0
tnode3-rhel.exp.com        : ok=4    changed=3    unreachable=0    failed=0
```

```
skipped=1    rescued=0    ignored=0

[ansible@ansible-server chapter_10.3]$
```

03 실행이 끝나면 nfs-server가 잘 설치되어 서비스되고 있는지, 공유 스토리지 설정은 잘 되었는지, NFS 스토리지 마운트가 잘 되었는지 등을 각 서버에 접근하여 확인합니다.

```
# tnode1-centos에서 nfs-server 실행 상태와 exportfs -s 명령어 실행 결과 확인
[root@tnode1-centos etc]# systemctl status nfs-server
● nfs-server.service - NFS server and services
   Loaded: loaded (/usr/lib/systemd/system/nfs-server.service; disabled; vendor
preset: disabled)
   Active: active (exited) since Tue 2023-06-27 15:40:27 KST; 7min ago
  Process: 54955 ExecStart=/bin/sh -c if systemctl -q is-active gssproxy; then
systemctl reload gssproxy ; fi (code=exited, status=0/SUCCESS)
…
[root@tnode1-centos etc]# exportfs -s
/mnt/nfs_shares  *(sync,wdelay,hide,no_subtree_check,sec=sys,rw,secure,root_
squash,no_all_squash)
[root@tnode1-centos etc]#
# tnode2-ubuntu에서 df -h 명령어를 통해 nfs 마운트가 잘 되었는지 확인
root@tnode2-ubuntu:~# df -h | grep nfs
tnode1-centos.exp.com:/mnt/nfs_shares   95G  4.1G   91G   5% /mnt/nfs_data
root@tnode2-ubuntu:~#
# tnode3-rhel에서 df -h 명령어를 통해 nfs 마운트가 잘 되었는지 확인
[root@tnode3-rhel ~]# df -h | grep nfs
tnode1-centos.exp.com:/mnt/nfs_shares   95G  4.1G   91G   5% /mnt/nfs_data
[root@tnode3-rhel ~]#
```

10.4 DB 애플리케이션 설치하기

상황

시스템을 구성하다 보면 데이터베이스를 만들어야 할 일이 종종 발생합니다. 그런데 데이터베이스 설치는 생각보다 꽤 복잡합니다. 어떤 운영체제 환경에 어떤 데이터베이스를 설치할 것인지에 따라 데이터베이스의 종류와 설치 방법도 다릅니다. 앤서블 갤럭시Ansible Galaxy에는 유저들이 운영체제에 따라 데이터베이스 종류별로 개발한 롤이 공유되어 있습니다. 공유된 롤을 잘 활용하면 앤서블을 이용해 좀 더 쉽게 자동화를 구현할 수 있습니다. 그러나 앤서블 커뮤니티를 통해 공유된 롤은 검증되지 않은 것들도 있으므로 해당 정보를 잘 확인해야 합니다.

방법 찾기

이번 챕터에서는 앤서블 갤럭시에서 MySQL을 설치하는 롤을 찾아보고, 해당 롤을 이용하여 테스트를 진행하겠습니다.

- 앤서블 갤럭시 : https://galaxy.ansible.com

01 먼저 브라우저를 열어 앤서블 갤럭시 사이트에 접속합니다. 왼쪽 메뉴에서 'Search'를 선택하면 다음과 같은 화면을 볼 수 있습니다. 여기서 상단의 필터와 검색어를 이용하여 설치하고자 하는 데이터베이스를 검색합니다.

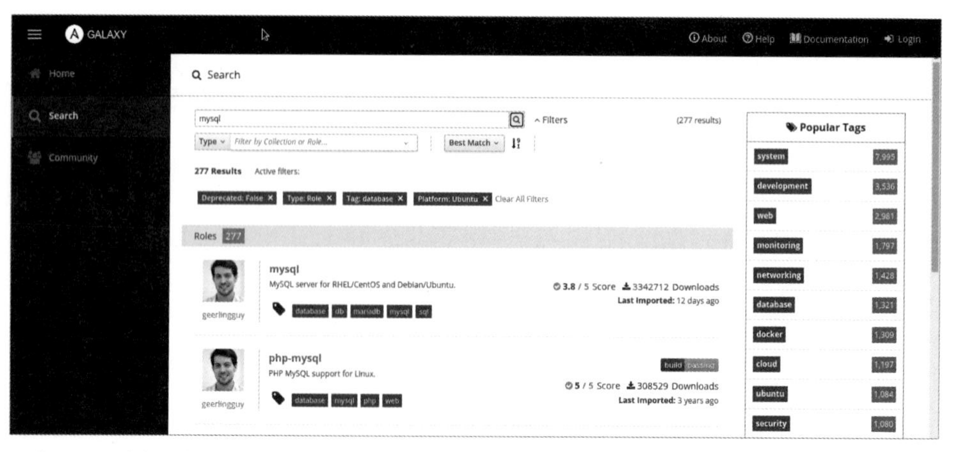

그림 10-10 앤서블 갤럭시 검색 화면

02 검색된 목록에서 해당 롤을 클릭하면 상세 정보를 볼 수 있습니다. 여기서는 연결된 깃허브 사이트를 방문하겠습니다.

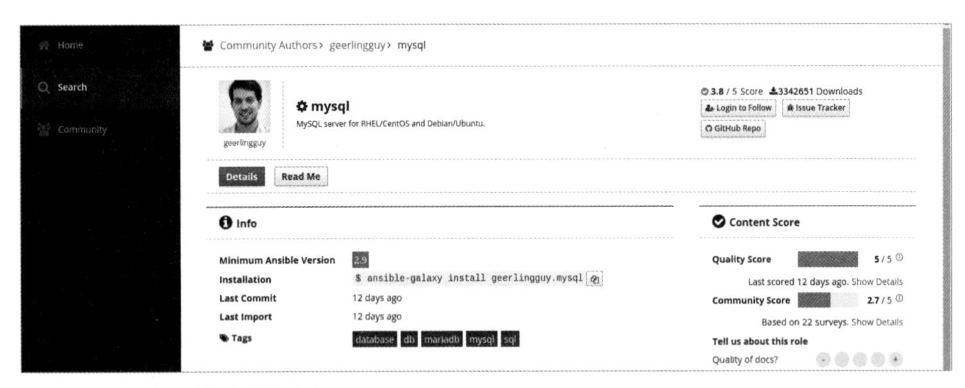

그림 10-11 앤서블 갤럭시 검색 결과

03 해당 롤의 깃허브 사이트에서는 롤 사용법과 해당 롤에서 사용된 플레이북은 물론 어떤 사람들이 개발에 참여하는지, 업데이트는 언제 되었는지 등을 확인할 수 있습니다.

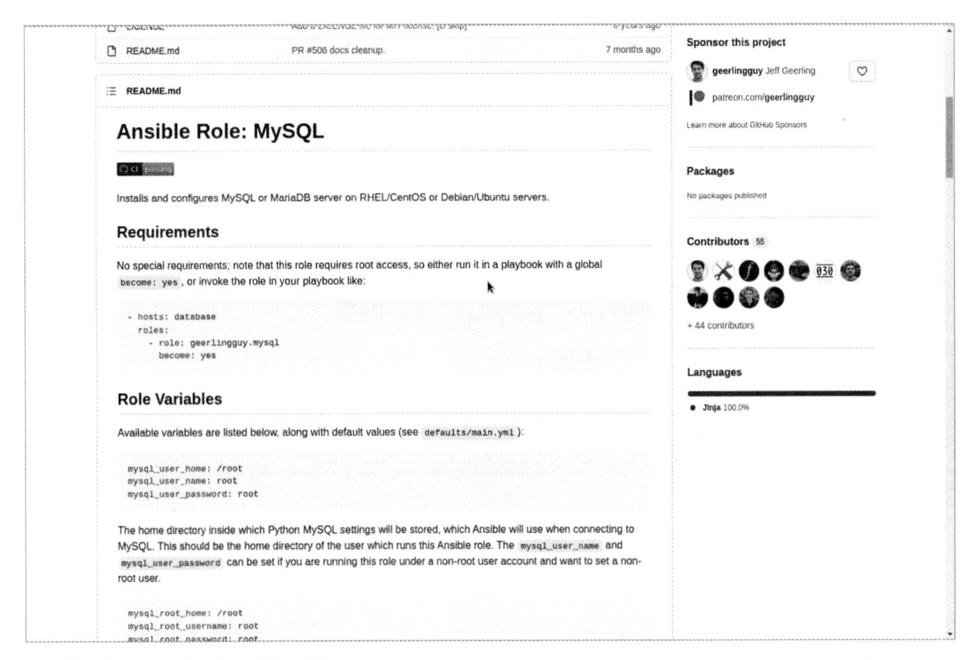

그림 10-12 MySQL 설치 롤 상세화면

앤서블 갤럭시를 통해 찾아본 MySQL 설치 롤은 레드햇과 데비안 계열 운영체제에서 설치할 수 있으며, 지원하는 운영체제 버전도 다양합니다. 그럼 이렇게 찾은 롤을 기반으로 사전 분석 내용을 정리해보겠습니다.

사전 분석

- 테스트 환경에서 가장 많이 설치하는 데이터베이스인 MySQL을 tnode2-ubuntu 노드에 설치한다.
- 앤서블 갤럭시에서 우분투에 설치할 수 있는 MySQL 롤을 검색하여 해당 롤을 이용한다.
- 검색된 롤은 레드햇과 데비안 계열 운영체제에서 MySQL을 설치할 수 있다.

플레이북 설계

이렇게 찾은 롤을 이용하여 간단한 플레이북을 설계합니다. 롤을 이용하여 테스트할 경우에는 특별히 작성해야 할 플레이북이 많지 않아 굳이 설계할 필요는 없지만, 독자들의 이해를 돕기 위해 롤을 제외한 나머지 구성 요소를 설계해보았습니다. 여기에는 인벤토리 내용과 어떤 플레이북에서 롤을 호출할 것인지, 그리고 앤서블 갤럭시에서 참조할 롤 이름을 명시했습니다.

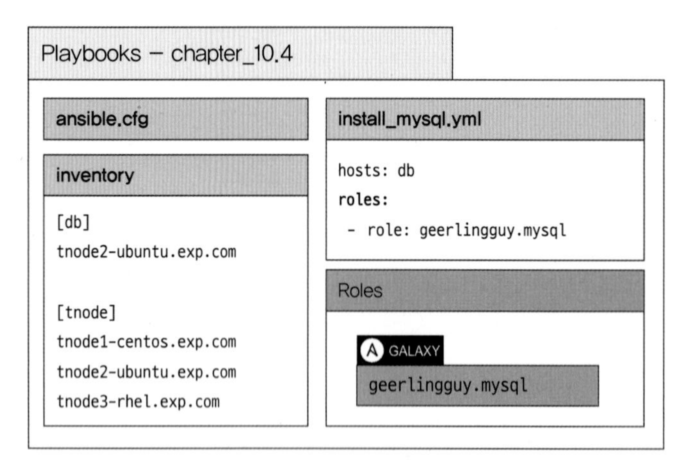

그림 10-13 DB 설치 구성 설계

플레이북 개발

플레이북 설계가 끝나면 앤서블 갤럭시에서 찾은 롤을 프로젝트 디렉터리에 설치하고, 인벤토리와 메인 플레이북 작성 후 바로 실행 테스트를 합니다. 직접 개발하면 굉장히 오래 걸리겠지만 앤서블 갤럭시에 공유된 롤을 이용하여 상당한 시간을 절약할 수 있습니다. 더불어 롤에 사용된 문법들을 잘 봐두면 다음에 직접 개발할 일이 있을 때도 상당한 도움이 됩니다.

01 프로젝트 디렉터리를 생성하고, 이전 프로젝트에서 ansible.cfg와 inventory 파일을 복사합니다.

```
[ansible@ansible-server ansible_project]$ mkdir chapter_10.4
[ansible@ansible-server ansible_project]$ cp chapter_10.2/ansible.cfg chapter_10.2/
inventory chapter_10.4
[ansible@ansible-server ansible_project]$
```

02 프로젝트 디렉터리로 전환하여 앞에서 검색했던 롤을 ansible-galaxy role install 명령어를 이용하여 설치합니다.

```
[ansible@ansible-server ansible_project]$ cd chapter_10.4
[ansible@ansible-server chapter_10.4]$ ansible-galaxy role install -p ./roles
geerlingguy.mysql
Starting galaxy role install process
- downloading role 'mysql', owned by geerlingguy
- downloading role from https://github.com/geerlingguy/ansible-role-mysql/
archive/4.3.3.tar.gz
- extracting geerlingguy.mysql to /home/ansible/ansible_project/chapter_10.4/roles/
geerlingguy.mysql
- geerlingguy.mysql (4.3.3) was installed successfully
[ansible@ansible-server chapter_10.4]$
```

03 설치가 끝나면 롤 디렉터리에서 tree 명령어를 이용하여 해당 롤의 디렉터리 구조를 살펴봅니다. 해당 롤은 레드햇과 데비안 계열의 운영체제를 지원하기 때문에 tasks, templates, vars 디렉터리에 많은 플레이북들이 존재하는 것을 확인할 수 있습니다.

```
[ansible@ansible-server chapter_10.4]$ cd roles/
[ansible@ansible-server roles]$ tree geerlingguy.mysql/
geerlingguy.mysql/
```

```
├── defaults
│   └── main.yml
├── handlers
│   └── main.yml
├── LICENSE
├── meta
│   └── main.yml
├── molecule
│   └── default
│       ├── converge.yml
│       └── molecule.yml
├── README.md
├── tasks
│   ├── configure.yml
│   ├── databases.yml
│   ├── main.yml
│   ├── replication.yml
│   ├── secure-installation.yml
│   ├── setup-Archlinux.yml
│   ├── setup-Debian.yml
│   ├── setup-RedHat.yml
│   ├── users.yml
│   └── variables.yml
├── templates
│   ├── my.cnf.j2
│   ├── root-my.cnf.j2
│   └── user-my.cnf.j2
└── vars
    ├── Archlinux.yml
    ├── Debian-10.yml
    ├── Debian-11.yml
    ├── Debian-12.yml
    ├── Debian.yml
    ├── RedHat-7.yml
    ├── RedHat-8.yml
    └── RedHat-9.yml

8 directories, 28 files
[ansible@ansible-server roles]$
```

04 롤의 가장 핵심인 tasks/main.yml 파일 내용을 살펴보겠습니다. 플레이북을 살펴보면 팩트 변수를 이용하여 ansible_os_family의 값에 따라 MySql 설치 태스크를 호출한 것을 알 수 있습니다. 이어서 ansible.builtin.set_fact 모듈과 조건문을 이용하여 MySQL 설치 여부를 확인합니다. MySQL이 설치된 후에는 데이터베이스 환경 설정을 위한 태스크들을 차례대로 호출한 것을 확인할 수 있습니다. 여기서는 독자 여러분의 가독성을 위해 tasks/main.yml 파일만 살펴볼 것입니다. 여러분은 다른 yml 파일의 내용도 함께 살펴보시기 바랍니다.

```
[ansible@ansible-server roles]$ cd geerlingguy.mysql/
[ansible@ansible-server geerlingguy.mysql]$ cat tasks/main.yml
---
# Variable configuration.
- ansible.builtin.include_tasks: variables.yml

# Setup/install tasks.
- ansible.builtin.include_tasks: setup-RedHat.yml
  when: ansible_os_family == 'RedHat'

- ansible.builtin.include_tasks: setup-Debian.yml
  when: ansible_os_family == 'Debian'

- ansible.builtin.include_tasks: setup-Archlinux.yml
  when: ansible_os_family == 'Archlinux'

- name: Check if MySQL packages were installed.
  ansible.builtin.set_fact:
    mysql_install_packages: "{{ (rh_mysql_install_packages is defined and rh_mysql_
install_packages.changed)
      or (deb_mysql_install_packages is defined and deb_mysql_install_packages.
changed)
      or (arch_mysql_install_packages is defined and arch_mysql_install_packages.
changed) }}"

# Configure MySQL.
- ansible.builtin.include_tasks: configure.yml
- ansible.builtin.include_tasks: secure-installation.yml
- ansible.builtin.include_tasks: databases.yml
- ansible.builtin.include_tasks: users.yml
- ansible.builtin.include_tasks: replication.yml
[ansible@ansible-server geerlingguy.mysql]$
```

05 설치한 롤을 확인 후 인벤토리 내용을 수정합니다.

```
[ansible@ansible-server chapter_10.4]$ vi inventory
[db]
tnode2-ubuntu.exp.com

[tnode]
tnode1-centos.exp.com
tnode2-ubuntu.exp.com
tnode3-rhel.exp.com
[ansible@ansible-server chapter_10.4]$
```

06 마지막으로 롤을 호출할 `install_mysql.yml` 파일을 생성하여 플레이북을 실행할 대상 호스트 그룹과 호출할 롤을 정의합니다.

```
[ansible@ansible-server chapter_10.4]$ vi install_mysql.yml
---

- hosts: db
  roles:
    - role: geerlingguy.mysql

[ansible@ansible-server chapter_10.4]$
```

플레이북 실행

플레이북 작성이 끝나면 문법 체크를 하고, `--check` 옵션으로 실행 계획을 미리 확인 후 실행하면 트러블슈팅에 많은 도움이 됩니다.

01 `ansible-playbook --syntax-check` 명령어를 이용하여 문법을 체크합니다. 이미 개발해 놓은 롤을 활용하였기 때문에 문법에 특별한 문제는 없습니다.

```
[ansible@ansible-server chapter_10.4]$ ansible-playbook --syntax-check install_mysql.
yml

playbook: install_mysql.yml
[ansible@ansible-server chapter_10.4]$
```

02 문법 체크가 끝나면 `ansible-playbook --check` 옵션으로 어떻게 실행될지 리뷰합니다. 초기 설치 후 MySQL 서비스를 정지하는(Ensure MySQL is stopped after initial install.) 태스크에서 오류가 발생했으나, 이는 MySQL 서비스가 설치되지 않아 발생하는 문제이므로 `--check` 옵션과 함께 플레이북을 실행할 때는 문제가 없습니다.

```
[ansible@ansible-server chapter_10.4]$ ansible-playbook --check install_mysql.yml

PLAY [db] ***************************************************************************

TASK [Gathering Facts] **************************************************************
ok: [tnode2-ubuntu.exp.com]

TASK [geerlingguy.mysql : ansible.builtin.include_tasks] ****************************
included: /home/ansible/ansible_project/chapter_10.4/roles/geerlingguy.mysql/tasks/
variables.yml for tnode2-ubuntu.exp.com

TASK [geerlingguy.mysql : Include OS-specific variables.] ***************************
ok: [tnode2-ubuntu.exp.com] => (item=/home/ansible/ansible_project/chapter_10.4/
roles/geerlingguy.mysql/vars/Debian.yml)

TASK [geerlingguy.mysql : Define mysql_packages.] ***********************************
ok: [tnode2-ubuntu.exp.com]
…
TASK [geerlingguy.mysql : Ensure MySQL packages are installed.] *********************
changed: [tnode2-ubuntu.exp.com]

TASK [geerlingguy.mysql : Ensure MySQL is stopped after initial install.] ***********
fatal: [tnode2-ubuntu.exp.com]: FAILED! => {"changed": false, "msg": "Could not find
the requested service mysql: host"}

PLAY RECAP **************************************************************************
tnode2-ubuntu.exp.com      : ok=18   changed=2    unreachable=0    failed=1
skipped=1    rescued=0    ignored=0

[ansible@ansible-server chapter_10.4]$
```

03 이제 플레이북을 실행하여 MySQL을 설치합니다.

```
[ansible@ansible-server chapter_10.4]$ ansible-playbook install_mysql.yml

PLAY [db] ***************************************************************************

TASK [Gathering Facts] **************************************************************
ok: [tnode2-ubuntu.exp.com]

TASK [geerlingguy.mysql : ansible.builtin.include_tasks] ****************************
included: /home/ansible/ansible_project/chapter_10.4/roles/geerlingguy.mysql/tasks/
variables.yml for tnode2-ubuntu.exp.com

TASK [geerlingguy.mysql : Include OS-specific variables.] ***************************
ok: [tnode2-ubuntu.exp.com] => (item=/home/ansible/ansible_project/chapter_10.4/
roles/geerlingguy.mysql/vars/Debian.yml)

TASK [geerlingguy.mysql : Define mysql_packages.] ***********************************
ok: [tnode2-ubuntu.exp.com]
…

TASK [geerlingguy.mysql : Disallow root login remotely] *****************************
ok: [tnode2-ubuntu.exp.com] => (item=DELETE FROM mysql.user WHERE User='root' AND
Host NOT IN ('localhost', '127.0.0.1', '::1'))

TASK [geerlingguy.mysql : Get list of hosts for the root user.] *********************
ok: [tnode2-ubuntu.exp.com]

TASK [geerlingguy.mysql : Update MySQL root password for localhost root account
(5.7.x).] ***************************************************************************
changed: [tnode2-ubuntu.exp.com] => (item=localhost)

TASK [geerlingguy.mysql : Update MySQL root password for localhost root account (<
5.7.x).] ****************************************************************************
skipping: [tnode2-ubuntu.exp.com] => (item=localhost)
skipping: [tnode2-ubuntu.exp.com]
…
TASK [geerlingguy.mysql : Start replication.] ***************************************
skipping: [tnode2-ubuntu.exp.com]

RUNNING HANDLER [geerlingguy.mysql : restart mysql] *********************************
[WARNING]: Ignoring "sleep" as it is not used in "systemd"
```

```
changed: [tnode2-ubuntu.exp.com]

PLAY RECAP *************************************************************************
tnode2-ubuntu.exp.com      : ok=36   changed=8    unreachable=0    failed=0
skipped=20   rescued=0    ignored=0

[ansible@ansible-server chapter_10.4]$
```

04 tnode2-ubuntu 노드에 접속하여 MySQL 서비스를 실행 중인지, 명령어 실행은 잘 되는지 점검합니다. MySQL이 잘 설치되어 실행되고 있음을 확인할 수 있습니다.

```
# tnode2-ubuntu 노드에서 mysql 서비스 실행 상태 확인
root@tnode2-ubuntu:~# systemctl status mysql.service
● mysql.service - MySQL Community Server
     Loaded: loaded (/lib/systemd/system/mysql.service; enabled; vendor preset:
enabled)
     Active: active (running) since Thu 2023-06-29 02:17:41 UTC; 2h 27min ago
    Process: 4093 ExecStartPre=/usr/share/mysql/mysql-systemd-start pre (code=exited,
status=0/SUCCESS)
   Main PID: 4101 (mysqld)
     Status: "Server is operational"
      Tasks: 37 (limit: 4595)
     Memory: 346.0M
     CGroup: /system.slice/mysql.service
             └─4101 /usr/sbin/mysqld
…
# mysql 명령어 실행 확인
root@tnode2-ubuntu:~# mysql
Welcome to the MySQL monitor.  Commands end with ; or \g.
Your MySQL connection id is 10
Server version: 8.0.33-0ubuntu0.20.04.2 (Ubuntu)

Copyright (c) 2000, 2023, Oracle and/or its affiliates.

Oracle is a registered trademark of Oracle Corporation and/or its
affiliates. Other names may be trademarks of their respective
owners.

Type 'help;' or '\h' for help. Type '\c' to clear the current input statement.
# mysql 데이터베이스 확인
mysql> show databases;
```

```
+--------------------+
¦ Database           ¦
+--------------------+
¦ information_schema ¦
¦ mysql              ¦
¦ performance_schema ¦
¦ sys                ¦
+--------------------+
4 rows in set (0.00 sec)

mysql>
```

CHAPTER 11

보안 설정 자동화

IT 시스템은 점점 가상화 및 네트워크 기반의 클라우드 환경으로 진화하고 있으며, 더 많은 업무가 웹상에서 처리되고 있습니다. 기업의 주요 고객 정보는 네트워크를 통해 서버의 데이터베이스에 저장되고 은행이나 공공기관 업무 역시 웹 애플리케이션을 통해 처리되고 있습니다. 이로 인해 보안은 매우 중요한 업무가 되었고, 그중에서도 가장 기본은 바로 운영체제 보안입니다. 11장에서는 리눅스 운영체제에서 앤서블을 이용하여 효율적으로 시스템 보안을 적용하는 방법을 알아보겠습니다.

11.1 패스워드 변경 주기 설정하기

상황

리눅스에서 가장 기본적인 보안은 아마도 패스워드 변경 주기를 설정하는 일일 것입니다. 패스워드 변경 주기는 보통 90일입니다. 이를 관리하는 것은 어려운 작업은 아니지만, 많은 서버를 동시에 작업해야 할 경우에는 이야기가 달라집니다. 지금부터 앤서블을 이용하여 사용자의 패스워드 변경 주기를 설정해보겠습니다.

방법 찾기

사용자 계정의 패스워드 변경 주기는 `ansible.builtin.user` 모듈을 이용하여 최대 변경일과 최소 변경일을 설정할 수 있습니다.

사전 분석

- 패스워드 변경 주기를 설정할 대상 호스트는 인벤토리를 통해 설정한다.
- 패스워드 변경 주기를 설정할 사용자 계정 정보와 최대 변경일은 변수를 통해 별도의 파일로 정의한다.
- 패스워드 변경 주기 설정은 ansible.builtin.user 모듈을 이용한다.

플레이북 설계

사전 분석한 내용으로 플레이북을 설계해보겠습니다. 먼저 인벤토리에는 모든 관리 노드를 대상 호스트로 설정합니다. 사용자 계정과 최대 변경일을 변수로 설정하기 위해 `vars_maxdays.yml`이라는 파일을 생성합니다. 메인 플레이북인 `set_chage_password.yml` 파일에는 변경 주기를 설정할 태스크가 포함됩니다.

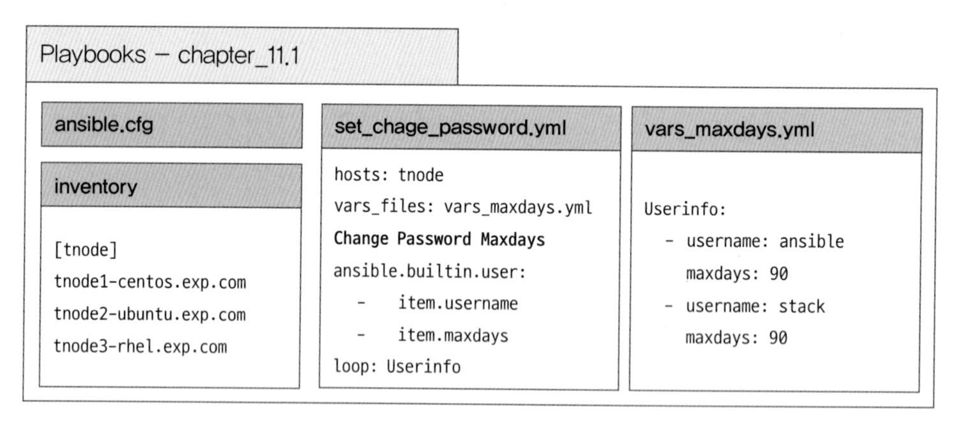

그림 11-1 패스워드 변경 주기 설정 플레이북 설계

플레이북 개발

사전에 설계한 설계도와 앤서블 공식 문서를 참조하여 플레이북을 개발해보겠습니다.

01 먼저 프로젝트 디렉터리를 생성하고, 이전 프로젝트 디렉터리에서 ansible.cfg 파일과 inventory 파일을 복사합니다.

```
[ansible@ansible-server ansible_project]$ mkdir chapter_11.1
[ansible@ansible-server ansible_project]$ cp chapter_10.1/ansible.cfg chapter_10.1/
inventory chapter_11.1/
[ansible@ansible-server ansible_project]$
```

02 프로젝트 디렉터리로 전환하여 inventory 파일 내용을 확인합니다. 만일 파일 내용이 다음과 같지 않다면 수정합니다.

```
[ansible@ansible-server ansible_project]$ cd chapter_11.1/
[ansible@ansible-server chapter_11.1]$ vi inventory
[tnode]
tnode1-centos.exp.com
tnode2-ubuntu.exp.com
tnode3-rhel.exp.com
[ansible@ansible-server chapter_11.1]$
```

03 vi 에디터를 이용하여 vars_maxdays.yml 파일을 열고 Userinfo라는 사전형 변수를 작성합니다. Userinfo에는 username과 maxdays라는 변수가 정의되어 있습니다.

```
[ansible@ansible-server chapter_11.1]$ vi vars_maxdays.yml
---

Userinfo:
  - username: ansible
    maxdays: 90
  - username: stack
    maxdays: 90
[ansible@ansible-server chapter_11.1]$
```

04 메인 플레이북을 작성합니다. vi 에디터를 이용해 set_chage_password.yml 파일을 열어 hosts는 tnode로 정의하고, vars_files 키워드를 통해 앞에서 생성한 vars_maxdays.yml 이라는 변수 정의 파일을 포함합니다. 그리고 tasks에 패스워드 최대 변경 주기를 설정하기 위한 태스크를 다음과 같이 작성합니다. 패스워드 변경 주기는 ansible.builtin.user 모듈의 password_expire_max 파라미터를 이용하여 설정할 수 있습니다.

```
[ansible@ansible-server chapter_11.1]$ vi set_chage_password.yml
---

- hosts: tnode
  vars_files: vars_maxdays.yml

  tasks:
    - name: Change Password Maxdays
      ansible.builtin.user:
        name: "{{ item.username }}"
        password_expire_max: "{{ item.maxdays }}"
      loop: "{{ Userinfo }}"
[ansible@ansible-server chapter_11.1]$
```

플레이북 실행

개발이 끝나면 문법 체크를 하고 플레이북을 실행합니다.

01 명령어 ansible-playbook --syntax-check와 함께 set_chage_password.yml 파일의 문법을 체크합니다.

```
[ansible@ansible-server chapter_11.1]$ ansible-playbook --syntax-check set_chage_
password.yml

playbook: set_chage_password.yml
[ansible@ansible-server chapter_11.1]$
```

02 --check 옵션과 함께 플레이북 실행 리뷰를 합니다.

```
[ansible@ansible-server chapter_11.1]$ ansible-playbook --check set_chage_password.
yml

PLAY [tnode] ***********************************************************************

TASK [Gathering Facts] *************************************************************
ok: [tnode2-ubuntu.exp.com]
ok: [tnode1-centos.exp.com]
ok: [tnode3-rhel.exp.com]
```

```
TASK [Change Password Maxdays] ****************************************************
changed: [tnode2-ubuntu.exp.com] => (item={'username': 'ansible', 'maxdays': 90})
changed: [tnode1-centos.exp.com] => (item={'username': 'ansible', 'maxdays': 90})
changed: [tnode2-ubuntu.exp.com] => (item={'username': 'stack', 'maxdays': 90})
changed: [tnode1-centos.exp.com] => (item={'username': 'stack', 'maxdays': 90})
changed: [tnode3-rhel.exp.com] => (item={'username': 'ansible', 'maxdays': 90})
changed: [tnode3-rhel.exp.com] => (item={'username': 'stack', 'maxdays': 90})

PLAY RECAP ************************************************************************
tnode1-centos.exp.com      : ok=2    changed=1    unreachable=0    failed=0
skipped=0    rescued=0    ignored=0
tnode2-ubuntu.exp.com      : ok=2    changed=1    unreachable=0    failed=0
skipped=0    rescued=0    ignored=0
tnode3-rhel.exp.com        : ok=2    changed=1    unreachable=0    failed=0
skipped=0    rescued=0    ignored=0

[ansible@ansible-server chapter_11.1]$
```

03 특별한 문제가 없으면 ansible-playbook 명령어로 플레이북을 실행합니다. 모든 대상 서버의 ansible 계정과 stack 계정의 패스워드 최대 변경 주기가 설정됩니다.

```
[ansible@ansible-server chapter_11.1]$ ansible-playbook set_chage_password.yml

PLAY [tnode] **********************************************************************

TASK [Gathering Facts] ************************************************************
ok: [tnode3-rhel.exp.com]
ok: [tnode2-ubuntu.exp.com]
ok: [tnode1-centos.exp.com]

TASK [Change Password Maxdays] ****************************************************
changed: [tnode2-ubuntu.exp.com] => (item={'username': 'ansible', 'maxdays': 90})
changed: [tnode1-centos.exp.com] => (item={'username': 'ansible', 'maxdays': 90})
changed: [tnode3-rhel.exp.com] => (item={'username': 'ansible', 'maxdays': 90})
changed: [tnode2-ubuntu.exp.com] => (item={'username': 'stack', 'maxdays': 90})
changed: [tnode1-centos.exp.com] => (item={'username': 'stack', 'maxdays': 90})
changed: [tnode3-rhel.exp.com] => (item={'username': 'stack', 'maxdays': 90})

PLAY RECAP ************************************************************************
tnode1-centos.exp.com      : ok=2    changed=1    unreachable=0    failed=0
skipped=0    rescued=0    ignored=0
tnode2-ubuntu.exp.com      : ok=2    changed=1    unreachable=0    failed=0
```

```
skipped=0    rescued=0    ignored=0
tnode3-rhel.exp.com        : ok=2    changed=1    unreachable=0    failed=0
skipped=0    rescued=0    ignored=0

[ansible@ansible-server chapter_11.1]$
```

04 실제 관리 노드에 패스워드 변경 주기가 설정되었는지 검증합니다. 이번에는 관리 노드에 직접 접속하지 않고 for 문과 ssh 명령문, `chage -l` 명령어를 이용하여 다음과 같이 확인합니다.

```
[ansible@ansible-server chapter_11.1]$ for i in tnode1-centos tnode2-ubuntu tnode3-rhel; do echo "#####> $i";ssh ansible@$i.exp.com sudo chage -l ansible; done
#####> tnode1-centos
Last password change                                    : Jun 22, 2023
Password expires                                        : Sep 20, 2023
Password inactive                                       : never
Account expires                                         : never
Minimum number of days between password change          : 0
Maximum number of days between password change          : 90
Number of days of warning before password expires       : 7
#####> tnode2-ubuntu
Last password change                                    : Jun 22, 2023
Password expires                                        : Sep 20, 2023
Password inactive                                       : never
Account expires                                         : never
Minimum number of days between password change          : 0
Maximum number of days between password change          : 90
Number of days of warning before password expires       : 7
#####> tnode3-rhel
Last password change                                    : Jun 22, 2023
Password expires                                        : Sep 20, 2023
Password inactive                                       : never
Account expires                                         : never
Minimum number of days between password change          : 0
Maximum number of days between password change          : 90
Number of days of warning before password expires       : 7
[ansible@ansible-server chapter_11.1]$
```

11.2 패스워드 생성 법칙 적용하기

상황

패스워드 변경 주기와 함께 반드시 설정해야 하는 보안 설정이 바로 패스워드 생성 법칙 적용입니다. 이를 위해서는 `pwquality.conf`라는 pam 설정 파일을 이용해야 하며, 리눅스 서버에 libpam-pwquality 패키지가 설치되어 있어야 합니다. 패스워드 생성 법칙에는 다양한 옵션이 존재하는데, 이 옵션들의 의미도 모두 알아야 합니다. 이런 작업을 매번 여러 서버에 적용하려면 상당한 시간이 소요됩니다. 이럴 때 앤서블을 이용해 자동화를 구현해놓으면 다양한 리눅스 환경에 패스워드 생성 법칙을 적용할 수 있습니다.

방법 찾기

먼저 인터넷(검색 엔진) 검색을 통해 리눅스 서버에서 패스워드 생성 법칙을 어떻게 적용하면 되는지 찾아봅니다. 어떤 설정 파일을 사용하고, 해당 설정 파일에는 어떤 값을 적용하는지, 그리고 앤서블에서 어떤 모듈을 가지고 해당 작업을 수행할 수 있는지 등을 검색합니다.

사전 분석

- 데비안 계열의 우분투에는 libpam-pwquailty 패키지를 설치한다.
- 패스워드 변경 주기는 `/etc/security/pwquality.conf` 파일로 설정한다.
- `/etc/security/pwquality.conf` 파일을 설정하기 전에 원본 파일을 백업받는다.
- `pwquality.conf` 파일은 사용자가 커스텀으로 설정하는 파라미터들로 구성되어 있으며, Jinja2 템플릿 방식으로 구현한다.
- 파라미터들은 별도의 변수 설정 파일에서 정의한 파라미터 값으로 사용하고, 파라미터 정의 여부를 체크하여 `pwquality.conf` 파일의 내용을 구성한다.

플레이북 설계

사전 분석이 끝나면 플레이북을 설계합니다. 변수는 `vars_pw_rule.yml`이라는 파일에 최소 패스워드 길이 설정을 위한 `minlen`, 최소 숫자 개수 설정을 위한 `dcredit`, 최소 대문자 개수 설정을 위한 `ucredit`, 최소 소문자 개수 설정을 위한 `lcredit`, 최소 특수문자 개수 설정을 위한 `ocredit`, root 계정에서도 해당 패스워드 룰을 설정할 수 있는 `enforce_for_root`를 정의합니다.

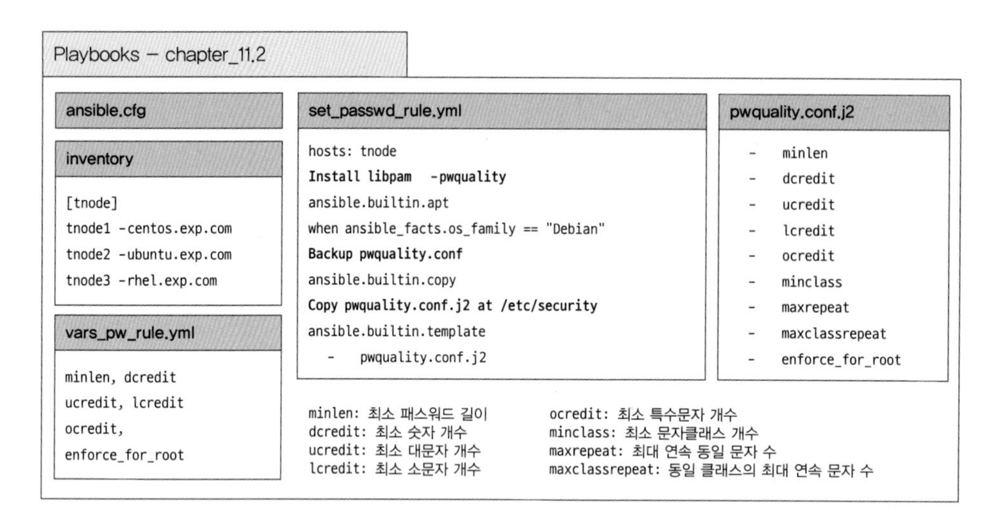

그림 11-2 패스워드 생성 법칙 플레이북 설계

`pwquality.conf.j2`라는 Jinja2 방식의 템플릿 파일에는 `minlen`, `dcredit`, `ucredit`, `lcredit`, `ocredit`, `minclass`, `maxrepeat`, `maxclassrepeat`, `enforce_for_root` 내용을 모두 포함합니다. 마지막으로 `set_passwd_rule.yml`이라는 메인 플레이북은 libpam-pwauality 패키지를 설치하는 태스크와 `pwquality.conf` 파일의 백업을 수행하는 태스크, `pwquality.conf.j2` 템플릿 파일을 복사하는 태스크로 이루어집니다. 하단의 남는 공백에는 파라미터의 의미를 주석으로 넣어주었습니다.

플레이북 개발

이제 앞에서 설계한 내용을 참조하여 플레이북을 개발합니다.

01 프로젝트 디렉터리를 생성하고, 이전 프로젝트 디렉터리에서 `ansible.cfg` 파일과 `inventory` 파일을 복사합니다.

```
[ansible@ansible-server ansible_project]$ mkdir chapter_11.2
[ansible@ansible-server ansible_project]$ cp chapter_11.1/ansible.cfg chapter_11.1/
inventory chapter_11.2
[ansible@ansible-server ansible_project]$
```

02 프로젝트 디렉터리로 전환하여 inventory 파일 내용을 확인하고 수정합니다.

```
[ansible@ansible-server ansible_project]$ cd chapter_11.2
[ansible@ansible-server chapter_11.2]$ cat inventory
[tnode]
tnode1-centos.exp.com
tnode2-ubuntu.exp.com
tnode3-rhel.exp.com
[ansible@ansible-server chapter_11.2]$
```

03 vi 에디터를 이용하여 vars_pw_rule.yml 파일을 생성하고, 다음과 같은 내용으로 해당 변수의 값을 설정합니다.

```
[ansible@ansible-server chapter_11.2]$ vi vars_pw_rule.yml
---

minlen: 8
dcredit: -1
ucredit: -1
lcredit: -1
ocredit: -1
enforce_for_root: true
[ansible@ansible-server chapter_11.2]$
```

04 이번에는 vi 에디터로 pwquality.conf.j2 파일을 생성하고 다음 내용을 입력합니다. Jinja2 템플릿에서는 {% ~ %} 사이에 제어문 구문이 와야 합니다. 여기서 사용된 {% if minlen is defined %} 구문은 'minlen이라는 변수가 정의되면 아래 문장을 삽입하라'는 의미입니다. 아래 템플릿에는 {% if 변수 is defined %} ~ {% endif %} 구문을 사용하여 파라미터와 관련된 변수가 선언되면 해당 파라미터를 삽입하는 방식으로 작성했습니다.

```
[ansible@ansible-server chapter_11.2]$ vi pwquality.conf.j2
# Created by ansible

{% if minlen is defined %}
# Minimum acceptable size for the new password
minlen = {{ minlen }}
{% endif %}
```

```
{% if dcredit is defined %}
# The maximum credit for having digits in the new password
dcredit = {{ dcredit }}
{% endif %}

{% if ucredit is defined %}
# The maximum credit for having uppercase characters in the new password
ucredit = {{ ucredit }}
{% endif %}

{% if lcredit is defined %}
# The maximum credit for having lowercase characters in the new password
lcredit = {{ lcredit }}
{% endif %}

{% if ocredit is defined %}
# The maximum credit for having other characters in the new password
ocredit = {{ ocredit }}
{% endif %}

{% if minclass is defined %}
# The minimum number of required classes of characters for the new password
minclass = {{ minclass }}
{% endif %}

{% if maxrepeat is defined %}
# The maximum number of allowed consecutive same characters in the new password
maxrepeat = {{ maxrepeat}}
{% endif %}

{% if maxclassrepeat is defined %}
# The maximum number of allowed consecutive characters of the same class in the new
password
maxclassrepeat = {{ maxclassreapt }}
{% endif %}

{% if retry is defined %}
# Prompt user at most N times before returning with error
retry = {{ retry }}
{% endif %}

{% if enforce_for_root is defined %}
# Enforces pwquality checks on the root user password.
enforce_for_root
```

```
{% endif %}
[ansible@ansible-server chapter_11.2]$
```

05 마지막으로 vi 에디터를 이용해 `set_password_rule.yml`이라는 메인 플레이북을 생성하고 사전에 설계한 내용을 참조하여 다음 내용을 작성합니다. when 구문을 이용하여 팩트 변수의 os_family가 데비안이면 `ansible.builtin.apt` 모듈을 이용하여 libpam-pwqulity 패키지를 설치합니다. 그리고 `ansible.builtin.copy` 모듈을 이용하여 `pwquality.conf` 파일을 백업하고, `ansible.builtin.template` 모듈을 이용하여 템플릿 파일을 복사합니다.

```
[ansible@ansible-server chapter_11.2]$ vi set_password_rule.yml
---

- hosts: tnode
  vars_files: vars_pw_rule.yml

  tasks:
    - name: Install libpam-pwquality
      ansible.builtin.apt:
        name: libpam-pwquality
        state: present
      when: ansible_facts.os_family == "Debian"

    - name: Backup pwquality.conf
      ansible.builtin.copy:
        src: /etc/security/pwquality.conf
        dest: /etc/security/pwquality.conf.bak

    - name: Copy pwquality.conf.j2 at /etc/security
      ansible.builtin.template:
        src: pwquality.conf.j2
        dest: /etc/security/pwquality.conf
        mode: '0644'
[ansible@ansible-server chapter_11.2]$
```

플레이북 실행

01 `ansible-playbook` 명령어와 `--syntax-check` 옵션으로 메인 플레이북인 `set_password_rule.yml` 파일의 문법을 체크합니다.

```
[ansible@ansible-server chapter_11.2]$ ansible-playbook --syntax-check set_password_
rule.yml

playbook: set_password_rule.yml
[ansible@ansible-server chapter_11.2]$
```

02 문법에 문제가 없으면 --check 옵션을 이용하여 플레이북 실행 리뷰를 하고, 문제가 없으면 다음과 같이 ansible-playbook 명령어로 set_password_rule.yml 플레이북을 실행합니다. 플레이북 실행 결과를 보면 운영체제가 우분투일 경우에만 libpam-pwquailty 패키지가 설치된 것을 확인할 수 있습니다.

```
[ansible@ansible-server chapter_11.2]$ ansible-playbook set_password_rule.yml

PLAY [tnode] ***********************************************************************

TASK [Gathering Facts] *************************************************************
ok: [tnode1-centos.exp.com]
ok: [tnode3-rhel.exp.com]
ok: [tnode2-ubuntu.exp.com]

TASK [Install libpam-pwquality] ****************************************************
skipping: [tnode1-centos.exp.com]
skipping: [tnode3-rhel.exp.com]
changed: [tnode2-ubuntu.exp.com]

TASK [Backup pwquality.conf] *******************************************************
changed: [tnode2-ubuntu.exp.com]
changed: [tnode1-centos.exp.com]
changed: [tnode3-rhel.exp.com]

TASK [Copy pwquality.conf.j2 at /etc/security] *************************************
changed: [tnode2-ubuntu.exp.com]
changed: [tnode3-rhel.exp.com]
changed: [tnode1-centos.exp.com]

PLAY RECAP *************************************************************************
tnode1-centos.exp.com      : ok=3    changed=2    unreachable=0    failed=0
skipped=1    rescued=0    ignored=0
tnode2-ubuntu.exp.com      : ok=4    changed=3    unreachable=0    failed=0
skipped=0    rescued=0    ignored=0
```

```
tnode3-rhel.exp.com        : ok=3    changed=2    unreachable=0    failed=0
skipped=1    rescued=0    ignored=0

[ansible@ansible-server chapter_11.2]$
```

03 이번에는 설정이 제대로 적용되었는지 검증합니다. 관리 노드 중 tnode2-ubuntu 서버에 접속하여 pwquailty.conf 파일이 백업되었는지 확인하고 파일 내용도 확인합니다. 설정이 잘 되어 있는 것을 확인할 수 있습니다.

```
root@tnode2-ubuntu:/etc/security# ll pwquality.conf*
-rw-r--r-- 1 root root  411 Jun 29 08:31 pwquality.conf
-rw-r--r-- 1 root root 2674 Jun 29 08:31 pwquality.conf.bak
root@tnode2-ubuntu:/etc/security# cat pwquality.conf
# Created by ansible

# Minimum acceptable size for the new password
minlen = 8

# The maximum credit for having digits in the new password
dcredit = -1

# The maximum credit for having uppercase characters in the new password
ucredit = -1

# The maximum credit for having lowercase characters in the new password
lcredit = -1

# The maximum credit for having other characters in the new password
ocredit = -1


# Enforces pwquality checks on the root user password.
enforce_for_root
root@tnode2-ubuntu:/etc/security#
```

04 이번에는 ansible 계정의 패스워드를 조건이 불충분하도록 입력해 패스워드 생성 법칙이 잘 적용되었는지 확인합니다. 불충분한 패스워드를 입력하면 BAD PASSWORD라는 메시지와 함께 패스워드를 다시 입력하라는 프롬프트를 보여줍니다.

```
root@tnode2-ubuntu:/etc/security# passwd ansible
New password: qwer
BAD PASSWORD: The password contains less than 1 digits
New password: qwer1234
BAD PASSWORD: The password contains less than 1 uppercase letters
New password: Qwer1234
BAD PASSWORD: The password contains less than 1 non-alphanumeric characters
passwd: Have exhausted maximum number of retries for service
passwd: password unchanged
root@tnode2-ubuntu:/etc/security#
```

05 패스워드 생성 법칙에 만족하는 패스워드를 다시 한번 입력하여 ansible 계정의 패스워드를 설정하면 이번에는 입력한 패스워드가 잘 적용되는 것을 확인할 수 있습니다.

```
root@tnode2-ubuntu:/etc/security# passwd ansible
New password: Qwer1234!
Retype new password: Qwer1234!
passwd: password updated successfully
root@tnode2-ubuntu:/etc/security#
```

11.3 디렉터리 및 파일 접근 권한 변경하기

상황

리눅스 보안 중에 꼭 확인해야 하는 항목이 바로 Sticky bit 설정 파일과 World Writable 설정 파일입니다. Sticky bit 설정 파일은 리눅스에서 파일 소유자나 그룹 소유자만 해당 파일을 읽고 쓰고 삭제할 수 있도록 권한을 부여한 것을 의미합니다. 파일 소유자에게 권한을 부여하면 SUID, 파일 그룹에게 권한을 부여하면 SGID, 다른 사람에게 권한을 부여하면 Sticky bit 라고 합니다. World Writable 파일은 모든 사용자에게 파일을 읽고 쓸 수 있는 권한이 부여된 파일을 의미합니다. 저자가 이전에 출간한 『처음 배우는 셸 스크립트』에서 셸 스크립트를 이용하여 Sticky bit 파일과 World Writable 파일을 찾고 접근 권한을 변경했다면, 이번에는 앤서블 플레이북을 이용해보겠습니다.

방법 찾기

Sticky bit가 적용된 파일 목록 중 보안을 위해 이를 적용하면 안 되는 파일 목록들이 있습니다. Sticky bit이 적용된 파일의 권한을 수정할 때는 적용되면 안 되는 파일인지 반드시 먼저 확인해야 합니다. 이런 목록들은 KISA(한국인터넷진흥원)와 같은 보안 전문기관에서 발행하는 보안 관련 문서를 참조하는 것이 좋습니다.

사전 분석

- Sticky bit 파일 검색 명령어: `find / -xdev -perm -04000 -o -perm -02000 -o -perm -01000`
- World Writable 파일 검색 명령어: `find / -xdev -type f -perm -2`
- `ansible.builtin.shell` 모듈을 이용하여 Sticky bit 파일과 World Writable 파일을 찾는다.
- 찾은 파일 목록은 `ansible.builtin.file` 모듈을 이용하여 파일의 접속 권한을 설정한다.
- Sticky bit 파일은 u-s, g-s, o-s로 설정하고, World Writable 파일은 o-w로 설정한다.

플레이북 설계

사전 분석한 내용을 가지고 플레이북을 설계합니다. 이번에는 롤을 생성해야 할 필요는 없으므로 `inventory` 파일과 작업을 수행할 메인 플레이북 하나면 충분합니다.

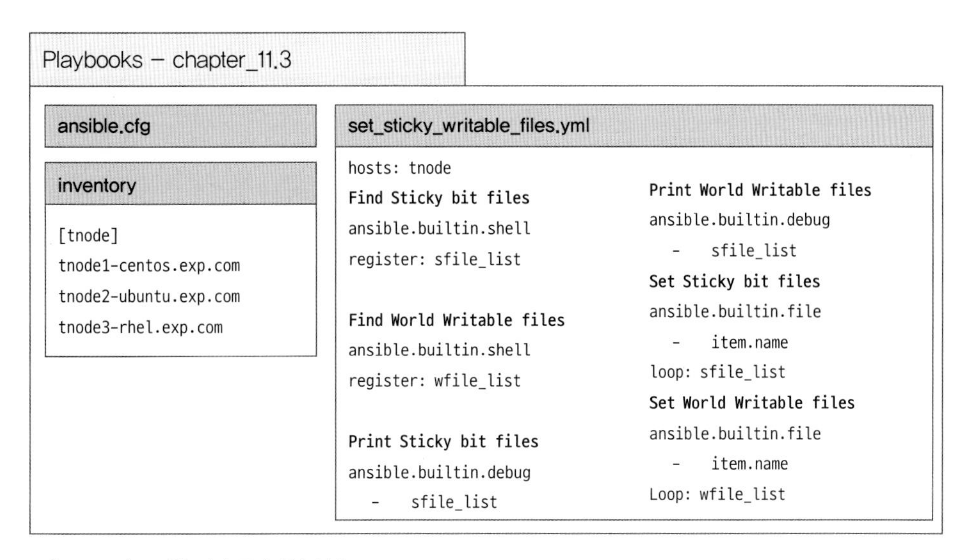

그림 11-3 접근 권한 변경 플레이북 설계

Sticky bit 설정 파일 검색과 World Writable 파일 검색은 ansible.builtin.shell 모듈을 이용해 find 명령어를 실행하고 결과를 출력합니다. 파일 권한도 ansible.builtin.file 모듈을 이용하여 수정합니다.

플레이북 개발

설계도와 사전에 분석한 내용을 기반으로 개발을 진행합니다. 앤서블 공식 문서, KISA와 같은 보안 전문기관에서 발행한 보안 관련 문서를 참조하면 좋습니다.

01 프로젝트 디렉터리를 생성하고, 이전 프로젝트에서 ansible.cfg와 inventory 파일을 복사합니다.

```
[ansible@ansible-server ansible_project]$ mkdir chapter_11.3
[ansible@ansible-server ansible_project]$ cp chapter_11.2/ansible.cfg chapter_11.3
[ansible@ansible-server ansible_project]$ cp chapter_11.2/inventory chapter_11.3
[ansible@ansible-server ansible_project]$
```

02 프로젝트 디렉터리로 전환하여 inventory 파일 내용을 확인합니다.

```
[ansible@ansible-server ansible_project]$ cd chapter_11.3
[ansible@ansible-server chapter_11.3]$ cat inventory
[tnode]
tnode1-centos.exp.com
tnode2-ubuntu.exp.com
tnode3-rhel.exp.com
[ansible@ansible-server chapter_11.3]$
```

03 vi 에디터를 이용하여 set_sticky_writable_files.yml 파일을 생성하고, 사전에 설계한 설계도와 앤서블 공식 문서를 참조하여 다음과 같이 개발합니다. 보안 인증 기관에서 발급한 보안 관련 문서를 참조하면 Sticky bit 파일을 검색할 때 어떤 명령어를 사용하고 어떤 파일에 Sticky bit가 적용되면 안 되는지 확인할 수 있습니다.

```
[ansible@ansible-server chapter_11.3]$ vi set_sticky_writable_files.yml
---
```

```
- hosts: tnode

  tasks:
  - name: Find Sticky bit files
    ansible.builtin.shell: |
      find / -xdev -perm -04000 -o -perm -02000 -o -perm 01000 \
      | grep -e 'dump$' \
             -e 'lp*-lpd$' \
             -e 'newgrp$' \
             -e 'restore$' \
             -e 'at$' \
             -e 'traceroute$' | xargs ls
    register: sfile_list

  - name: Find World Writable files
    ansible.builtin.shell: |
      find / -xdev -perm -2 -ls \
      | grep -v 'l..........' | awk '{print $NF}'
    register: wfile_list

  - name: Print Sticky bit files
    ansible.builtin.debug:
    msg: "{{ sfile_list.stdout_lines }}"

  - name: Print World Writable files
    ansible.builtin.debug:
      msg: "{{ wfile_list.stdout_lines }}"

  - name: Set Sticky bit files
    ansible.builtin.file:
      path: "{{ item }}"
      mode: "u-s,g-s,o-s"
    loop: "{{ sfile_list.stdout_lines }}"

  - name: Set World Writable files
    ansible.builtin.file:
      path: "{{ item }}"
      mode: "o-w"
    loop: "{{ wfile_list.stdout_lines }}"
[ansible@ansible-server chapter_11.3]$
```

플레이북 실행

개발이 끝나면 이제 플레이북을 실행합니다. 플레이북을 실행할 때는 --syntax-check 옵션을 이용하여 문법을 먼저 체크하고, 문제가 없으면 플레이북을 실행합니다.

01 명령어 ansible-playbook --syntax-check를 이용하여 문법을 체크합니다. 문법에 문제가 있으면 어떤 태스크에 문제가 있는지 에러 메시지를 보여줍니다.

```
[ansible@ansible-server chapter_11.3]$ ansible-playbook --syntax-check set_sticky_
writable_files.yml
ERROR! conflicting action statements: ansible.builtin.debug, msg

The error appears to be in '/home/ansible/ansible_project/chapter_11.3/set_sticky_
writable_files.yml': line 23, column 5, but may
be elsewhere in the file depending on the exact syntax problem.

The offending line appears to be:


  - name: Print Sticky bit files
    ^ here
[ansible@ansible-server chapter_11.3]$
```

02 에러 메시지를 확인하면 set_sticky_writable_files.yml 파일의 Print Sticky bit files 태스크에 문제가 있어 보이므로 해당 플레이북을 열어 확인합니다. ansible.builtin.debug 모듈의 msg 구문에 들여쓰기가 올바르지 않은 것을 확인했습니다. 해당 구문의 들여쓰기를 수정하고 파일을 저장합니다.

```
# 들여쓰기가 올바르게 되어 있지 않음
[ansible@ansible-server chapter_11.3]$ cat set_sticky_writable_files.yml
…
  - name: Print Sticky bit files
    ansible.builtin.debug:
    msg: "{{ sfile_list.stdout_lines }}"
…
# 들여쓰기를 올바르게 수정함
[ansible@ansible-server chapter_11.3]$ vi set_sticky_writable_files.yml
…
  - name: Print Sticky bit files
```

```
      ansible.builtin.debug:
        msg: "{{ sfile_list.stdout_lines }}"
…
```

03 다시 --syntax-check 옵션과 함께 플레이북 문법을 한 번 더 확인합니다.

```
[ansible@ansible-server chapter_11.3]$ ansible-playbook --syntax-check set_sticky_
writable_files.yml

playbook: set_sticky_writable_files.yml
[ansible@ansible-server chapter_11.3]$
```

04 플레이북을 실행합니다. 각 노드에서 발견한 Sticky bit 파일 목록과 World Writable 파일 목록, 그리고 해당 파일들의 파일 권한이 수정된 것을 확인할 수 있습니다.

```
[ansible@ansible-server chapter_11.3]$ ansible-playbook set_sticky_writable_files.yml

PLAY [tnode] ********************************************************************

TASK [Gathering Facts] **********************************************************
ok: [tnode3-rhel.exp.com]
ok: [tnode1-centos.exp.com]
ok: [tnode2-ubuntu.exp.com]

TASK [Find Sticky bit files] ****************************************************
changed: [tnode2-ubuntu.exp.com]
changed: [tnode3-rhel.exp.com]
changed: [tnode1-centos.exp.com]

TASK [Find World Writable files] ************************************************
changed: [tnode2-ubuntu.exp.com]
changed: [tnode3-rhel.exp.com]
changed: [tnode1-centos.exp.com]

TASK [Print Sticky bit files] ***************************************************
ok: [tnode1-centos.exp.com] => {
    "msg": [
        "/usr/bin/newgrp",
        "/usr/bin/at"
    ]
```

```
}
ok: [tnode2-ubuntu.exp.com] => {
    "msg": [
        "/usr/bin/at",
        "/usr/bin/newgrp"
    ]
}
ok: [tnode3-rhel.exp.com] => {
    "msg": [
        "/usr/bin/newgrp",
        "/usr/bin/at"
    ]
}

TASK [Print World Writable files] **************************************************
ok: [tnode1-centos.exp.com] => {
    "msg": [
        "/mnt/nfs_shares",
        "/tmp/.X11-unix",
        "/tmp/.ICE-unix",
        "/tmp/.XIM-unix",
        "/tmp/.font-unix",
        "/tmp/.Test-unix"
    ]
}
ok: [tnode2-ubuntu.exp.com] => {
    "msg": [
        "/var/crash"
    ]
}
ok: [tnode3-rhel.exp.com] => {
    "msg": [
        "/tmp/.X11-unix",
        "/tmp/.ICE-unix",
        "/tmp/.XIM-unix",
        "/tmp/.font-unix",
        "/tmp/.Test-unix"
    ]
}

TASK [Set Sticky bit files] ********************************************************
changed: [tnode2-ubuntu.exp.com] => (item=/usr/bin/at)
changed: [tnode3-rhel.exp.com] => (item=/usr/bin/newgrp)
changed: [tnode1-centos.exp.com] => (item=/usr/bin/newgrp)
```

```
changed: [tnode2-ubuntu.exp.com] => (item=/usr/bin/newgrp)
changed: [tnode3-rhel.exp.com] => (item=/usr/bin/at)
changed: [tnode1-centos.exp.com] => (item=/usr/bin/at)

TASK [Set World Writable files] **************************************************
changed: [tnode2-ubuntu.exp.com] => (item=/var/crash)
changed: [tnode3-rhel.exp.com] => (item=/tmp/.X11-unix)
changed: [tnode1-centos.exp.com] => (item=/mnt/nfs_shares)
changed: [tnode3-rhel.exp.com] => (item=/tmp/.ICE-unix)
changed: [tnode1-centos.exp.com] => (item=/tmp/.X11-unix)
changed: [tnode3-rhel.exp.com] => (item=/tmp/.XIM-unix)
changed: [tnode1-centos.exp.com] => (item=/tmp/.ICE-unix)
changed: [tnode1-centos.exp.com] => (item=/tmp/.XIM-unix)
changed: [tnode3-rhel.exp.com] => (item=/tmp/.font-unix)
changed: [tnode3-rhel.exp.com] => (item=/tmp/.Test-unix)
changed: [tnode1-centos.exp.com] => (item=/tmp/.font-unix)
changed: [tnode1-centos.exp.com] => (item=/tmp/.Test-unix)

PLAY RECAP ***********************************************************************
tnode1-centos.exp.com      : ok=7    changed=4    unreachable=0    failed=0
skipped=0    rescued=0    ignored=0
tnode2-ubuntu.exp.com      : ok=7    changed=4    unreachable=0    failed=0
skipped=0    rescued=0    ignored=0
tnode3-rhel.exp.com        : ok=7    changed=4    unreachable=0    failed=0
skipped=0    rescued=0    ignored=0

[ansible@ansible-server chapter_11.3]$
```

05 검증을 위해 한 번 더 플레이북을 실행해보면 이번에는 Sticky bit 설정 파일과 World Writable 파일 목록이 검색되지 않음을 확인할 수 있습니다.

```
[ansible@ansible-server chapter_11.3]$ ansible-playbook set_sticky_writable_files.yml

PLAY [tnode] *********************************************************************

TASK [Gathering Facts] ***********************************************************
ok: [tnode3-rhel.exp.com]
ok: [tnode1-centos.exp.com]
ok: [tnode2-ubuntu.exp.com]

TASK [Find Sticky bit files] *****************************************************
changed: [tnode2-ubuntu.exp.com]
```

```
changed: [tnode3-rhel.exp.com]
changed: [tnode1-centos.exp.com]

TASK [Find World Writable files] *************************************************
changed: [tnode2-ubuntu.exp.com]
changed: [tnode3-rhel.exp.com]
changed: [tnode1-centos.exp.com]

TASK [Print Sticky bit files] ****************************************************
ok: [tnode1-centos.exp.com] => {
    "msg": []
}
ok: [tnode2-ubuntu.exp.com] => {
    "msg": []
}
ok: [tnode3-rhel.exp.com] => {
    "msg": []
}

TASK [Print World Writable files] ************************************************
ok: [tnode1-centos.exp.com] => {
    "msg": []
}
ok: [tnode2-ubuntu.exp.com] => {
    "msg": []
}
ok: [tnode3-rhel.exp.com] => {
    "msg": []
}
…
```

11.4 사설 인증서 생성하기

상황

시스템을 구성하다 보면 사설 인증서를 사용하는 경우가 상당히 많습니다. 예를 들어 앤서블을 이용해 웹 애플리케이션을 설치할 때 웹 애플리케이션의 http를 https로 설정하기 위해 사설 인증서를 생성하여 적용하기도 합니다. 앤서블에는 이런 사설 인증서를 생성하기 위한 모듈이 존재합니다. 이를 활용해 직접 사설 인증서를 생성해보겠습니다.

방법 찾기

앤서블 모듈을 이용하여 사설 인증서를 생성하는 일은 그다지 쉬운 작업은 아니지만 앤서블 공식 문서에서 그 방법을 가이드하고 있습니다. 이번 절에서는 해당 문서를 참조하여 플레이북을 설계하고 개발하겠습니다.

- **How to Create Self-signed certificates**
  https://docs.ansible.com/ansible/latest/collections/community/crypto/docsite/guide_selfsigned.html

사전 분석

- 사설 인증서에는 자체 서명된 인증 기관용 인증서와 해당 인증서를 이용해 만든 클라이언트 인증 키가 있다.
- 인증서를 만들 때는 CSR(Certificate Signing Request)이라는 인증 서명 요청을 한다.
- CSR을 통해 인증 기관용 인증서와 클라이언트 인증 키를 생성한다.
- 앤서블에서 개인 키를 만들때는 community.crypto.openssl_privatekey 모듈을 사용한다.
- CSR을 만들 때는 community.crypto.openssl_csr_pipe 모듈을 사용한다.
- CSR을 이용하여 인증서를 생성할 때는 community.crypto.x509_certificate 모듈을 사용한다.

플레이북 설계

사전 분석한 내용으로 플레이북을 설계하겠습니다. 이번에는 tnode1-centos.exp.com에 사설 인증서를 생성하기 위해 inventory에 rootCA 호스트 그룹을 만들고 그룹 멤버로 tnode1-centos.exp.com 노드를 추가합니다.

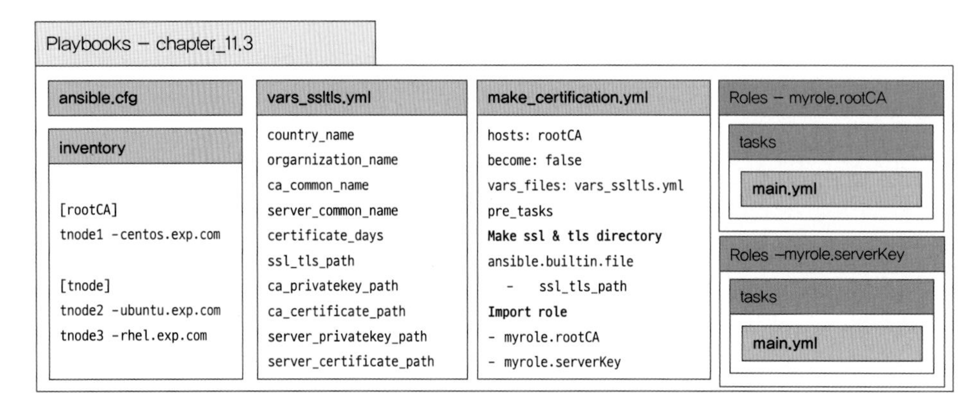

그림 11-4 사설 인증서 생성 플레이북 설계

인증서 생성에 필요한 값들은 `vars_ssltls.yml` 파일을 통해 외부 변수로 정의할 예정이며, 메인 플레이북인 `make_certification.yml`에는 become을 false로 설정하여 root 계정이 아닌 ansible 계정으로 실행되도록 하였습니다. pre_tasks 키워드를 사용하여 롤이 실행되기 전에 먼저 태스크가 실행되도록 하였으며, pre_tasks에는 인증서 생성을 위한 디렉터리를 생성하는 태스크를 추가하였습니다.

인증서 생성은 rootCA 인증서와 serverKey로 나뉘며, 해당 인증서 생성은 각각 롤을 생성하여 처리하도록 설계하였습니다.

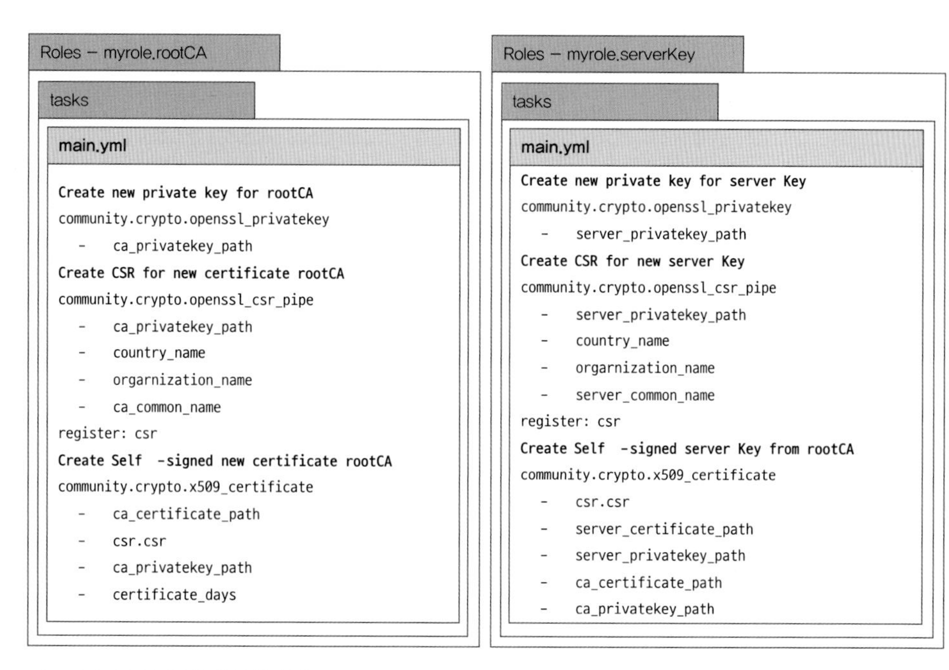

그림 11-5 사설 인증서 생성 롤 설계

rootCA 롤과 serverKey 롤은 각각 '개인 키 생성 〉 CSR(인증 서명 요청) 생성 〉 CSR을 이용한 인증서 생성' 태스크로 구성되며, serverKey 롤에서 CSR 인증서를 생성할 때는 이미 사전에 생성된 rootCA로부터 발급받아 생성하는 방식을 사용합니다.

플레이북 개발

플레이북은 설계도와 사전에 찾은 앤서블 공식 문서의 콘텐츠 컬렉션의 모듈 문서를 참조하면 쉽게 개발할 수 있습니다.

01 프로젝트 디렉터리를 생성하고, 이전 디렉터리에서 `ansible.cfg`와 `inventory` 파일을 복사합니다.

```
[ansible@ansible-server ansible_project]$ mkdir chapter_11.4
[ansible@ansible-server ansible_project]$ cp chapter_11.3/ansible.cfg chapter_11.3/
inventory chapter_11.4
[ansible@ansible-server ansible_project]$
```

02 프로젝트 디렉터리로 전환하여 inventory 파일을 열어 사전에 설계한 대로 내용을 수정합니다.

```
[ansible@ansible-server ansible_project]$ cd chapter_11.4
[ansible@ansible-server chapter_11.4]$ vi inventory
[rootCA]
tnode1-centos.exp.com

[tnode]
tnode2-ubuntu.exp.com
tnode3-rhel.exp.com
[ansible@ansible-server chapter_11.4]$
```

03 ansible-galaxy role init 명령어를 이용하여 myrole.rootCA 롤과 myrole.severKey 롤을 생성합니다.

```
[ansible@ansible-server chapter_11.4]$ ansible-galaxy role init --init-path roles
myrole.rootCA
- Role myrole.rootCA was created successfully
[ansible@ansible-server chapter_11.4]$ ansible-galaxy role init --init-path roles
myrole.serverKey
- Role myrole.serverKey was created successfully
[ansible@ansible-server chapter_11.4]$
```

04 롤 생성이 끝나면 먼저 myrole.rootCA 롤 디렉터리로 이동하여 tasks/main.yml 파일에 다음 내용을 입력합니다. 롤을 개발할 때도 설계도와 앤서블 공식 문서를 참조하면 좀 더 쉽게 진행할 수 있습니다. 플레이북은 comminity.crypto라는 컨텐츠 컬렉션을 사용하였으며 개인 키는 openssl_privatekey 모듈을 이용하였고, CSR 생성은 openssl_csr_pipe 모듈, 인증서 생성은 x509_certificate 모듈을 사용했습니다. 여기서는 자체 서명 인증서를 생성하는 것이므로 provider를 selfsigned로 설정했습니다.

```
[ansible@ansible-server chapter_11.4]$ cd roles/myrole.rootCA/
[ansible@ansible-server myrole.rootCA]$ vi tasks/main.yml
---
# tasks file for myrole.rootCA
- name: Create new private key for rootCA
  community.crypto.openssl_privatekey:
```

```
    path: "{{ ca_privatekey_path }}"

- name: Create CSR for new certificate rootCA
  community.crypto.openssl_csr_pipe:
    privatekey_path: "{{ ca_privatekey_path }}"
    country_name: "{{ country_name }}"
    organization_name: "{{ orgarnization_name }}"
    common_name: "{{ ca_common_name }}"
  register: csr

- name: Create Self-signed new certificate rootCA
  community.crypto.x509_certificate:
    path: "{{ ca_certificate_path }}"
    privatekey_path: "{{ ca_privatekey_path }}"
    csr_content: "{{ csr.csr }}"
    selfsigned_not_after: "{{ certificate_days }}"
    provider: selfsigned
    state: present

[ansible@ansible-server myrole.rootCA]$
```

05 이번에는 server key를 생성하겠습니다. myrole.serverKey 롤 디렉터리로 전환하고 tasks/main.yml 파일을 열어 다음과 같이 작성합니다. myrole.serverKey 롤 역시 myrole.rootCA 롤과 비슷하지만, 마지막에 rootCA로부터 발급받는 인증서를 생성할 때는 provider가 selfsigned가 아닌 사전에 생성된 CA 파일을 이용하는 것이므로 ownca를 사용합니다. 그리고 사전에 생성된 rootCA의 개인 키와 인증서는 ownca로 시작하는 파라미터를 사용합니다.

```
[ansible@ansible-server myrole.rootCA]$ cd ../myrole.serverKey/
[ansible@ansible-server myrole.serverKey]$ vi tasks/main.yml
---
# tasks file for myrole.serverKey

- name: Create new private key for server key
  community.crypto.openssl_privatekey:
    path: "{{ server_privatekey_path }}"

- name: Create CSR for new server key
  community.crypto.openssl_csr_pipe:
    privatekey_path: "{{ server_privatekey_path }}"
```

```
    country_name: "{{ country_name }}"
    organization_name: "{{ orgarnization_name }}"
    common_name: "{{ server_common_name }}"
  register: csr

- name: Create Self-signed server key from rootCA
  community.crypto.x509_certificate:
    path: "{{ server_certificate_path }}"
    privatekey_path: "{{ server_privatekey_path }}"
    csr_content: "{{ csr.csr }}"
    ownca_path: "{{ ca_certificate_path }}"
    ownca_privatekey_path: "{{ ca_privatekey_path }}"
    ownca_not_after: "{{ certificate_days }}"
    provider: ownca
    state: present

[ansible@ansible-server myrole.serverKey]$
```

06 다시 프로젝트 디렉터리로 돌아가 변수 정의를 위한 vars_ssltls.yml 파일을 생성합니다. 다음의 변수 값은 예제이므로 상황에 맞게 값을 수정하여 사용할 수 있습니다.

```
[ansible@ansible-server myrole.serverKey]$ cd ../..
[ansible@ansible-server chapter_11.4]$ vi vars_ssltls.yml
---

country_name: KR
orgarnization_name: SamSung
ca_common_name: Ansible-CA
server_common_name: exp.com
certificate_days: "+3650d"
ssl_tls_path: /home/ansible/tls
ca_privatekey_path: /home/ansible/tls/ca_priv.key
ca_certificate_path: /home/ansible/tls/ca_cert.crt
server_privatekey_path: /home/ansible/tls/server_priv.key
server_certificate_path: /home/ansible/tls/server_cert.crt
[ansible@ansible-server chapter_11.4]$
```

07 마지막으로 make_certification.yml 파일을 생성하고 다음 내용을 입력합니다. 플레이북은 become을 false로 설정하여 root가 아닌 ansible 계정에서 실행되도록 하였으며, pre_tasks 섹션을 통해 롤이 실행되기 전에 인증서를 생성하고 보관할 디렉터리를 먼저 만듭니다. 그리고 roles 섹션에서 rootCA와 serverKey를 생성하기 위한 롤을 호출합니다.

```
[ansible@ansible-server chapter_11.4]$ vi make_certification.yml
---

- hosts: rootCA
  become: false
  vars_files: vars_ssltls.yml

  pre_tasks:
    - name: make tls & ssl directory
      ansible.builtin.file:
        path: "{{ ssl_tls_path }}"
        state: directory

  roles:
    - role: myrole.rootCA
    - role: myrole.serverKey
[ansible@ansible-server chapter_11.4]$
```

플레이북 실행

01 ansible-playbook --syntax-check 명령어로 문법을 체크합니다.

```
[ansible@ansible-server chapter_11.4]$ ansible-playbook --syntax-check make_
certification.yml

playbook: make_certification.yml
[ansible@ansible-server chapter_11.4]$
```

02 문법에 이상이 없다면 `ansible-playbook` 명령어로 `make_certification.yml` 파일을 실행합니다. 문법 체크를 하고 플레이북을 실행해도 때로는 예상치 못한 에러를 만나는 경우도 있습니다. 다음 예제는 관리 호스트에 cryptography라는 라이브러리가 없어서 발생하는 에러를 보여줍니다.

```
[ansible@ansible-server chapter_11.4]$ ansible-playbook make_certification.yml

PLAY [rootCA] ***********************************************************************

TASK [Gathering Facts] **************************************************************
ok: [tnode1-centos.exp.com]

TASK [Make ssl & tls directory] *****************************************************
changed: [tnode1-centos.exp.com]

TASK [myrole.rootCA : Create new private key for rootCA] ****************************
fatal: [tnode1-centos.exp.com]: FAILED! => {"changed": false, "msg": "Cannot detect
the required Python library cryptography (>= 1.2.3)"}

PLAY RECAP **************************************************************************
tnode1-centos.exp.com        : ok=2    changed=1    unreachable=0    failed=1
skipped=0    rescued=0    ignored=0

[ansible@ansible-server chapter_11.4]$
```

03 cryptography 라이브러리는 dnf search를 통해 검색된 python3-cryptography 패키지에 포함되어 있으며, 앤서블 플레이북에 해당 패키지를 설치하는 태스크를 추가하도록 수정하거나 해당 관리 노드에 패키지를 설치하여 해결할 수 있습니다. 여기서는 후자의 방법으로 문제를 해결하겠습니다.

```
[root@tnode1-centos ~]# dnf install python3-cryptography
```

04 패키지 설치 후 다시 `ansible-playbook` 명령어를 이용해 플레이북을 실행하면 이번에는 에러 없이 플레이북이 잘 실행된 것을 확인할 수 있습니다.

```
[ansible@ansible-server chapter_11.4]$ ansible-playbook make_certification.yml

PLAY [rootCA] ***********************************************************************

TASK [Gathering Facts] ****************************************************************
ok: [tnode1-centos.exp.com]

TASK [Make ssl & tls directory] *******************************************************
ok: [tnode1-centos.exp.com]

TASK [myrole.rootCA : Create new private key for rootCA] ****************************
changed: [tnode1-centos.exp.com]

TASK [myrole.rootCA : Create CSR for new certificate rootCA] ************************
changed: [tnode1-centos.exp.com]

TASK [myrole.rootCA : Create Self-signed new certificate rootCA] ********************
changed: [tnode1-centos.exp.com]

TASK [myrole.serverKey : Create new private key for server key] *********************
changed: [tnode1-centos.exp.com]

TASK [myrole.serverKey : Create CSR for new server key] *****************************
changed: [tnode1-centos.exp.com]

TASK [myrole.serverKey : Create Self-signed server key from rootCA] *****************
changed: [tnode1-centos.exp.com]

PLAY RECAP **************************************************************************
tnode1-centos.exp.com      : ok=8    changed=6    unreachable=0    failed=0
skipped=0    rescued=0    ignored=0

[ansible@ansible-server chapter_11.4]$
```

05 플레이북 실행이 끝나면 tnode-centos 노드에 접속하여 인증서가 잘 생성되었는지 확인합니다.

```
[ansible@tnode1-centos ~]$ ll
total 0
drwxrwxr-x. 2 ansible ansible 90 Jul  1 13:50 tls
```

```
[ansible@tnode1-centos ~]$ ll tls
total 16
-rw-rw-r--. 1 ansible ansible 1858 Jul  1 13:50 ca_cert.crt
-rw-------. 1 ansible ansible 3247 Jul  1 13:50 ca_priv.key
-rw-rw-r--. 1 ansible ansible 1895 Jul  1 13:50 server_cert.crt
-rw-------. 1 ansible ansible 3247 Jul  1 13:50 server_priv.key
[ansible@tnode1-centos ~]$
```

CHAPTER 12

모니터링 자동화

앤서블은 시스템 정보를 수집하는 팩트 기능을 제공합니다. 팩트 기능을 이용하면 시스템의 기본 정보를 모니터링하고 CPU나 메모리 사용률, 네트워크 상태나 사용률 등을 다른 모니터링 도구에서 활용할 수 있도록 로그를 저장할 수 있습니다. 또한 모니터링 환경을 구성하거나 모니터링에 필요한 로그 수집 등에 앤서블을 이용할 수 있습니다.

12.1 팩트를 이용한 시스템 모니터링

상황

앤서블은 팩트라는 매우 좋은 기능을 제공합니다. 팩트는 관리 노드에서 시스템과 관련된 정보들을 자동으로 찾아 변수로 제공합니다. 이를 이용하면 실행 중인 관리 노드의 인프라 정보를 파악하거나 이를 로그로 저장할 수 있습니다. 이렇게 저장된 로그는 연동되어 있는 모니터링 도구에서 활용 가능합니다.

방법 찾기

팩트를 이용하여 시스템 정보를 모니터링하려면 팩트에서 어떤 정보를 제공하고 어떤 정보를 수집할 것인지 먼저 확인해야 합니다.

사전 분석

- 팩트를 이용하여 다음과 같은 정보를 추출한다.
    - 호스트 이름
    - 커널 버전
    - 네트워크 인터페이스 이름
    - 네트워크 인터페이스 IP 주소
    - 운영체제 버전
    - CPU 개수
    - 사용 가능한 메모리
    - 스토리지 장치의 크기 및 여유 공간
- 추출한 내용은 ansible.builtin.shell 모듈을 이용하여 /var/log/daily_check 디렉터리에 저장한다.

플레이북 설계

사전 분석한 내용으로 플레이북 설계를 합니다. 이번에는 앤서블 팩트를 활용하여 필요한 정보들을 로그 파일로 저장하기 때문에 특별히 롤이 필요하지는 않습니다. 또한 외부에서 넘겨주어야 할 변수도 없습니다.

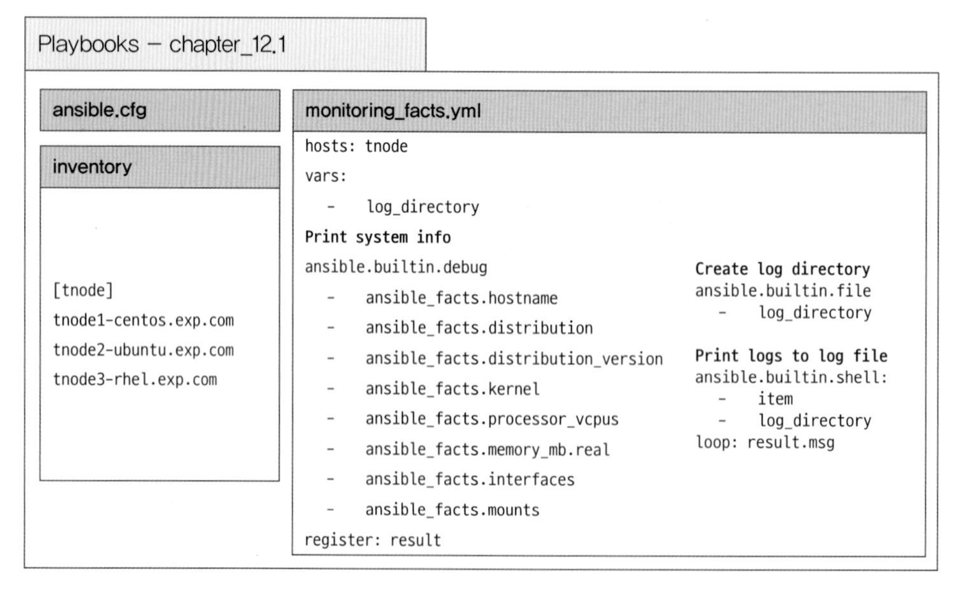

그림 12-1 시스템 모니터링 플레이북 설계

메인 플레이북인 monitoring_facts.yml 파일은 앤서블 팩트에서 추출한 시스템 관련 변수들을 출력하고, 해당 내용을 출력할 로그 디렉터리를 생성한 후 로그 파일을 남기는 절차로 설계했습니다.

플레이북 개발

01 프로젝트 디렉터리를 생성하고, 이전 프로젝트 디렉터리에서 ansible.cfg와 inventory 파일을 복사합니다.

```
[ansible@ansible-server ansible_project]$ mkdir chapter_12.1
[ansible@ansible-server ansible_project]$ cp chapter_11.1/ansible.cfg chapter_11.1/
inventory chapter_12.1/
[ansible@ansible-server ansible_project]$
```

02 생성한 프로젝트 디렉터리로 이동하여 메인 플레이북인 monitoring_facts.yml 파일을 설계도를 참조하여 다음과 같이 작성합니다. ansible.builtin.debug 모듈을 이용하여 ansible_facts에서 수집한 시스템 변수 중 추출하고자 하는 변수를 먼저 msg를 통해 출력하고, 출력한 결과를 register 키워드를 사용하여 result 변수에 저장합니다. 그리고 이렇게 저장된 내용을 ansible.builtin.shell 모듈에서 loop 키워드를 이용하여 하나씩 로그 파일에 저장합니다.

```
[ansible@ansible-server ansible_project]$ cd chapter_12.1
[ansible@ansible-server chapter_12.1]$ vi monitoring_facts.yml
---

- hosts: tnode
  vars:
    log_directory: /var/log/daily_check

  tasks:
    - name: Print system info
      ansible.builtin.debug:
        msg:
        - "############## Start ###################"
        - "Date: {{ ansible_facts.date_time.date }} {{ ansible_facts.date_time.time
}}"
        - "HostName: {{ ansible_facts.hostname }}"
```

```
        - "OS: {{ ansible_facts.distribution }}"
        - "OS Version: {{ ansible_facts.distribution_version }}"
        - "OS Kernel: {{ ansible_facts.kernel }}"
        - "CPU Cores: {{ ansible_facts.processor_vcpus }}"
        - "Memory: {{ ansible_facts.memory_mb.real }}"
        - "Interfaces: {{ ansible_facts.interfaces }}"
        - "IPv4: {{ ansible_facts.all_ipv4_addresses }}"
        - "Devices: {{ ansible_facts.mounts }}"
        - "############### End #####################"
      register: result

    - name: Create log directory
      ansible.builtin.file:
        path: "{{ log_directory }}"
        state: directory

    - name: Print logs to log file
      ansible.builtin.shell: |
        echo "{{ item }}" >> "{{ log_directory }}"/system_info.logs
      loop: "{{ result.msg }}"

[ansible@ansible-server chapter_12.1]$
```

플레이북 실행

01 명령어 ansible-playbook --syntax-check를 이용하여 문법을 체크합니다.

```
[ansible@ansible-server chapter_12.1]$ ansible-playbook --syntax-check monitoring_
facts.yml

playbook: monitoring_facts.yml
[ansible@ansible-server chapter_12.1]$
```

02 문법에 문제가 없으면 ansible-playbook 명령어를 이용하여 플레이북을 실행합니다. 그러면 각 관리 노드의 시스템 정보를 ansible.builtin.debug 모듈로 확인할 수 있습니다.

```
[ansible@ansible-server chapter_12.1]$ ansible-playbook monitoring_facts.yml

PLAY [tnode] ******************************************************************

TASK [Gathering Facts] ********************************************************
ok: [tnode3-rhel.exp.com]
ok: [tnode1-centos.exp.com]
ok: [tnode2-ubuntu.exp.com]

TASK [Print system info] ******************************************************
ok: [tnode1-centos.exp.com] => {
    "msg": [
        "################ Start #####################",
        "Date: 2023-07-01 20:51:12",
        "HostName: tnode1-centos",
        "OS: CentOS",
        "OS Version: 8",
        "OS Kernel: 4.18.0-497.el8.x86_64",
        "CPU Cores: 2",
        "Memory: {'total': 3665, 'used': 963, 'free': 2702}",
        "Interfaces: ['enp1s0', 'enp7s0', 'lo']",
        "IPv4: ['192.168.100.5', '192.168.20.5']",
        "Devices: [{'mount': '/', 'device': '/dev/mapper/cs-root', 'fstype': 'xfs', …
'100c7651-9d87-47b0-bcbf-d400d7d778e3'}]",
        "################# End #######################"
    ]
}
ok: [tnode2-ubuntu.exp.com] => {
    "msg": [
        "################ Start #####################",
        "Date: 2023-07-01 11:51:13",
        "HostName: tnode2-ubuntu",
        "OS: Ubuntu",
        "OS Version: 20.04",
        "OS Kernel: 5.4.0-153-generic",
        "CPU Cores: 2",
        "Memory: {'total': 3919, 'used': 1389, 'free': 2530}",
        "Interfaces: ['enp7s0', 'lo', 'enp1s0']",
        "IPv4: ['192.168.100.6', '192.168.20.6']",
        "Devices: [{'mount': '/', 'device': '/dev/mapper/ubuntu--vg-ubuntu--lv', …
'inode_used': 658, 'uuid': 'N/A'}]",
        "################# End #######################"
    ]
```

```
}
ok: [tnode3-rhel.exp.com] => {
    "msg": [
        "################ Start ######################",
        "Date: 2023-07-01 20:51:12",
        "HostName: tnode3-rhel",
        "OS: RedHat",
        "OS Version: 8.7",
        "OS Kernel: 4.18.0-425.3.1.el8.x86_64",
        "CPU Cores: 2",
        "Memory: {'total': 3731, 'used': 979, 'free': 2752}",
        "Interfaces: ['enp1s0', 'lo']",
        "IPv4: ['192.168.100.7']",
        "Devices: [{'mount': '/', 'device': '/dev/mapper/rhel-root', 'fstype': …
'a2968e56-1c8f-45bc-b98b-c0b5ad5486e8'}]",
        "################# End ########################"
    ]
}

TASK [Create log directory] *********************************************************
changed: [tnode2-ubuntu.exp.com]
changed: [tnode3-rhel.exp.com]
changed: [tnode1-centos.exp.com]

TASK [Print logs to log file] *******************************************************
changed: [tnode2-ubuntu.exp.com] => (item=############### Start ###################)
changed: [tnode1-centos.exp.com] => (item=############### Start ###################)
changed: [tnode3-rhel.exp.com] => (item=############### Start ###################)
changed: [tnode2-ubuntu.exp.com] => (item=Date: 2023-07-01 11:51:13)
changed: [tnode2-ubuntu.exp.com] => (item=HostName: tnode2-ubuntu)
changed: [tnode1-centos.exp.com] => (item=Date: 2023-07-01 20:51:12)
changed: [tnode3-rhel.exp.com] => (item=Date: 2023-07-01 20:51:12)
changed: [tnode2-ubuntu.exp.com] => (item=OS: Ubuntu)
changed: [tnode1-centos.exp.com] => (item=HostName: tnode1-centos)
changed: [tnode3-rhel.exp.com] => (item=HostName: tnode3-rhel)
changed: [tnode2-ubuntu.exp.com] => (item=OS Version: 20.04)
changed: [tnode2-ubuntu.exp.com] => (item=OS Kernel: 5.4.0-153-generic)
…
changed: [tnode3-rhel.exp.com] => (item=################ End #####################)
changed: [tnode1-centos.exp.com] => (item=################ End #####################)

PLAY RECAP ***************************************************************************
tnode1-centos.exp.com      : ok=4    changed=2    unreachable=0    failed=0
skipped=0    rescued=0    ignored=0
```

```
tnode2-ubuntu.exp.com      : ok=4    changed=2    unreachable=0    failed=0
skipped=0    rescued=0    ignored=0
tnode3-rhel.exp.com        : ok=4    changed=2    unreachable=0    failed=0
skipped=0    rescued=0    ignored=0

[ansible@ansible-server chapter_12.1]$
```

03 플레이북 실행이 끝나면 관리 노드에 접속하여 로그 파일이 잘 생성되었는지, 해당 로그 파일에 앤서블을 통해 수집한 정보들이 잘 저장되었는지 확인합니다.

```
[root@tnode1-centos log]# ll daily_check/
total 4
-rw-r--r--. 1 root root 1181 Jul  1 20:51 system_info.logs
[root@tnode1-centos log]#

[root@tnode1-centos log]# cat daily_check/system_info.logs
################ Start #####################
Date: 2023-07-01 20:51:12
HostName: tnode1-centos
OS: CentOS
OS Version: 8
OS Kernel: 4.18.0-497.el8.x86_64
CPU Cores: 2
Memory: {'total': 3665, 'used': 963, 'free': 2702}
Interfaces: ['enp1s0', 'enp7s0', 'lo']
IPv4: ['192.168.100.5', '192.168.20.5']
Devices: [{'mount': '/', 'device': '/dev/mapper/cs-root', 'fstype': 'xfs', 'options':
'rw,seclabel,relatime,attr2,inode64,logbufs=8,logbsize=32k,noquota', 'size_
total': 101997588480, 'size_available': 97623367680, 'block_size': 4096, 'block_
total': 24901755, 'block_available': 23833830, 'block_used': 1067925, 'inode_total':
49827840, 'inode_available': 49720248, 'inode_used': 107592, 'uuid': '58b6419d-
b98c-48c3-89d6-42fdb74c3e8b'}, {'mount': '/boot', 'device': '/dev/vda1', 'fstype':
'xfs', 'options': 'rw,seclabel,relatime,attr2,inode64,logbufs=8,logbsize=32k,noqu
ota', 'size_total': 1063256064, 'size_available': 759496704, 'block_size': 4096,
'block_total': 259584, 'block_available': 185424, 'block_used': 74160, 'inode_total':
524288, 'inode_available': 523970, 'inode_used': 318, 'uuid': '100c7651-9d87-47b0-
bcbf-d400d7d778e3'}]
################# End ######################
[root@tnode1-centos log]#
```

12.2 CPU, 메모리, 디스크 사용률 모니터링

상황

앤서블 팩트에서 제공하지 않는 모니터링 도구로 좀 더 상세한 자원 사용률을 모니터링하려면 해당 명령어를 사용하기 위한 패키지를 설치하면 됩니다. 그러나 여러 서버의 사용률을 모니터링해야 한다면 상황은 달라질 것입니다. 그런 경우에는 셸 스크립트나 앤서블을 활용하면 좀 더 쉽게 모니터링할 수 있습니다.

방법 찾기

이번에는 CPU, 메모리, 디스크 사용률을 좀 더 자세하게 살펴볼 수 있는 dstat, iostat, vmstat와 같은 명령어를 이용해 관리 노드의 CPU, 메모리, 디스크 사용률을 모니터링하겠습니다. dstat와 iostat를 실행하려면 우선 dstat와 sysstat이라는 패키지를 설치해야 합니다. 그리고 각각의 명령어에 해당하는 옵션도 다양합니다. 여기서는 앤서블을 활용하여 어떻게 모니터링을 구현하는지에 초점을 맞출 예정이므로, 해당 모니터링 명령어는 검색을 통해 더 알아보는 것을 권합니다.

사전 분석

- dstat, sysstat 패키지를 설치한다. 운영체제가 레드햇 계열이면 ansible.builtin.dnf 모듈을 이용하여 설치하고, 데비안 계열이면 ansible.builtin.apt 모듈을 이용하여 설치한다.
- 각각의 명령어 실행은 ansible.builtin.shell을 이용해 실행하고, loop 키워드를 이용하여 모니터링 명령어별로 여러 옵션을 추가하여 명령어를 실행한다.
- 실행된 명령어 결과는 로그 디렉터리에 저장한다.

플레이북 설계

분석된 내용을 기반으로 플레이북을 설계합니다. 이번에는 모니터링과 관련된 명령어들을 실행할 계획이므로 별다른 롤 구성없이 `monitoring_system.yml`이라는 메인 플레이북을 생성하고 해당 플레이북에 필요한 태스크를 포함하겠습니다.

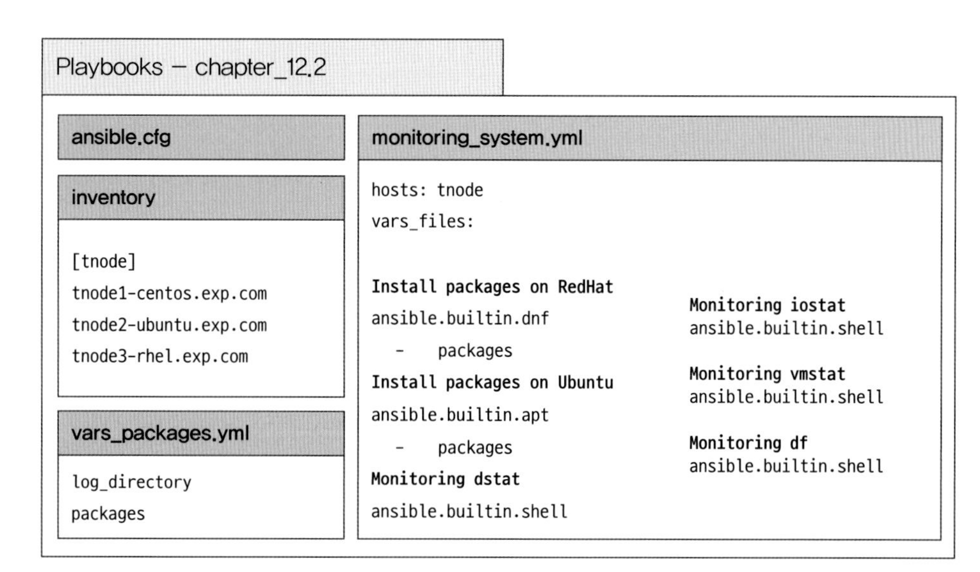

그림 12-2 사용률 모니터링 플레이북 설계

플레이북 개발

설계한 내용을 참조하여 플레이북을 개발합니다. 플레이북을 개발하기 전에 필요한 명령어들은 사전 분석 시 반드시 미리 시뮬레이션하는 것이 좋습니다.

01 프로젝트 디렉터리를 생성하고, 이전 프로젝트에 `ansible.cfg`와 `inventory` 파일을 복사합니다.

```
[ansible@ansible-server ansible_project]$ mkdir chapter_12.2
[ansible@ansible-server ansible_project]$ cp chapter_12.1/ansible.cfg chapter_12.1/
inventory chapter_12.2
[ansible@ansible-server ansible_project]$
```

02 프로젝트 디렉터리로 이동하여 `inventory` 파일 내용을 확인합니다.

```
[ansible@ansible-server ansible_project]$ cd chapter_12.2
[ansible@ansible-server chapter_12.2]$ cat inventory
[tnode]
tnode1-centos.exp.com
tnode2-ubuntu.exp.com
```

```
tnode3-rhel.exp.com
[ansible@ansible-server chapter_12.2]$
```

03 변수 정의를 위해 vi 에디터를 이용해 vars_packages.yml 파일을 생성하고 변수와 변수 값을 정의합니다.

```
[ansible@ansible-server chapter_12.2]$ vi vars_packages.yml
---

log_directory: /home/ansible/logs
packages:
  - dstat
  - sysstat
[ansible@ansible-server chapter_12.2]$
```

04 변수 정의가 끝나면 monitoring_system.yml 파일을 생성하고, 설계한 내용과 앤서블 공식 문서를 참조하여 패키지를 설치한 후 모니터링 명령어를 실행하는 ansible.builtin.shell 모듈을 작성합니다. loop 키워드를 이용하면 실행하고자 하는 명령어들을 사전 형식으로 반복하여 실행하도록 구현할 수 있습니다.

```
[ansible@ansible-server chapter_12.2]$ vi monitoring_system.yml
---

- hosts: tnode
  vars_files: vars_packages.yml

  tasks:
    - name: Install packages on RedHat
      ansible.builtin.dnf:
        name: "{{ item }}"
        state: present
      loop: "{{ packages }}"
      when: ansible_facts.os_family == "RedHat"

    - name: Install packages on Ubuntu
      ansible.builtin.apt:
        name: "{{ item }}"
        state: present
      loop: "{{ packages }}"
```

```
      when: ansible_facts.os_family == "Debian"

    - name: Monitoring dstat
      ansible.builtin.shell: |
        {{ item }} >> {{ log_directory }}/dstat.log
      loop:
        - dstat 2 10
        - dstat -cmdlt -D vda 2 10

    - name: Monitoring iostat
      ansible.builtin.shell: |
        {{ item }} >> {{ log_directory }}/iostat.log
      loop:
        - iostat
        - echo "==============="
        - iostat -t -c -dp vda
        - echo "==============="

    - name: Monitoring vmstat
      ansible.builtin.shell: |
        {{ item }} >> {{ log_directory }}/vmstat.log
      loop:
        - vmstat
        - echo "==============="
        - vmstat -dt
        - echo "==============="
        - vmstat -D
        - echo "==============="

    - name: Monitoring df
      ansible.builtin.shell: |
        df -h >> {{ log_directory }}/df.log
[ansible@ansible-server chapter_12.2]$
```

플레이북 실행

01 ansible-playbook 명령어와 옵션 --syntax-check로 monitoring_system.yml 파일의 문법을 체크합니다.

```
[ansible@ansible-server chapter_12.2]$ ansible-playbook --syntax-check monitoring_
system.yml

playbook: monitoring_system.yml
[ansible@ansible-server chapter_12.2]$
```

02 문법에 문제가 없다면 ansible-playbook 명령어를 이용하여 실행합니다. 운영체제가 레드햇 계열일 때는 dnf를, 우분투일 경우에는 apt를 이용하여 패키지가 설치되는 것을 확인할 수 있습니다. 이어서 각각의 명령어가 실행되는 것도 함께 확인할 수 있습니다.

```
[ansible@ansible-server chapter_12.2]$ ansible-playbook monitoring_system.yml

PLAY [tnode] ***********************************************************************

TASK [Gathering Facts] *************************************************************
ok: [tnode3-rhel.exp.com]
ok: [tnode2-ubuntu.exp.com]
ok: [tnode1-centos.exp.com]

TASK [Install packages on RedHat] **************************************************
skipping: [tnode2-ubuntu.exp.com] => (item=dstat)
skipping: [tnode2-ubuntu.exp.com] => (item=sysstat)
skipping: [tnode2-ubuntu.exp.com]
changed: [tnode1-centos.exp.com] => (item=dstat)
changed: [tnode1-centos.exp.com] => (item=sysstat)
changed: [tnode3-rhel.exp.com] => (item=dstat)
changed: [tnode3-rhel.exp.com] => (item=sysstat)

TASK [Install packages on Ubuntu] **************************************************
skipping: [tnode1-centos.exp.com] => (item=dstat)
skipping: [tnode1-centos.exp.com] => (item=sysstat)
skipping: [tnode1-centos.exp.com]
skipping: [tnode3-rhel.exp.com] => (item=dstat)
skipping: [tnode3-rhel.exp.com] => (item=sysstat)
skipping: [tnode3-rhel.exp.com]
changed: [tnode2-ubuntu.exp.com] => (item=dstat)
changed: [tnode2-ubuntu.exp.com] => (item=sysstat)

TASK [Monitoring dstat] ************************************************************
changed: [tnode2-ubuntu.exp.com] => (item=dstat 2 10)
changed: [tnode1-centos.exp.com] => (item=dstat 2 10)
```

```
changed: [tnode3-rhel.exp.com] => (item=dstat 2 10)
changed: [tnode2-ubuntu.exp.com] => (item=dstat -cmdlt -D vda 2 10)
…

TASK [Monitoring iostat] ***********************************************************
changed: [tnode2-ubuntu.exp.com] => (item=iostat)
changed: [tnode3-rhel.exp.com] => (item=iostat)
changed: [tnode1-centos.exp.com] => (item=iostat)
changed: [tnode2-ubuntu.exp.com] => (item=echo "===============")
changed: [tnode2-ubuntu.exp.com] => (item=iostat -t -c -dp vda)
…

TASK [Monitoring vmstat] ***********************************************************
changed: [tnode2-ubuntu.exp.com] => (item=vmstat)
changed: [tnode3-rhel.exp.com] => (item=vmstat)
changed: [tnode1-centos.exp.com] => (item=vmstat)
changed: [tnode2-ubuntu.exp.com] => (item=echo "===============")
changed: [tnode2-ubuntu.exp.com] => (item=vmstat -dt)
changed: [tnode1-centos.exp.com] => (item=echo "===============")
…

TASK [Monitoring df] ***************************************************************
changed: [tnode2-ubuntu.exp.com]
changed: [tnode3-rhel.exp.com]
changed: [tnode1-centos.exp.com]

PLAY RECAP *************************************************************************
tnode1-centos.exp.com      : ok=6    changed=5    unreachable=0    failed=0
skipped=1    rescued=0    ignored=0
tnode2-ubuntu.exp.com      : ok=6    changed=5    unreachable=0    failed=0
skipped=1    rescued=0    ignored=0
tnode3-rhel.exp.com        : ok=6    changed=5    unreachable=0    failed=0
skipped=1    rescued=0    ignored=0

[ansible@ansible-server chapter_12.2]$
```

03 플레이북 실행이 끝나면 관리 노드에 접속하여 로그 디렉터리에 로그 파일이 생성되었는지 확인합니다.

```
root@tnode2-ubuntu:~# ll /home/ansible/logs/
total 32
drwxr-xr-x 2 root    root    4096 Jul  2 05:14 ./
```

```
drwxr-xr-x 7 ansible ansible 4096 Jul  1 11:23 ../
-rw-r--r-- 1 root    root    1033 Jul  2 05:10 df.log
-rw-r--r-- 1 root    root    8282 Jul  2 05:10 dstat.log
-rw-r--r-- 1 root    root    2723 Jul  2 05:10 iostat.log
-rw-r--r-- 1 root    root    1911 Jul  2 05:10 vmstat.log
root@tnode2-ubuntu:~#
```

04 확인된 로그 파일들의 내용을 cat 명령어로 다음과 같이 확인합니다.

```
root@tnode2-ubuntu:~# cat /home/ansible/logs/df.log
Filesystem                         Size  Used Avail Use% Mounted on
udev                               1.9G     0  1.9G   0% /dev
tmpfs                              392M  1.2M  391M   1% /run
/dev/mapper/ubuntu--vg-ubuntu--lv   24G  7.7G   15G  35% /
tmpfs                              2.0G     0  2.0G   0% /dev/shm
tmpfs                              5.0M     0  5.0M   0% /run/lock
tmpfs                              2.0G     0  2.0G   0% /sys/fs/cgroup
/dev/vda2                          2.0G  209M  1.6G  12% /boot
/dev/loop1                          64M   64M     0 100% /snap/core20/1950
/dev/loop0                          64M   64M     0 100% /snap/core20/1891
/dev/loop3                          92M   92M     0 100% /snap/lxd/24061
/dev/loop2                          54M   54M     0 100% /snap/snapd/19457
/dev/loop4                          54M   54M     0 100% /snap/snapd/19361
tmpfs                              392M     0  392M   0% /run/user/0
tmpfs                              392M     0  392M   0% /run/user/1001
root@tnode2-ubuntu:~#
```

12.3 모니터링 환경 구축

상황

앤서블을 활용하여 로그를 수집하는 일은 생각보다 효율적이지 않습니다. 그러나 모니터링 환경을 구축하는 일은 매우 매력적입니다. 모니터링 환경을 구축하기 위해서는 복잡한 절차와 해야 할 일이 많을 수 있지만, 누군가가 이미 앤서블 롤을 이용해 모니터링 환경을 구축할 수 있는 플레이북을 공유해놓았다면 손쉽게 이를 이용할 수 있습니다.

방법 찾기

앤서블 갤럭시를 이용하여 모니터링 환경을 구축하기 전에 먼저 어떤 환경으로 구축할 것인지, 어떤 운영체제를 사용할 것인지 등을 확인해야 합니다. 그리고 앤서블 갤럭시에 해당 모니터링 도구를 설치할 수 있는 롤이 있는지 검색합니다. 이번 절에서는 요즘 가장 많이 사용하는 엘라스틱서치와 키바나를 설치해보겠습니다.

- 앤서블 갤럭시 : https://galaxy.ansible.com

01 먼저 앤서블 갤럭시 홈페이지에 방문해 왼쪽에 있는 'Search' 메뉴를 선택합니다. 그리고 상단의 필터를 활용해 구축하고자 하는 모니터링 도구를 검색합니다.

그림 12-3 앤서블 갤럭시 모니터링 도구 검색 화면

02 원하는 롤을 찾았다면 해당 롤의 상세 정보를 확인하고 어떤 운영체제에서 어떤 버전까지 설치할 수 있는지 확인합니다.

그림 12-4 롤 상세 정보 확인

03 만일 상세 정보에 깃허브 소스가 공개되어 있다면 해당 사이트에 들어가 사용법과 플레이북 소스를 먼저 살펴봐도 좋습니다.

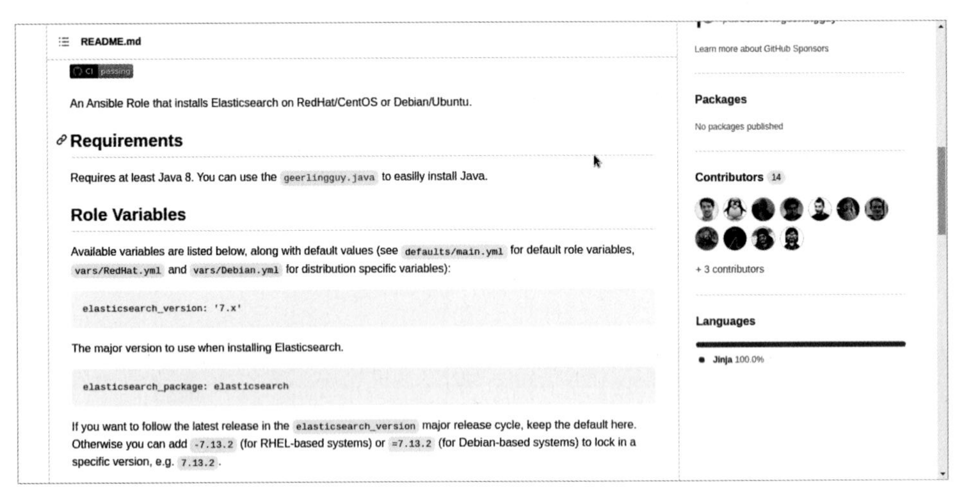

그림 12-5 깃허브에 공개된 사용법과 소스

사전 분석

- 테스트 환경에서 가장 많이 설치하는 엘라스틱서치(ElasticSearch)와 키바나(Kibana)를 tnode1-centos 노드에 설치한다.
- 앤서블 갤럭시에서 엘라스틱서치와 키바나를 설치할 수 있는 롤을 검색하여 해당 롤을 이용한다.
- 검색된 롤은 레드햇, 데비안 계열 운영체제에 모두 설치할 수 있다.

플레이북 설계

사전 분석이 끝나면 앤서블 갤럭시로부터 가지고 올 롤과 내가 작성해야 할 플레이북을 다음과 같이 설계합니다. 이번에는 특별히 정의할 변수가 없으므로 롤을 호출할 메인 플레이북만 설계했습니다.

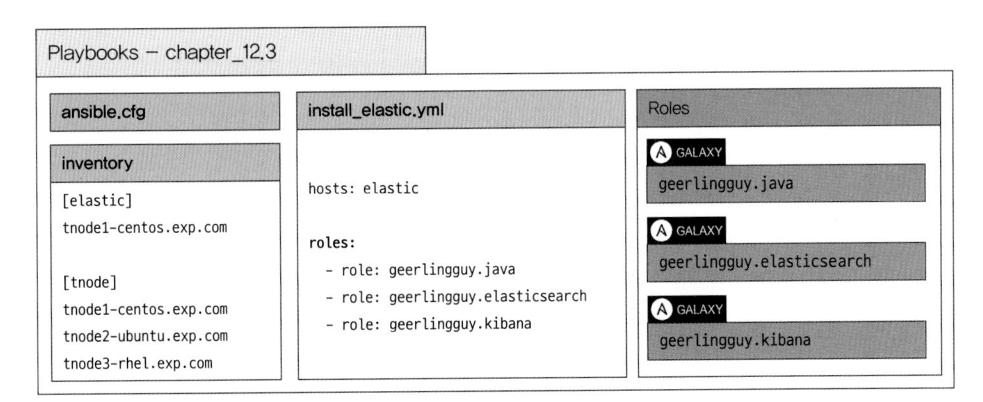

그림 12-6 모니터링 환경 구축 플레이북 설계

플레이북 개발

01 프로젝트 디렉터리 생성 후 이전 프로젝트에서 ansible.cfg와 inventory를 복사합니다.

```
[ansible@ansible-server ansible_project]$ mkdir chapter_12.3
[ansible@ansible-server ansible_project]$ cp chapter_12.2/ansible.cfg chapter_12.2/
inventory chapter_12.3/
[ansible@ansible-server ansible_project]$
```

02 프로젝트 디렉터리로 이동한 후 ansible-galaxy role install 명령어로 사전에 찾은 롤을 설치합니다.

```
[ansible@ansible-server ansible_project]$ cd chapter_12.3
[ansible@ansible-server chapter_12.3]$ ansible-galaxy role install -p ./roles
geerlingguy.java
Starting galaxy role install process
- downloading role 'java', owned by geerlingguy
- downloading role from https://github.com/geerlingguy/ansible-role-java/
archive/2.3.0.tar.gz
- extracting geerlingguy.java to /home/ansible/ansible_project/roles/geerlingguy.java
- geerlingguy.java (2.3.0) was installed successfully
[ansible@ansible-server ansible_project]$ ansible-galaxy role install -p ./roles
geerlingguy.elasticsearch
Starting galaxy role install process
- downloading role 'elasticsearch', owned by geerlingguy
- downloading role from https://github.com/geerlingguy/ansible-role-elasticsearch/
```

```
archive/5.1.1.tar.gz
- extracting geerlingguy.elasticsearch to /home/ansible/ansible_project/roles/
geerlingguy.elasticsearch
- geerlingguy.elasticsearch (5.1.1) was installed successfully
[ansible@ansible-server chapter_12.3]$ ansible-galaxy role install -p ./roles
geerlingguy.kibana
Starting galaxy role install process
- downloading role 'kibana', owned by geerlingguy
- downloading role from https://github.com/geerlingguy/ansible-role-kibana/
archive/4.0.1.tar.gz
- extracting geerlingguy.kibana to /home/ansible/ansible_project/chapter_12.3/roles/
geerlingguy.kibana
- geerlingguy.kibana (4.0.1) was installed successfully
[ansible@ansible-server chapter_12.3]$
```

03 롤 설치가 끝나면 해당 롤 디렉터리로 이동해 tree 명령어로 롤 구조를 한 번씩 살펴봅니다. 다음 롤은 자바Java를 설치하기 위한 구조입니다.

```
[ansible@ansible-server chapter_12.3]$ cd roles/
[ansible@ansible-server roles]$ ll
total 12
drwxrwxr-x. 9 ansible ansible 4096 Jul  2 14:36 geerlingguy.elasticsearch
drwxrwxr-x. 9 ansible ansible 4096 Jul  2 14:36 geerlingguy.java
drwxrwxr-x. 9 ansible ansible 4096 Jul  2 15:00 geerlingguy.kibana
[ansible@ansible-server roles]$ tree geerlingguy.java/
geerlingguy.java/
├── defaults
│   └── main.yml
├── LICENSE
├── meta
│   └── main.yml
├── molecule
│   └── default
│       ├── converge.yml
│       └── molecule.yml
├── README.md
├── tasks
│   ├── main.yml
│   ├── setup-Debian.yml
│   ├── setup-FreeBSD.yml
│   └── setup-RedHat.yml
├── templates
```

```
│   └── java_home.sh.j2
└── vars
    ├── Debian-10.yml
    ├── Debian-11.yml
    ├── Debian-8.yml
    ├── Debian-9.yml
    ├── Fedora.yml
    ├── FreeBSD.yml
    ├── RedHat-7.yml
    ├── RedHat-8.yml
    ├── RedHat-9.yml
    ├── Ubuntu-12.yml
    ├── Ubuntu-14.yml
    ├── Ubuntu-16.yml
    ├── Ubuntu-18.yml
    ├── Ubuntu-20.yml
    └── Ubuntu-22.yml

7 directories, 26 files
[ansible@ansible-server roles]$
```

04 엘라스틱서치를 설치하기 위한 롤의 구조도 살펴봅니다.

```
[ansible@ansible-server roles]$ tree geerlingguy.elasticsearch/
geerlingguy.elasticsearch/
├── defaults
│   └── main.yml
├── handlers
│   └── main.yml
├── LICENSE
├── meta
│   └── main.yml
├── molecule
│   └── default
│       ├── converge.yml
│       ├── molecule.yml
│       └── requirements.yml
├── README.md
├── tasks
│   ├── main.yml
│   ├── setup-Debian.yml
│   └── setup-RedHat.yml
└── templates
```

```
    ├── elasticsearch.repo.j2
    ├── elasticsearch.yml.j2
    ├── heap.options.j2
    └── jvm.options.j2

7 directories, 15 files
[ansible@ansible-server roles]$
```

05 키바나를 설치하기 위한 롤 구조도 확인해봅니다. 시간적 여유가 된다면 나머지 다른 플레이북의 내용들도 한 번씩 살펴보는 것이 좋습니다.

```
[ansible@ansible-server roles]$ tree geerlingguy.kibana/
geerlingguy.kibana/
├── defaults
│   └── main.yml
├── handlers
│   └── main.yml
├── LICENSE
├── meta
│   └── main.yml
├── molecule
│   └── default
│       ├── converge.yml
│       ├── molecule.yml
│       └── requirements.yml
├── README.md
├── tasks
│   ├── main.yml
│   ├── setup-Debian.yml
│   └── setup-RedHat.yml
└── templates
    ├── kibana.repo.j2
    └── kibana.yml.j2

7 directories, 13 files
[ansible@ansible-server roles]$
```

06 롤 디렉터리에서 프로젝트 디렉터리로 이동한 다음 inventory 내용을 수정합니다.

```
[ansible@ansible-server roles]$ cd ..
[ansible@ansible-server chapter_12.3]$ vi inventory
```

```
[elastic]
tnode1-centos.exp.com

[tnode]
tnode1-centos.exp.com
tnode2-ubuntu.exp.com
tnode3-rhel.exp.com
[ansible@ansible-server chapter_12.3]$
```

07 마지막으로 메인 플레이북인 install_elastic.yml 파일을 생성하고, 앞에서 설치한 롤을 호출하는 구문을 다음과 같이 추가합니다.

```
[ansible@ansible-server ansible_project]$ vi install_elastic.yml
---

- hosts: elastic

  roles:
    - role: geerlingguy.java
    - role: geerlingguy.elasticsearch
    - role: geerlingguy.kibana
[ansible@ansible-server ansible_project]$
```

플레이북 실행

01 명령어 ansible-playbook --syntax-check를 이용해 플레이북 문법을 체크합니다. 여기서는 사전에 개발된 롤을 내려받아 사용했으므로 문법 오류가 발생하지는 않습니다.

```
[ansible@ansible-server chapter_12.3]$ ansible-playbook --syntax-check install_
elastic.yml

playbook: install_elastic.yml
[ansible@ansible-server chapter_12.3]$
```

02 문법 체크 후 ansible-playbook 명령어와 함께 install_elastic.yml 플레이북을 실행합니다. 그러면 다음과 같은 로그들이 올라가면서 자바, 엘라스틱서치, 키바나가 차례대로 설치됩니다.

```
[ansible@ansible-server chapter_12.3]$ ansible-playbook install_elastic.yml

PLAY [elastic] **********************************************************************

TASK [Gathering Facts] **************************************************************
ok: [tnode1-centos.exp.com]

TASK [geerlingguy.java : Include OS-specific variables for Fedora or FreeBSD.] ******
skipping: [tnode1-centos.exp.com]

TASK [geerlingguy.java : Include version-specific variables for CentOS/RHEL.] *******
ok: [tnode1-centos.exp.com]
…
TASK [geerlingguy.elasticsearch : Install Elasticsearch.] ***************************
changed: [tnode1-centos.exp.com]
…
TASK [geerlingguy.kibana : Add Elasticsearch GPG key.] ******************************
ok: [tnode1-centos.exp.com]

TASK [geerlingguy.kibana : Add Kibana repository.] **********************************
changed: [tnode1-centos.exp.com]
…
TASK [geerlingguy.kibana : Install Kibana.] *****************************************
changed: [tnode1-centos.exp.com]

TASK [geerlingguy.kibana : Ensure Kibana is started and enabled at boot.] ***********
changed: [tnode1-centos.exp.com]

TASK [geerlingguy.kibana : Copy Kibana configuration.] ******************************
changed: [tnode1-centos.exp.com]

RUNNING HANDLER [geerlingguy.kibana : restart kibana] *******************************
changed: [tnode1-centos.exp.com]

PLAY RECAP **************************************************************************
tnode1-centos.exp.com      : ok=18   changed=12    unreachable=0    failed=0
skipped=11    rescued=0    ignored=0

[ansible@ansible-server chapter_12.3]$
```

03 실행이 끝나면 관리 노드에 접속하여 엘라스틱서치가 실행 중인지 확인합니다.

```
[root@tnode1-centos ~]# systemctl status elasticsearch.service
● elasticsearch.service - Elasticsearch
   Loaded: loaded (/usr/lib/systemd/system/elasticsearch.service; enabled; vendor
preset: disabled)
   Active: active (running) since Sun 2023-07-02 14:46:38 KST; 5min ago
     Docs: https://www.elastic.co
 Main PID: 12421 (java)
    Tasks: 61 (limit: 23221)
   Memory: 1.3G
   CGroup: /system.slice/elasticsearch.service
           ├─12421 /usr/share/elasticsearch/jdk/bin/java -Xshare:auto -Des.
networkaddress.cache.ttl=60 -Des.networkaddress.cache.negative.ttl=10 -XX:+AlwaysPr>
           └─12609 /usr/share/elasticsearch/modules/x-pack-ml/platform/linux-x86_64/
bin/controller

Jul 02 14:46:28 tnode1-centos.exp.com systemd[1]: Starting Elasticsearch...
Jul 02 14:46:38 tnode1-centos.exp.com systemd[1]: Started Elasticsearch.
[root@tnode1-centos ~]#
```

04 이번에는 키바나 서비스가 실행 중인지도 확인합니다.

```
[root@tnode1-centos ~]# systemctl status kibana.service
● kibana.service - Kibana
   Loaded: loaded (/etc/systemd/system/kibana.service; enabled; vendor preset:
disabled)
   Active: active (running) since Sun 2023-07-02 15:04:47 KST; 2min 26s ago
     Docs: https://www.elastic.co
 Main PID: 16075 (node)
    Tasks: 11 (limit: 23221)
   Memory: 314.3M
   CGroup: /system.slice/kibana.service
           └─16075 /usr/share/kibana/bin/../node/bin/node /usr/share/kibana/bin/../
src/cli/dist --logging.dest=/var/log/kibana/kibana.log --pid.file=/run/kiba>

Jul 02 15:04:47 tnode1-centos.exp.com systemd[1]: Started Kibana.
[root@tnode1-centos ~]#
```

05 VM에 설치된 키바나 서비스는 호스트 노드에서 접근할 수 없으므로 관리 노드에서 `firewall-cmd` 명령어를 이용하여 키바나 서비스 포트인 5601을 다음과 같이 추가합니다.

```
[root@tnode1-centos ~]# firewall-cmd --add-port=5601/tcp --permanent
success
[root@tnode1-centos ~]# firewall-cmd --reload
success
[root@tnode1-centos ~]#
```

06 그리고 브라우저를 열어 키바나 주소(http://192.168.100.5:5601)를 입력하면 다음과 같은 화면을 만나 볼 수 있습니다.

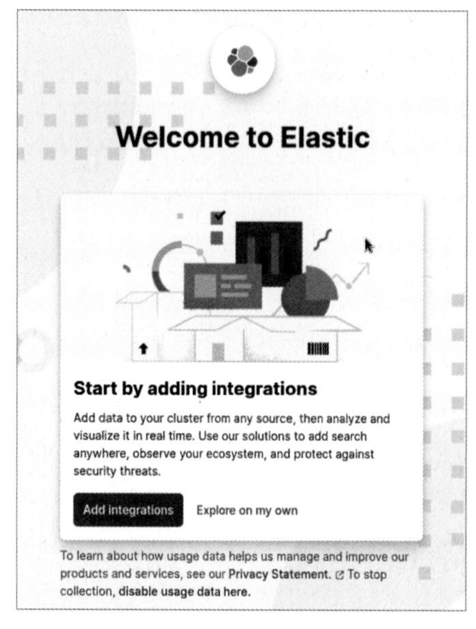

그림 12-7 브라우저에서 실행한 키바나

지금까지 앤서블로 다양한 문제를 해결하는 방법을 알아보았습니다. 사전 분석을 하고, 분석한 내용으로 플레이북을 설계하고, 설계한 대로 개발하는 과정을 통해서 말이죠. 플레이북을 실행할 때는 문법에 문제가 있는지 먼저 확인하고, `--check` 옵션을 활용하여 플레이북이 관리 노드에서 어떻게 실행될 것인지 미리 살펴본 후에 실행하였습니다. 또한 챗GPT를 활용해 플레이북을 참조하거나 앤서블 갤럭시에서 누군가가 공유해놓은 롤을 활용하기도 했습니다. 저자가 처음 앤서블을 접했을 때는 어떤 분야에서 활용해야 할지 몰라 헤매던 때가 있었습니다. 3부의 다양한 예제를 통해 독자 여러분은 좀 더 쉽게 앤서블로 다가갈 수 있었길 바랍니다.

PART IV 앤서블 오토메이션 플랫폼을 활용한 자동화 관리

앤서블 오토메이션 플랫폼Ansible Automation Platform은 하이브리드 클라우드에서 엣지에 이르기까지 규모에 맞게 IT 자동화를 구축하고 운영할 수 있는 엔터프라이즈 프레임워크를 제공합니다. 개발 및 운영 팀에서 보안 및 네트워크 팀에 이르는 조직 전체의 사용자가 플랫폼을 통해 자동화를 생성, 공유, 관리할 수 있습니다. 4부에서는 앤서블 오토메이션 플랫폼을 활용하여 쉽고, 안전하며, 효율적인 자동화 관리 방법을 알아보겠습니다.

PART IV

앤서블 오토메이션 플랫폼을 활용한 자동화 관리

CHAPTER 13

앤서블 오토메이션 플랫폼 소개

앤서블 오토메이션 플랫폼은 앤서블이 실행되는 앤서블 코어 엔진을 컨테이너화하여 조직별로 개발 환경에 맞게 커스텀하여 실행할 수 있는 기능을 제공합니다. 이 외에도 API 서비스와 사용자를 위한 웹 대시보드와 역할 기반 접근 제어Role Based Access Control를 이용한 사용자별 권한 관리 및 승인 프로세스 등을 제공합니다. 이번 챕터에서는 앤서블 오토메이션 플랫폼이 어떤 기능을 제공하고 무엇을 할 수 있는지 살펴보겠습니다.

13.1 앤서블 오토메이션 플랫폼이란?

우리는 이미 1부에서 커뮤니티 앤서블과 레드햇 앤서블 오토메이션 플랫폼을 살펴보았습니다. 이번 챕터에서는 앤서블 오토메이션 플랫폼에서 제공하는 주요 기능, 참조할 수 있는 설치 가이드 및 업데이트 가이드, 그리고 라이프 사이클 등을 알아보겠습니다.

주요 컴포넌트 및 기능

레드햇 앤서블 오토메이션 플랫폼은 오토메이션 컨트롤러, 오토메이션 메쉬, 프라이빗 오토메이션 허브를 제공하고, 이벤트 기반의 앤서블인 EDAEvent Driven Ansible를 제공합니다. 일반적으로 소규모 환경에서는 오토메이션 컨트롤러만 구성하여 사용할 수 있으며, 대규모 프로젝트 환경에서는 오토메이션 컨트롤러와 함께 오토메이션 메쉬, 프라이빗 오토메이션 허브, EDA 등의 기능을 함께 구축하여 사용합니다.

- **이벤트 기반 오토메이션 컨트롤러**: UI, RESTful API, RBAC 워크플로 및 CI/CD 통합을 통해 자동화를 위한 컨트롤 플레인을 제공함.
- **오토메이션 메쉬**: 기존 네트워크를 사용하여 서로 P2P 연결을 설정하는 노드를 통해 분산된 대규모 작업자 컬렉션 전체에 작업을 쉽게 배포할 수 있는 기능을 제공하는 오버레이 네트워크.
- **프라이빗 오토메이션 허브**: 앤서블 개발자가 자신의 앤서블 콘텐츠를 협업 및 게시하고 조직 내에서 앤서블 코드 전달을 간소화할 수 있는 기능을 제공함.
- **앤서블 오토메이션 허브**: 앤서블 콘텐츠 컬렉션의 인증된 콘텐츠를 위한 저장소. 레드햇과 파트너가 콘텐츠를 게시함으로서 기술 지원이 제공되는 앤서블 콘텐츠 컬렉션을 검색할 수 있는 중앙 집중식 리포지터리.
- **오토메이션 실행 환경**: 앤서블 플레이북이 실행되는 컨테이너 이미지. 앤서블 실행 엔진과 수백 개의 모듈을 포함하는 솔루션을 제공하며, 일반적으로 사용되는 운영체제, 인프라 플랫폼, 네트워크 장치 및 클라우드를 자동화함.
- **앤서블 갤럭시**: 앤서블 콘텐츠를 찾고, 재사용하고, 공유하기 위한 허브로 인프라 프로비저닝, 애플리케이션 배포 및 기타 작업 완료를 위한 롤을 앤서블 플레이북에 드롭하고 고객 환경에 즉시 적용할 수 있음.
- **오토메이션 콘텐츠 네비게이터**: 자동화 플랫폼에 대한 기본 명령줄 인터페이스가 되는 텍스트 사용자 인터페이스(TUI).

설치 및 업데이트 가이드

레드햇 고객 포털[1]에 방문하면 앤서블 오토메이션 플랫폼 설치 가이드와 업데이트 가이드를 참조할 수 있습니다. 그 밖에도 운영 가이드 등의 문서[2]를 참조할 수 있습니다.

라이프 사이클

레드햇 고객 포털의 '제품 및 서비스 〉 지원 〉 제품 라이프 사이클' 메뉴를 선택하면 레드햇 전 제품의 라이프 사이클을 확인할 수 있습니다. 현재 레드햇 앤서블 오토메이션 플랫폼 최신 버전은 2.4이며(2023년 8월 기준), 라이프 사이클은 다음과 같습니다.

---

1 https://access.redhat.com

2 https://access.redhat.com/documentation/en-us/red_hat_ansible_automation_platform/2.4

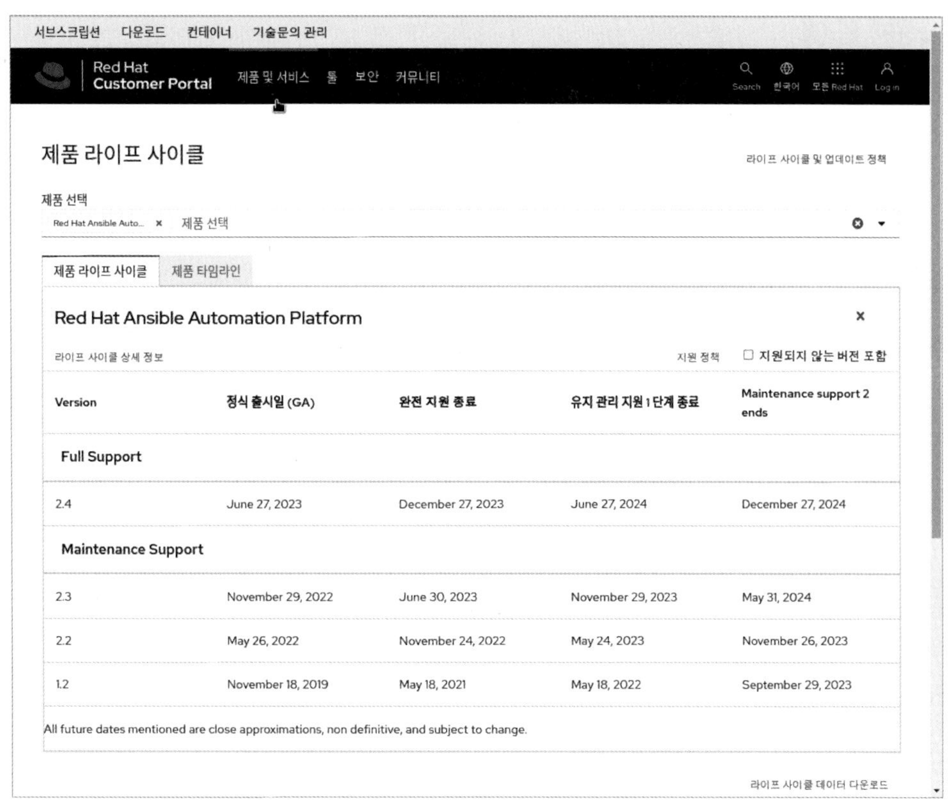

Version	정식 출시일 (GA)	완전 지원 종료	유지 관리 지원 1 단계 종료	Maintenance support 2 ends
Full Support				
2.4	June 27, 2023	December 27, 2023	June 27, 2024	December 27, 2024
Maintenance Support				
2.3	November 29, 2022	June 30, 2023	November 29, 2023	May 31, 2024
2.2	May 26, 2022	November 24, 2022	May 24, 2023	November 26, 2023
1.2	November 18, 2019	May 18, 2021	May 18, 2022	September 29, 2023

그림 13-1 레드햇 라이프 사이클 정보

13.2 앤서블 오토메이션 플랫폼으로 무엇을 할 수 있나요?

앤서블을 사용하면 자주 작업해야 하는 업무들을 프로세스화하여 플레이북으로 개발하고 이를 여러 서버에서 동시에 처리해 작업 시간을 단축시킬 수 있습니다. 이뿐만 아니라 앤서블 오토메이션 플랫폼을 이용하면 더 많은 사람들과 함께 사용할 수 있습니다. 이번 절에서는 4부에서 살펴볼 기능들을 먼저 간단하게 살펴보겠습니다.

사용자 웹 UI

사용자 대시보드를 통해 인벤토리, 인증 정보, 플레이북 등을 조합하여 여러 작업 템플릿을 쉽게 생성하고 실행할 수 있습니다. 또한 REST API를 제공함으로써 다른 웹 서비스 개발 시 활용할 수 있습니다.

깃 저장소와 연동한 CI/CD 환경

협업을 위한 깃Git 저장소와 연동하여 프로젝트를 생성하고 해당 프로젝트에 플레이북을 가져올 수 있습니다. 플레이북 개발자가 깃 저장소와 연동하여 플레이북을 개발 및 업로드하면 앤서블 오토메이션 플랫폼에서는 깃 저장소에 업데이트된 플레이북을 자동으로 동기화하여 실행할 수 있습니다.

RBAC를 이용한 사용자 관리

조직, 팀, 사용자를 추가할 수 있으며 팀 및 사용자의 롤과 권한을 설정할 수 있습니다. 앤서블 오토메이션 플랫폼의 자원별로 관리 권한이 존재하며, 읽기나 실행만 수행할 수 있는 권한도 있습니다.

워크플로를 이용한 자동화 프로세스

서로 다른 특징을 갖는 작업 템플릿을 프로세스화하여 워크플로로 자동화 프로세스를 생성할 수 있습니다. RBAC 기능을 활용하여 생성한 워크플로 서비스는 일반 사용자 그룹에게도 서비스할 수 있습니다.

RBAC 기반의 승인 프로세스

워크플로 생성 시 승인 프로세스를 추가할 수 있습니다. 관리자는 워크플로를 생성하고 일반 사용자 그룹에게 서비스할 수 있습니다. 이때 승인 프로세스를 적용하면 일반 사용자가 워크플로 실행 시 관리자가 사전에 이를 확인하고 작업을 승인 또는 취소할 수 있습니다.

CHAPTER 14

앤서블 오토메이션 플랫폼 설치하기

앤서블 오토메이션 플랫폼은 레드햇에서 제공하는 기업형 앤서블 버전으로, 서브스크립션을 구매해야 사용할 수 있습니다. 그러나 레드햇은 일반 사용자들도 앤서블 오토메이션 플랫폼을 사용할 수 있도록 체험판을 제공합니다. 이번 챕터에서는 체험판 서비스를 이용하여 가상 서버(VM)에 레드햇 엔터프라이즈 리눅스와 앤서블 오토메이션 플랫폼을 설치해보겠습니다.

14.1 앤서블 오토메이션 플랫폼 매니페스트 다운로드

앤서블 오토메이션 플랫폼을 설치하려면 먼저 레드햇 홈페이지에서 회원 가입 후 체험판 서비스를 등록해야 합니다. 그러면 레드햇 고객 포털에서 앤서블 오토메이션 플랫폼 사용을 활성화할 수 있는 매니페스트 파일과 설치 파일을 다운로드할 수 있습니다.

- 레드햇 고객 포털 : ttps://access.redhat.com

회원 가입하기

레드햇 홈페이지나 레드햇 개발자 홈페이지에 회원 가입이 되어 있다면 해당 계정을 사용하고, 기업 계정이 아닌 개인 계정을 사용하고 싶다면 별도로 회원 가입을 합니다.

01 웹 브라우저를 열고 레드햇 개발자 홈페이지 오른쪽 상단의 'Log in' 메뉴를 클릭합니다.

- 레드햇 개발자 홈페이지 : https://developers.redhat.com

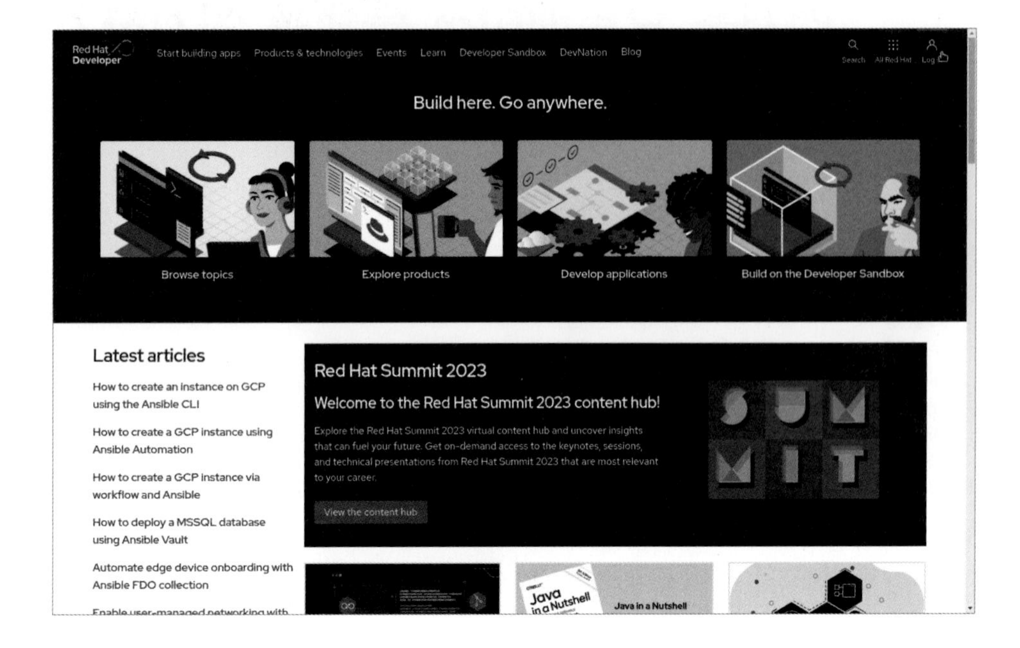

02 기존 계정이 있다면 로그인을 진행하고, 회원 가입을 해야 한다면 로그인 화면 하단의 'Register for a Red Hat account'를 클릭합니다.

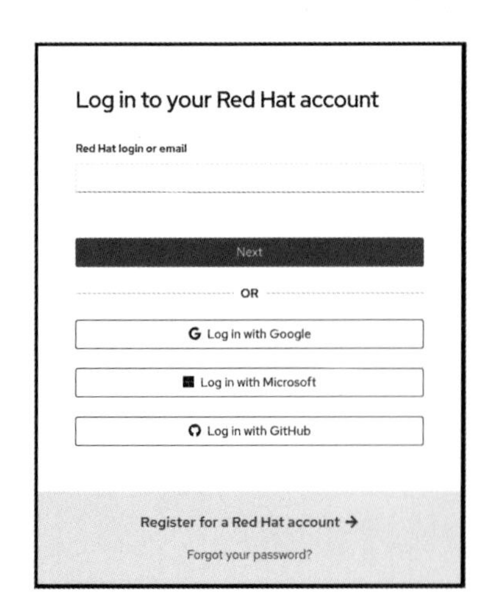

03 회원 가입 창으로 전환되면 'Login information' 섹션에 로그인 시 사용할 아이디와 패스워드를 입력합니다.

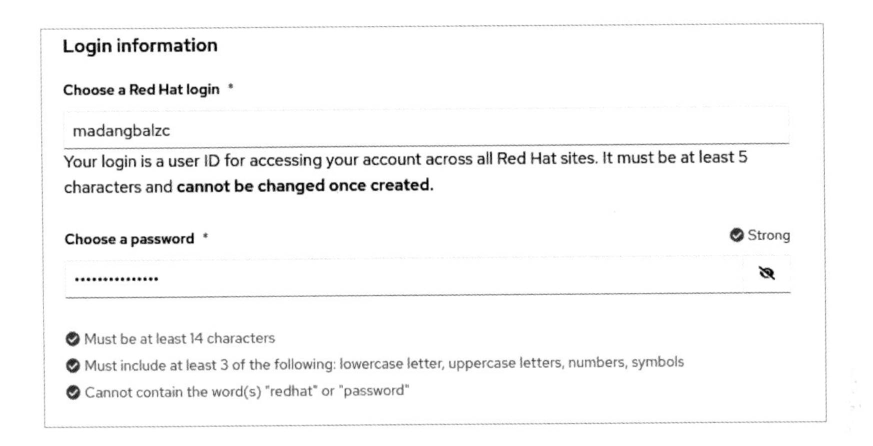

04 회원 가입 창 하단의 'Personal Information' 섹션에 이름, 이메일 주소를 작성한 후 직업을 선택하고 이용 약관에 체크합니다. 그리고 하단의 'Create my account' 버튼을 클릭하면 회원 가입이 완료됩니다.

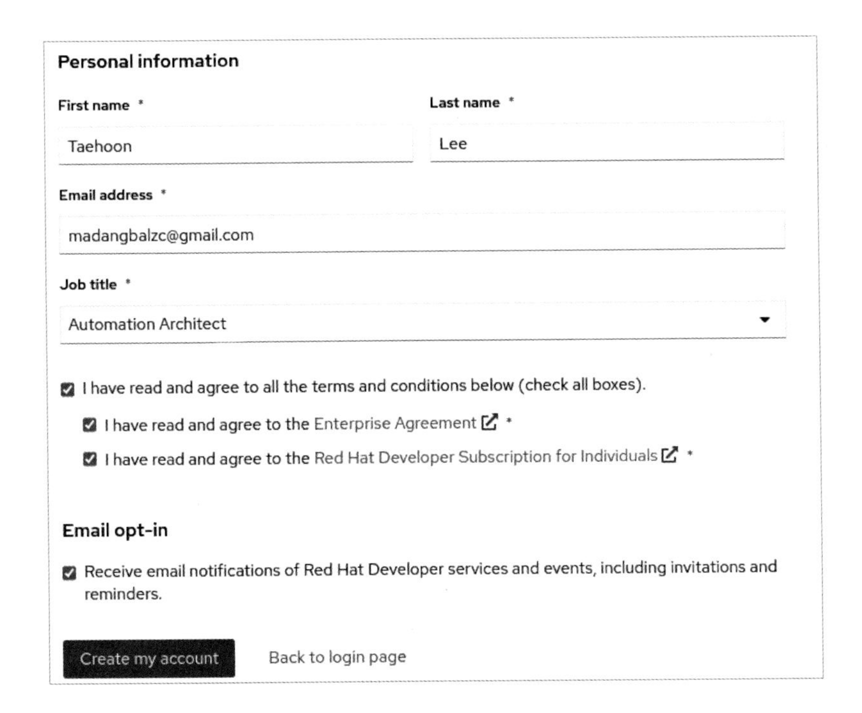

체험판 서비스 신청

레드햇 리눅스와 앤서블 오토메이션 플랫폼 체험판 서비스를 신청합니다.

01 로그인 후 오른쪽 상단의 'All Red Hat' 메뉴를 클릭합니다. 그러면 다음과 같이 레드햇 패밀리 사이트를 확인할 수 있습니다. 여기서 'Red Hat'을 클릭합니다.

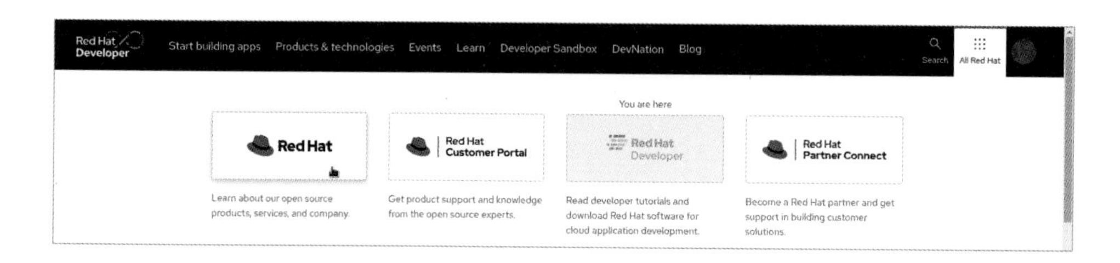

02 레드햇 홈페이지로 화면이 전환되면 오른쪽 상단의 'Start a trial' 메뉴를 클릭합니다.

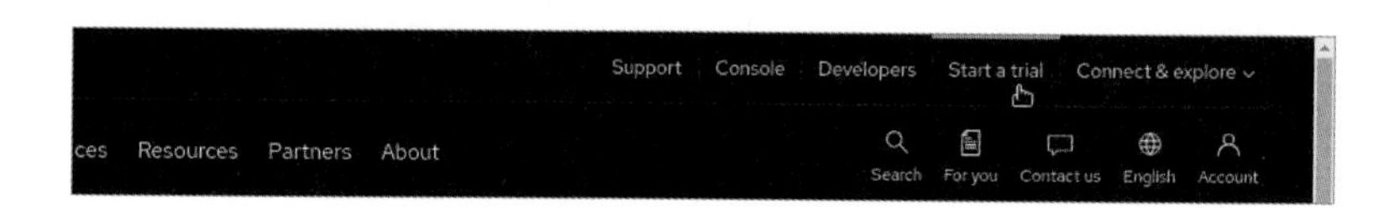

03 체험판 서비스를 신청할 수 있는 화면에서 'Red Hat Enterprise Linux Server'와 'Red Hat Ansible Automation Platform'의 'Try it' 버튼을 클릭해 체험판을 신청합니다.

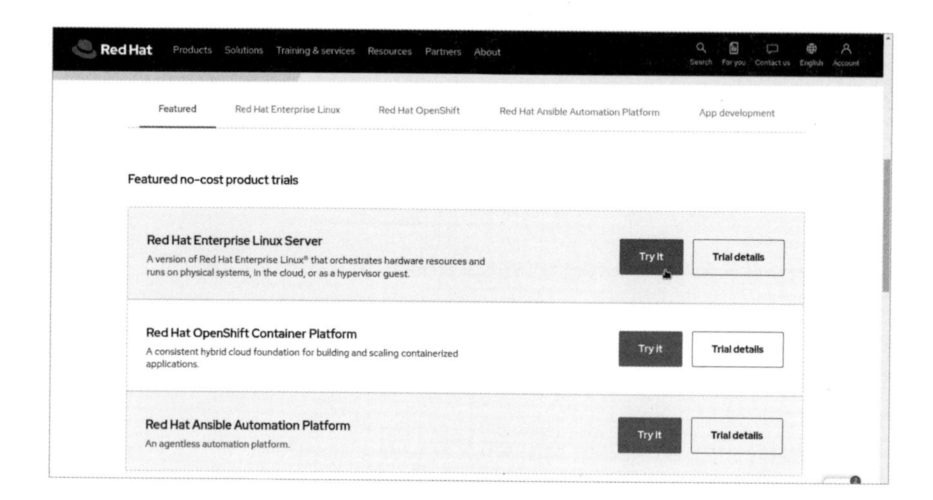

04 먼저 'Red Hat Enterprise Linux Server'를 클릭하면 다음과 같은 화면을 확인할 수 있습니다. 'Start your trial' 버튼을 클릭합니다. 본 체험판 서비스는 60일 동안 사용할 수 있습니다.

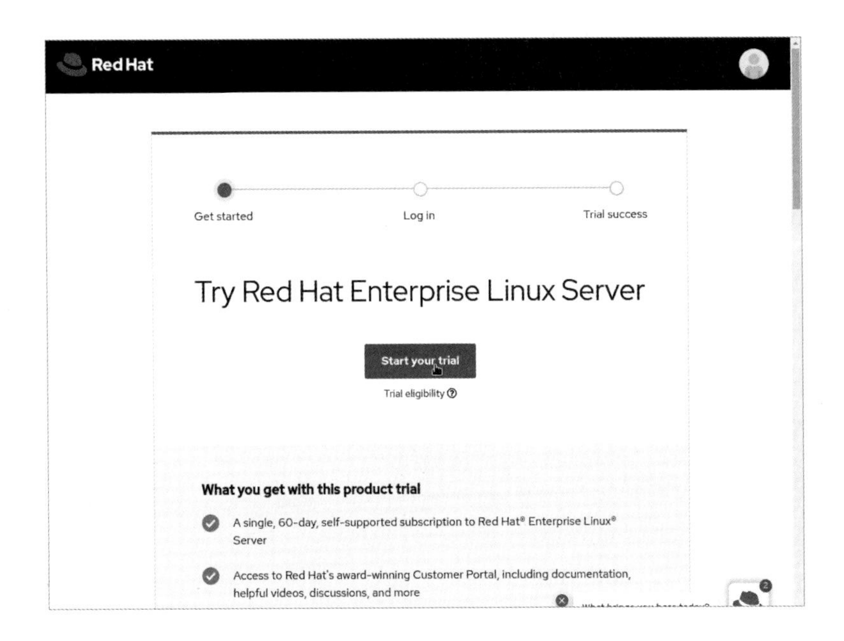

05 체험판 서비스가 시작되면 'Red Hat Enterprise Linux Server' 최신 버전을 다운로드할 수 있습니다.

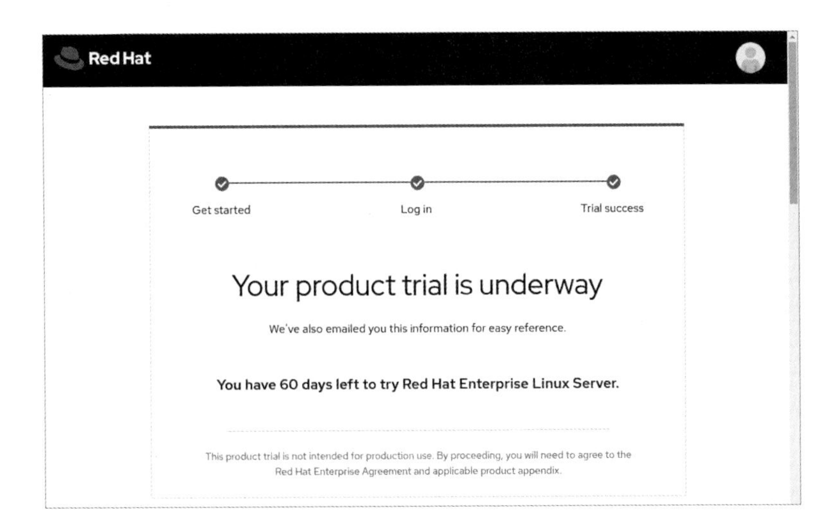

06 이번에는 'Red Hat Ansible Automation Platform'의 체험판 서비스를 신청하겠습니다.

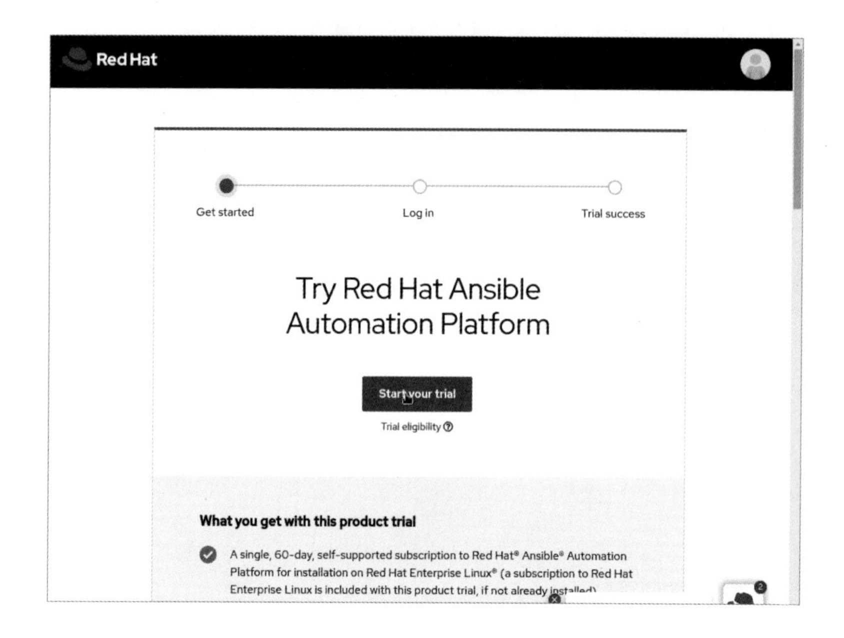

07 체험판 서비스가 시작되면 'Ansible Automation Platform' 설치 파일을 다운로드할 수 있습니다.

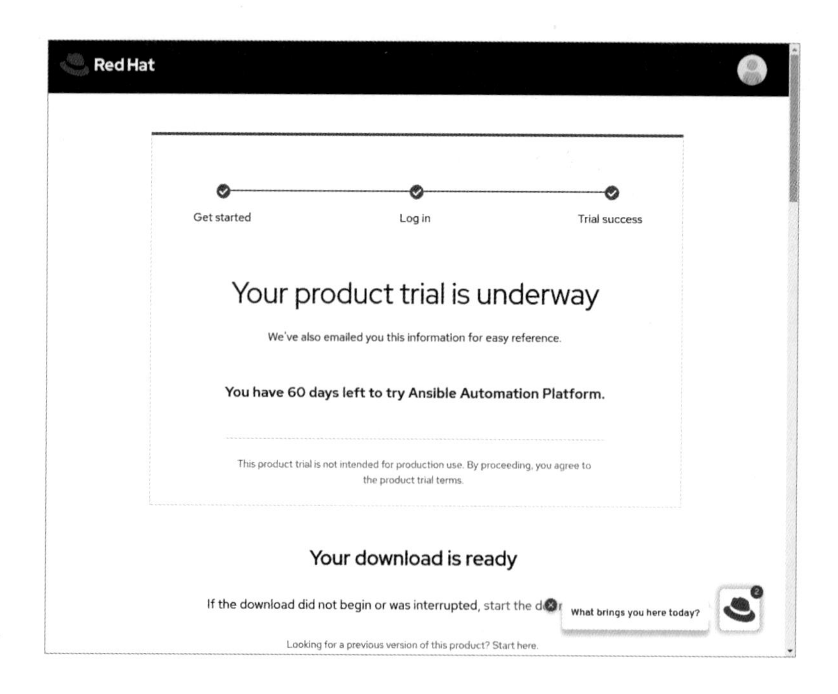

매니페스트 파일 다운로드

이제 앤서블 오토메이션 플랫폼 사용을 위한 매니페스트 파일을 다운로드합니다.

01 레드햇 고객 포털로 다시 접속하여 로그인합니다. 그리고 왼쪽 상단의 '서브스크립션' 메뉴를 클릭합니다.

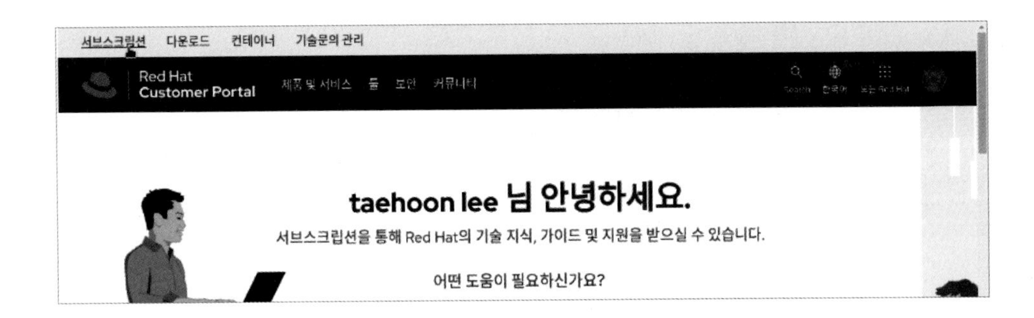

02 상단의 '서브스크립션 할당' 탭을 클릭하면 다음과 같은 화면을 확인할 수 있습니다. 여기서 '새 서브스크립션 할당 만들기' 버튼을 클릭합니다.

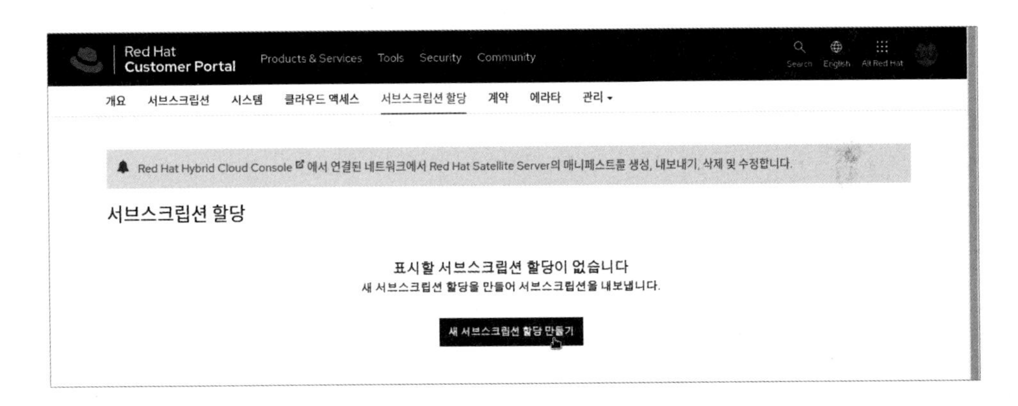

03 새 서브스크립션 할당 만들기 창으로 전환되면 이름을 입력하고 유형에서 'Satellite 6.13'을 선택합니다. 그리고 하단의 '생성' 버튼을 클릭합니다.

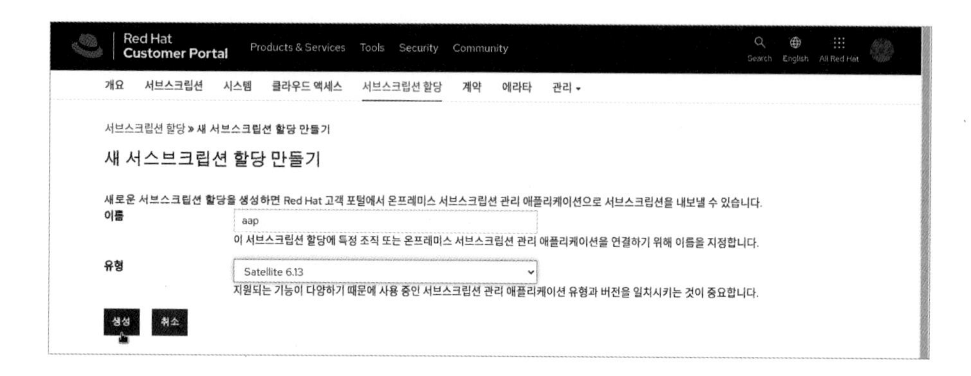

04 서브스크립션이 생성되면 나타나는 상세 정보 화면에서 '서브스크립션' 탭을 클릭합니다.

Red Hat Customer Portal
Products & Services
Tools
Security
Community
Search
English
All Red Hat
개요
서브스크립션
시스템
클라우드 액세스
서브스크립션 할당
계약
에라타
관리
서브스크립션 할당 » aap
aap
상세 정보
서브스크립션
기본 정보
이름 aap
UUID 75a9164f-688d-4134-85bb-6c8b9a4b9803
유형 Satellite 6.13
업데이트
사용 기록
생성 일시 2023년 07월 07일 (금)
작성자 nalee999
마지막 수정일 2023년 07월 07일 (금)

05 서브스크립션 탭에서 '서브스크립션 추가' 버튼을 클릭합니다.

Red Hat Customer Portal
Products & Services
Tools
Security
Community
Search
English
All Red Hat
개요
서브스크립션
시스템
클라우드 액세스
서브스크립션 할당
계약
에라타
관리
서브스크립션 할당 » aap
aap
상세 정보
서브스크립션
표시할 서브스크립션이 없습니다
서브스크립션을 할당에 추가하여 인타이틀먼트 관리
서브스크립션 추가

06 서브스크립션 추가 화면이 나타나면 앞서 추가한 앤서블 오토메이션 플랫폼에 대한 정보를 확인할 수 있습니다. 인타이틀먼트 입력 박스에 사용 가능한 인타이틀먼트에 기재된 수량대로 동일하게 입력 후 하단의 '보내기' 버튼을 클릭합니다.

07 이렇게 하면 서브스크립션이 등록되면서 다음과 같은 화면을 확인할 수 있습니다. 서브스크립션 테이블 상단의 '매니페스트 내보내기' 버튼을 클릭합니다.

aap

상세 정보 | 서브스크립션

서브스크립션 이름, SKU 또는 계약 번호에 따라 필터링

CSV | 매니페스트 내보내기 | 서브스크립션 추가

서브스크립션 이름	SKU	계약	시작 날짜	종료 날짜	인타이틀먼트
60 Day Product Trial of Red Hat Ansible Automation Platform, Self-Supported (100 Managed Nodes)	SER0569	16817759	2023/07/07	2023/09/05	100

Show 100 entries　　Showing 1 to 1 of 1 entries　　처음 이전 1 다음 마지막

08 매니페스트 파일이 다운로드된 것을 확인할 수 있습니다.

14.2 앤서블 오토메이션 플랫폼 설치하기

앞서 우리는 레드햇 엔터프라이즈 리눅스 설치 파일과 앤서블 오토메이션 플랫폼 설치 파일도 다운로드했습니다. 이제 내려받은 설치 파일들을 이용하여 앤서블 오토메이션을 설치해보겠습니다.

VM 생성 및 운영체제 설치

먼저 테스트베드 환경에 다음과 같은 사양으로 가상머신을 하나 더 생성합니다. 리눅스 환경이라면 KVM 하이퍼바이저를, 윈도우나 Mac 환경이라면 오라클 버추얼박스를 이용하여 가상머신을 생성합니다. 가상머신 생성 방법을 잘 모르겠다면 챕터 3을 참조하기 바랍니다.

- CPU : 4
- Memory : 8GB
- Disk : 100GB
- NIC: 192.168.100.3

01 가상머신을 생성하고 레드햇 엔터프라이즈 리눅스 설치 파일을 이용하여 운영체제를 설치합니다. 레드햇 엔터프라이즈 리눅스 9.2 버전은 자동으로 지역을 감지하여 해당 언어로 설치할 수 있습니다.

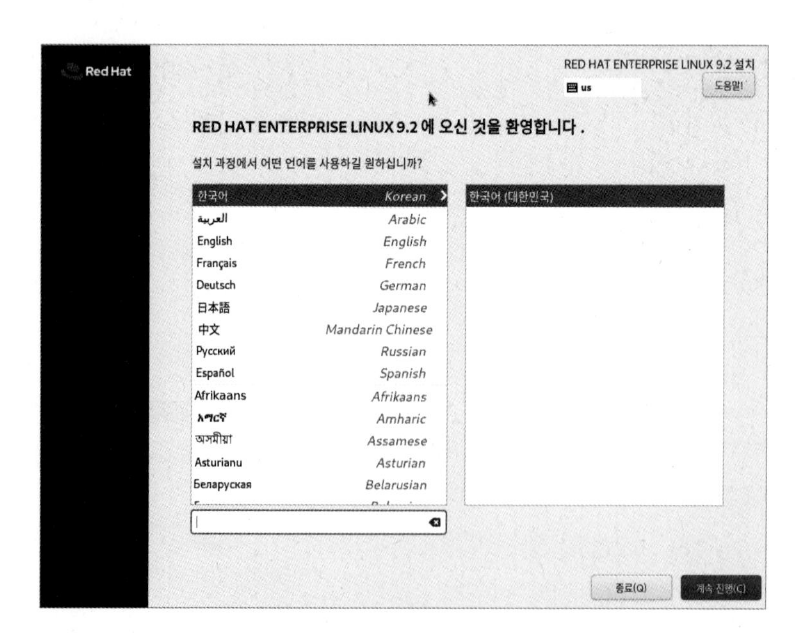

02 언어와 시간, 날짜가 기본적으로 설정되므로 설치 목적지와 네트워크 IP, 호스트 이름, root 계정 비밀번호를 설정하고 하단의 '설치 시작' 버튼을 클릭합니다. 여기서는 호스트 이름은 aap, 네트워크 IP는 192.168.100.3으로 설정하였습니다.

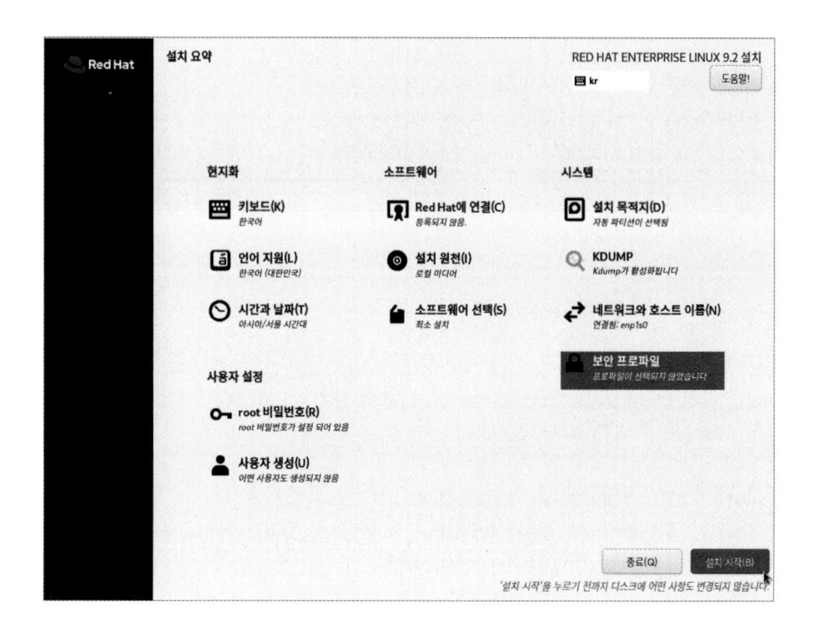

앤서블 오토메이션 플랫폼 설치

운영체제 설치가 끝나면 미리 다운로드해둔 앤서블 오토메이션 플랫폼 설치 파일을 aap 노드에 FTP 프로그램을 이용하여 업로드한 후 압축을 풀어 설치합니다. 이때 매니페스트 파일이 필요합니다. 지금부터 앤서블 오토메이션 플랫폼을 설치해보겠습니다.

01 업로드한 파일은 aap 서버 root 계정 홈 디렉터리에서 다음과 같이 확인할 수 있습니다.

```
[root@aap ~]# ll
합계 2019904
-rw-------. 1 root root        960  7월  7 12:35 anaconda-ks.cfg
-rw-r--r--. 1 root root 2068376768  7월  7 12:49 ansible-automation-platform-setup-
bundle-2.4-1-x86_64.tar.gz
[root@aap ~]#
```

02 tar 명령어를 이용하여 설치 파일의 압축을 풉니다.

```
[root@aap ~]# tar xvfz ansible-automation-platform-setup-bundle-2.4-1-x86_64.tar.gz
…
ansible-automation-platform-setup-bundle-2.4-1-x86_64/group_vars/
ansible-automation-platform-setup-bundle-2.4-1-x86_64/group_vars/all
ansible-automation-platform-setup-bundle-2.4-1-x86_64/inventory
ansible-automation-platform-setup-bundle-2.4-1-x86_64/setup.sh
ansible-automation-platform-setup-bundle-2.4-1-x86_64/README.md
[root@aap ~]#
```

03 압축이 풀리면 ansible-automation-platform-setup-bundle로 시작하는 디렉터리를 확인할 수 있습니다. 해당 디렉터리로 이동합니다.

```
[root@aap ~]# cd ansible-automation-platform-setup-bundle-2.4-1-x86_64/
[root@aap ansible-automation-platform-setup-bundle-2.4-1-x86_64]# ll
합계 32
-rw-rw-rw-. 1 root root   530  6월 26 20:55 README.md
drwxrwxrwx. 5 root root    55  6월 26 20:43 bundle
drwxrwxrwx. 3 root root    33  6월 26 20:38 collections
drwxrwxrwx. 2 root root    17  6월 26 20:38 group_vars
-rw-rw-rw-. 1 root root  8572  6월 26 20:38 inventory
-rwxrwxrwx. 1 root root 14780  6월 26 20:38 setup.sh
[root@aap ansible-automation-platform-setup-bundle-2.4-1-x86_64]#
```

04 vi 에디터를 이용해 inventory 파일을 열어 automationcontroller 섹션에 앤서블 오토메이션 플랫폼을 설치할 aap 서버의 IP와 ansible_connection=local이라는 변수를 정의합니다. 그리고 하단의 all:vars 섹션에 admin_password와 pg_password를 다음과 같이 설정합니다.

```
[root@aap ansible-automation-platform-setup-bundle-2.4-1-x86_64]# vi inventory
[automationcontroller]
192.168.100.3 ansible_connection=local
[automationcontroller:vars]
peers=execution_nodes
[execution_nodes]
[automationhub]
[automationedacontroller]
[database]
```

```
[sso]
[all:vars]
admin_password='P@ssw0rd1!'
pg_host=''
pg_port=5432
pg_database='awx'
pg_username='awx'
pg_password='P@ssw0rd1!'
…
[root@aap ansible-automation-platform-setup-bundle-2.4-1-x86_64]# cd ..
```

05 이번에는 subscription-manager register 명령어를 이용하여 서브스크립션을 등록합니다. 사용자 이름과 비밀번호를 입력하라는 프롬프트가 나오는데, 사전에 회원 가입했던 아이디와 패스워드를 입력하면 다음과 같이 등록됩니다.

```
[root@aap ~]# subscription-manager register
등록 대상: subscription.rhsm.redhat.com:443/subscription
사용자 이름: taehoon
비밀번호: *************
시스템은 ID로 등록되어 있습니다: 35bb74f6-85e3-459b-8755-58b6dc367e8f
등록된 시스템 이름: aap.exp.com
[root@aap ~]#
```

06 subscription-manager attach 명령어를 이용하여 패키지 저장소를 활성화합니다.

```
[root@aap ~]# subscription-manager attach
설치된 제품의 현재 상태:
제품 이름: Red Hat Enterprise Linux for x86_64
상태:      등록됨

[root@aap ~]#
```

07 패키지 저장소가 활성화되었는지 dnf repolist 명령어를 이용하여 확인합니다.

```
[root@aap ~]# dnf repolist
서브스크립션 관리 저장소를 최신화하기.
저장소 ID                                                  저장소 이름
rhel-9-for-x86_64-appstream-rpms                          Red Hat Enterprise Linux
9 for x86_64 - AppStream (RPMs)
```

```
rhel-9-for-x86_64-baseos-rpms                        Red Hat Enterprise Linux
9 for x86_64 - BaseOS (RPMs)
[root@aap ~]#
```

08 서브스크립션을 등록하고 패키지 저장소를 활성화하면 앞에서 압축을 풀었던 ansible-automation~으로 시작하는 디렉터리로 이동 후 `setup.sh` 셸을 실행하여 앤서블 오토메이션 플랫폼을 설치합니다.

```
[root@aap ~]# cd ansible-automation-platform-setup-bundle-2.4-1-x86_64/
[root@aap ansible-automation-platform-setup-bundle-2.4-1-x86_64]# ./setup.sh
…
TASK [ansible.automation_platform_installer.misc : Register with Insights] *****
changed: [192.168.100.3] => {"changed": true, "cmd": ["insights-client",
"--register"], "delta": "0:00:18.896782", "end": "2023-07-07 13:38:05.567036",
"msg": "", "rc": 0, "start": "2023-07-07 13:37:46.670254", "stderr": "", "stderr_
lines": [], "stdout": "Successfully registered host aap.exp.com\nAutomatic scheduling
for Insights has been enabled.\nStarting to collect Insights data for aap.exp.
com\nRepository ansible-automation-platform-temp is listed more than once in the
configuration\nUploading Insights data.\nSuccessfully uploaded report from aap.
exp.com to account 1484684.\nView the Red Hat Insights console at https://console.
redhat.com/insights/", "stdout_lines": ["Successfully registered host aap.exp.com",
"Automatic scheduling for Insights has been enabled.", "Starting to collect Insights
data for aap.exp.com", "Repository ansible-automation-platform-temp is listed more
than once in the configuration", "Uploading Insights data.", "Successfully uploaded
report from aap.exp.com to account 1484684.", "View the Red Hat Insights console at
https://console.redhat.com/insights/"]}

PLAY [Post-install cleanup] ****************************************************

TASK [Remove stale packages] ***************************************************
ok: [192.168.100.3] => {"changed": false, "msg": "Nothing to do", "rc": 0, "results":
[]}

PLAY RECAP *********************************************************************
192.168.100.3              : ok=368  changed=163  unreachable=0    failed=0
skipped=234  rescued=0    ignored=6
localhost                  : ok=0    changed=0    unreachable=0    failed=0
skipped=1    rescued=0    ignored=0

The setup process completed successfully.
Setup log saved to /var/log/tower/setup-2023-07-07-13:32:15.log.
[root@aap ansible-automation-platform-setup-bundle-2.4-1-x86_64]#
```

매니페스트 등록

설치가 끝나면 앤서블 오토메이션 플랫폼을 사용하기 위해 서브스크립션이나 매니페스트 파일을 등록해주어야 합니다. 설치 환경이 온라인일 경우에는 서브스크립션을 등록하여 사용하고, 오프라인 환경일 경우에는 매니페스트 파일을 등록해 사용합니다.

01 브라우저를 열고 앤서블 오토메이션 플랫폼을 설치한 aap 서버의 IP를 입력하면 로그인 화면이 뜹니다. 설치 시 설정했던 admin 계정의 패스워드와 함께 로그인합니다.

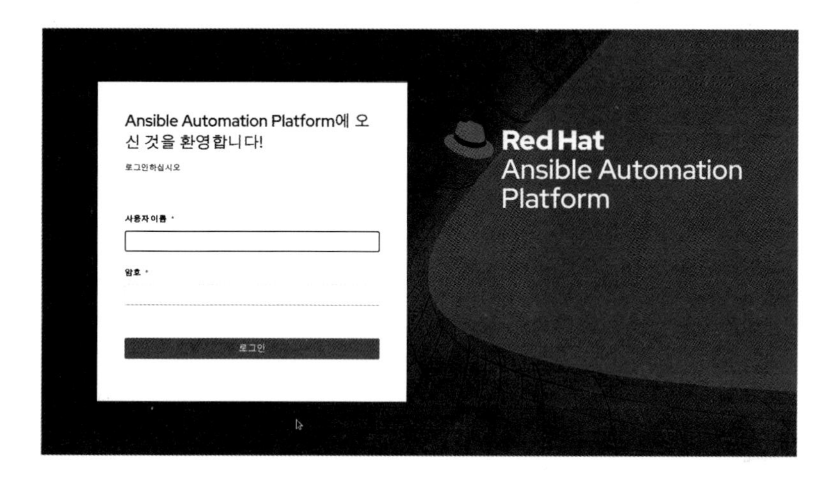

02 로그인이 되면 서브스크립션 요청 화면이 나타납니다. 이때 사전에 다운로드한 매니페스트 파일을 검색하여 다음과 같이 등록한 후 하단의 '다음' 버튼을 클릭합니다.

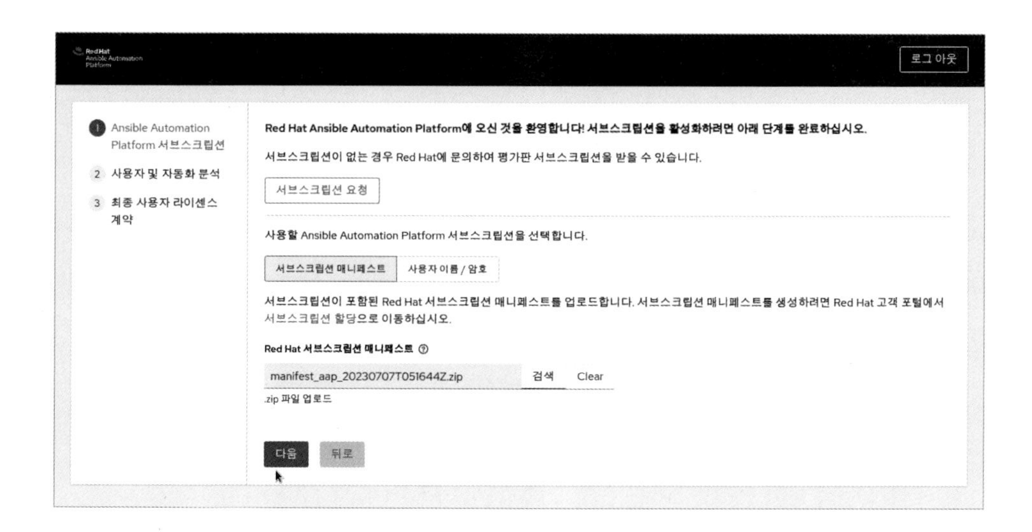

03 이번에는 사용자 및 자동화 분석 여부를 묻기 위한 창이 나타납니다. 자동화 분석과 사용자 분석을 원한다면 모두 선택합니다. 여기서는 사용자 분석만 선택했습니다. 하단의 '다음' 버튼을 클릭합니다.

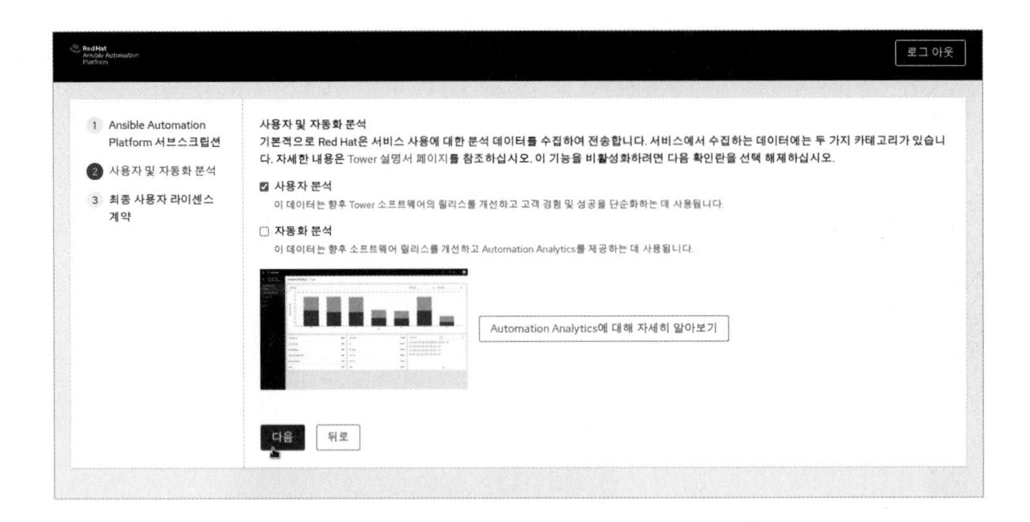

04 마지막으로 최종 사용자 라이선스 계약 화면이 나타납니다. 하단의 '제출' 버튼을 클릭합니다.

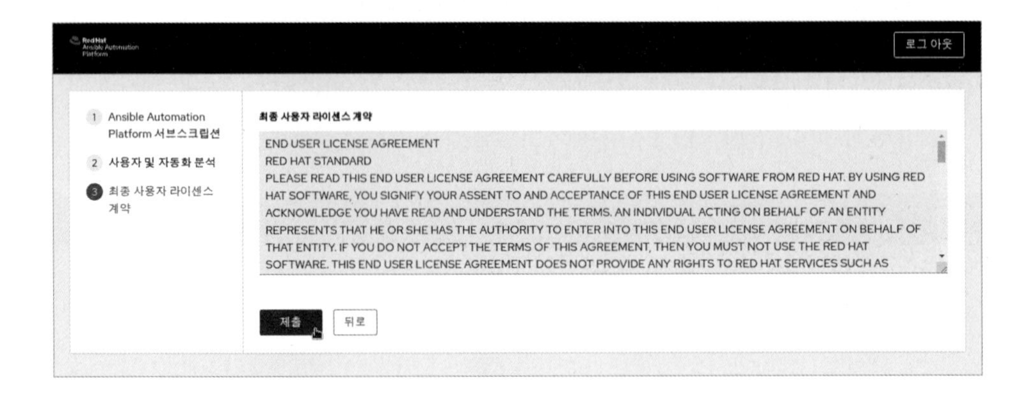

05 매니페스트 등록이 끝나면 대시보드 화면을 만날 수 있습니다. 이제 앤서블 오토메이션 플랫폼을 사용할 수 있습니다.

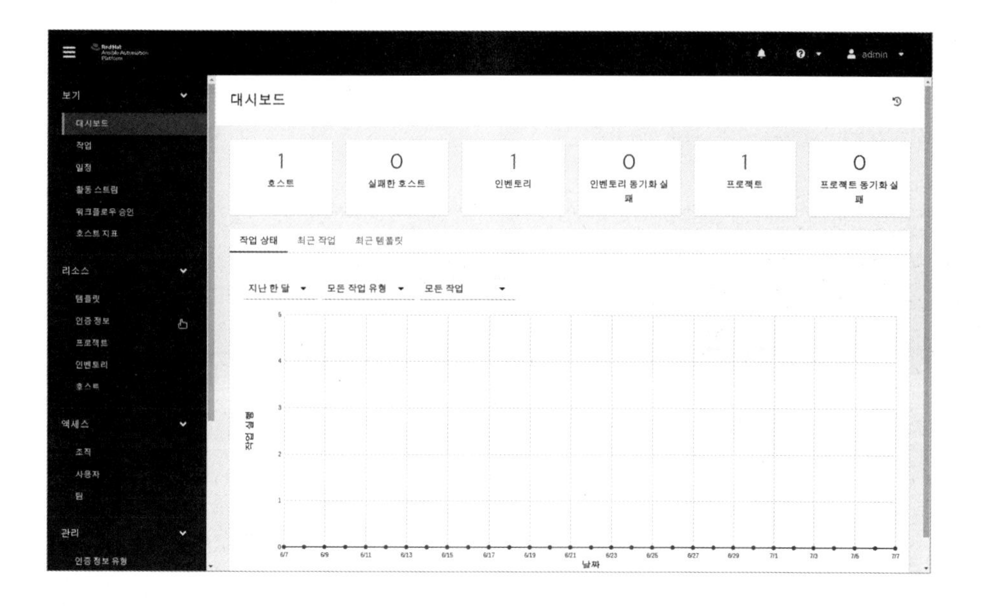

온라인 환경에서 서브스크립션 등록

설치 환경이 온라인 환경이라면 굳이 매니페스트 파일을 다운로드하지 않아도 됩니다. 로그인 후 나오는 서브스크립션 요청 화면에서 바로 서브스크립션을 등록할 수 있습니다.

01 앤서블 오토메이션 플랫폼 설치가 완료되면 첫 로그인 화면에서 서브스크립션을 요청합니다. 이때 설치 환경이 온라인이면 다음과 같이 '사용자 이름/암호' 탭을 클릭하고 회원 가입 시 등록했던 사용자 아이디와 패스워드를 입력 후 '서브스크립션 받기' 버튼을 클릭합니다.

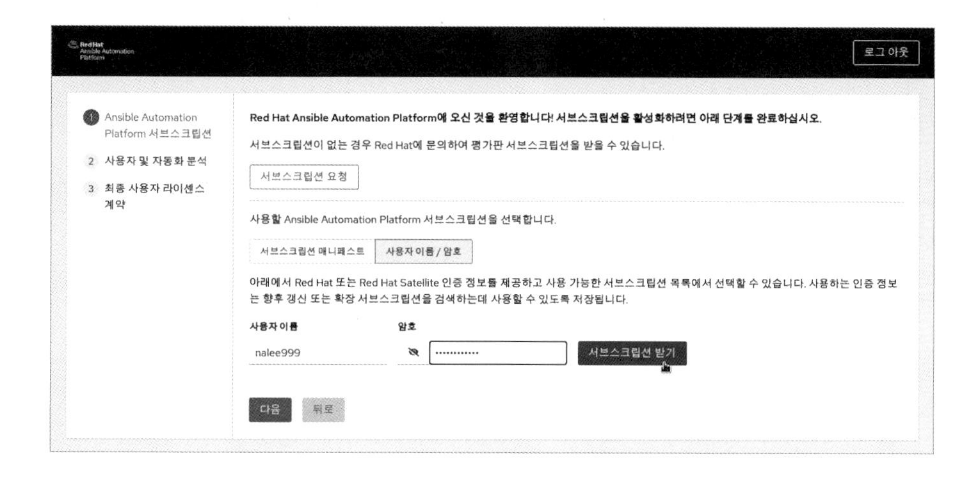

02 그러면 서브스크립션 선택 창이 나타납니다. 이때 사전에 등록한 체험판 서비스를 선택하고 하단의 '선택' 버튼을 클릭합니다. 나머지 사용자 및 자동화 분석 여부 체크와 최종 사용자 라이센스 확인이 끝나면 매니페스트 등록 시와 동일하게 앤서블 오토메이션 플랫폼을 사용할 수 있습니다.

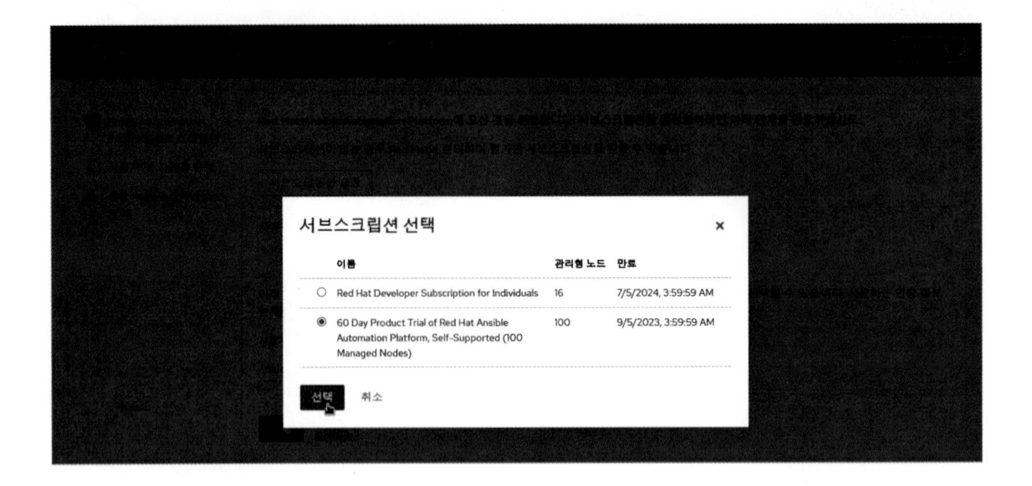

CHAPTER 15

깃허브에 플레이북 등록하기

앤서블 오토메이션 플랫폼을 좀 더 효율적으로 사용하기 위해서는 플레이북 저장소로 깃허브나 깃랩GitLab을 함께 사용하면 좋습니다. 깃 저장소를 사용하면 여기에 등록된 플레이북을 바로 적용하여 사용할 수 있으며, 협업을 하기에도 매우 효율적입니다. 이번 챕터에서는 깃허브에 있는 플레이북을 어떻게 가져오고 개발 환경의 플레이북을 어떻게 깃허브에 등록하는지 알아보겠습니다.

15.1 플레이북 등록을 위한 깃허브 사전 준비

새로운 프로젝트가 시작되면 해당 프로젝트를 위한 프로젝트 디렉터리를 만들고 개발한 소스들을 업로드합니다. 앤서블 오토메이션 플랫폼을 활용하여 자동화 프로젝트를 시작했다고 가정해보겠습니다. 이번 자동화 프로젝트는 앤서블 오토메이션 플랫폼Ansible Automation Platform을 활용할 예정이므로 프로젝트명을 aap라고 명명합니다. 그리고 개발 환경에서 해당 프로젝트 디렉터리에 접근하여 플레이북을 업로드할 수 있도록 환경 설정 및 로그인을 위한 토큰을 받겠습니다.

- 프로젝트명: aap

01 깃허브에 로그인한 후 프로젝트 디렉터리를 생성하기 위해 왼쪽 Top Repositories 메뉴 옆의 'New' 버튼을 클릭합니다.

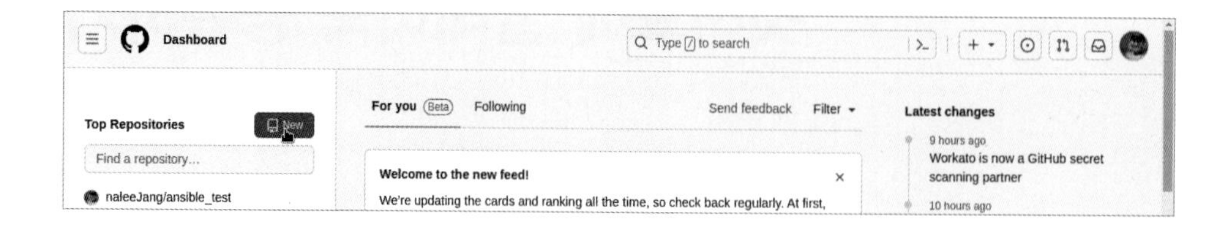

02 Create a new repository라는 화면으로 전환되면 생성하고자 하는 프로젝트명을 Repository name에 입력한 후 공개 여부를 선택합니다. 여기서는 Repository name에 'aap'를 입력하고 공개 여부를 'Public'으로 선택하였습니다. 다른 옵션들도 선택 후 하단의 'Create repository' 버튼을 클릭합니다.

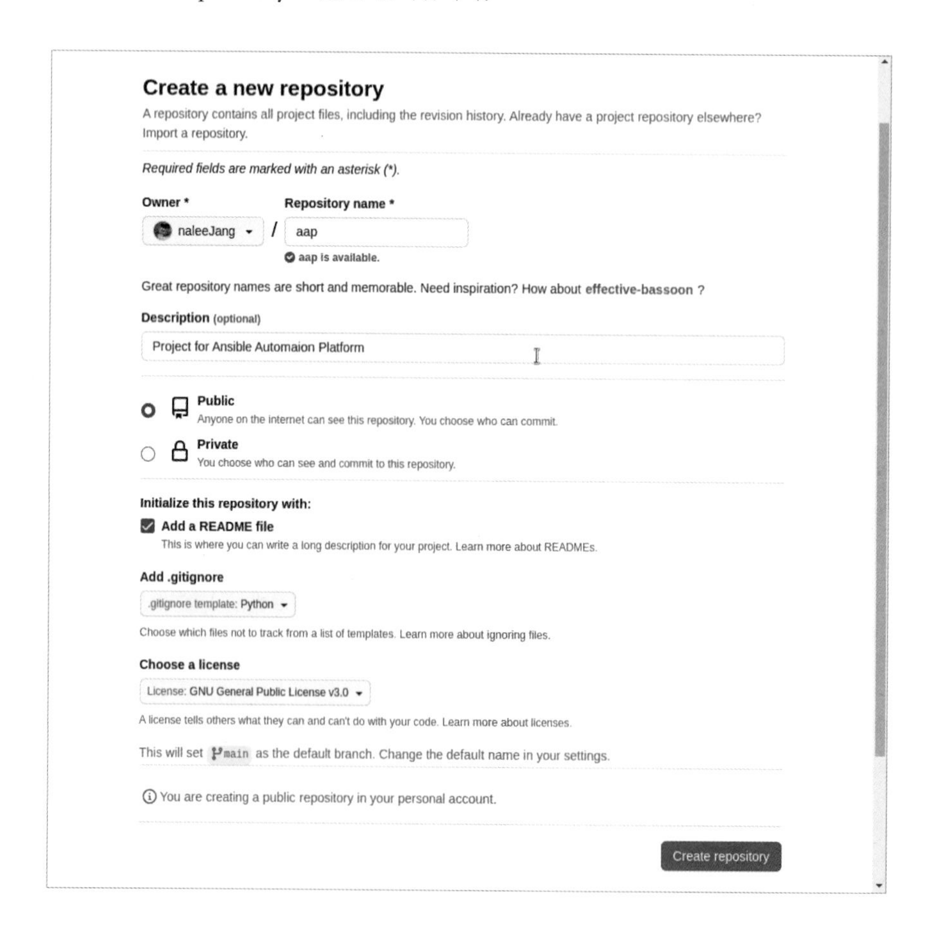

03 그러면 다음과 같이 aap라는 리포지터리가 생성됩니다.

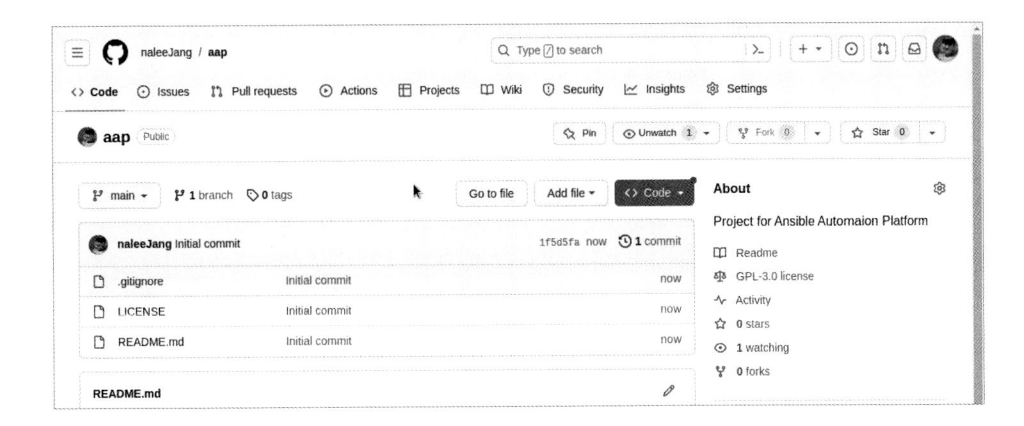

04 상단의 프로필 아이콘을 클릭하면 오른쪽에 메뉴바가 나타납니다. 하단의 'Settings' 메뉴를 선택합니다.

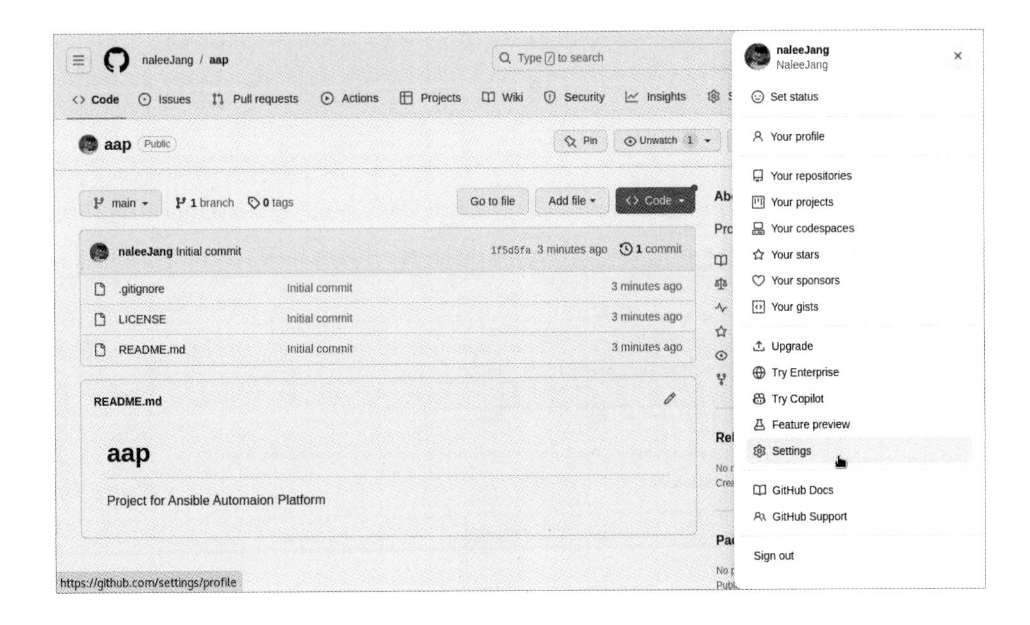

05 설정 화면으로 전환되면 왼쪽 메뉴 하단의 'Developer settings' 메뉴를 클릭합니다.

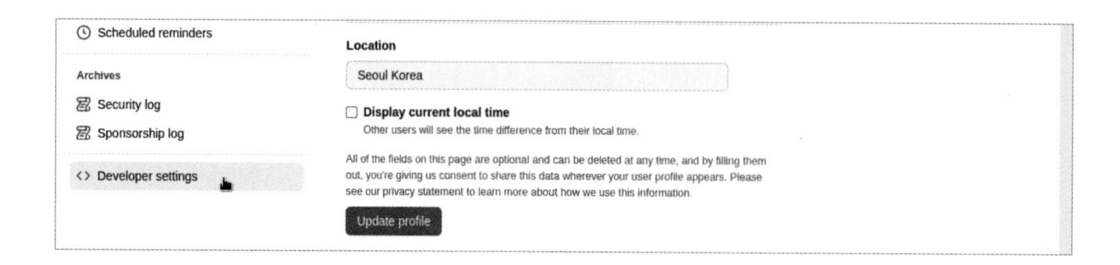

06 그러면 토큰을 발행할 수 있는 화면으로 전환됩니다. 여기서는 이번에 새로 추가된 Fine-grained personal access token을 생성해보겠습니다. 해당 화면 오른쪽 상단의 'Generate new token' 버튼을 클릭합니다.

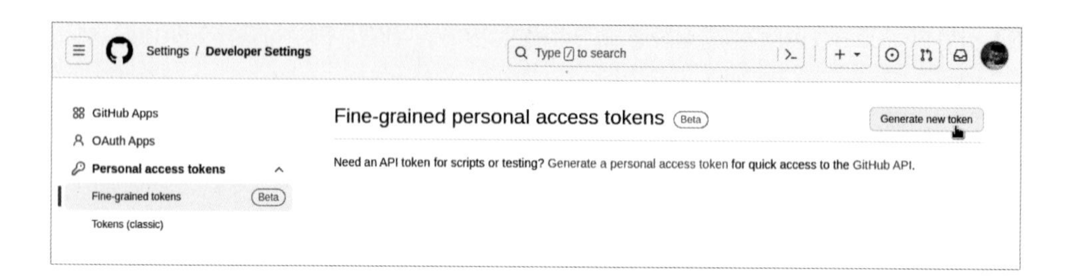

07 화면이 전환되면 토큰명(Token name)을 입력하고, 토큰 유효기간(Expiration)을 설정합니다. 필요에 따라 다음과 같이 설명(Description)도 입력합니다.

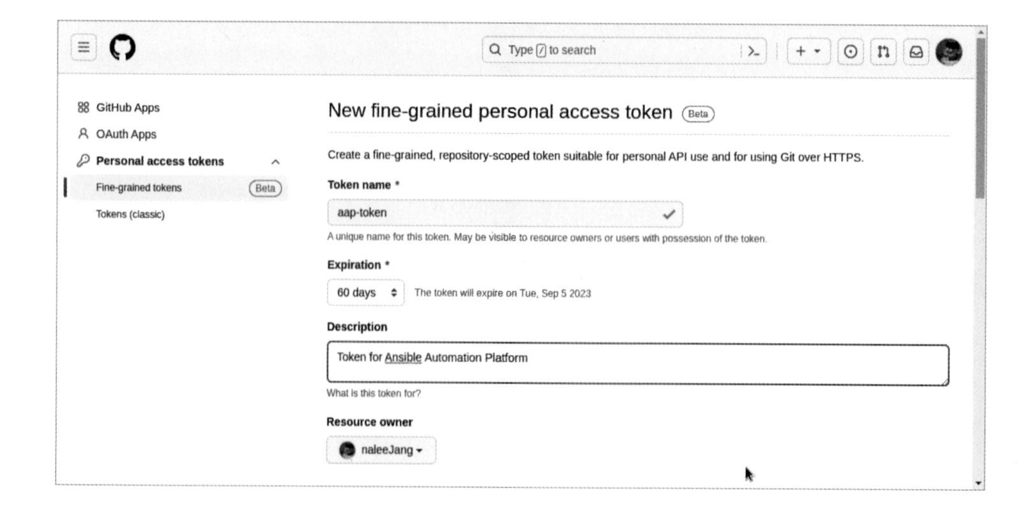

08 화면 하단에서 접근 가능한 리포지터리를 선택할 수 있습니다. 여기서는 앞에서 생성한 aap 리포지터리에만 접근할 수 있도록 설정하였습니다.

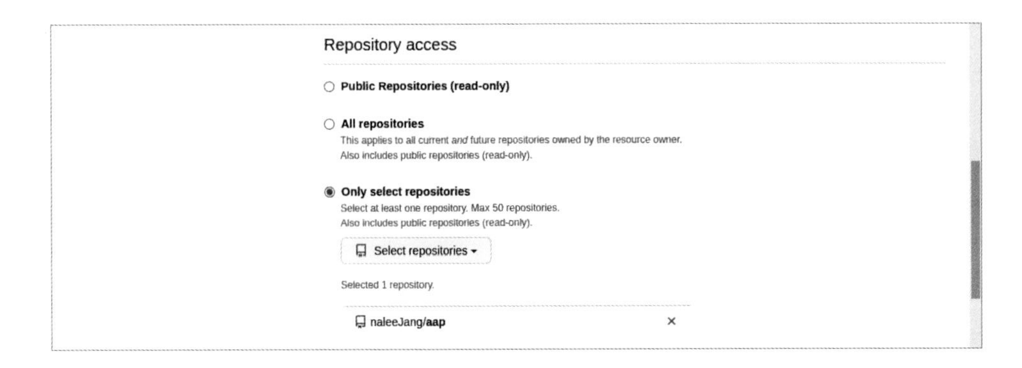

09 어떤 리포지터리에 접근할 것인지 설정했다면 해당 리포지터리에서 수행할 수 있는 권한 설정을 합니다. 여기서는 Actions에 Read and write 권한을 설정했습니다. 권한 설정 후 하단의 'Generate Token' 버튼을 클릭합니다.

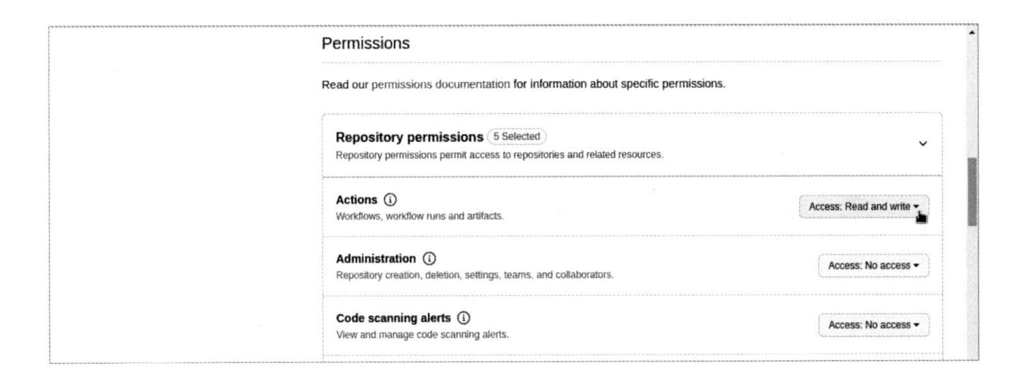

10 생성된 토큰을 볼 수 있습니다. 토큰은 개발 환경에서 플레이북을 업로드할 때나 오토메이션 컨트롤러에서 깃허브 인증 정보를 추가할 때 사용할 예정입니다. 그러므로 따로 잘 복사해둡니다.

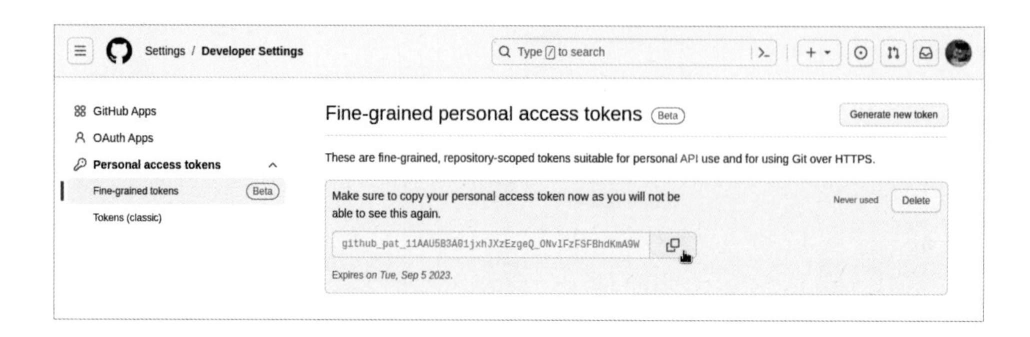

15.2 깃허브 레지스트리에 플레이북 업로드하기

깃허브 레지스트리 준비가 끝나면 이번에는 깃허브 레지스트리에 개발한 플레이북을 업로드하겠습니다. 우리는 이미 3부에서 다양한 상황에서 사용할 수 있는 플레이북을 개발하고 테스트했습니다. 이렇게 테스트한 플레이북이 있는 ansible-server 노드에 접속하여 그곳에 개발해둔 플레이북 코드를 깃허브 레지스트리로 업로드해보겠습니다.

01 먼저 깃을 다음과 같이 설치합니다.

```
[root@ansible-server ~]# dnf install git
Last metadata expiration check: 0:00:13 ago on Thu 06 Jul 2023 04:58:11 PM KST.
Package git-2.39.1-1.el8.x86_64 is already installed.
Dependencies resolved.
================================================================================
 Package              Architecture  Version               Repository        Size
================================================================================
Upgrading:
 git                  x86_64        2.39.3-1.el8          appstream        104 k
 git-core             x86_64        2.39.3-1.el8          appstream         11 M
 git-core-doc         noarch        2.39.3-1.el8          appstream        3.3 M
 perl-Git             noarch        2.39.3-1.el8          appstream         79 k
```

```
Transaction Summary
================================================================================
Upgrade  4 Packages

Total download size: 14 M
Is this ok [y/N]: y
…

Upgraded:
  git-2.39.3-1.el8.x86_64                  git-core-2.39.3-1.el8.x86_64
  git-core-doc-2.39.3-1.el8.noarch         perl-Git-2.39.3-1.el8.noarch

Complete!
[root@ansible-server ~]#
```

02 설치가 끝나면 브라우저로 돌아가 앞에서 생성한 aap 레지스트리의 클론 주소를 다음과 같이 복사합니다.

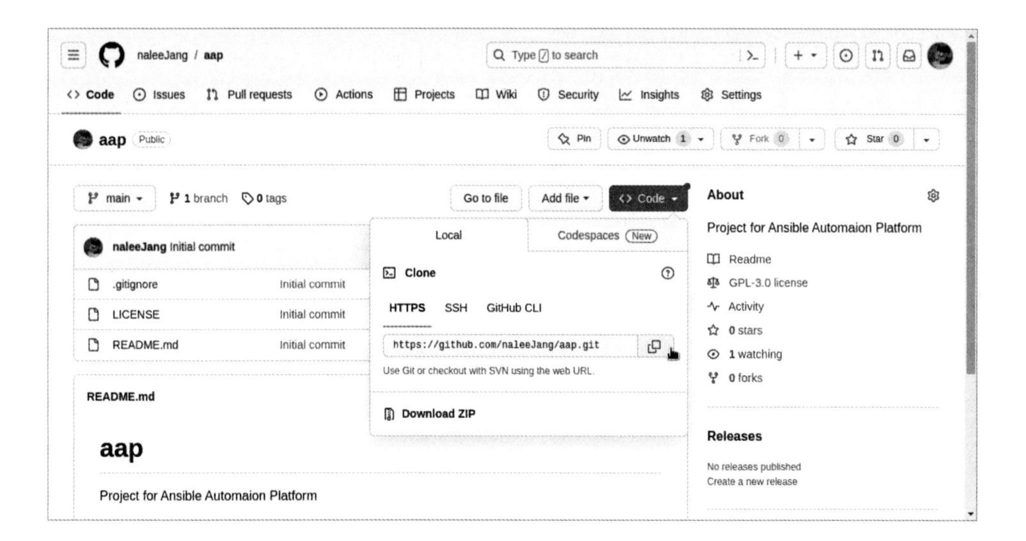

03 플레이북이 개발되어 있는 ansible 계정으로 전환합니다. 그 다음 `git clone` 명령어를 이용하여 앞에서 복사한 깃허브의 aap 레지스트리 환경을 클론합니다.

```
[root@ansible-server ~]# su - ansible
[ansible@ansible-server ~]$ git clone https://github.com/naleeJang/aap.git
Cloning into 'aap'...
```

```
remote: Enumerating objects: 5, done.
remote: Counting objects: 100% (5/5), done.
remote: Compressing objects: 100% (4/4), done.
remote: Total 5 (delta 0), reused 0 (delta 0), pack-reused 0
Receiving objects: 100% (5/5), 13.98 KiB | 2.33 MiB/s, done.
[ansible@ansible-server ~]$
```

04 클론된 디렉터리에 들어가보면 깃 관련 설정 파일들을 다음과 같이 확인할 수 있습니다.

```
[ansible@ansible-server ~]$ cd aap
[ansible@ansible-server aap]$ ls -al
total 44
drwxrwxr-x. 3 ansible ansible    68 Jul  6 17:01 .
drwx------. 6 ansible ansible   175 Jul  6 17:01 ..
drwxrwxr-x. 8 ansible ansible   163 Jul  6 17:01 .git
-rw-rw-r--. 1 ansible ansible  3078 Jul  6 17:01 .gitignore
-rw-rw-r--. 1 ansible ansible 35149 Jul  6 17:01 LICENSE
-rw-rw-r--. 1 ansible ansible    45 Jul  6 17:01 README.md
[ansible@ansible-server aap]$
```

05 이전에 개발했던 ansible_project의 chapter_12.1의 플레이북을 현재 디렉터리로 복사해옵니다. 이때 `cp -r` 옵션을 이용하면 ansible_project/chapter_12.1 디렉터리에 아래의 모든 파일까지 함께 복사해올 수 있습니다.

```
[ansible@ansible-server aap]$ cp -r ~/ansible_project/chapter_12.1 ./
[ansible@ansible-server aap]$
```

06 파일이 잘 복사되었는지 `ls -l` 명령어를 이용하여 다음과 같이 확인합니다.

```
[ansible@ansible-server aap]$ ls -l
total 40
drwxrwxr-x. 2 ansible ansible    70 Jul  6 17:08 chapter_12.1
-rw-rw-r--. 1 ansible ansible 35149 Jul  6 17:01 LICENSE
-rw-rw-r--. 1 ansible ansible    45 Jul  6 17:01 README.md
[ansible@ansible-server aap]$
```

07 파일을 업로드할 준비가 되었으면 이제 깃 설정을 해보겠습니다. git config 명령어를 이용하여 다음과 같이 user.email과 user.name을 깃허브의 계정 정보로 설정합니다. 그리고 현재 디렉터리 환경을 기본 깃 환경으로 푸시하겠다는 설정을 합니다.

```
[ansible@ansible-server aap]$ git config --global user.email "nalee999@gmail.com"
[ansible@ansible-server aap]$ git config --global user.name "naleeJang"
[ansible@ansible-server aap]$ git config --global push.default current
[ansible@ansible-server aap]$
```

08 현재 디렉터리에 추가된 파일을 git add 명령어를 통해 추가합니다. 그리고 추가할 파일에 git commit -m 명령어를 더해 입력합니다. 여기서는 간단하게 chapter_12.1에 대한 플레이북을 추가한 것이므로 해당 디렉터리명을 커맨드로 남겼습니다.

```
[ansible@ansible-server aap]$ git add ./
[ansible@ansible-server aap]$ git commit -m "chapter_12.1"
[main 7330c52] chapter_12.1
 3 files changed, 50 insertions(+)
 create mode 100644 chapter_12.1/ansible.cfg
 create mode 100644 chapter_12.1/inventory
 create mode 100644 chapter_12.1/monitoring_facts.yml
[ansible@ansible-server aap]$
```

09 이제 git push 명령어를 이용하여 플레이북을 깃허브 레지스트리에 업로드하겠습니다. 업로드를 위해 깃허브 사용자 계정과 앞서 발급받았던 토큰이 필요합니다. 이때, 토큰은 원래 Password를 대신하여 사용합니다.

```
[ansible@ansible-server aap]$ git push
Username for 'https://github.com': naleeJang
Password for 'https://naleeJang@github.com': *********************************
Enumerating objects: 7, done.
Counting objects: 100% (7/7), done.
Delta compression using up to 2 threads
Compressing objects: 100% (6/6), done.
Writing objects: 100% (6/6), 1003 bytes | 1003.00 KiB/s, done.
Total 6 (delta 1), reused 0 (delta 0), pack-reused 0
remote: Resolving deltas: 100% (1/1), completed with 1 local object.
```

```
To https://github.com/naleeJang/aap.git
   1f5d5fa..3a08104  main -> main
[ansible@ansible-server aap]$
```

10 이렇게 업로드한 플레이북은 깃허브의 aap 레지스트리에서 확인할 수 있습니다.

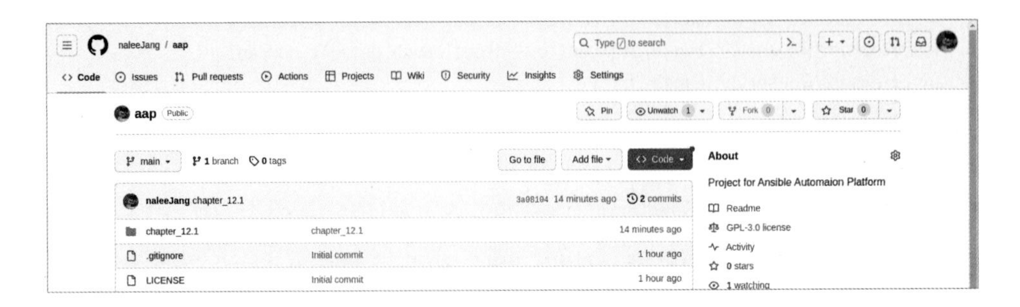

15.3 앤서블 오토메이션 플랫폼에 깃허브 인증 정보 추가하기

지금까지 깃허브에 프로젝트를 위한 새로운 레지스트리를 생성하고 3부에서 개발한 플레이북을 업로드했습니다. 이제 앤서블 오토메이션 플랫폼에 앞에서 생성한 깃허브의 인증 정보를 추가하고, 해당 깃허브 레지스트리의 플레이북을 가져오기 위한 프로젝트를 생성하겠습니다.

01 브라우저를 열고 앤서블 오토메이션 플랫폼에 로그인합니다. 앞에서 앤서블 오토메이션 플랫폼은 aap-server에 설치했고 IP는 192.168.100.3로 설정했습니다. 따라서 'https://192.168.100.3' 주소로 방문하면 앤서블 오토메이션 플랫폼 화면을 만나볼 수 있습니다.

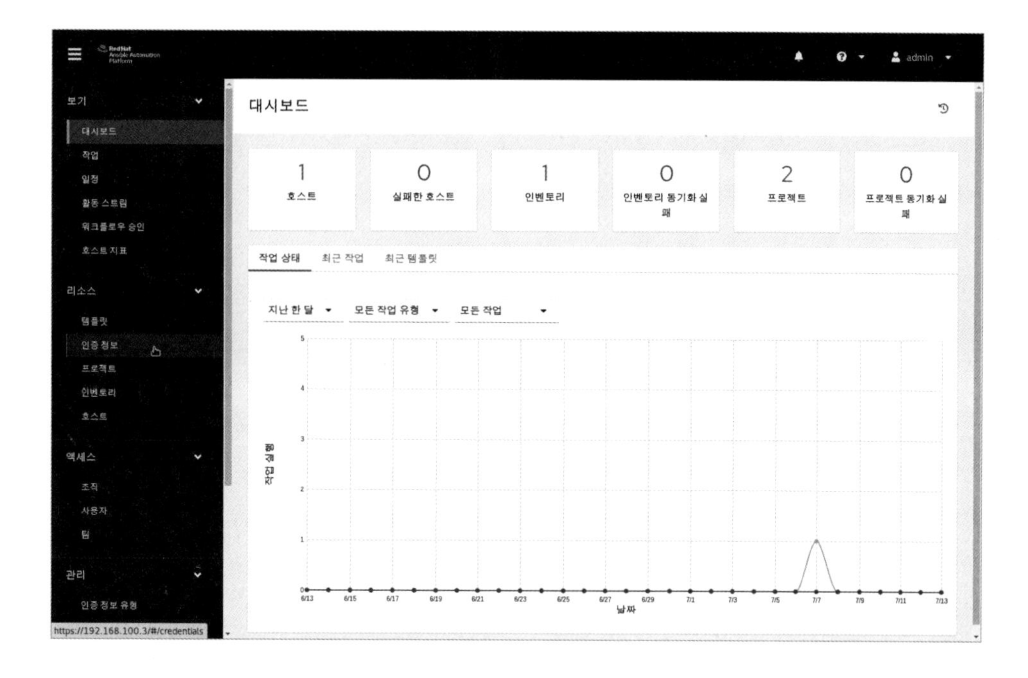

02 왼쪽 메뉴에서 '인증 정보'를 선택하면 다음과 같이 인증 정보 목록 화면으로 전환됩니다. 상단의 '추가' 버튼을 클릭합니다.

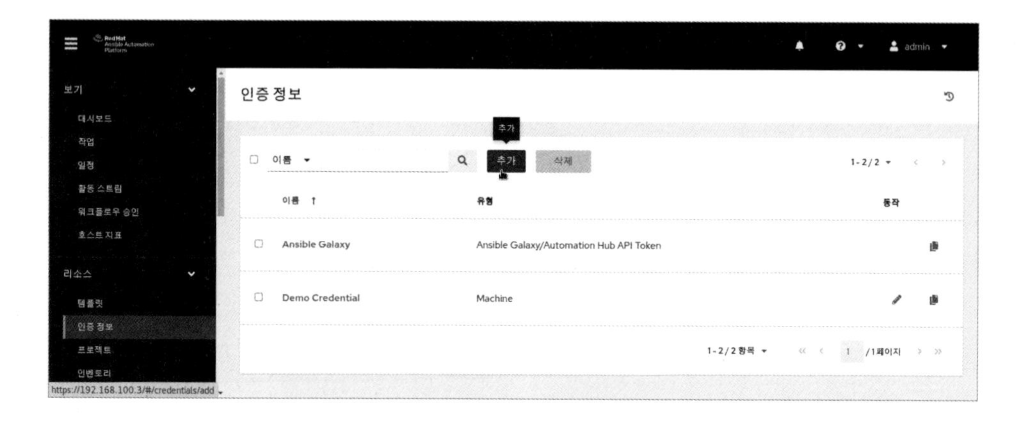

03 그러면 새 인증 정보 만들기 창이 나타납니다. 인증 정보 이름을 입력하고 인증 정보 유형을 '소스 제어'로 선택하면 사용자 이름과 암호를 입력할 수 있는 유형 세부 정보가 나타납니다. 이때 사전에 발급받은 깃허브 액세스 토큰을 사용자 계정과 함께 암호 입력란에 입력하고 하단의 '저장' 버튼을 클릭합니다.

인증 정보
새 인증 정보 만들기
이름 *
credential_github
설명
조직
인증 정보 유형 *
소스 제어
유형 세부 정보
사용자 이름
naleejang
암호
SCM 개인 키
여기에 파일을 드래그하거나 업로드할 파일을 찾습니다
검색 중...
지우기
개인 키 암호
저장
취소

04 다음과 같이 세부 정보와 함께 인증 정보가 추가된 것을 확인할 수 있습니다.

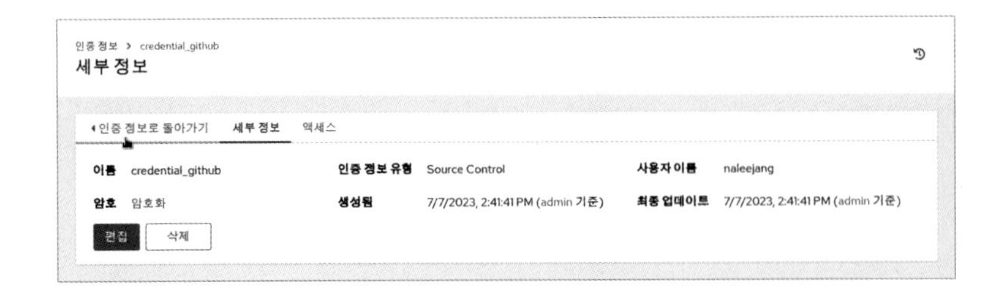

15.4 깃허브 인증 정보를 이용한 프로젝트 생성

이번에는 추가한 인증 정보를 활용하여 프로젝트를 생성해보겠습니다.

01 왼쪽 메뉴에서 '프로젝트'를 선택하면 프로젝트 목록을 확인할 수 있습니다. 상단의 '추가' 버튼을 클릭합니다.

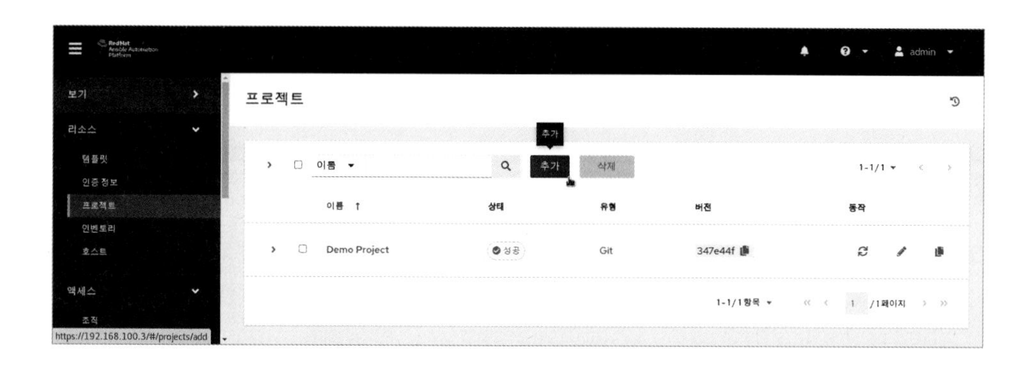

02 새 프로젝트 만들기 화면에서 프로젝트 이름을 입력하고 소스 제어 유형을 'Git'으로 선택합니다. 유형 세부 정보의 소스 제어 URL에는 깃허브의 레지스트리 URL을 입력합니다. 그리고 하단의 소스 제어 인증 정보의 돋보기 아이콘을 클릭합니다.

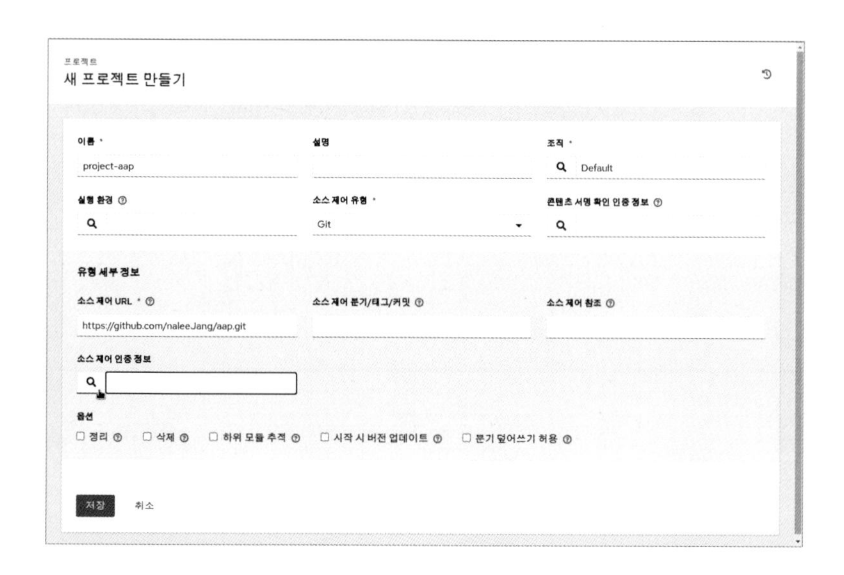

03 그러면 소스 제어 인증 정보를 선택할 수 있는 창이 나타나는데, 앞에서 추가했던 깃허브 인증 정보를 선택하고 하단의 '선택' 버튼을 클릭합니다.

04 해당 인증 정보가 잘 선택되었는지 확인 후 옵션에서 '시작 시 버전 업데이트'를 선택하고 하단의 '저장' 버튼을 클릭합니다. 이렇게 하면 깃허브의 플레이북에 변경이 있어도 템플릿 실행 시 자동으로 플레이북을 동기화하므로 매번 따로 동기화하지 않아도 되어 매우 편리합니다.

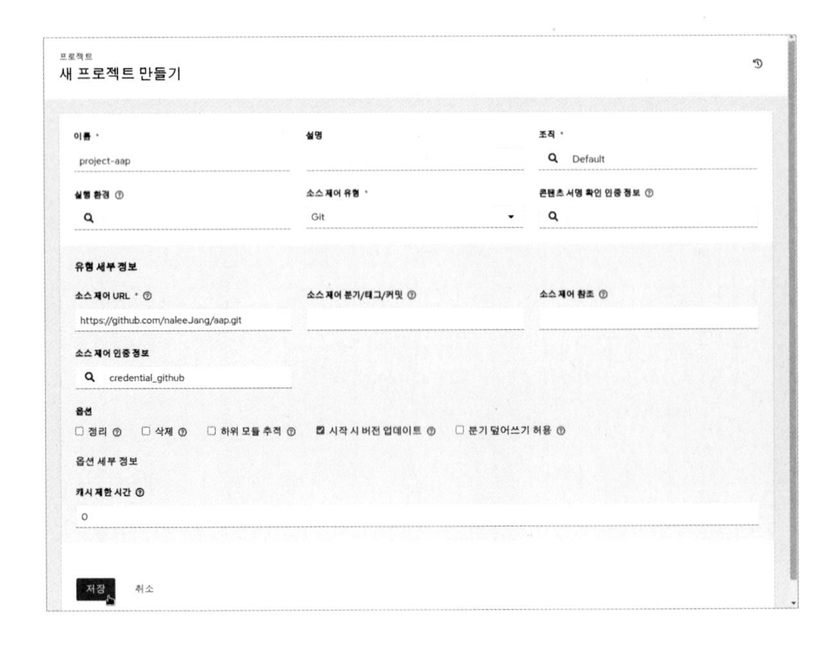

05 프로젝트가 생성되면서 세부 정보를 함께 보여줍니다. 등록된 깃허브 URL과 인증 정보를 이용해 플레이북을 프로젝트 기본 경로인 /var/lib/awx/projects 디렉터리로 다운로드합니다. 다운로드가 끝나면 마지막 작업 상태에서 '성공'이라는 메시지를 확인할 수 있습니다.

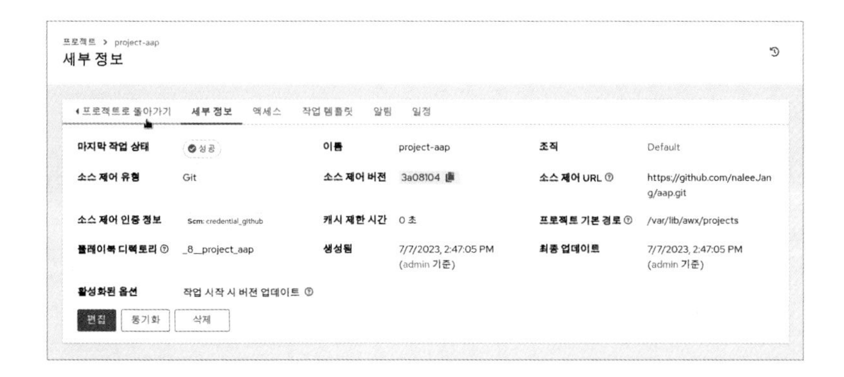

06 다시 프로젝트 목록으로 돌아오면 다음과 같은 내용을 확인할 수 있습니다.

지금까지 플레이북을 관리하기 위한 깃허브에 레지스트리를 생성하고 플레이북을 업로드했습니다. 그리고 앤서블 오토메이션 플랫폼에 깃허브 인증 정보를 추가하고, 이를 이용해서 깃허브의 플레이북을 앤서블 오토메이션 플랫폼이 설치된 서버로 다운로드하기 위한 프로젝트를 생성해보았습니다.

CHAPTER 16

호스트 및 인증 정보 등록하기

앤서블은 자주 발생하는 업무를 프로세스화하여 플레이북으로 작성하고 이를 서버에 실행시킵니다. 이러한 서버들은 대상 서버 혹은 제어 노드가 되고, 이를 호스트라고 부릅니다. 그리고 이런 호스트 정보를 정의한 파일을 인벤토리라고 합니다. 앤서블은 대상 호스트에 접속할 때 SSH 프로토콜을 사용하는데, 반드시 인증 정보가 필요합니다. 이번 챕터에서는 인벤토리를 생성해 호스트를 등록하고, 인증 정보를 등록하는 방법을 알아보겠습니다.

16.1 인벤토리 생성 및 호스트 추가하기

인벤토리를 구성하고 대상 호스트를 추가할 경우에도 인벤토리명과 대상 호스트 등을 사전에 정의해두면 많은 도움이 됩니다.

정의하기

- 인벤토리명: inventory_aap
- 호스트 그룹: tnode
- 대상 호스트
  - tnode1-centos.exp.com
  - tnode2-ubuntu.exp.com
  - tnode3-rhel.exp.com

인벤토리 생성

01 앤서블 오토메이션 플랫폼의 왼쪽 메뉴에서 '인벤토리'를 선택 후 상단의 '추가' 버튼을 클릭하면 서브 메뉴가 나타나는데, '인벤토리 추가' 메뉴를 클릭합니다.

02 앞에서 정의한 인벤토리명을 이름 입력란에 입력하고 하단의 '저장' 버튼을 클릭합니다.

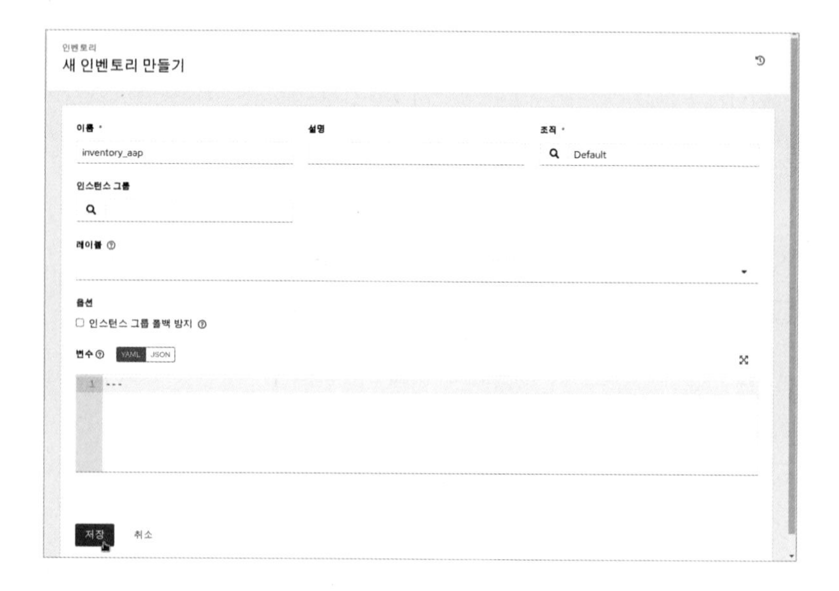

03 인벤토리가 생성되면서 다음과 같이 세부 정보를 확인할 수 있습니다.

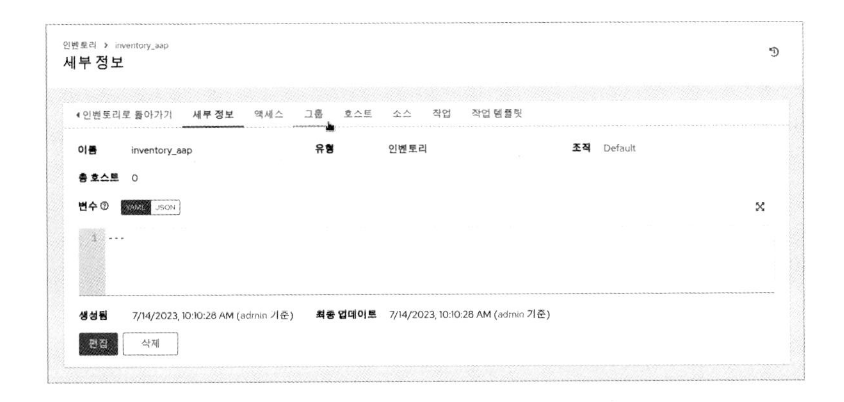

호스트 그룹 생성

01 인벤토리가 생성되면 세부 정보를 확인할 수 있는데, 이때 '그룹' 탭을 클릭하면 그룹을 추가할 수 있는 화면이 나타납니다. 여기에서 상단의 '추가' 버튼을 클릭합니다.

02 앞에서 정의해둔 호스트 그룹 이름을 이름란에 입력하고 하단의 '저장' 버튼을 클릭합니다.

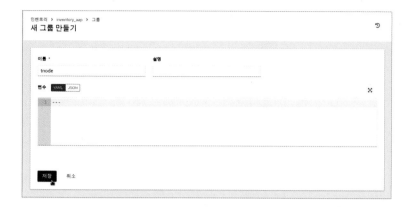

03 호스트 그룹이 생성되면서 세부 정보를 보여줍니다. 이번에는 호스트를 추가하겠습니다.

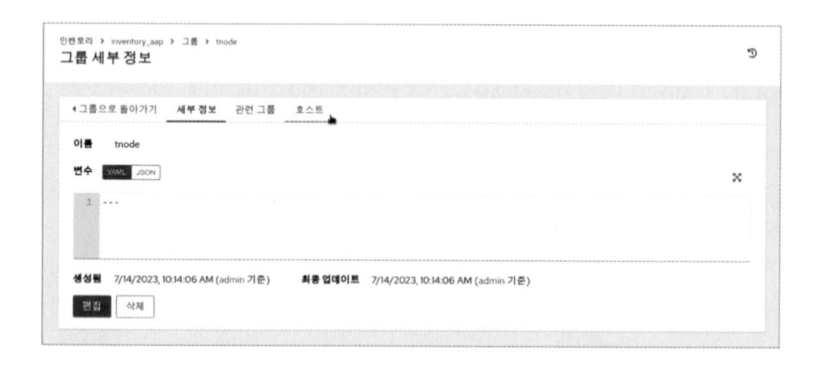

대상 호스트 추가

01 호스트 그룹 세부 정보에서 '호스트' 탭을 클릭하면 호스트를 추가할 수 있는 창이 나타납니다. 상단의 '추가' 버튼을 클릭하여 나온 세부 메뉴의 '새 호스트 추가'를 클릭합니다.

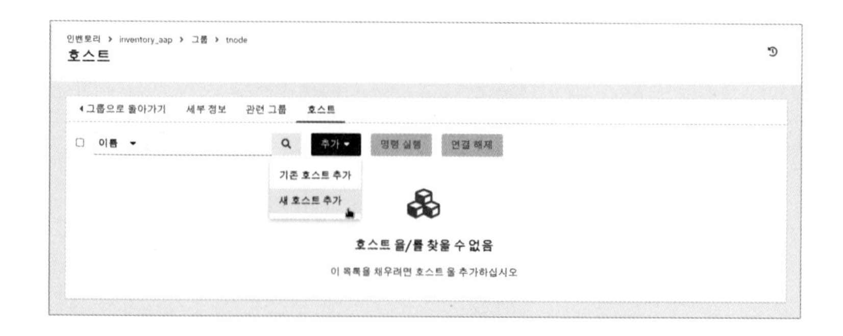

02 새 호스트 만들기 창이 나타나면 추가할 호스트의 IP를 이름 입력란에 입력하고, 해당 호스트의 호스트명을 설명 입력란에 입력합니다. 하단의 '저장' 버튼을 클릭합니다.

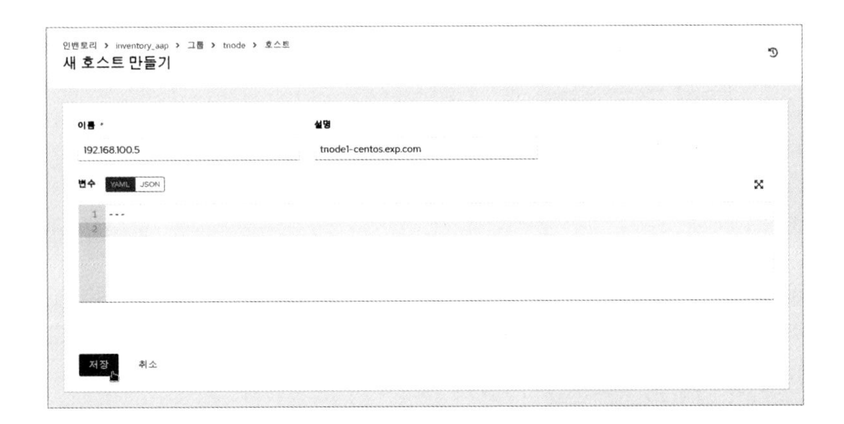

03 다시 '호스트로 돌아가기'를 클릭하여 호스트 목록으로 이동합니다.

04 위와 동일한 방법으로 다른 호스트도 추가하면 다음과 같은 화면을 확인할 수 있습니다.

16.2 호스트 인증 정보 추가하기

지금까지 인벤토리를 생성하고 호스트를 추가했습니다. 이번에는 호스트에 접근할 때 필요한 호스트 인증 정보를 추가하겠습니다. 패스워드를 이용하여 접근할 것인지, SSH 키를 이용하여 접근할 것인지를 먼저 정의하고 시스템을 확인하는 것이 좋습니다.

정의하기

- 인증 정보명: credential_tnode
- 인증 정보 유형: Machine

인증 정보 추가

인증 정보를 추가할 때는 호스트 그룹별로 접근해야 할 경우가 많습니다. 그렇기 때문에 호스트별로 서로 다른 인증 정보를 사용하는 것보다는 동일한 정보를 사용하는 것이 좋습니다.

01 앤서블 오토메이션 플랫폼 왼쪽 메뉴에서 '인증 정보'를 클릭합니다. 그러면 다음과 같이 인증 정보 목록이 나오는데, 이때 상단의 '추가' 버튼을 클릭합니다.

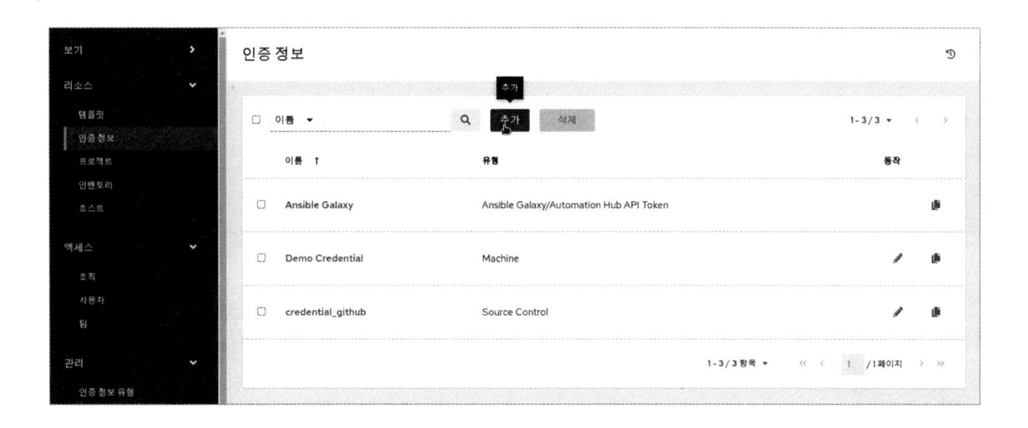

02 새 인증 정보 만들기 화면으로 전환되면 앞에서 정의한 인증 정보명을 입력하고, 인증 정보 유형을 '머신'으로 선택합니다. 그러면 하단에 유형 세부 정보 섹션이 나타나는데, 여기에 접속할 대상 호스트의 사용자 계정과 패스워드 혹은 SSH 키를 입력합니다. 앤서블 계정을 이용하여 접속할 예정이므로, 앤서블 계정과 해당 패스워드를 입력합니다.

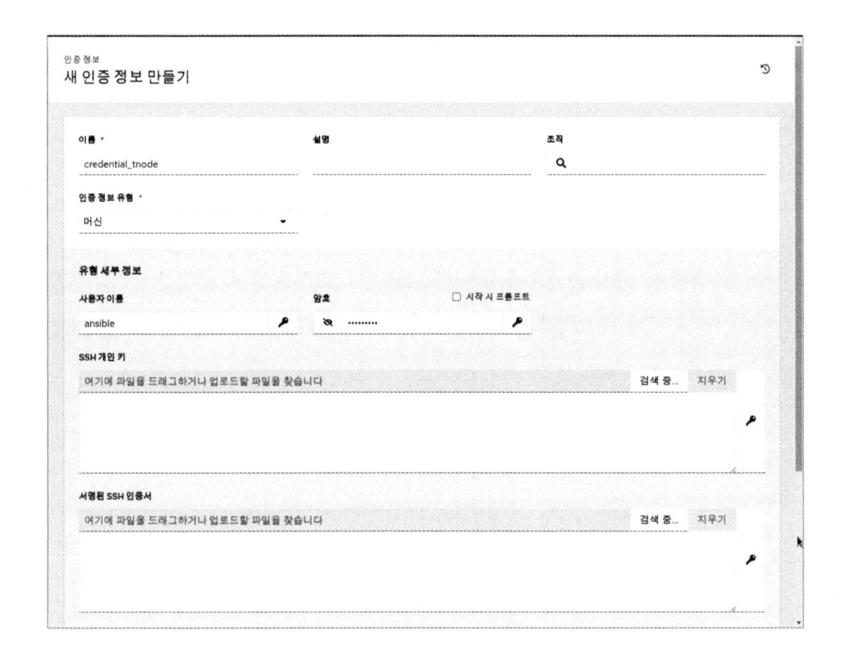

03 새 인증 정보 만들기 화면 하단에는 권한을 에스컬레이션하는 방법과 사용자 이름과 암호를 입력하는 란이 있습니다. 여기서는 sudo를 이용하여 관리자 기능을 사용할 예정이므로 권한 에스컬레이션 방법에 'sudo'를 선택하고 하단의 '저장' 버튼을 클릭합니다.

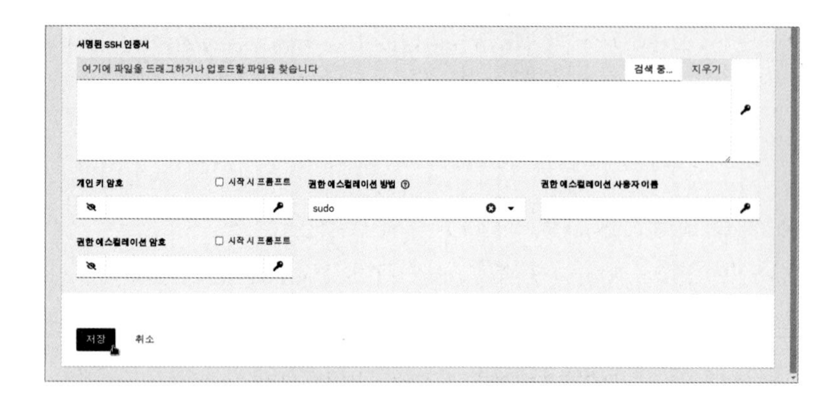

04 인증 정보가 저장되면 다음과 같이 세부 정보를 확인할 수 있습니다.

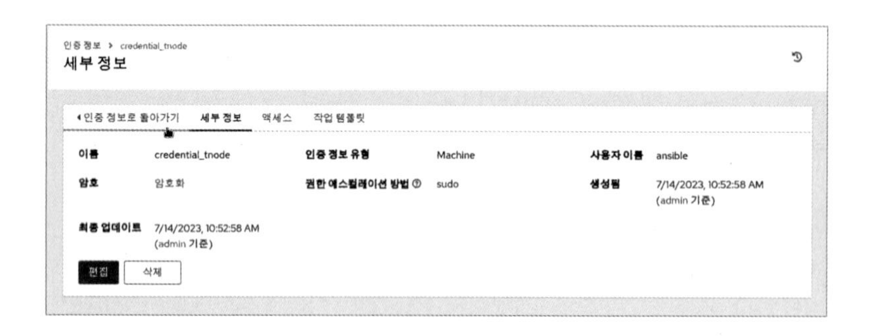

지금까지 플레이북 작업을 수행할 대상 호스트를 추가하고 대상 호스트에 접근하기 위한 인증 정보를 추가해보았습니다. 이제 깃허브의 플레이북을 프로젝트를 통해 가지고 온 다음 대상 호스트에 작업 템플릿을 생성하고 실행해보도록 하겠습니다.

CHAPTER 17

작업 템플릿 생성하기

플레이북에 정의된 작업Tasks들을 실행하기 위해서는 어떤 호스트에서 실행할 것인지, 해당 호스트에 접근하기 위해 어떤 인증 정보를 사용할 것인지, 플레이북은 어디서 가져오고 어떤 플레이북을 실행할 것인지 등에 대한 정보가 필요합니다. 그리고 이런 정보들을 정의해놓은 것이 바로 작업 템플릿Job Template입니다. 이번 챕터에서는 이런 작업 템플릿을 생성하고 실행해보겠습니다. 또한 작업 템플릿의 고급 기능과 이를 활용하는 방법들도 함께 살펴보겠습니다.

17.1 작업 템플릿 생성 및 실행하기

지금까지 작업 템플릿을 생성하기 위한 사전 준비를 마쳤으니 이제 작업 템플릿을 생성하고 실행할 차례입니다. 템플릿을 생성할 때도 어떤 템플릿을 만들 것인지, 어떤 플레이북을 가져오고 어떤 인증 정보를 사용할 것인지 등을 사전에 정의해놓으면 좀 더 쉽게 템플릿을 생성하고 관리할 수 있습니다.

정의하기

- 작업 템플릿 이름: template_monitoring_tnode
- 인벤토리: inventory_app
- 프로젝트: project-app

- 플레이북: monitoring_facts.yml
- 인증 정보: credential_tnode
- 권한 에스컬레이션 사용 여부: 사용

작업 템플릿 생성

어떤 작업 템플릿을 생성할 것인지 정의했다면, 이번에는 실제 작업 템플릿을 생성해보겠습니다.

01 앤서블 오토메이션 플랫폼 왼쪽 메뉴에서 '템플릿'을 클릭합니다. 그러면 다음과 같이 템플릿 목록이 나오는데, 상단의 '추가' 버튼을 클릭하여 나타난 서브 메뉴의 '작업 템플릿 추가'를 클릭합니다.

02 새 작업 템플릿 만들기 화면에서 앞에서 정의한 템플릿 정보를 바탕으로 이름, 인벤토리, 프로젝트, Playbook, 인증 정보를 다음과 같이 입력하거나 선택합니다.

03 새 작업 템플릿 만들기 화면 하단 옵션에서 권한 에스컬레이션을 선택하고 '저장' 버튼을 클릭합니다. 다른 옵션들은 현재 플레이북에서는 설정할 필요가 없으므로 기본으로 그냥 두면 됩니다.

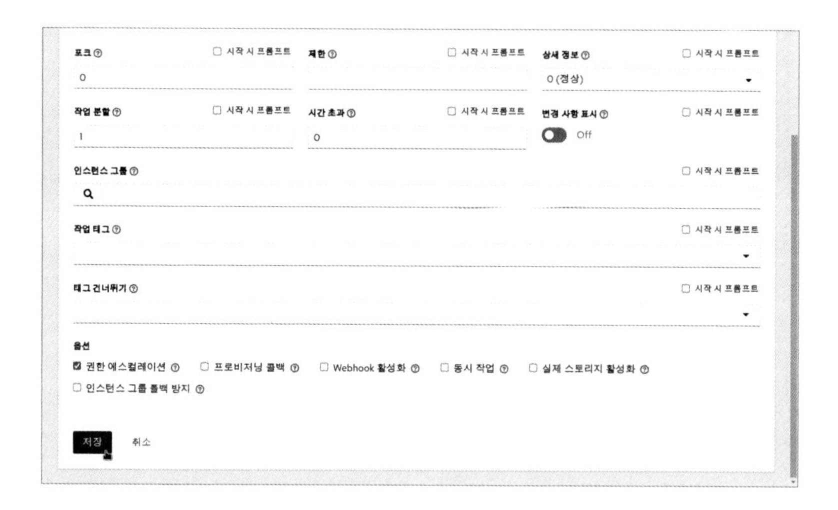

04 작업 템플릿 생성이 완료되면 다음과 같은 세부 정보를 확인할 수 있습니다.

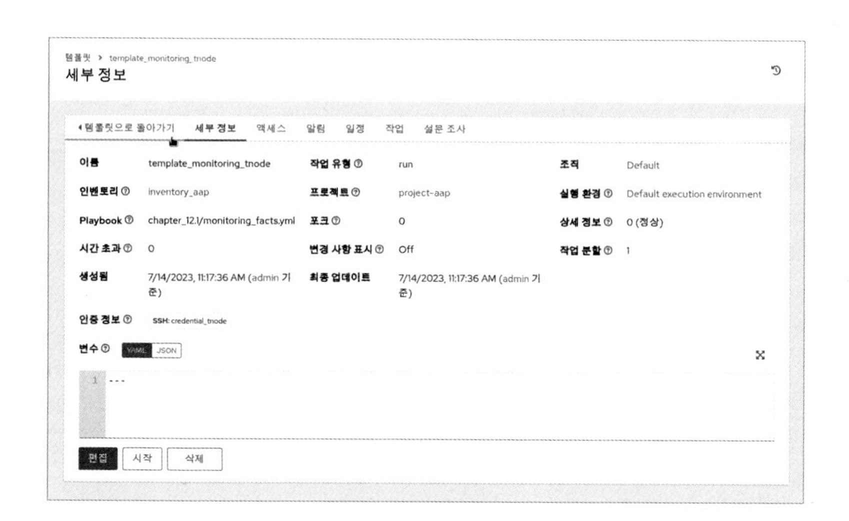

05 세부 정보에서 '템플릿으로 돌아가기'를 선택하면 다음과 같은 템플릿 목록을 확인할 수 있습니다.

작업 템플릿 실행하기

작업 템플릿 생성이 완료되었습니다. 이제 작업 템플릿을 실행해보겠습니다.

01 템플릿 목록에서 실행하고자 하는 템플릿 행의 동작 필드에 있는 로켓 모양 아이콘을 클릭합니다.

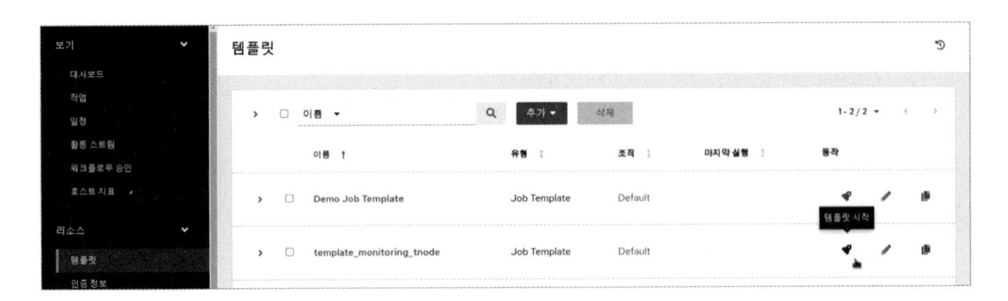

02 출력 화면으로 전환되면서 다음과 같이 플레이북이 실행되는 것을 확인할 수 있습니다.

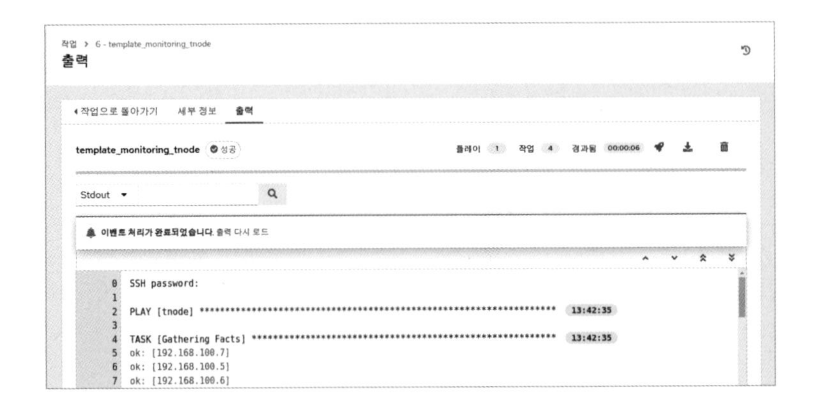

03 실행이 완료되면 실행 완료 메시지를 확인할 수 있습니다.

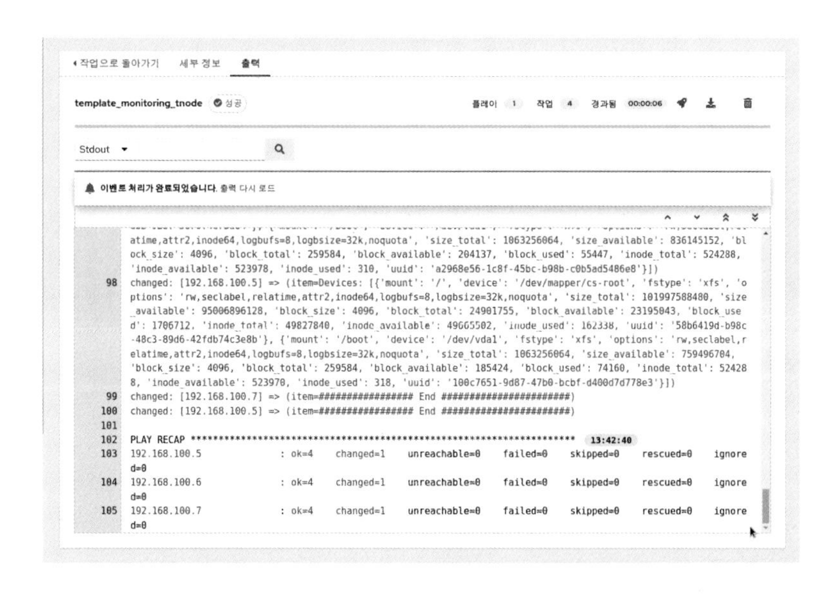

17.2 작업 템플릿 고급 기능 활용하기

작업 템플릿에는 다양한 고급 기능도 있습니다. 이런 고급 기능을 잘 활용하면 좀 더 쉽고 효율적인 자동화를 구현할 수 있습니다. 예를 들어 사용자로부터 변수를 입력받아야 하는 경우 설문 조사를 활용할 수 있으며, 특정 작업이 끝나면 담당자에게 결과를 알려주는 알림 기능도 사용할 수 있습니다. 뿐만 아니라 주기적으로 수행해야 하는 모니터링 같은 작업들을 스케줄링하여 자동으로 실행되게 할 수도 있습니다. 지금부터 작업 템플릿의 고급 기능들을 자세히 살펴보겠습니다.

17.2.1 외부 변수를 입력받기 위한 설문 조사 생성하기

앤서블에는 다양한 변수 선언 방법이 있는데, 그중에서도 사용자로부터 입력받아 사용할 수 있는 외부 변수가 있습니다. 여기에는 템플릿에 직접 변수명과 값을 입력받는 방법과 설문 조사 Survey 기능을 통해 좀 더 인간 친화적으로 입력을 받는 방법이 있습니다.

정의하기

- 설문 조사를 추가할 템플릿: template_monitoring_tnode
- 추가할 설문 조사 질문: "로그를 저장할 디렉터리 경로를 입력하세요."
- 추가할 응답받을 변수: log_directory
- 응답 유형: 텍스트
- 기본 응답 값: /var/log/daily_check

설문 조사 생성하기

어떤 설문 조사를 생성할지 정의했으면 템플릿에 설문 조사를 추가해보겠습니다.

01 앤서블 오토메이션 플랫폼 왼쪽 메뉴에서 '템플릿'을 클릭하고 설문 조사를 생성하고자 하는 템플릿을 클릭합니다. 여기서는 생성한 템플릿이 하나뿐이므로 이를 활용하여 설문 조사를 생성해보겠습니다.

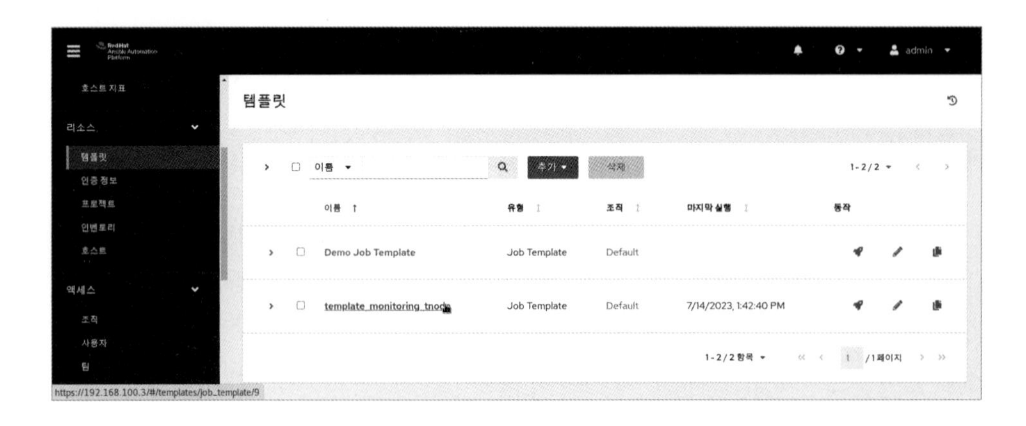

02 템플릿 세부 정보 화면이 나타나면 '설문 조사' 탭을 클릭합니다. 그러면 설문 조사를 추가할 수 있는 화면으로 전환됩니다. 상단의 '추가' 버튼을 클릭합니다.

03 질문 추가 화면으로 전환되면 앞에서 정의한 설문 조사 내용을 기반으로 질문, 응답 변수 이름, 응답 유형과 기본 응답을 입력하고 하단의 '저장' 버튼을 클릭합니다.

04 설문 조사가 저장되면 다음과 같이 추가한 설문 조사 목록을 확인할 수 있습니다. 템플릿에서 사용하려면 설문 조사를 활성화해야 합니다.

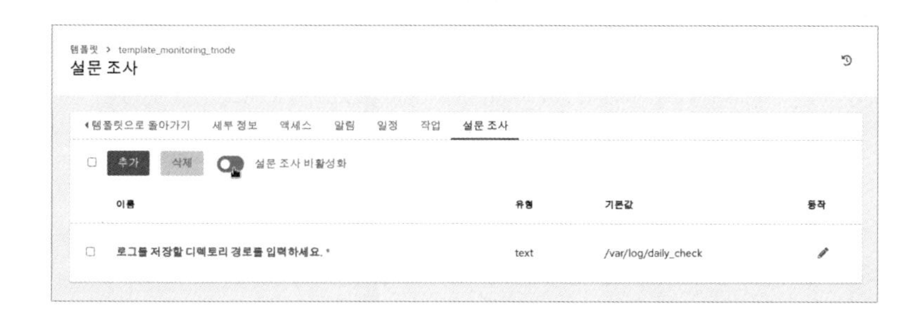

05 '삭제' 버튼 옆의 '설문 조사 비활성화'를 선택하면 다음과 같이 '설문 조사 활성화'로 변경됩니다. '템플릿으로 돌아가기'를 선택하여 다시 템플릿 목록으로 갑니다.

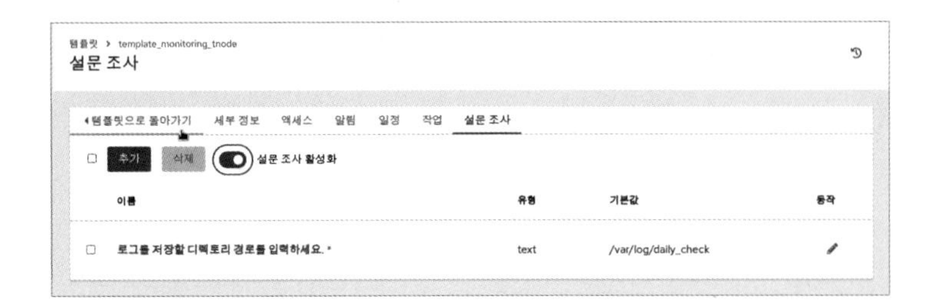

06 템플릿 목록에서 설문 조사를 추가한 template_monitoring_tnode 행의 로켓 아이콘을 클릭합니다.

07 설문 조사 창이 뜨면 테스트를 위해 로그를 저장할 디렉터리 경로를 '/var/log/daily_check'에서 '/var/log/app_logs'로 변경하여 입력합니다. 그리고 하단의 '다음' 버튼을 클릭합니다.

08 템플릿의 상세 정보를 확인 후 하단의 '시작' 버튼을 클릭합니다.

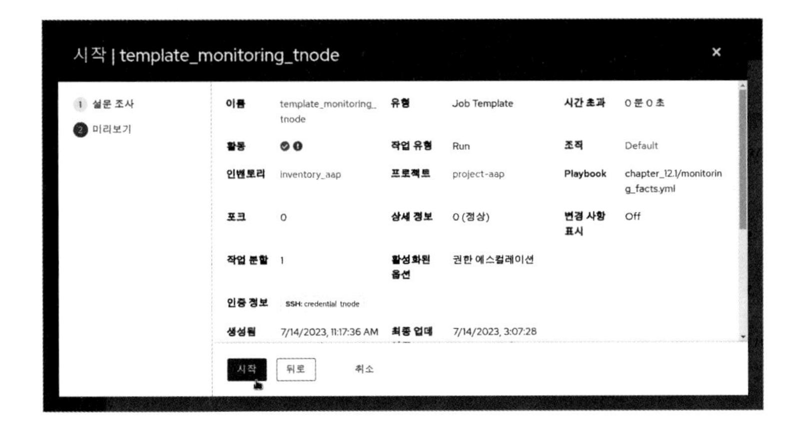

09 출력 화면으로 전환되면서 플레이북이 실행되는 모습을 확인할 수 있습니다.

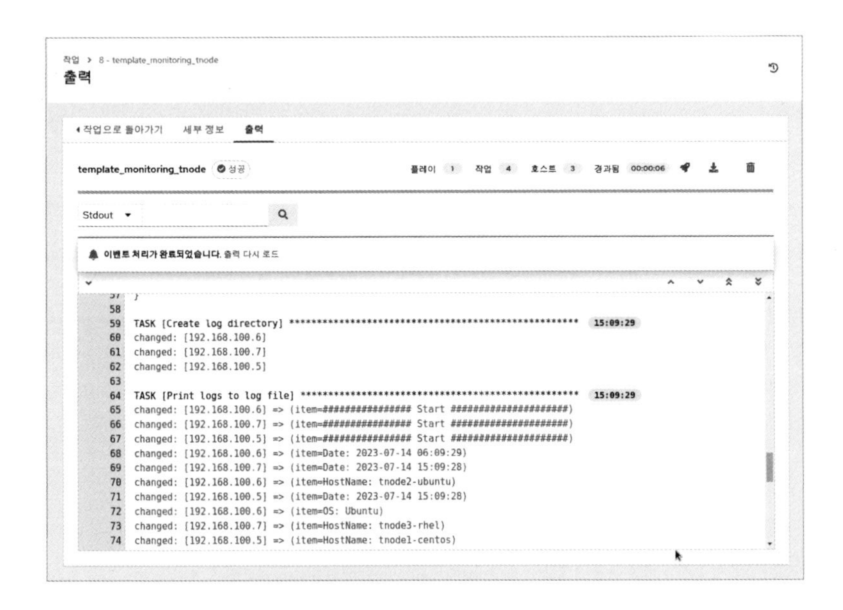

17.2.2 작업 완료를 알리기 위한 알림 기능 생성하기

자동화를 수행하면 언제 어떤 작업이 수행되었는지 사용자에게 알려주어야 하는 경우가 종종 발생하곤 합니다. 이런 경우 알림 기능을 활용하면 사용자에게 쉽게 작업 결과를 알려줄 수 있습니다. 알림 기능은 메일, 슬랙Slack, 인터넷 릴레이 챗IRC, 웹훅Webhook, 그라파나Grapana, 힙챗HipChat 등과 연동할 수 있습니다. 메일 서버를 별도로 운영하는 경우 해당 메일 서버와 연동하여 알림을 사용할 수도 있습니다.

알림 템플릿 생성하기

먼저 알림 템플릿을 생성하겠습니다. 어떤 애플리케이션과 연동하여 알림을 발생시킬 것인지 확인하고, 연동될 애플케이션에 접근하기 위한 인증 정보를 사전에 확인합니다. 토큰 발급이 필요하다면 먼저 발급받습니다. 여기서는 메일 다음으로 가장 많이 사용하는 슬랙을 이용하여 알림 기능 생성 테스트를 해보겠습니다.

01 슬랙을 이용해 알림 기능을 사용하려면 운영 중인 슬랙 스페이스에 접근하기 위한 인증 토큰을 발급받아야 합니다. 깃허브 사이트에는 슬랙 토큰을 발급받는 방법이 자세하게 가이드되어 있습니다. 사이트를 참조하여 슬랙에서 접근을 위한 토큰을 먼저 발급받습니다.

- Slack 토큰 발급 가이드
  https://github.com/kasunkv/slack-notification/blob/master/generate-slack-token.md

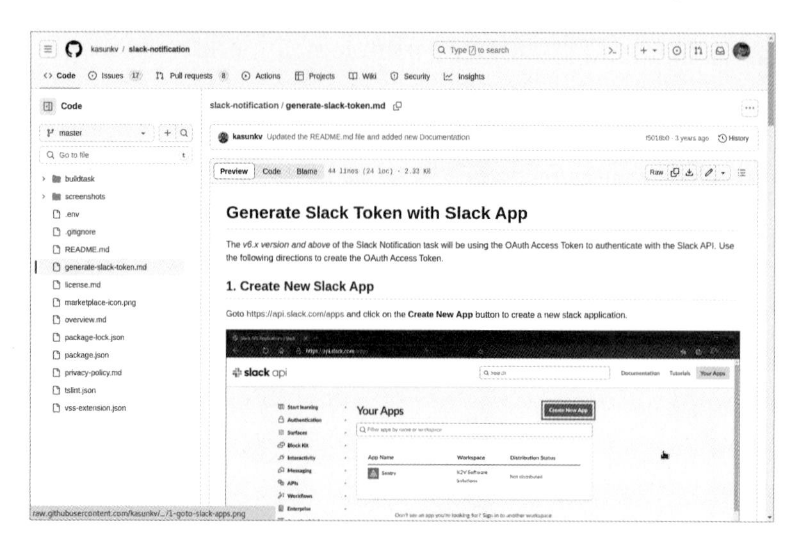

02 슬랙에서 토큰을 발급받으면 앤서블 오토메이션 플랫폼의 왼쪽 메뉴에서 '알림'을 선택합니다. 알림 템플릿 목록 화면으로 전환되면 상단의 '추가' 버튼을 클릭합니다.

03 새 알림 템플릿 만들기 창이 뜨면 다음과 같이 알림을 식별할 수 있는 이름을 입력하고 유형은 'Slack'을 선택합니다. 그리고 유형 세부 정보에서 알림을 보내기 위한 대상 채널명을 입력하고 사전에 발급받은 토큰을 입력 후 하단의 '저장' 버튼을 클릭합니다.

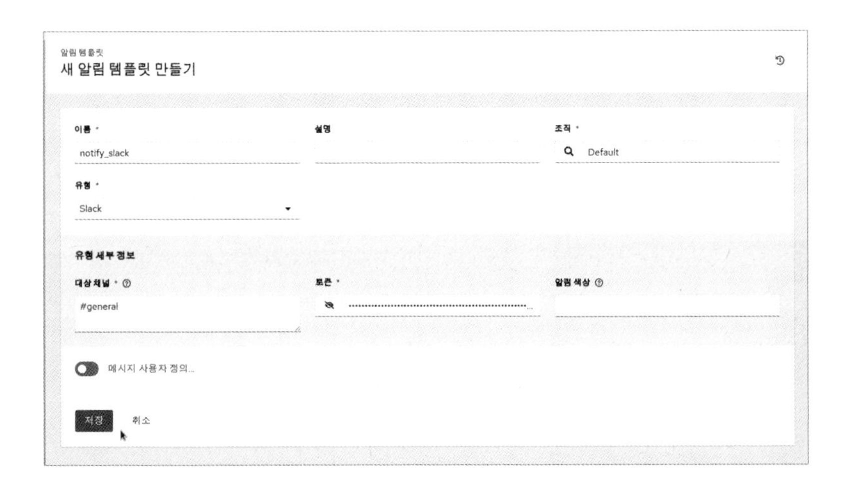

04 새 알림 템플릿이 생성되면 다음과 같이 세부 정보를 확인할 수 있습니다. 여기서 '테스트' 버튼을 클릭하면 알림 테스트를 확인할 수 있습니다.

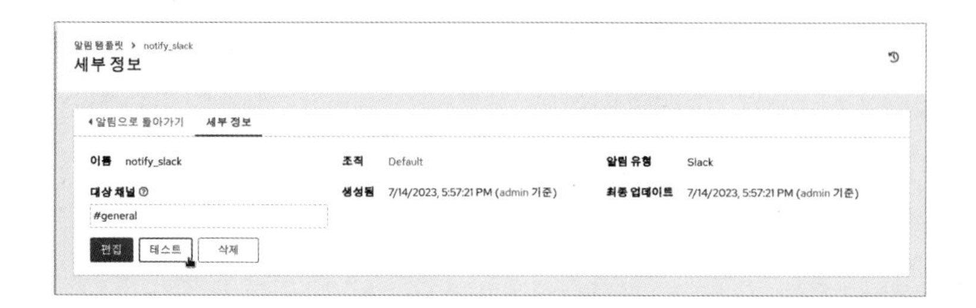

05 테스트를 완료한 후 목록으로 돌아가면 다음과 같이 테스트 상태를 확인할 수 있습니다.

06 실제 슬랙 접속 화면에서 알람이 왔는지 확인합니다.

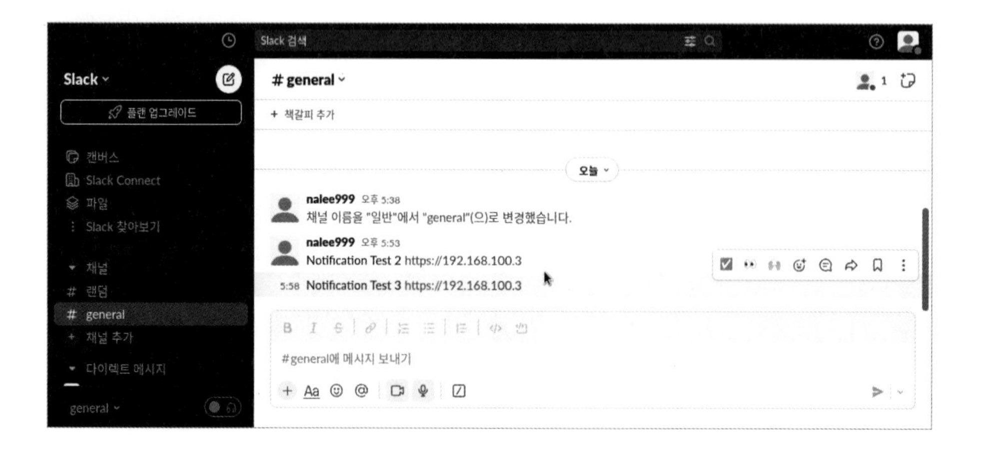

작업 템플릿에 알림 기능 추가하기

알림 템플릿을 생성했다면, 이번에는 작업 템플릿에 알림 기능을 추가해보겠습니다.

01 앤서블 오토메이션 플랫폼 왼쪽 메뉴에서 '템플릿'을 선택하면 다음과 같이 템플릿 목록을 확인할 수 있습니다. 여기서 알림 기능을 추가할 템플릿을 선택합니다.

02 템플릿 세부 정보가 나타나면 '알림' 탭을 선택합니다. 그러면 다음과 같이 사전에 추가된 알림 템플릿 목록에서 어떤 작업에 알림을 발생시킬 것인지 선택해야 합니다. 여기서는 모니터링이 완료된 후 알림을 발생시키도록 하겠습니다. 옵션에서는 플레이북이 성공했을 경우 알림을 발생하라는 의미에서 '성공'을 선택합니다.

03 템플릿 목록으로 돌아가 템플릿을 실행합니다. 그러면 다음과 같은 실행 결과를 출력 화면에서 확인할 수 있습니다.

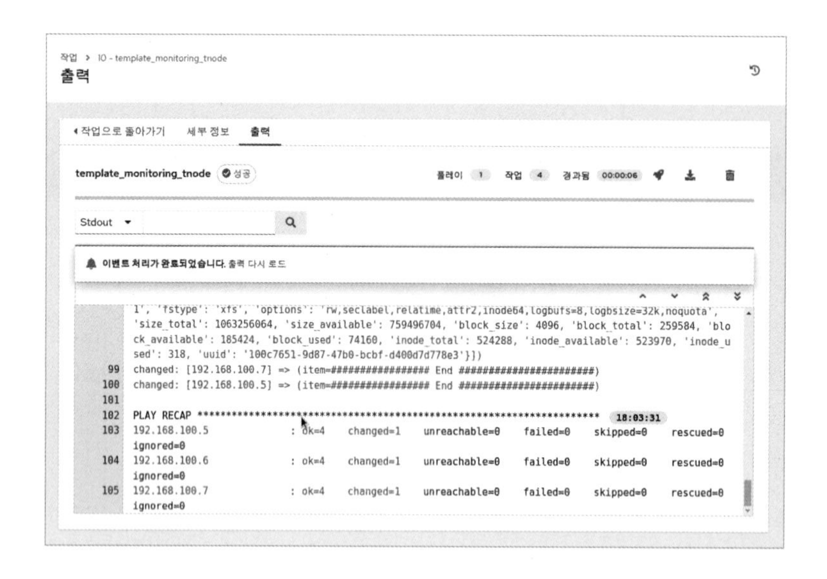

04 이번에는 슬랙 화면에서 플레이북 실행 결과에 대한 알림이 왔는지 확인합니다. 'template_monitoring_tnode'라는 템플릿이 성공적으로 수행되었다는 메시지를 볼 수 있습니다.

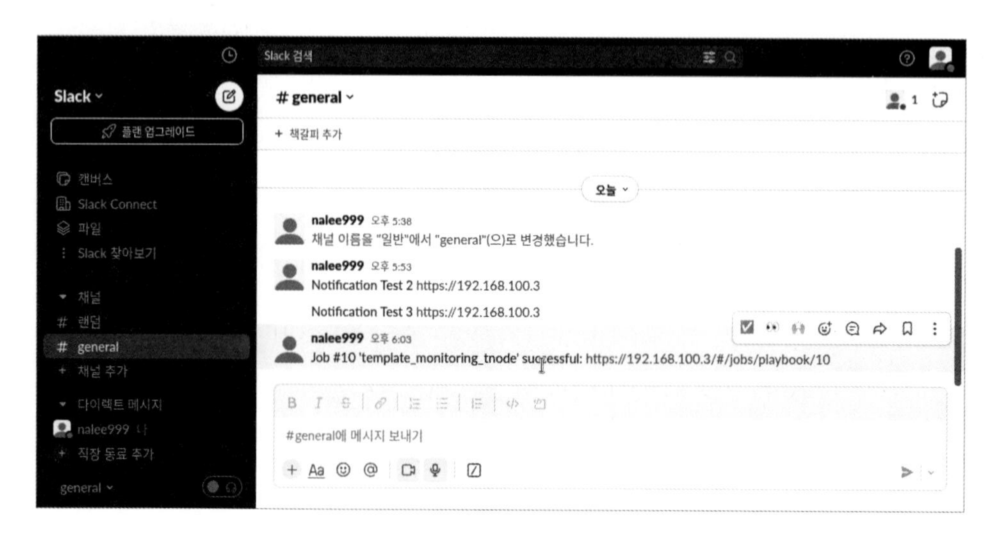

17.2.3 정기적 작업을 위한 일정 생성하기

정기적으로 동일한 업무를 수행해야 하는 작업에는 주로 크론탭Crontab에 작업을 수행하는 애플리케이션이나 셸 스크립트를 등록합니다. 앤서블에서는 이러한 템플릿을 정기적으로 수행할 수 있도록 일정Schedule을 생성하는 기능을 제공합니다.

정의하기

- 일정 이름: schedule_monitoring
- 설명: 매일 5시에 시스템 자원 모니터링 수행
- 작업 시작 날짜 및 시간: 2023-07-17 5:00 AM
- 반복 주기: 매일
- 작업 종료 날짜 및 시간: 2023-07-19 5:00 AM

일정 생성하기

어떤 일정을 생성할지 정의했다면 이제 일정을 생성해보겠습니다.

01 템플릿 목록에서 일정을 추가하고자 하는 작업 템플릿을 선택합니다.

02 템플릿 세부 정보 화면이 보이면 '일정' 탭을 클릭합니다. 다음과 같은 화면에서 상단의 '추가' 버튼을 클릭합니다.

03 새 일정 만들기 창으로 전환되면 앞에서 정의한 내용을 기반으로 이름, 성명, 시작 날짜/시간, 반복 빈도, 종료일/시간을 입력합니다. 그리고 하단의 '저장' 버튼을 클릭합니다.

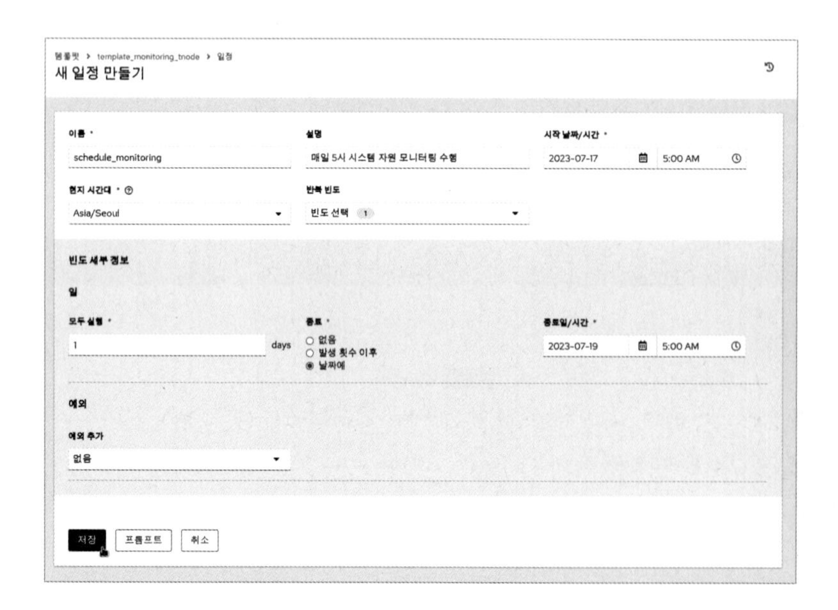

04 '반복 빈도'를 선택하면 다음과 같은 서브 메뉴가 나타납니다. 분, 시간, 일, 주, 월, 년 중 하나를 선택할 수 있습니다.

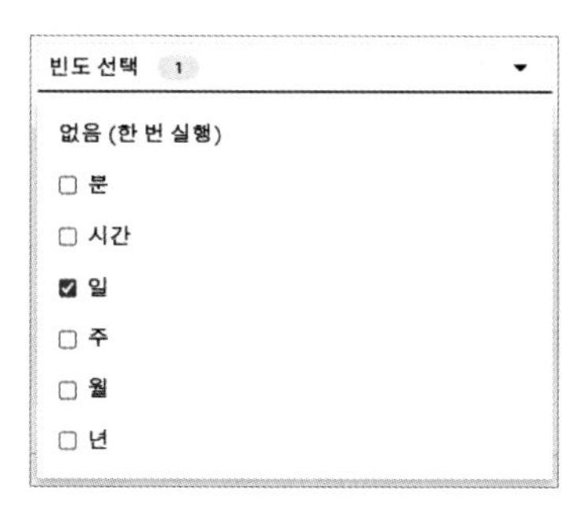

05 일정이 생성되면 다음과 같은 세부 정보를 확인할 수 있습니다. 이제 7월 17일 오전 5시부터 7월 19일 오전 5시까지 매일 새벽 5시마다 모니터링이 수행될 것입니다.

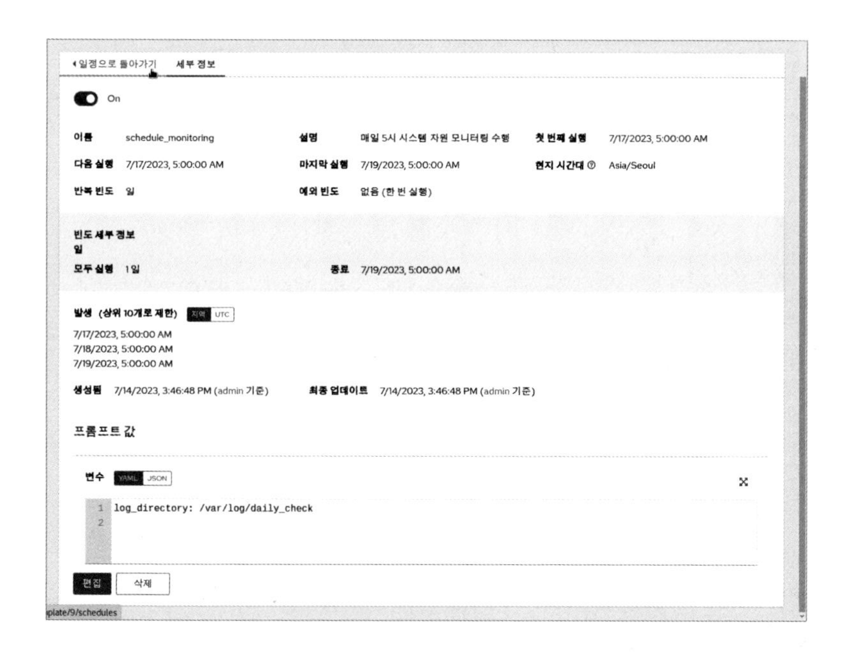

17.2.4 로컬 디렉터리를 이용한 작업 템플릿 생성하기

이번에는 깃허브나 깃랩과 같은 저장소를 사용할 수 없는 경우 임시로 앤서블 오토메이션 플랫폼이 설치된 서버의 로컬 디렉터리에 플레이북을 작성하고 작업 템플릿을 생성하여 테스트하는 방법을 설명하겠습니다.

플레이북 복사

먼저 3부에서 개발하고 테스트했던 플레이북 중 하나를 앤서블 오토메이션 플랫폼이 설치된 aap 서버로 복사합니다.

01 ansible-server의 ansible 계정으로 접속하여 ansible_project 디렉터리의 chapter_12.2 디렉터리의 내용을 aap 서버인 192.168.100.3으로 scp를 이용하여 복사합니다.

```
[ansible@ansible-server ~]$ cd ansible_project/
[ansible@ansible-server ansible_project]$ scp -r ./chapter_12.2 root@192.168.100.3:~/
The authenticity of host '192.168.100.3 (192.168.100.3)' can't be established.
ECDSA key fingerprint is SHA256:qYKa3q03NHMSsaAtDfc95Uiaep1NpMIXCL87+m0uZmc.
Are you sure you want to continue connecting (yes/no/[fingerprint])? yes
Warning: Permanently added '192.168.100.3' (ECDSA) to the list of known hosts.
root@192.168.100.3's password:
ansible.cfg                                    100%  197    99.2KB/s   00:00
inventory                                      100%   72   130.4KB/s   00:00
vars_packages.yml                              100%   71   133.1KB/s   00:00
monitoring_system.yml                          100% 1257     2.3MB/s   00:00
[ansible@ansible-server ansible_project]$
```

02 복사가 끝나면 aap 서버에 접속하여 복사한 chapter_12.2 디렉터리와 하위 내용을 /var/lib/awx/projects 디렉터리로 복사합니다. 그리고 복사한 chapter_12.2 디렉터리와 하위 파일의 소유를 awx가 갖도록 chown 명령어를 이용하여 설정합니다. 소유권 변경이 제대로 설정되었는지 해당 디렉터리도 확인합니다.

```
[root@aap ~]# cp -r chapter_12.2/ /var/lib/awx/projects/
[root@aap ~]# chown -R awx:awx /var/lib/awx/projects/chapter_12.2/
[root@aap ~]# ll /var/lib/awx/projects/chapter_12.2/
합계 16
```

```
-rw-r--r--. 1 awx awx  197  7월 15 19:24 ansible.cfg
-rw-r--r--. 1 awx awx   72  7월 15 19:24 inventory
-rw-r--r--. 1 awx awx 1257  7월 15 19:24 monitoring_system.yml
-rw-r--r--. 1 awx awx   71  7월 15 19:24 vars_packages.yml
[root@aap ~]#
```

프로젝트 생성

플레이북 복사가 끝나면 앤서블 오토메이션 플랫폼에 프로젝트를 생성합니다.

01 다시 앤서블 오토메이션 플랫폼 웹 화면으로 돌아와 왼쪽 메뉴에서 '프로젝트'를 선택하고 '추가' 버튼을 클릭합니다.

02 새 프로젝트 만들기 창이 나타나면 프로젝트 이름을 입력하고 소스 제어 유형을 '수동'으로 선택합니다. 유형 세부 정보에 프로젝트 기본 경로에 복사한 플레이북을 플레이북 디렉터리에서 선택한 후 하단의 '저장' 버튼을 클릭합니다.

03 프로젝트가 저장되면 다음과 같이 세부 정보를 확인할 수 있습니다.

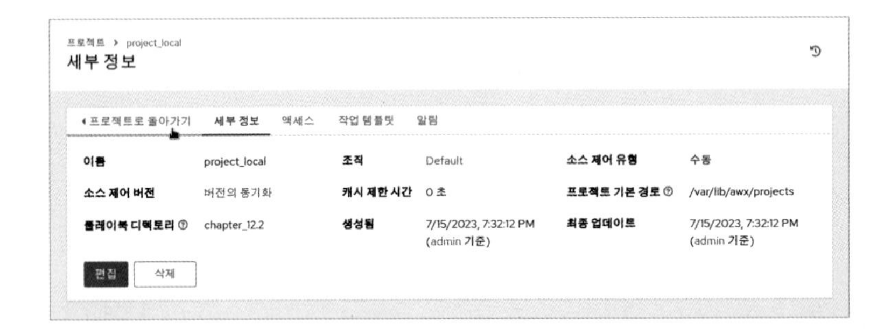

04 프로젝트 목록으로 돌아가면 다음과 같이 추가된 프로젝트를 확인할 수 있습니다.

작업 템플릿 생성

로컬 디렉터리에 복사한 플레이북을 사용하여 해당 플레이북을 사용할 수 있는 프로젝트를 생성했습니다. 이제 해당 프로젝트를 이용하여 작업 템플릿을 생성해보겠습니다.

01 앤서블 오토메이션 플랫폼의 왼쪽 메뉴에서 '템플릿'을 선택하고 '추가' 버튼을 클릭하여 나타난 서브 메뉴에서 '작업 템플릿 추가'를 클릭합니다.

02 새 작업 템플릿 만들기 창이 나타나면 템플릿 이름을 입력하고 기존에 생성해둔 인벤토리를 선택합니다. 프로젝트는 앞에서 생성했던 로컬 디렉터리를 활용한 프로젝트를 선택합니다. 그리고 해당 프로젝트 내의 플레이북을 선택 후 인벤토리의 대상 호스트에 접속하기 위한 인증 정보를 추가합니다.

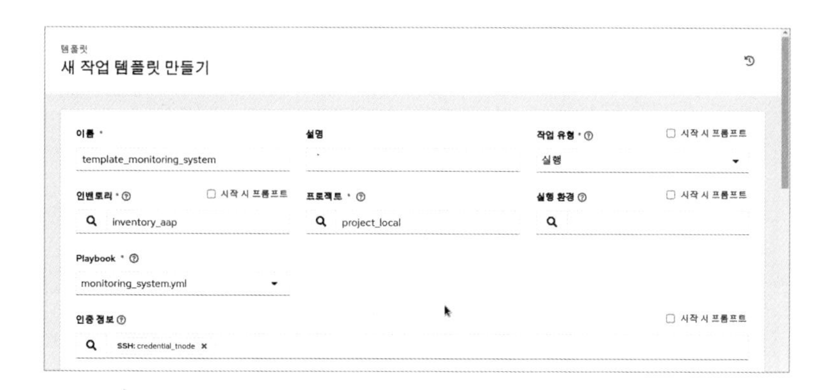

03 옵션에서 '권한 에스컬레이션'을 선택하고 하단의 '저장' 버튼을 클릭합니다.

04 템플릿이 저장되면 다음과 같이 세부 정보를 확인할 수 있습니다. 이때 하단의 '시작' 버튼을 클릭하면 생성한 작업 템플릿을 바로 실행할 수 있습니다.

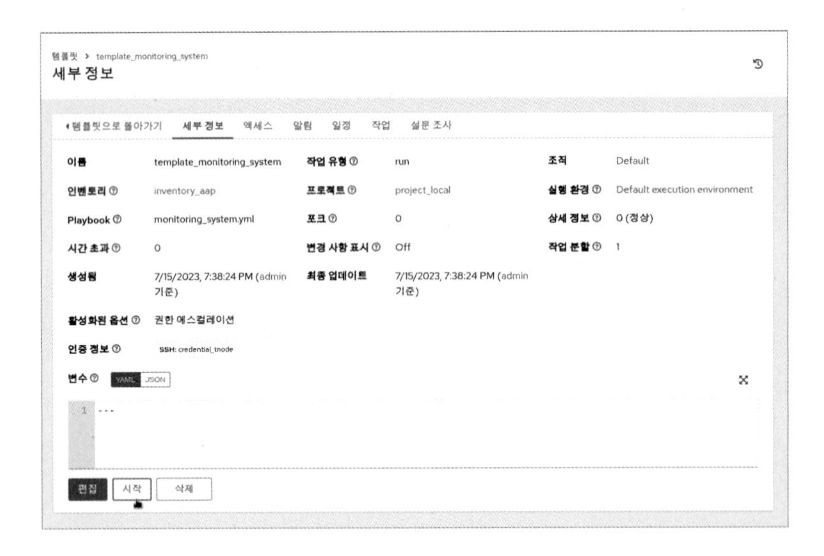

05 '시작' 버튼을 클릭해 템플릿을 실행하면 다음과 같은 출력 화면에 플레이북이 실행되는 과정을 확인할 수 있습니다.

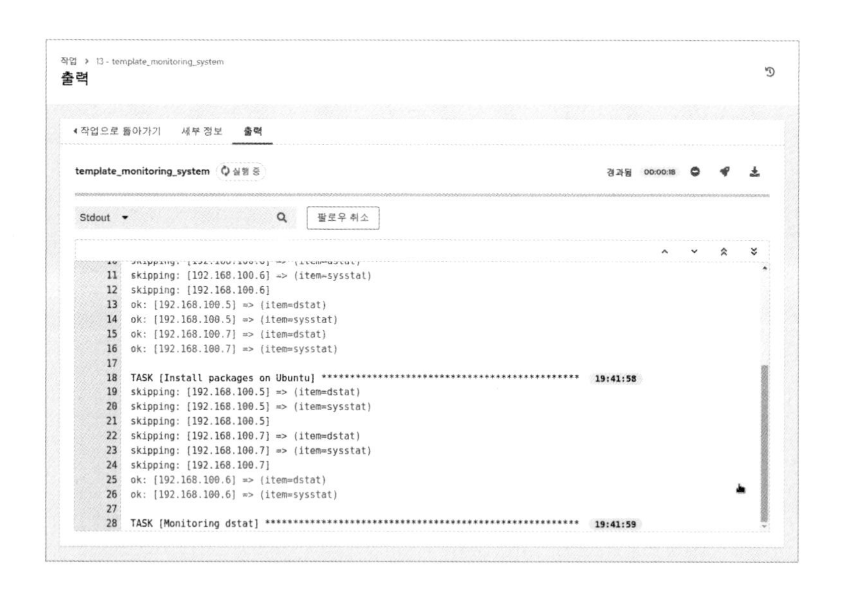

지금까지 앤서블 오토메이션 플랫폼을 이용하여 인벤토리를 생성하고, 인벤토리에 대상 호스트 그룹과 호스트를 추가하고, 호스트에 접근하기 위한 인증 정보를 추가하였습니다. 그리고 깃허브에 있는 플레이북을 가져오기 위해 프로젝트를 생성하고, 이렇게 생성한 자원들을 이용해 작업 템플릿을 만들고, 실행해보았습니다. 또한 작업 템플릿의 고급 기능을 알아보고, 이를 활용하는 방법을 살펴보았습니다.

CHAPTER 18

클라우드 시스템 자동화

앤서블은 아마존이나 구글 클라우드와 같은 퍼블릭 클라우드의 가상 자원이나 오픈스택, VMWare와 같은 프라이빗 클라우드의 가상 자원을 프로비저닝할 수 있습니다. 또한 이렇게 생성한 가상자원에 접근하여 다양한 애플리케이션 설치와 같은 시스템 업무 등을 수행할 수 있습니다. 이번 챕터에서는 앤서블을 통해 퍼블릭 또는 프라이빗 클라우드 시스템의 가상 자원 프로비저닝은 어떻게 하는지 알아보겠습니다.

18.1 오픈스택 인스턴스 생성하기

앤서블 오토메이션 플랫폼을 이용해 오픈스택 인스턴스를 생성하려면 오픈스택과 관련된 모듈이 필요합니다. 따라서 작업 템플릿을 하나 생성해 해당 모듈을 앤서블 오토메이션 플랫폼이 설치된 서버에 설치하고 사용할 수 있도록 설정해주어야 합니다.

오픈스택 콘텐츠 컬렉션 설정하기

오픈스택 콘텐츠 컬렉션은 앤서블 공식 문서에서 사용 방법과 함께 설치 방법을 확인할 수 있습니다.

01 앤서블 공식 문서의 콘텐츠 컬렉션 사이트에 방문하면 openstack.cloud 관련 모듈을 확인할 수 있습니다. 그중 한 모듈에 방문하면 다음과 같이 Note에 openstack.cloud 컬렉션을 설치하는 방법을 확인할 수 있습니다.

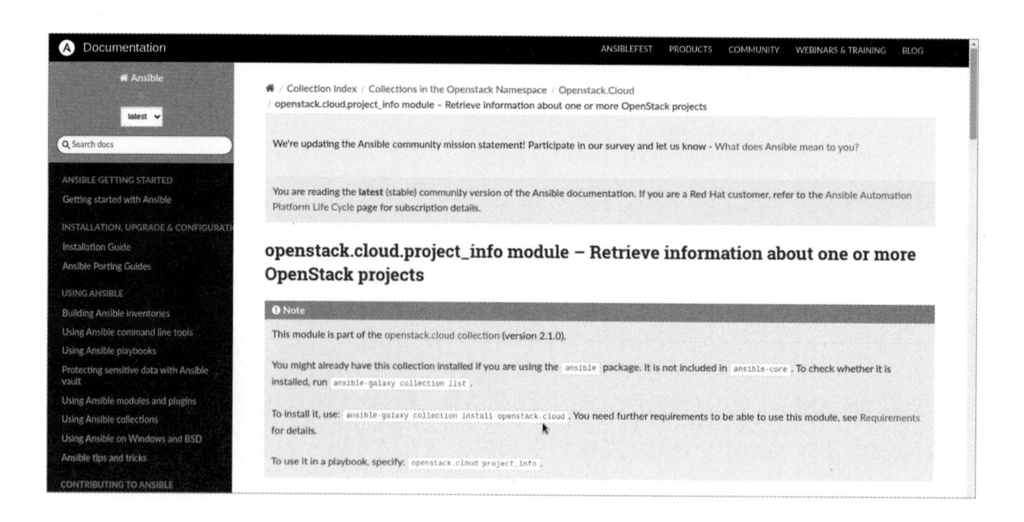

02 앤서블 오토메이션 플랫폼이 설치된 aap 서버에 접속한 후 `ansible-galaxy collection install` 명령어를 이용하여 openstack.cloud 1.10.0 버전을 /usr/share/ansible/collections 디렉터리에 설치합니다.

```
[root@aap ~]# ansible-galaxy collection install openstack.cloud:1.10.0 -p /usr/share/
ansible/collections
Starting galaxy collection install process
Process install dependency map
Starting collection install process
Downloading https://galaxy.ansible.com/download/openstack-cloud-1.10.0.tar.gz to /
root/.ansible/tmp/ansible-local-234411s5zi1jm5/tmptfbjvosu/openstack-cloud-1.10.0-
pnnosx52
Installing 'openstack.cloud:1.10.0' to '/usr/share/ansible/collections/ansible_
collections/openstack/cloud'
openstack.cloud:1.10.0 was installed successfully
[root@aap ~]#
```

03 이렇게 설치된 컬렉션은 ansible-galaxy collection list 명령어를 이용하면 다음과 같이 확인할 수 있습니다.

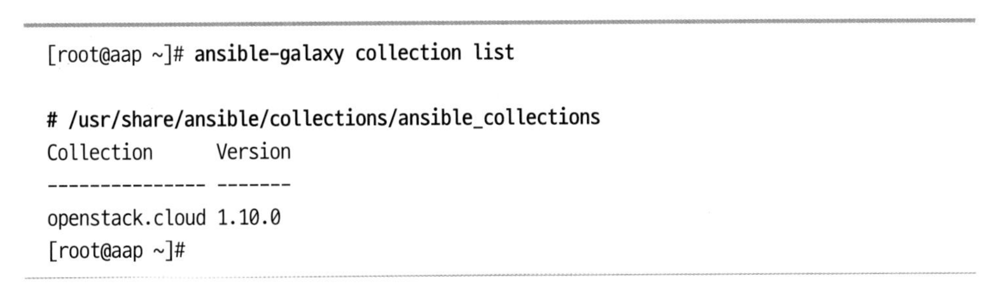

```
[root@aap ~]# ansible-galaxy collection list

# /usr/share/ansible/collections/ansible_collections
Collection      Version
--------------- -------
openstack.cloud 1.10.0
[root@aap ~]#
```

04 설치가 끝나면 앤서블 오토메이션 플랫폼 웹을 열어 왼쪽 메뉴에서 '설정'을 선택하고, 설정 창 하단의 작업 섹션에서 '작업 설정' 메뉴를 클릭합니다.

05 작업 설정 창의 하단에는 '분리된 작업에 노출된 경로'라는 항목이 있습니다. '편집' 버튼을 누르고 해당 항목에 'usr/share/ansible/collections/:/home/runner/.ansible/collections:0'이라는 내용을 입력 후 '저장' 버튼을 클릭합니다.

오픈스택 인증 정보 확인

오픈스택과 관련된 콘텐츠 컬렉션을 설치하고 설정했다면 이제 연동할 오픈스택 인증 정보를 확인할 차례입니다. 오픈스택과 연동하기 위해서는 다음과 같은 인증 정보가 필요합니다.

오픈스택 인증 정보

- 인증 정보 이름: credential_osp
- 인증 정보 유형: OpenStack
- 오픈스택 인증 URL: https://overcloud.exp.com:13000
- 프로젝트: admin
- 사용자 ID: admin
- 패스워드: P@ssw0rd1!
- 도메인: Default
- 지역(Region) 이름: regionOne

인증 정보 추가

이번에는 앤서블 오토메이션 플랫폼에 해당 인증 정보를 추가합니다.

01 앤서블 오토메이션 플랫폼 왼쪽 메뉴에서 '인증 정보'를 선택하고 상단의 '추가' 버튼을 클릭합니다.

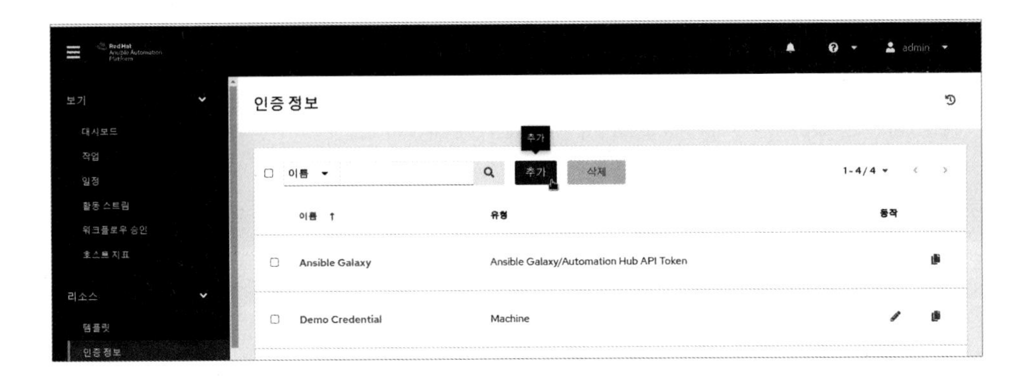

02 새 인증 정보 만들기 창이 나타나면 사전에 확인할 인증 정보를 다음과 같이 입력하고 하단의 '저장' 버튼을 클릭합니다.

03 인증 정보가 저장되면 다음과 같이 세부 정보를 확인할 수 있습니다.

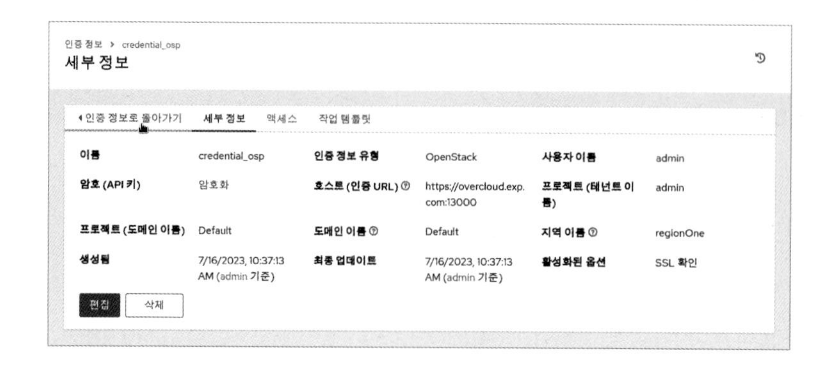

플레이북 개발

이번에는 플레이북을 개발해보겠습니다. 앤서블 오토메이션 플랫폼에서 플레이북을 개발할 때는 다음과 같이 생성할 템플릿과 해당 템플릿에서 사용될 인증 정보, 인벤토리, 프로젝트와 함께 해당 프로젝트에서 불러올 플레이북과 플레이북의 내용을 사전에 설계하면 좀 더 쉽게 작업 템플릿을 생성할 수 있습니다.

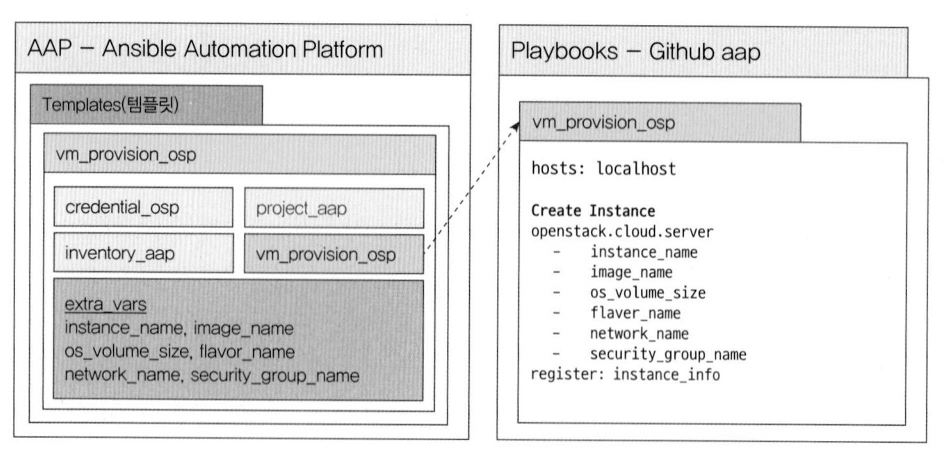

그림 18-1 오픈스택 생성 설계

01 플레이북을 개발했던 ansible-server에 접속하여 깃허브에서 클론했던 aap 디렉터리로 이동 후 chapter_18.1 디렉터리를 생성합니다. 이번에는 3부와는 다르게 `ansible.cfg`와

inventory를 복사하지 않습니다. 여기서는 앤서블 오토메이션 플랫폼에 정의한 환경을 사용할 예정이기 때문입니다.

```
[ansible@ansible-server ~]$ cd aap
[ansible@ansible-server aap]$ mkdir chapter_18.1
[ansible@ansible-server aap]$ cd chapter_18.1/
```

02 vi 에디터를 이용하여 vm_provision_osp.yml 파일을 생성하고, 다음과 같이 openstack.cloud.server 모듈을 이용하여 인스턴스 생성에 필요한 파라미터를 정의합니다. 이때 사용되는 변수들은 앤서블 오토메이션 플랫폼을 통해 입력받을 예정이므로 별도로 변수를 정의할 필요는 없습니다.

```
[ansible@ansible-server chapter_18.1]$ vi vm_provision_osp.yml
---

- hosts: localhost

  tasks:
    - name: launch an instance
      openstack.cloud.server:
        state: present
        name: "{{ instance_name }}"
        image: "{{ image_name }}"
        boot_from_volume: true
        volume_size: 50
        terminate_volume: true
        flavor: "{{ flavor_name }}"
        network: "{{ network_name }}"
        security_groups: ["{{ security_group_name }}"]
        timeout: 200
        wait: yes
        userdata: |
          #cloud-config
          chpasswd:
            list: |
              root:password
              expire: false
[ansible@ansible-server chapter_18.1]$
```

깃허브에 플레이북 업로드하기

플레이북을 개발하면 깃허브에 업로드합니다.

01 git add 명령어를 이용하여 플레이북을 추가할 것이라는 사실을 알리고, 해당 플레이북에 git commit -m 명령어를 이용하여 설명을 추가합니다.

```
[ansible@ansible-server chapter_18.1]$ git add .
[ansible@ansible-server chapter_18.1]$ git commit -m 'openstack_vm_provision'
[main e14cd41] openstack_vm_provision
 1 file changed, 25 insertions(+)
 create mode 100644 chapter_18.1/vm_provision_osp.yml
[ansible@ansible-server chapter_18.1]$
```

02 git push 명령어를 이용하여 해당 깃허브 계정에 로그인하면 플레이북이 깃허브에 업로드됩니다.

```
[ansible@ansible-server chapter_18.1]$ git push
Username for 'https://github.com': naleeJang
Password for 'https://naleeJang@github.com': ***************************
Enumerating objects: 5, done.
Counting objects: 100% (5/5), done.
Delta compression using up to 2 threads
Compressing objects: 100% (3/3), done.
Writing objects: 100% (4/4), 618 bytes | 618.00 KiB/s, done.
Total 4 (delta 1), reused 0 (delta 0), pack-reused 0
remote: Resolving deltas: 100% (1/1), completed with 1 local object.
To https://github.com/naleeJang/aap.git
   3a08104..e14cd41  main -> main
[ansible@ansible-server chapter_18.1]$
```

작업 템플릿 생성하기

플레이북을 개발하고 깃허브에 업로드했다면, 이제 작업 템플릿을 생성할 차례입니다.

01 작업 템플릿 생성에 앞서 템플릿에서 사용할 인벤토리에 앤서블 오토메이션 플랫폼이 설치된 서버를 추가하겠습니다. 앤서블 오토메이션 플랫폼 왼쪽 메뉴에서 '인벤토리'를 선택하고, 목록이 나타나면 'inventory_aap'을 선택합니다.

02 세부 정보가 나타나면 '호스트' 탭을 클릭하고 다음과 같이 '192.168.100.3'이라는 local host를 추가합니다.

03 이번에는 왼쪽 메뉴에서 '프로젝트'를 선택하고 앞에서 추가했던 project-aap라는 프로젝트 행의 동작 필드에서 리프레쉬 모양의 아이콘을 클릭하여 깃허브로부터 플레이북을 다운로드합니다.

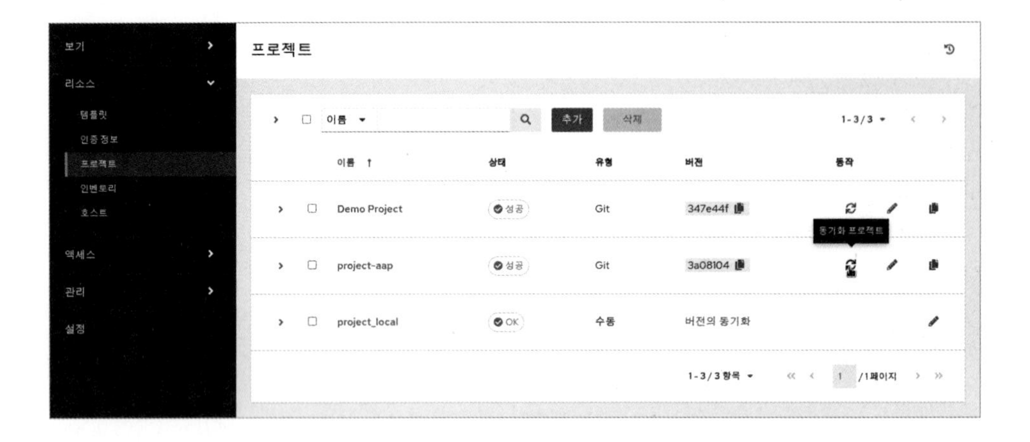

04 플레이북 동기화가 끝나면 왼쪽 메뉴에서 '템플릿'을 선택합니다. 그리고 템플릿 목록 상단의 '추가' 버튼을 클릭하여 나타나는 서브 메뉴의 '작업 템플릿 추가' 버튼을 클릭합니다.

05 새 작업 템플릿 만들기 창이 나타나면 사전에 설계한 다이어그램을 참조하여 이름, 인벤토리, 프로젝트, 플레이북, 인증 정보를 선택합니다. 그리고 인스턴스 생성 시 필요한 변수들을 변수 입력란에 '변수:값' 형식으로 입력합니다. 이때 '시작 시 프롬프트' 체크 박스에 체크하고 하단의 '저장' 버튼을 클릭합니다.

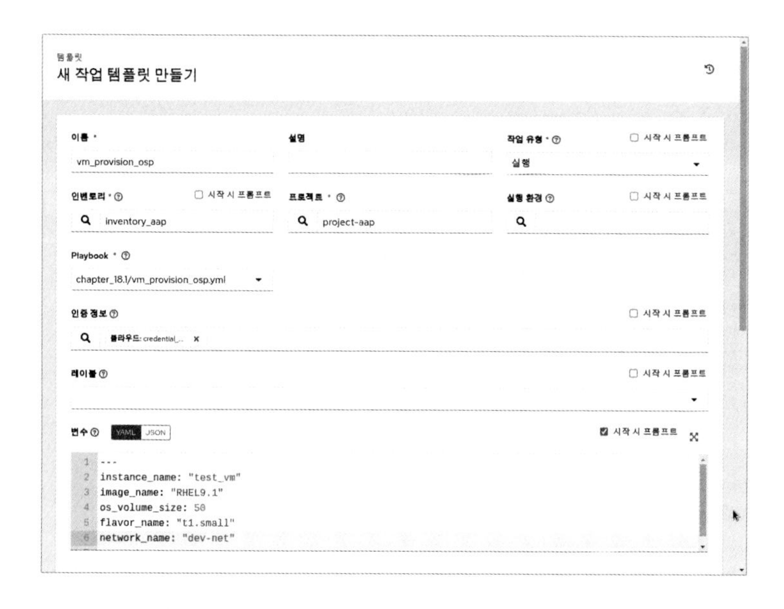

06 작업 템플릿이 저장되면 세부 정보를 확인할 수 있습니다. '시작' 버튼을 클릭해 작업 템플릿을 실행하겠습니다.

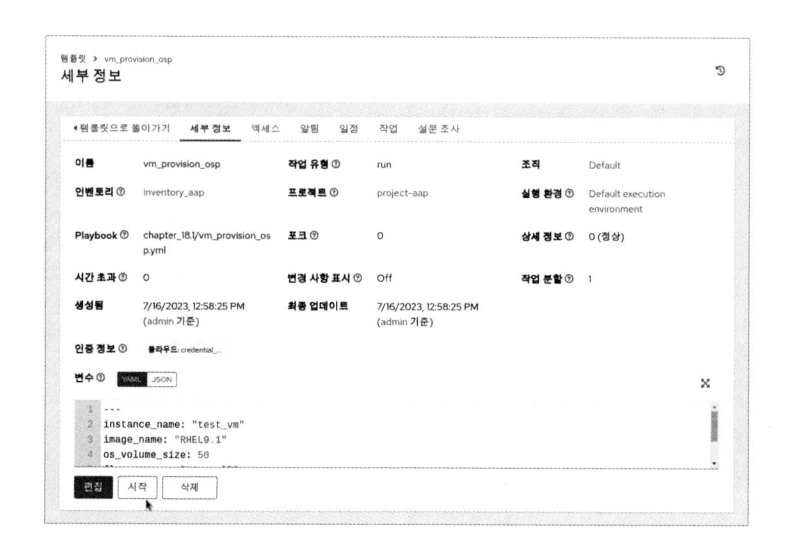

작업 템플릿 실행하기

작업 템플릿을 실행하면 설문 조사를 생성했을 때와 같이 변수 값을 한 번 더 수정할 수 있는 기회를 줍니다. 수정할 필요가 없다면 그대로 사용하고, 내용을 수정하고 싶다면 변수 값을 수정하여 실행할 수도 있습니다.

01 템플릿 세부 정보에서 '시작' 버튼을 클릭하거나 템플릿 목록에서 로켓 모양 아이콘을 클릭하면 다음과 같이 템플릿에서 정의한 변수를 보여줍니다. 여기서 변수 값을 수정할 수 있습니다. 수정을 완료하면 '다음' 버튼을 클릭합니다.

02 플레이북의 상세 정보를 한 번 더 확인 후 하단의 '시작' 버튼을 클릭합니다.

03 출력 화면이 나오면서 플레이북 실행 결과를 다음과 같이 확인할 수 있습니다.

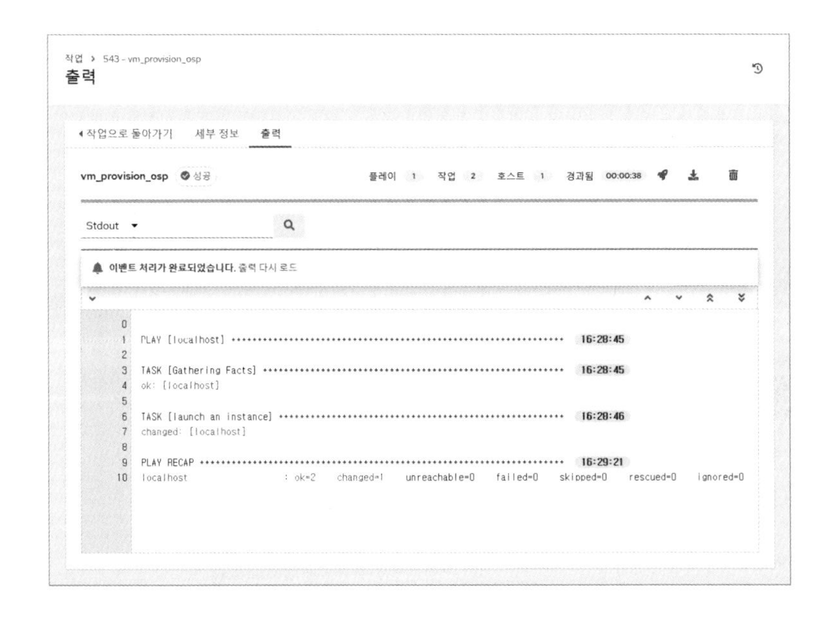

오픈스택 인스턴스 확인

오픈스택 대시보드에서도 인스턴스가 잘 생성되었는지 확인합니다.

01 오픈스택 대시보드에 접속하면 작업 템플릿을 실행할 때 함께 넘겨준 'test_vm'이라는 이름의 인스턴스가 생성된 것을 확인할 수 있습니다.

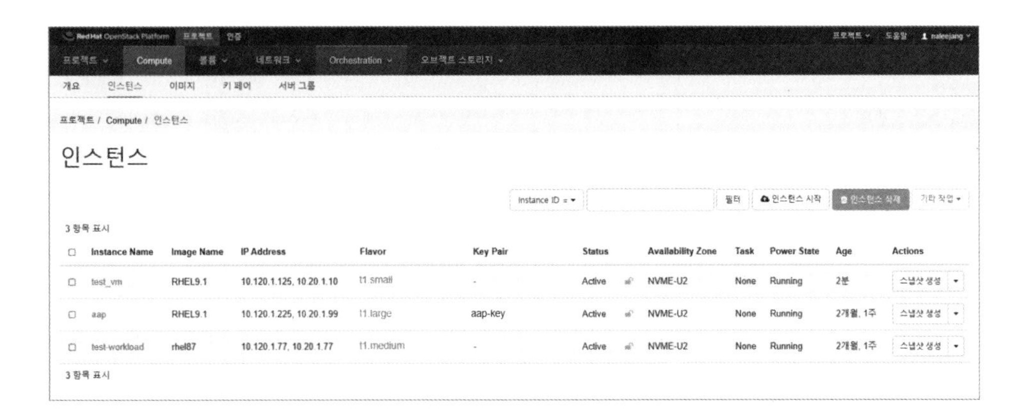

18.2 VMWare 가상머신 생성하기

앤서블은 VMWare vCenter와 연동하여 VM을 생성할 수 있습니다. 앤서블 공식 문서에 방문하면 VMWare vCenter에서 VM을 생성하기 위해 어떤 모듈을 사용했는지, 필요한 정보들을 조회하기 위해서 사용할 수 있는 모듈이 무엇인지 등을 확인할 수 있습니다.

- VMWare Rest 사용 가이드:
  https://docs.ansible.com/ansible/latest/collections/vmware/vmware_rest/docsite/guide_vmware_rest.html

vCenter 인증 정보 확인 및 추가

VMWare vCenter에 VM을 생성하려면 먼저 vCenter 인증 정보를 확인해야 합니다. vCenter와 연동하려면 다음과 같은 정보들이 필요합니다.

- 인증 정보 이름: credential_vmware
- 인증 정보 유형: VMware vCenter
- vCenter 호스트 주소: vmware.exp.com
- 사용자 ID: naleejang@vsphere.local
- 사용자 패스워드: P@ssw0rd1!

앤서블 오토메이션 플랫폼의 인증 정보 메뉴에서 다음과 같이 새 인증 정보를 추가합니다.

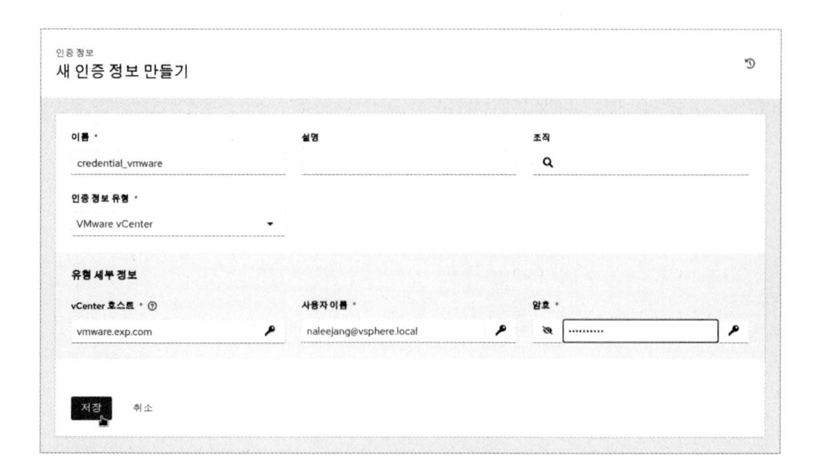

플레이북 개발

인증 정보가 잘 추가되면 플레이북을 개발합니다. 어떤 작업 템플릿을 만들 것인지, 플레이북의 작업 프로세스는 어떻게 되는지 등을 사전에 설계하면 개발과 작업 템플릿 생성을 좀 더 쉽고 효율적으로 할 수 있습니다.

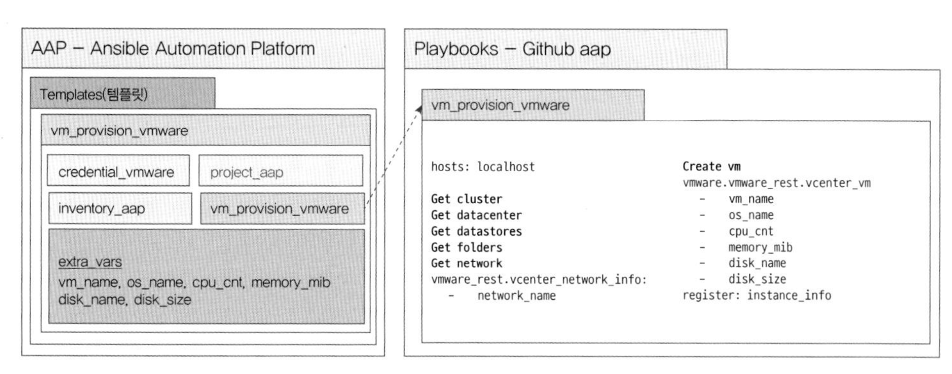

그림 18-2 가상머신 생성 설계

앤서블 공식 문서의 VMware Rest 사용 가이드를 참조하여 vCenter에서 VM 생성 관련 플레이북을 설계하면 설계한 내용을 기반으로 플레이북을 작성합니다.

01 플레이북을 개발했던 ansible-server에 접속하여 깃허브에서 clone을 받았던 aap 디렉터리로 이동합니다. 그리고 chapter_18.2라는 디렉터리를 생성한 후 해당 디렉터리로 이동합니다.

```
[ansible@ansible-server ~]$ cd aap
[ansible@ansible-server aap]$ mkdir chapter_18.2
[ansible@ansible-server aap]$ cd chapter_18.2/
```

02 vi 에디터를 이용하여 VMWare vCenter에 VM을 생성하기 위한 플레이북을 작성합니다. 앤서블 공식 문서의 VMware Rest 사용 가이드를 참조하면 좀 더 쉽게 작성할 수 있습니다.

```
[ansible@ansible-server chapter_18.2]$ vi vm_provision_vmware.yml
---

- hosts: all
```

```
  tasks:

    - name: Get cluster
      vmware.vmware_rest.vcenter_cluster_info:
      register: all_clusters

    - name: Retrieve details about the first cluster
      vmware.vmware_rest.vcenter_cluster_info:
        cluster: "{{ all_clusters.value[0].cluster }}"
      register: my_cluster

    - name: Get datastores
      vmware.vmware_rest.vcenter_datastore_info:
        filter_names:
          - "{{ datastore_name }}"
      register: datastores

    - name: Set my_datastore
      set_fact:
        my_datastore: '{{ datastores.value|first }}'

    - name: Get folders
      vmware.vmware_rest.vcenter_folder_info:
        filter_type: VIRTUAL_MACHINE
        filter_names:
          - "{{ folder_name }}"
      register: folders

    - name: Set my_vm_folder
      set_fact:
        my_vm_folder: '{{ folders.value|first }}'

    - name: Get Network
      vmware.vmware_rest.vcenter_network_info:
        types: "DISTRIBUTED_PORTGROUP"
        names: "{{ network_name }}"
      register: network

    - name: Set my_network
      set_fact:
        my_network: '{{ network.value|first }}'

    - name : Create a VM
      vmware.vmware_rest.vcenter_vm:
```

```
        placement:
          cluster: "{{ my_cluster.id }}"
          datastore: "{{ my_datastore.datastore }}"
          folder: "{{ my_vm_folder.folder }}"
        name: "{{ vm_name }}"
        guest_OS: "{{ os_name }}"
        hardware_version: VMX_19
        cpu:
          count: "{{ cpu_cnt }}"
        memory:
          hot_add_enabled: true
          size_MiB: "{{ memory_mib }}"
        disks:
        - type: SATA
          new_vmdk:
            name: "{{ disk_name }}"
            capacity: "{{ disk_size_byte }}"
        nics:
        - backing:
            type: "{{ my_network.type }}"
            network: "{{ my_network.network }}"
      register: my_vm

    - ansible.builtin.debug:
        vars: my_vm

[ansible@ansible-server chapter_18.2]$
```

깃허브에 플레이북 업로드하기

01 git add 명령어로 업로드할 플레이북을 추가하고, git commit 명령어를 통해 플레이북 추가 사유를 간단하게 작성합니다.

```
[ansible@ansible-server chapter_18.2]$ git add .
[ansible@ansible-server chapter_18.2]$ git commit -m 'vmware_vm_provision'
[main 1df170a] vmware_vm_provision
 1 file changed, 59 insertions(+)
 create mode 100644 chapter_18.2/vm_provision_vmware.yml
[ansible@ansible-server chapter_18.2]$
```

02 git push 명령어를 이용하여 플레이북을 깃허브에 업로드합니다.

```
[ansible@ansible-server chapter_18.2]$ git push
Username for 'https://github.com': naleeJang
Password for 'https://naleeJang@github.com':
Enumerating objects: 5, done.
Counting objects: 100% (5/5), done.
Delta compression using up to 2 threads
Compressing objects: 100% (4/4), done.
Writing objects: 100% (4/4), 832 bytes ¦ 832.00 KiB/s, done.
Total 4 (delta 1), reused 0 (delta 0), pack-reused 0
remote: Resolving deltas: 100% (1/1), completed with 1 local object.
To https://github.com/naleeJang/aap.git
   e14cd41..1df170a  main -> main
[ansible@ansible-server chapter_18.2]$
```

작업 템플릿 생성하기

01 앤서블 오토메이션 플랫폼의 템플릿 메뉴에서 목록 상단의 '추가' 버튼을 클릭하면 나타나는 서브 메뉴의 '작업 템플릿 추가' 버튼을 클릭합니다. 새 작업 템플릿 만들기 창에서 다음과 같이 사전 설계 내용을 참조하여 작업 템플릿 내용을 설정하고 '저장' 버튼을 클릭합니다.

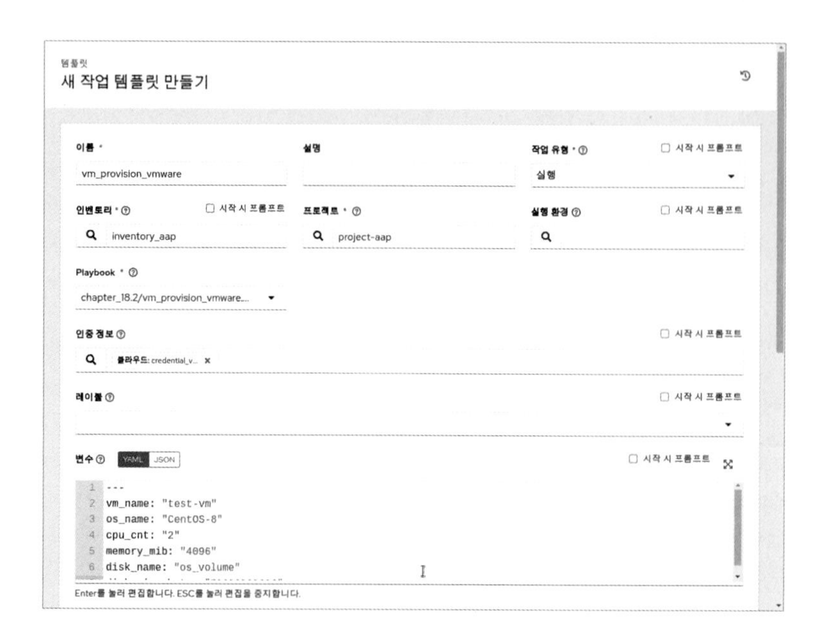

02 작업 템플릿 생성을 완료하면 다음과 같이 세부 정보를 확인할 수 있습니다.

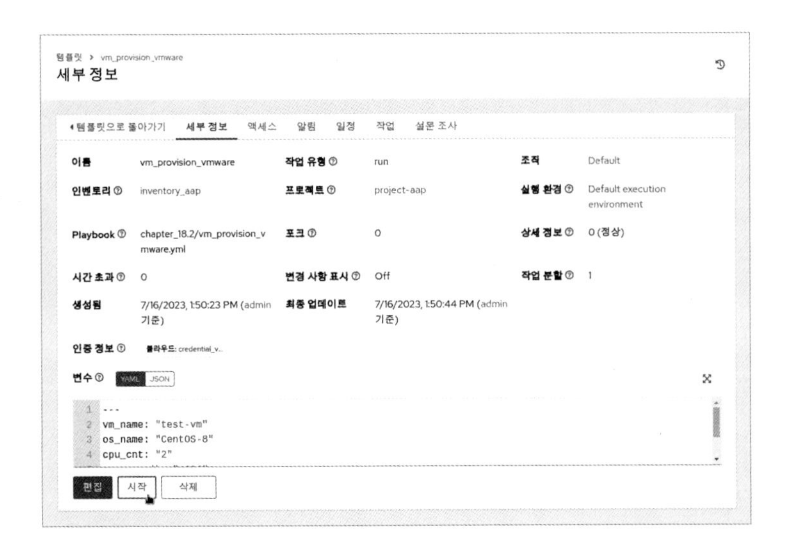

작업 템플릿 실행하기

작업 템플릿 세부 정보 하단의 '시작' 버튼을 클릭하거나 템플릿 목록에서 로켓 모양 아이콘을 클릭하여 작업 템플릿을 실행합니다. 작업 템플릿 생성 시 변수 입력란의 '시작 시 프롬프트'를 선택하지 않으면 해당 변수 입력란에 입력한 값이 자동으로 넘어갑니다.

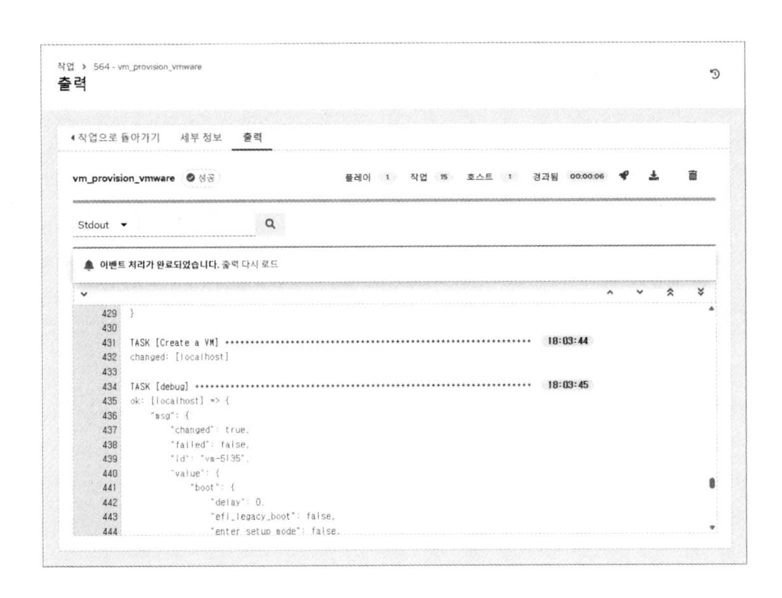

VMWare VM 확인

플레이북이 실행되면 vCenter에 접속하여 VM이 잘 생성되었는지 확인합니다.

18.3 쿠버네티스에 애플리케이션 파드 생성하기

앤서블을 이용하여 쿠버네티스에 애플리케이션을 설치하려면 쿠버네티스 API를 사용해야 합니다. 쿠버네티스 API는 인증 정보가 필요한데, 쿠버네티스에서 서비스 어카운트를 생성하고 여기에 권한Role을 할당해주어야 합니다. 서비스 어카운트 생성은 쿠버네티스 공식 문서에서 확인할 수 있으며, 앤서블과 연동 전에 미리 확인합니다.

- 서비스 어카운트 생성:
  https://kubernetes.io/docs/tasks/configure-pod-container/configure-service-account
- 서비스 어카운트 관리:
  https://kubernetes.io/ko/docs/reference/access-authn-authz/service-accounts-admin

인증 정보 확인 및 추가

쿠버네티스에 서비스 어카운트를 생성하고 토큰을 발행했다면 앤서블 오토메이션 플랫폼에 인증 정보를 추가합니다. 앤서블에서 쿠버네티스 인증 정보를 추가하려면 다음과 같은 정보가 필요합니다.

- 인증 정보 이름: credential_kubernetes
- 인증 정보 유형: OpenShift 또는 Kubernetes API 전용 토큰
- 쿠버네티스 API 엔드포인트: https://k8s.exp.com:6443
- API 접속 토큰: eyJhbGciOi… kJVA1bGFZwA

정보 확인 후 앤서블 오토메이션 플랫폼의 왼쪽 메뉴에서 '인증 정보'를 클릭하고, 인증 정보 목록의 '추가' 버튼을 클릭하면 다음과 같이 새 인증 정보 만들기 창이 나옵니다. 인증 정보 이름을 입력하고, 인증 정보 유형으로 'OpenShift 또는 Kubernetes API 전달자 토큰'을 선택합니다. 그리고 사전에 확인한 인증 정보를 기반으로 OpenShift 또는 Kubernetes API 엔드포인트와 토큰을 입력합니다.

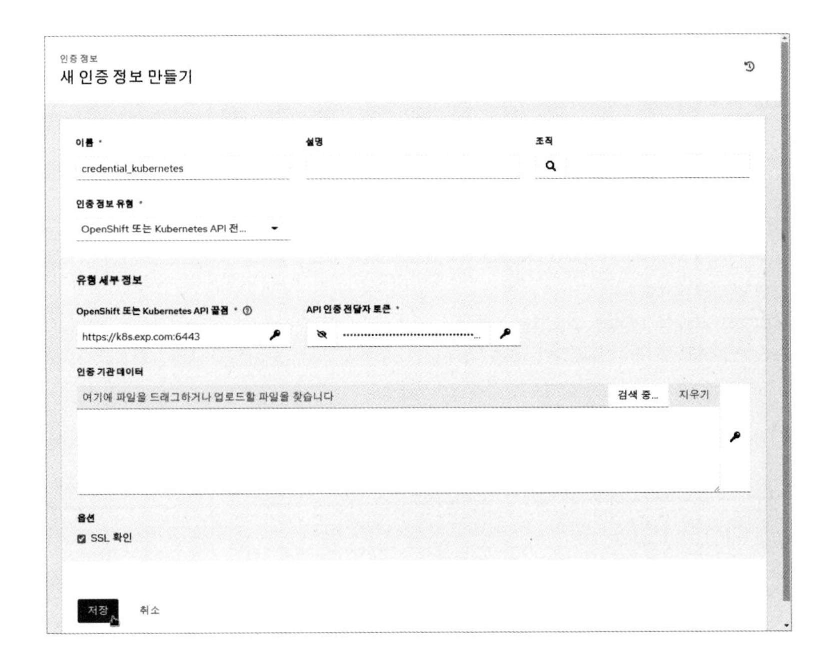

플레이북 개발 및 깃허브에 업로드하기

사전에 플레이북 및 작업 템플릿을 다음과 같이 설계하면 좀 더 쉽게 개발할 수 있습니다.

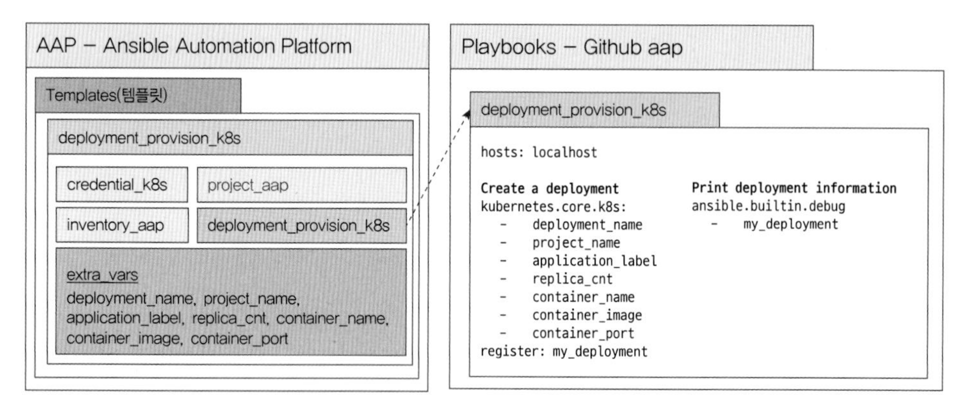

그림 18-3 쿠버네티스 파드 생성 설계

이번 작업은 쿠버네티스에서 디플로이먼트[Deployment]를 생성할 예정이므로 템플릿명은 'deployment_provision_k8s'라고 하고, 인증 정보는 앞에서 생성한 'credential_k8s'를 사용할 예정입니다. 플레이북은 깃허브의 aap 레지스트리에 저장될 예정이며, 쿠버네티스에 디플로이먼트를 배포하기 위해 `kubernetes.core.k8s` 모듈을 사용할 것입니다.

01 먼저 ansible-server에 접속하여 app 디렉터리로 이동 후 chapter_18.3 디렉터리를 만든 다음 해당 디렉터리로 이동합니다.

```
[ansible@ansible-server ~]$ cd aap
[ansible@ansible-server aap]$ mkdir chapter_18.3
[ansible@ansible-server aap]$ cd chapter_18.3/
```

02 vi 에디터로 `deployment_provision_k8s.yml` 파일을 열고 쿠버네티스 공식 문서와 앤서블 공식 문서를 참조하여 다음과 같이 디플로이먼트 생성을 위한 플레이북을 작성합니다. 이때 애플리케이션 관련 정보들은 작업 템플릿을 실행할 때 외부 변수를 통해 정의할 예정이므로 사전 설계 내용을 참조하여 애플리케이션 관련 값들은 전부 변수 처리합니다.

```
[ansible@ansible-server chapter_18.3]$ vi deployment_provision_k8s.yml
---
```

```
- hosts: localhost

  tasks:
  - name: Create a Deployment
    kubernetes.core.k8s:
      state: present
      definition:
        apiVersion: apps/v1
        kind: Deployment
        metadata:
          name: "{{ deployment_name }}"
          namespace: "{{ project_name }}"
          labels:
            app: "{{ application_label }}"
        spec:
          replicas: "{{ replica_cnt }}"
          selector:
            matchLabels:
              app: "{{ application_label }}"
          template:
            metadata:
              labels:
                app: "{{ application_label }}"
            spec:
              containers:
              - name: "{{ container_name }}"
                image: "{{ container_image }}"
                ports:
                - containerPort: "{{ container_port }}"
    register: my_deployment

  - name: Print deployment information
    ansible.builtin.debug:
      var: my_deployment
[ansible@ansible-server chapter_18.3]$
```

03 작성이 끝나면 `git add` 명령어로 업로드할 플레이북을 추가하고 `git commit` 명령어를 통해 플레이북 추가 사유를 간단하게 작성합니다.

```
[ansible@ansible-server chapter_18.3]$ git add .
[ansible@ansible-server chapter_18.3]$ git commit -m 'k8s deployment'
[main d6dce6f] k8s deployment
```

```
 1 file changed, 36 insertions(+)
 create mode 100644 chapter_18.3/create-k8s-deployment.yml
[ansible@ansible-server chapter_18.3]$
```

04 git push 명령어를 이용하여 플레이북을 깃허브에 업로드합니다.

```
[ansible@ansible-server chapter_18.3]$ git push
Username for 'https://github.com': naleeJang
Password for 'https://naleeJang@github.com':
Enumerating objects: 5, done.
Counting objects: 100% (5/5), done.
Delta compression using up to 2 threads
Compressing objects: 100% (4/4), done.
Writing objects: 100% (4/4), 668 bytes | 668.00 KiB/s, done.
Total 4 (delta 1), reused 0 (delta 0), pack-reused 0
remote: Resolving deltas: 100% (1/1), completed with 1 local object.
To https://github.com/naleeJang/aap.git
   1df170a..d6dce6f  main -> main
[ansible@ansible-server chapter_18.3]$
```

작업 템플릿 생성하기

이제 앤서블 오토메이션 플랫폼 화면에서 작업 템플릿을 생성합니다.

01 앤서블 오토메이션 플랫폼의 '템플릿' 메뉴를 클릭한 후 목록 상단의 '추가' 버튼을 클릭합니다. 이때 나타난 서브 메뉴에서 '작업 템플릿 추가'를 선택하면 새 작업 템플릿 만들기 창이 나타납니다. 사전에 설계한 내용을 참조하여 템플릿 이름, 인벤토리, 프로젝트, 플레이북, 인증 정보와 변수를 입력하고 하단의 '저장' 버튼을 클릭합니다.

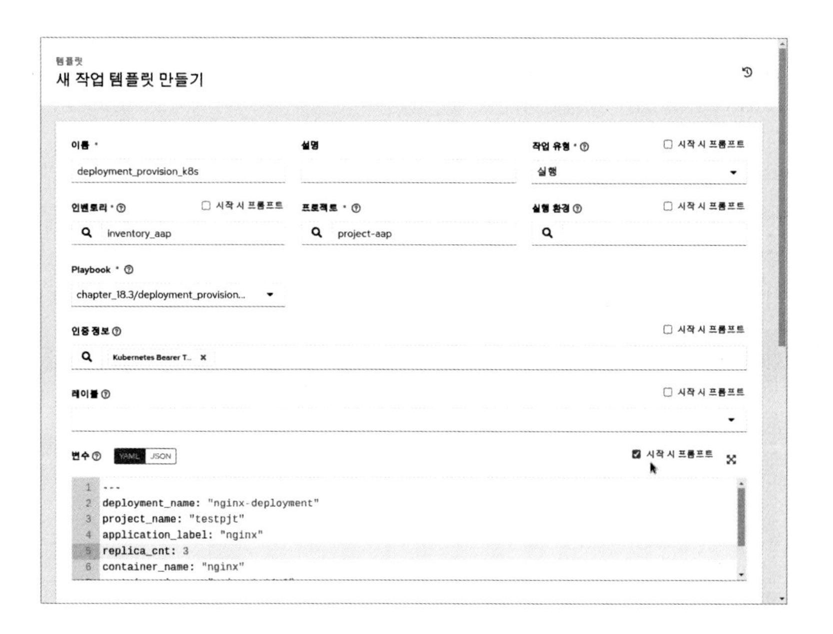

02 템플릿이 저장되면 다음과 같은 세부 정보를 확인할 수 있습니다.

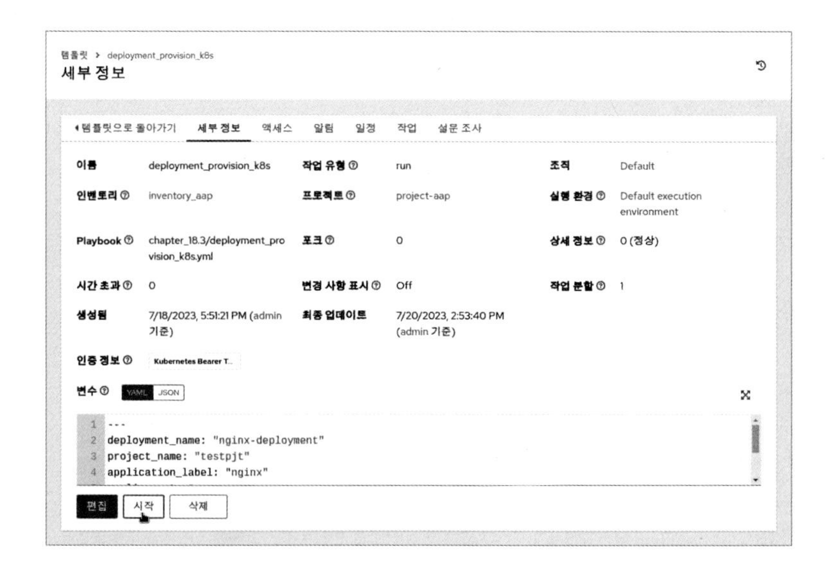

작업 템플릿 실행하기

생성한 작업 템플릿을 실행해 작성한 플레이북에 문제는 없는지, 실행은 잘 되는지 확인합니다.

01 작업 템플릿 세부 정보 화면 하단의 '시작' 버튼을 클릭하거나 템플릿 목록의 로켓 모양 아이콘을 클릭합니다. 그러면 변수 값을 수정할 수 있는 창이 나타납니다. 변수 값 확인 후 하단의 '다음' 버튼을 클릭합니다.

02 템플릿 미리보기가 나오면 다시 한번 템플릿 내용을 확인 후 하단의 '시작' 버튼을 클릭합니다.

03 다음과 같은 출력 화면이 나타나면서 템플릿이 실행되는 과정을 확인할 수 있습니다.

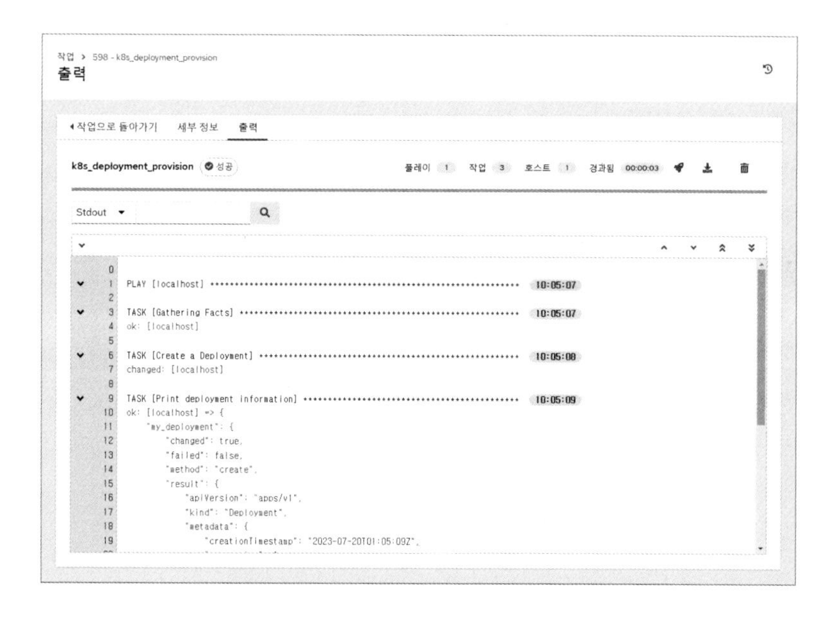

18.4 AWS EC2에 인스턴스 생성하기

앤서블은 프라이빗 클라우드뿐만 아니라 퍼블릭 클라우드의 가상 자원도 생성할 수 있습니다. 또한 생성된 가상 서버에 접속하여 다양한 시스템 환경 설정을 할 수 있습니다. 여기서는 많은 퍼블릭 클라우드 중 AWS^Amazon Web Service^의 EC2를 이용하여 인스턴스를 생성하겠습니다.

인증 정보 추가

앤서블이 AWS에 접근하여 인스턴스를 생성하기 위해서는 먼저 인증 정보가 필요합니다. AWS에서는 Root 사용자가 사용자 그룹을 생성하고 사용자를 추가하며, 외부에서 AWS API를 사용하기 위한 액세스 키와 시크릿 키를 생성합니다. 그러면 앤서블은 이를 이용하여 AWS API를 사용할 수 있습니다.

- 인증 정보 이름: credential_aws
- 인증 정보 유형: Amazon Web Services
- 액세스 키: AKI…90
- 시크릿 키: TYHJ56….

인증 정보를 확인하면 앤서블 오토메이션 플랫폼의 '인증 정보' 메뉴를 클릭 후 목록 상단의 '추가' 버튼을 클릭해 새 인증 정보 만들기 창을 만날 수 있습니다. 사전에 확인한 인증 정보를 다음과 같이 입력하고 하단의 '저장' 버튼을 클릭합니다.

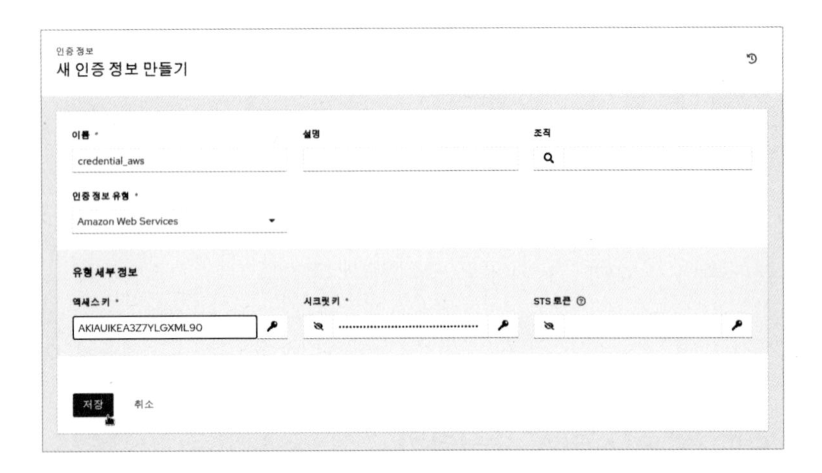

플레이북 개발 및 깃허브에 업로드하기

이번에는 플레이북을 개발해보겠습니다. 앤서블 오토메이션 플랫폼에서 사용할 플레이북을 개발할 때는 어떤 작업 템플릿과 플레이북을 연동할 것인지, 그리고 어떤 태스크를 사용할 것인지를 미리 설계하면 좀 더 쉽게 진행할 수 있습니다.

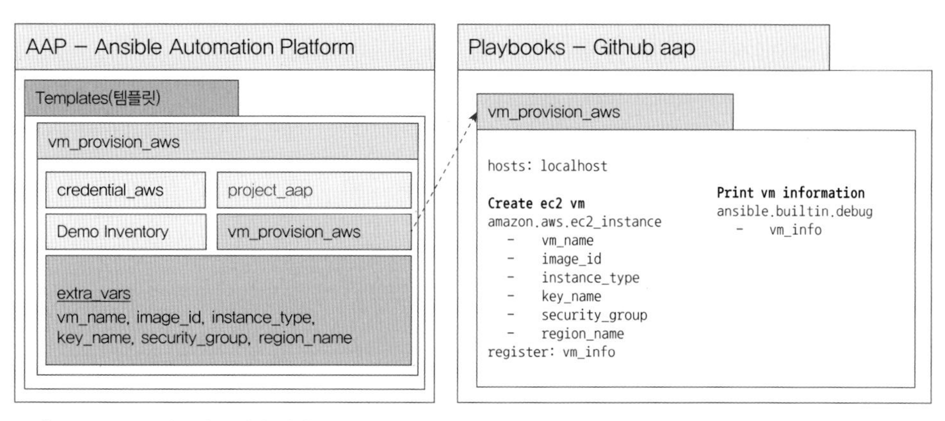

그림 18-4 AWS 인스턴스 생성 설계

이번에는 AWS를 이용하여 인스턴스를 생성할 예정이므로 작업 템플릿명을 vm_provision_aws라고 명명했습니다. 이번 작업 템플릿에서는 앞에서 생성한 credential_aws라는 인증 정보를 사용할 예정이며, 프로젝트는 project_aap에서 vm_provision_aws라는 플레이북을 사용합니다. 플레이북은 `amazon.aws.ec2_instance` 모듈을 이용하여 외부로부터 입력받은 변수를 사용하여 인스턴스를 생성하고 해당 인스턴스 정보를 보여주는 태스크로 이루어집니다.

01 먼저 ansible-server에 접속하여 app 디렉터리로 이동합니다. 여기에 chapter_18.4 디렉터리를 만든 다음 해당 디렉터리로 이동합니다.

```
[ansible@ansible-server ~]$ cd aap
[ansible@ansible-server aap]$ mkdir chapter_18.4
[ansible@ansible-server aap]$ cd chapter_18.4/
```

02 vi 에디터로 `vm_provision_aws.yml` 파일을 열고 설계한 내용을 참조하여 다음과 같이 플레이북을 작성합니다. 앤서블 공식 문서의 콘텐츠 컬렉션 문서를 참조하면 좀 더 쉽게 플레이북을 작성할 수 있습니다.

```
[ansible@ansible-server chapter_18.4]$ vi vm_provision_aws.yml
---

- hosts: localhost

  tasks:
    - name: Create ec2 vm
      amazon.aws.ec2_instance:
        name: "{{ vm_name }}"
        image_id: "{{ image_id }}"
        instance_type: "{{ instance_type }}"
        key_name: "{{ key_name }}"
        security_group: "{{ security_group }}"
        network:
          assign_public_ip: true
        region: "{{ region_name }}"
      register: vm_info

    - name: Print vm information
      ansible.builtin.debug:
        var: vm_info
[ansible@ansible-server chapter_18.4]$
```

03 git add 명령어로 업로드할 플레이북을 추가하고 git commit 명령어로 추가 사유를 간단하게 작성합니다. 그리고 git push 명령어로 플레이북을 깃허브에 업로드합니다.

```
[ansible@ansible-server chapter_18.4]$ git add .
[ansible@ansible-server chapter_18.4]$ git commit -m "vm_provision_aws"
[main eccac05] vm_provision_aws
 1 file changed, 13 insertions(+)
 create mode 100644 chapter_18.4/vm_provision_aws.yml
[ansible@ansible-server chapter_18.4]$ git push
Username for 'https://github.com': naleejang
Password for 'https://naleejang@github.com': ***********************************
Enumerating objects: 5, done.
Counting objects: 100% (5/5), done.
Delta compression using up to 2 threads
Compressing objects: 100% (3/3), done.
Writing objects: 100% (4/4), 462 bytes | 462.00 KiB/s, done.
Total 4 (delta 1), reused 0 (delta 0), pack-reused 0
remote: Resolving deltas: 100% (1/1), completed with 1 local object.
To https://github.com/naleeJang/aap.git
```

```
  fca4cb1..eccac05  main -> main
[ansible@ansible-server chapter_18.4]$
```

작업 템플릿 생성 및 실행하기

01 앤서블 오토메이션 플랫폼의 '템플릿' 메뉴로 들어가 목록 상단의 '추가' 버튼을 클릭하여 '작업 템플릿 추가' 버튼을 클릭합니다. 다음과 같이 새 작업 템플릿 만들기 화면이 나타나면 사전에 설계한 내용을 참조하여 이름, 인벤토리, 프로젝트, 플레이북 등을 입력하고 변수를 입력합니다. 변수를 입력할 때는 사전에 AWS 콘솔에 접속하여 어떤 값을 사용할 수 있는지 확인해야 합니다. 입력 후 '저장' 버튼을 클릭합니다.

02 작업 템플릿이 저장되면 세부 정보를 확인할 수 있습니다. 하단의 '편집'을 클릭하면 템플릿을 수정할 수 있고, '시작' 버튼을 클릭하면 플레이북을 실행할 수 있습니다.

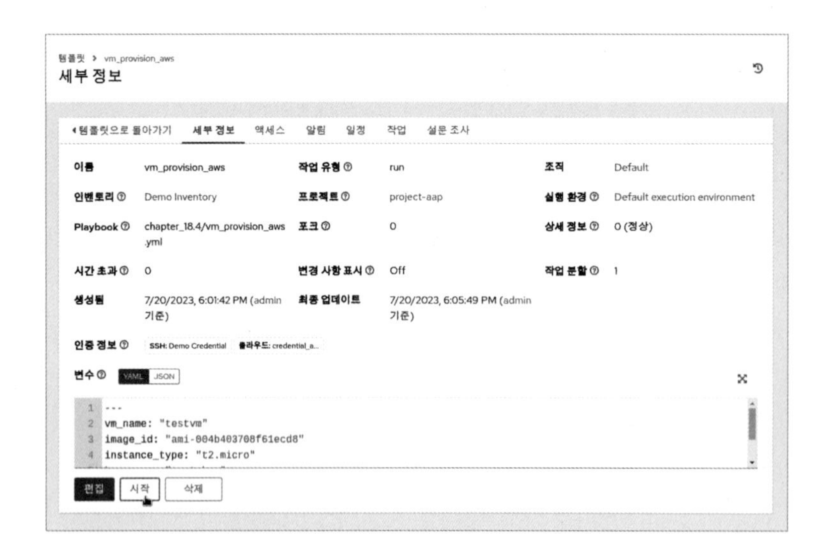

03 세부 정보의 '시작' 버튼을 클릭하면 다음과 같이 템플릿에서 정의 변수를 확인할 수 있습니다. 만일 변수 값을 수정해야 한다면 여기서 수정할 수 있습니다. 수정이 끝나면 하단의 '다음' 버튼을 클릭합니다.

04 템플릿 정보를 한 번 더 확인하고, 확인이 끝나면 하단의 '시작' 버튼을 클릭합니다.

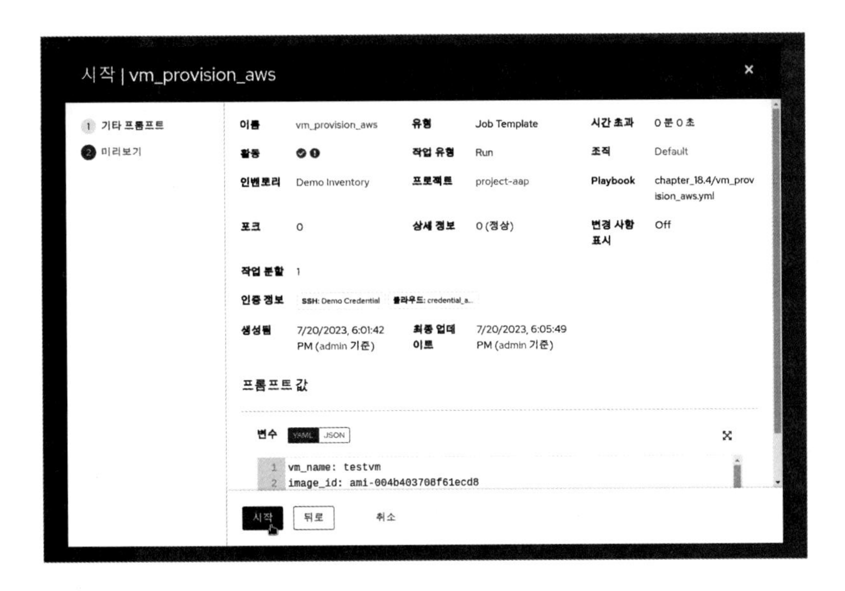

05 출력 화면이 나타나면서 플레이북이 실행되는 과정을 확인할 수 있습니다.

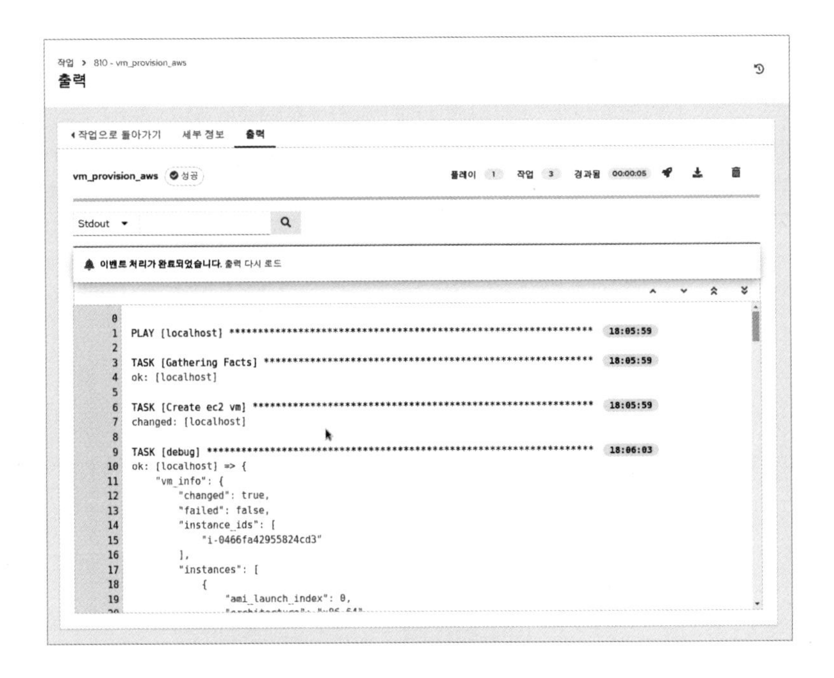

인스턴스 확인

앤서블을 통해 생성된 인스턴스는 AWS 콘솔에서도 다음과 같이 확인할 수 있습니다.

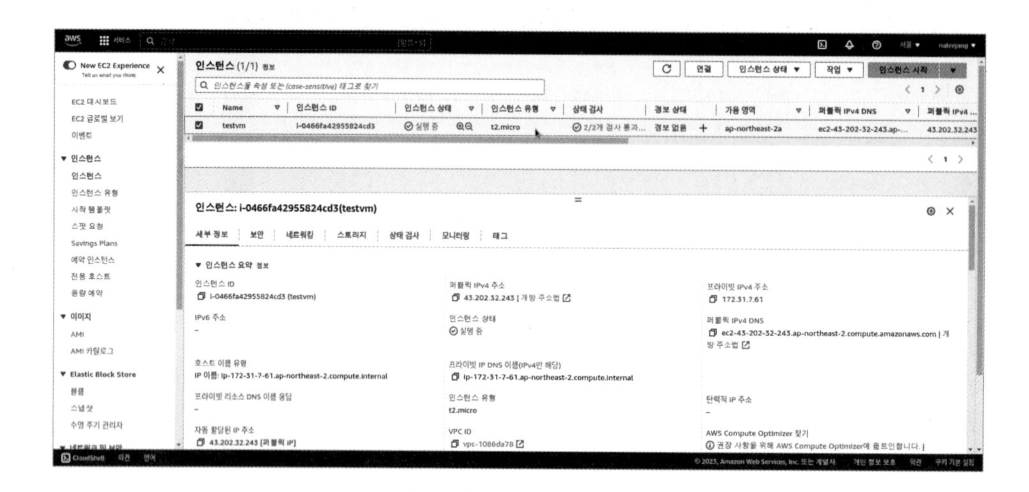

이렇게 프라이빗 클라우드와 퍼블릭 클라우드에 가상 자원을 생성해보았습니다. 앤서블 오토메이션 플랫폼을 이용하여 클라우드 시스템의 자원을 생성하면 인증 정보와 인벤토리, 실행 환경 등을 안전하게 관리하여 플레이북에서 별도의 인증 정보나 변수의 값을 설정하지 않아도 작업 템플릿에서 정보들을 연동할 수 있습니다. 따라서 플레이북의 재사용성과 안정성도 향상되는 이점이 있습니다.

CHAPTER 19

RBAC 적용하기

지금까지 작업 템플릿을 생성하여 프라이빗과 퍼블릭 클라우드 시스템에 가상 자원을 생성해 보았습니다. 앤서블 오토메이션 플랫폼은 이렇게 가상 자원을 생성하는 서비스를 IT 부서가 아닌 기타 다른 부서에도 제공할 수 있습니다. 이는 앤서블 오토메이션 플랫폼에서 제공하는 역할 기반 액세스 제어Role Based Access Control (RBAC) 기능을 사용하여 부서와 사용자 권한을 설정할 수 있기 때문입니다. 이번 챕터에서는 이런 서비스를 제공하기 위해 프로젝트와 사용자의 RBAC를 설계하고 적용하는 방법에 대해 알아보겠습니다.

19.1 RBAC 설계하기

앤서블 오토메이션 플랫폼은 조직 또는 부서를 기준으로 인벤토리, 팀, 프로젝트를 구성하고 관리할 수 있습니다. 조직은 여러 부서와 다양한 사람으로 구성되어 있습니다. 어떤 부서는 IT 인프라를 관리하고, 어떤 부서는 인프라를 사용해 새로운 비즈니스 모델이나 서비스를 개발합니다. 아래 그림은 앤서블 오토메이션 플랫폼을 사용하는 조직이 어떤 기능과 자원들을 사용하고 관리하는지 트리 형태로 표현한 것입니다.

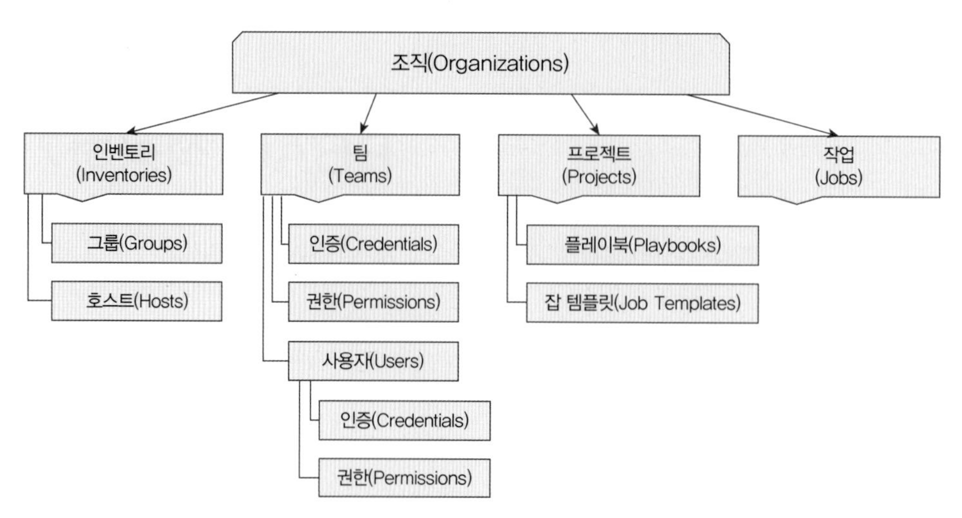

그림 19-1 RBAC 아키텍처

앤서블 오토메이션 플랫폼은 이런 조직 문화에 맞춰 인프라를 담당하는 팀의 역할과 할당받은 인프라를 사용하는 팀의 역할을 팀 또는 사용자에게 부여할 수 있습니다.

팀을 위한 조직 역할

앤서블 오토메이션 플랫폼은 팀 자체에 역할Role을 할당할 수 있는데, 그중에서도 조직 자체에 줄 수 있는 역할이 존재합니다. 아래 표는 팀원에게 공통으로 할당할 수 있는 역할 목록입니다.

역할명	설명
실행	조직에서 실행 가능한 리소스를 모두 실행할 수 있음
프로젝트 관리자	organization의 모든 프로젝트를 관리할 수 있음
인벤토리 관리자	organization의 모든 인벤토리를 관리할 수 있음
인증 정보 관리자	organization의 모든 자격 증명을 관리할 수 있음
워크플로 관리자	organization의 모든 워크플로를 관리할 수 있음
관리자에게 알림	organization의 모든 알림을 관리할 수 있음
작업 템플릿 관리자	organization의 모든 작업 템플릿을 관리할 수 있음
실행 환경 관리자	organization의 모든 실행 환경을 관리할 수 있음
감시자	organization의 모든 측면을 볼 수 있음
읽기	organization의 설정을 볼 수 있음
승인	워크플로 승인 노드를 승인하거나 거부할 수 있음

개인을 위한 조직 역할

팀에 소속된 사용자들은 팀의 모든 설정 권한을 갖습니다. 그러나 팀에서 설정하지 않은 권한도 개인이나 사용자별로 할당할 수 있습니다. 아래 표는 사용자에게 할당할 수 있는 역할 목록입니다.

역할명	설명
관리자	organization의 모든 측면을 관리할 수 있음
실행	조직에서 실행 가능한 리소스를 모두 실행할 수 있음
프로젝트 관리자	organization의 모든 프로젝트를 관리할 수 있음
인벤토리 관리자	organization의 모든 인벤토리를 관리할 수 있음
인증 정보 관리자	organization의 모든 자격 증명을 관리할 수 있음
워크플로 관리자	organization의 모든 워크플로를 관리할 수 있음
관리자에게 알림	organization의 모든 알림을 관리할 수 있음
작업 템플릿 관리자	organization의 모든 작업 템플릿을 관리할 수 있음
실행 환경 관리자	organization의 모든 실행 환경을 관리할 수 있음
감사자	organization의 모든 측면을 볼 수 있음
멤버	사용자는 organization의 구성원
읽기	organization의 설정을 볼 수 있음
승인	워크플로 승인 노드를 승인하거나 거부할 수 있음

기타 역할

이 외에도 시스템 관리자가 생성한 작업 템플릿, 워크플로 작업 템플릿, 프로젝트 등을 사용할 수 있는 기타 역할을 추가할 수 있습니다.

역할	설명
작업 템플릿	시스템 관리자나 조직의 다른 사용자가 만든 템플릿의 접근 권한을 조/팀/개인에게 부여
워크플로 작업 템플릿	시스템 관리자나 조직의 다른 사용자가 만든 워크플로 템플릿의 접근 권한을 조/팀/개인에게 부여
프로젝트	시스템 관리자가 만든 공통 플레이북 저장소를 프로젝트로 등록하고 다른 사용자가 접근할 수 있도록 권한 부여

조직/팀 역할 설계

앤서블 오토메이션 플랫폼은 팀 간에 자원을 공유하여 사용할 수 있게 되어 있습니다. 따라서 아래 표와 같이 조직을 부서 또는 특정 서비스로 설정하고, 팀에는 관리자 권한을 갖는 그룹과 일반 사용자 권한을 갖는 그룹으로 구분합니다. 그리고 관리자 그룹에는 해당 서비스 자원을 관리할 수 있는 권한을 모두 할당하고, 사용자 그룹에는 실행 권한과 읽기 권한만 할당합니다.

조직	팀	팀 역할
IT-Service	IT-Service-Management (IT 서비스 관리 그룹)	- 실행 - 프로젝트 관리자 - 인증 정보 관리자 - 워크플로 관리자 - 관리자에게 알림 - 작업 템플릿 관리자 - 읽기 - 승인
	IT-Service-Users (IT 서비스 사용자 그룹)	- 실행 - 읽기

사용자별 역할 설계

팀을 생성하고 사용자를 추가할 때는 사용자의 팀 내 권한을 설정할 수 있습니다. 다음 표와 같이 관리자 그룹 팀에 추가되는 사용자는 Admin 권한으로 설정하고, 사용자 그룹 팀으로 추가되는 사용자는 Member 권한으로 설정합니다.

팀	사용자	팀 권한
IT-Service-Management	itservice-admin1	Admin
	itservice-admin2	Admin
IT-Service-Users	itservice-user1	Member
	itservice-user2	Member
	itservice-user3	Member

다이어그램으로 설계

위에서 설계한 조직, 팀, 사용자별 역할 설계를 다이어그램으로 표현하면 다음과 같습니다.

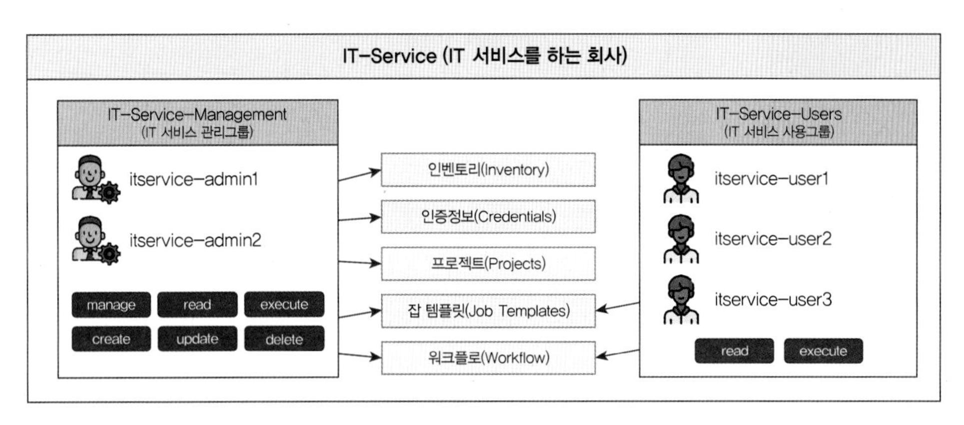

그림 19-2 역할 설계 다이어그램

19.2 조직, 팀 그리고 사용자 생성하기

롤을 기반으로 어떤 그룹과 사용자가 어떤 권한으로 어떤 자원에 접근할 것인지 설계했다면 이제 설계한 내용을 기반으로 조직, 팀 그리고 사용자를 생성해보겠습니다.

조직 만들기

앤서블 오토메이션 플랫폼을 처음 설치하면 기본적으로 Default라는 조직이 생성되어 있습니다. 설계에 따라 여러 조직을 생성할 수도 있고, 하나의 조직으로 관리할 수도 있습니다. 여기서는 하나의 조직으로 자원을 관리하는 방법을 알아보겠습니다.

01 앤서블 오토메이션 플랫폼의 '조직' 메뉴를 선택하면 확인할 수 있는 조직 목록에는 Default라는 조직이 이미 생성되어 있습니다. 여기서는 이 Default 조직을 수정하여 사용할 것이므로 Default 행의 연필 모양 아이콘을 클릭합니다.

02 세부 정보 편집 화면에 사전에 설계한 내용을 참조하여 이름, 설명 등을 입력합니다. 나머지 최대 호스트, 인스턴스 그룹, 실행 환경 등은 옵션이므로 사용해보고 나중에 설정해도 괜찮습니다.

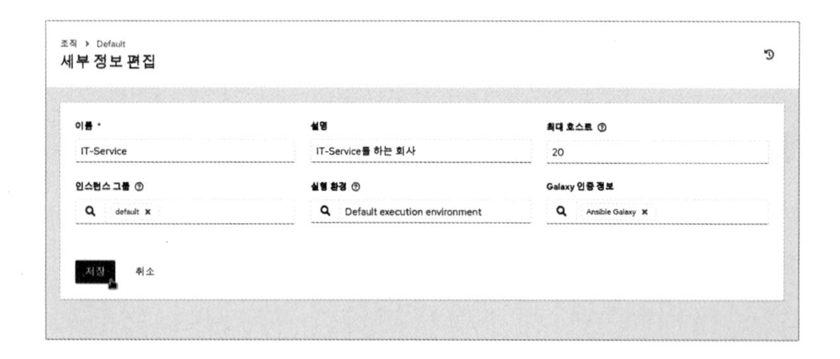

03 수정한 조직 정보를 저장하면 다음과 같이 세부 정보를 확인할 수 있습니다.

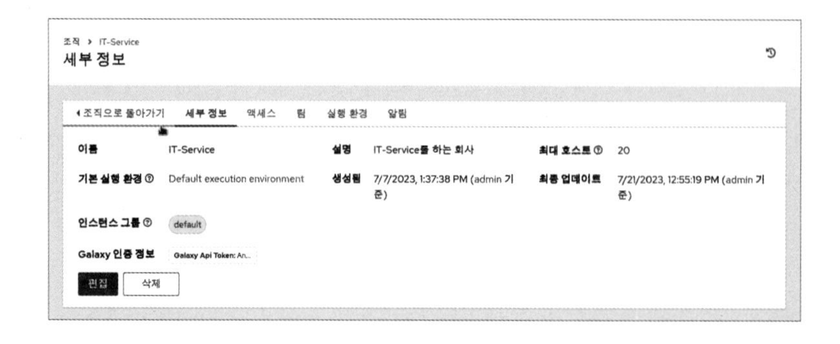

팀 만들기

조직을 생성하거나 기본 조직을 수정했다면 이번에는 팀을 만들어 보겠습니다.

01 앤서블 오토메이션 플랫폼의 '팀' 메뉴를 클릭 후 목록 상단의 '추가' 버튼을 클릭합니다.

02 새 팀 만들기 창이 나타나면 사전에 설계한 내용을 참조하여 이름과 설명을 입력하고 '저장' 버튼을 클릭합니다.

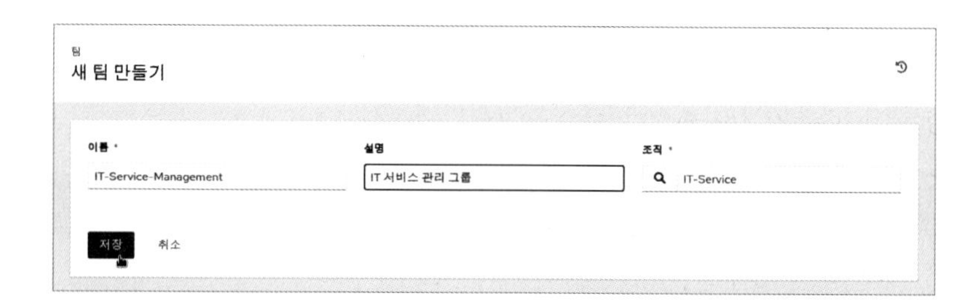

03 팀 정보가 저장되면 다음과 같이 세부 정보를 확인할 수 있습니다.

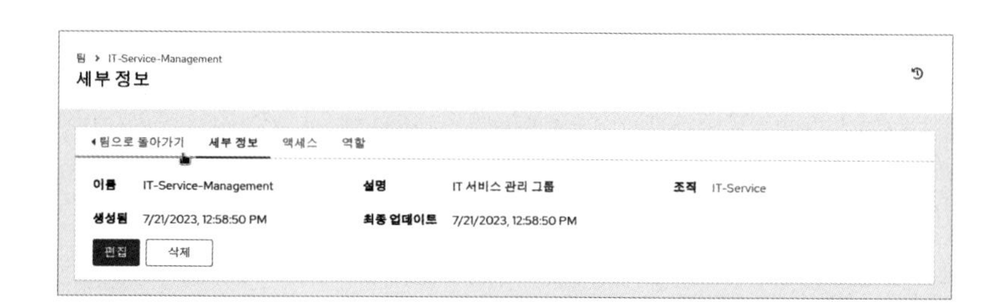

04 목록으로 돌아가 앞에서 했던 방법과 동일하게 나머지 팀도 추가합니다. 그러면 팀 목록에서 다음과 같이 IT-Service-Management와 IT-Service-Users를 확인할 수 있습니다.

사용자 추가하기

조직과 팀을 설정했다면 이번에는 사용자를 추가해보겠습니다.

01 앤서블 오토메이션 플랫폼의 '사용자' 메뉴를 클릭하면 다음과 같이 사용자 목록을 확인할 수 있습니다. 여기에는 이미 admin이라는 시스템 관리자가 존재합니다. admin은 디폴트 사용자이므로 그대로 두고 상단의 '추가' 버튼을 클릭합니다.

02 새 사용자 만들기 창이 나타나면 사전 설계 내용을 참조하여 사용자 이름과 사용자 유형을 설정합니다. 로그인 시 사용할 패스워드를 입력하고 참고할 수 있는 사용자의 이름, 성, 이메일 정보 등을 입력합니다. 특별히 설정한 정보가 없다면 굳이 입력하지 않아도 됩니다. 사용자 정보를 다 입력하면 하단의 '저장' 버튼을 클릭합니다.

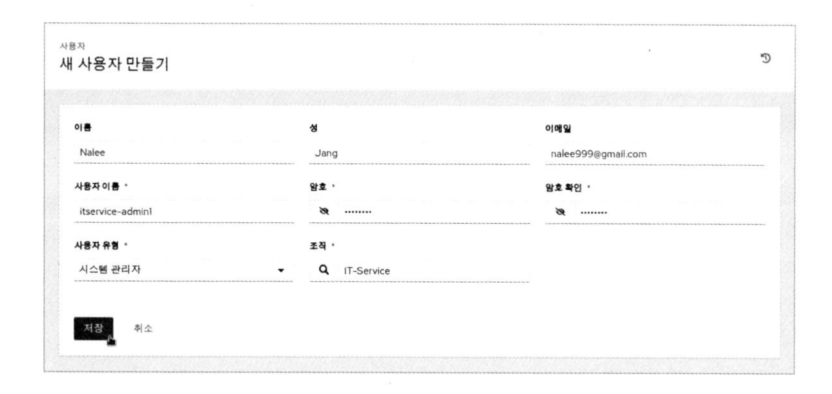

03 사용자 정보가 저장되면 다음과 같이 세부 정보를 확인할 수 있습니다.

04 세부 정보에서 '팀'이라는 탭을 클릭 후 상단의 '연결' 버튼을 클릭합니다.

05 팀 선택이라는 창이 뜨면 추가한 사용자가 소속될 팀을 선택합니다. 지금 추가한 사용자는 관리자 그룹에 소속된 사용자이므로 IT-Service-Management를 선택합니다.

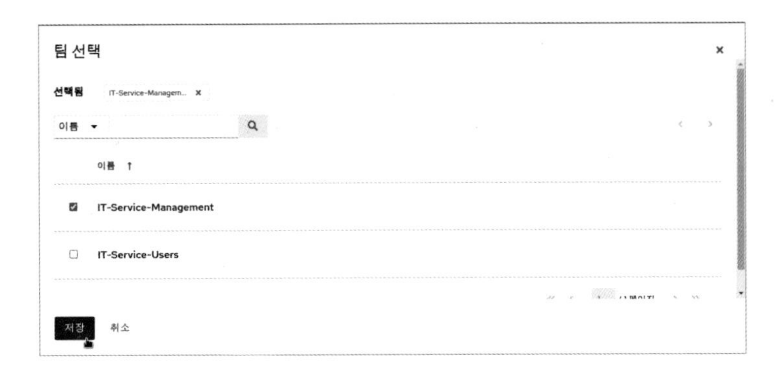

06 팀 정보가 저장되면 어떤 팀에 소속되었는지 목록으로 확인할 수 있습니다.

07 사용자 목록으로 돌아가 앞에서 사용자를 추가했던 방법으로 다른 사용자들도 추가합니다.

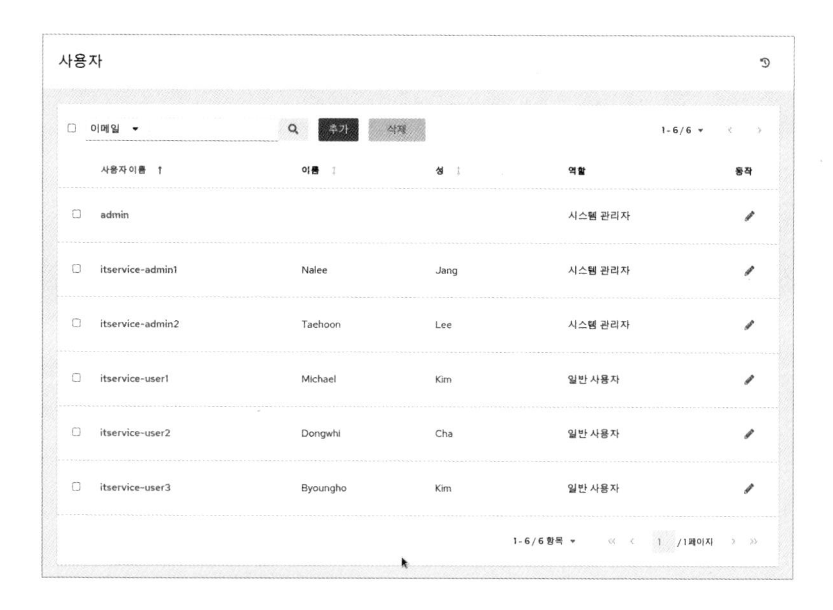

19.3 팀 그리고 사용자에 권한 설정하기

앞에서 조직과 팀을 설정하고 사용자를 추가한 후 사용자별로 팀을 설정했다면 이제 이렇게 생성한 팀과 팀의 사용자들에게 권한을 부여하겠습니다. 권한 설정 전에 먼저 앞에서 설계했던 [그림 19-2] RBAC 역할 설계 다이어그램을 다시 한번 확인합니다.

관리자 그룹에 권한 설정하기

설계한 내용을 참조하여 관리자 그룹으로 생성한 IT-Service-Management 팀에 권한을 설정합니다.

01 앤서블 오토메이션 플랫폼의 '팀' 메뉴를 선택하면 팀 목록을 확인할 수 있습니다. 여기서 IT-Service-Management를 클릭합니다.

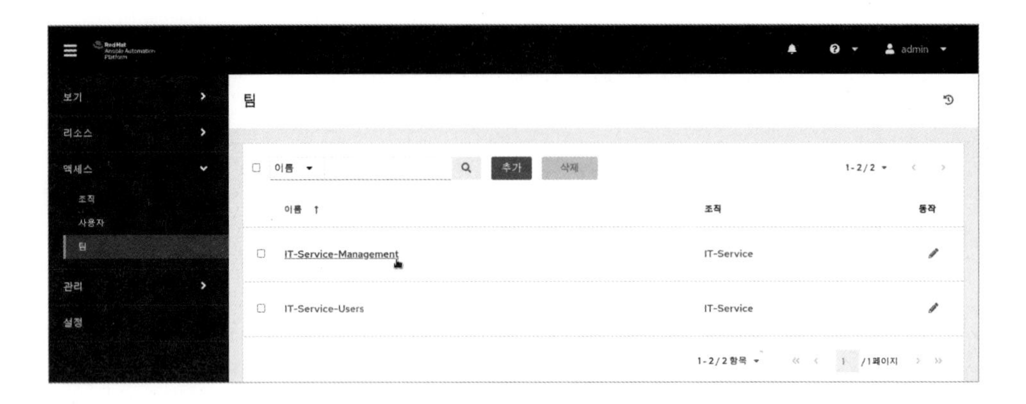

02 팀 세부 정보 화면에서 '역할' 탭을 클릭 후 화면 상단의 '추가' 버튼을 클릭합니다.

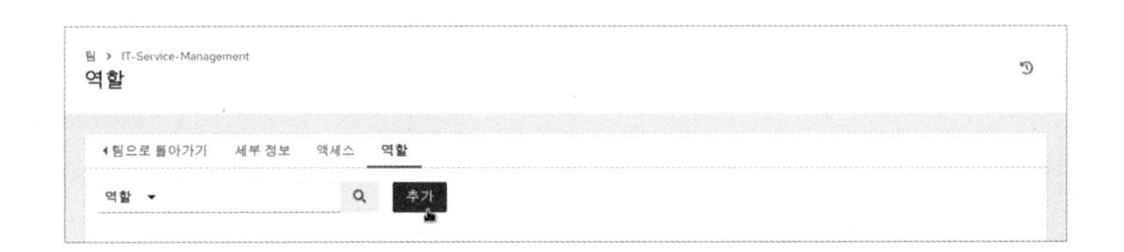

03 다음과 같이 팀 권한 추가 창이 뜨면 '조직'을 선택하고 하단의 'Next' 버튼을 클릭합니다.

04 생성된 조직 목록을 다음과 같이 확인할 수 있습니다. 생성한 조직이 하나뿐이므로 IT-Service를 선택하고 하단의 'Next' 버튼을 클릭합니다.

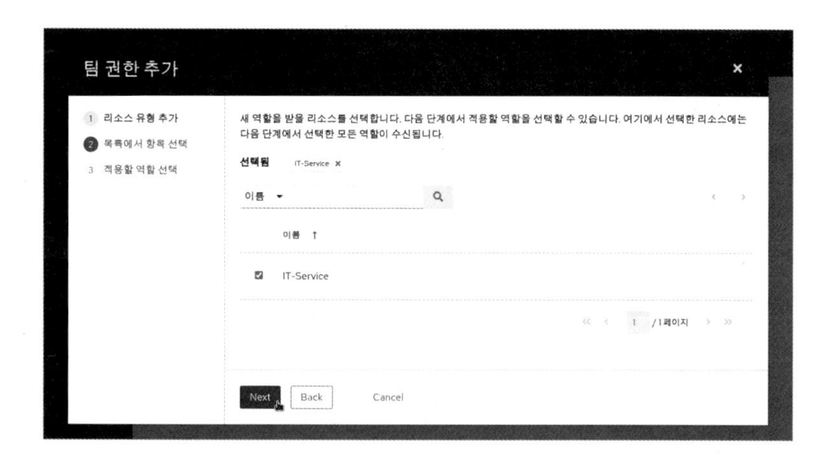

05 마지막으로 역할을 선택할 수 있는 창이 나타납니다. 사전 설계 내용을 바탕으로 감사자를 제외한 모든 권한을 선택하고, 하단의 '저장' 버튼을 클릭합니다.

06 역할이 설정되면 다음과 같이 역할 목록을 확인할 수 있습니다.

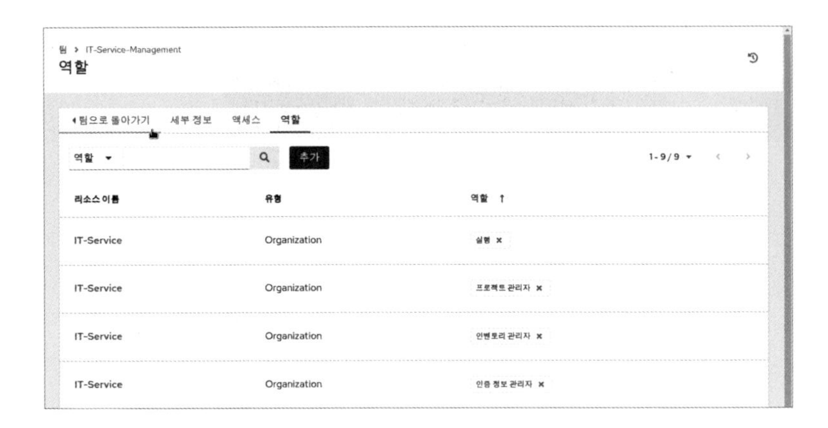

사용자 그룹에 권한 설정하기

01 앤서블 오토메이션 플랫폼의 '팀' 메뉴에서 설정하려는 IT-Service-Users를 클릭합니다.

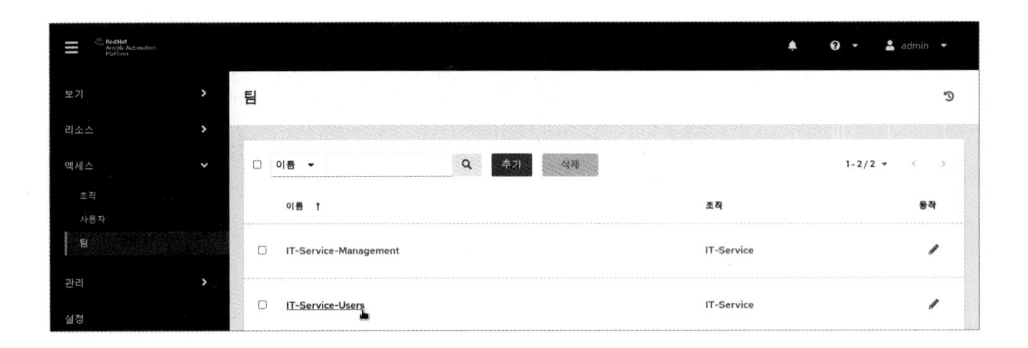

02 세부 정보 페이지가 나타나면 '역할' 탭을 클릭하고 상단의 '추가' 버튼을 클릭합니다.

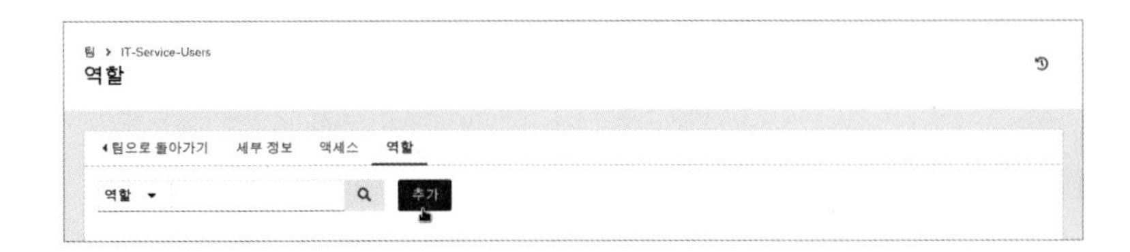

03 팀 권한 추가 창이 뜨면 '조직'을 선택하고 하단의 'Next' 버튼을 클릭합니다.

04 목록에서 항목 선택 창에서 'IT-Service'를 선택한 후 하단의 'Next' 버튼을 클릭합니다.

05 적용할 역할 선택 창에서는 '실행'과 '읽기'만 선택하고 하단의 '저장' 버튼을 클릭합니다.

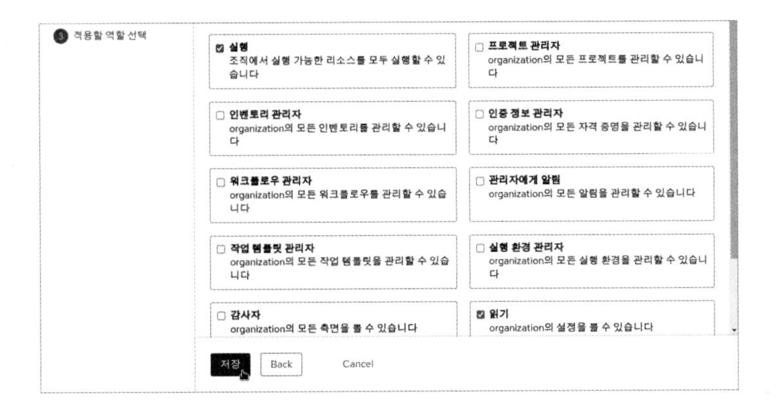

06 IT-Service-Users 그룹의 역할 탭에서 다음과 같이 설정된 역할을 확인할 수 있습니다.

07 이렇게 조직, 팀, 사용자, 역할이 모두 설정되면 앤서블 오토메이션 플랫폼의 '조직' 메뉴에서 해당 조직에 추가된 멤버와 팀 현황을 확인할 수 있습니다.

로그인하여 권한 확인하기

관리자 그룹의 사용자와 사용자 그룹의 사용자로 로그인하여 적용된 권한을 확인해보겠습니다.

01 먼저 관리자 그룹의 itservice-admin1이라는 계정으로 로그인합니다.

02 관리자 그룹의 사용자로 로그인하면 템플릿, 인증 정보, 프로젝트, 인벤토리, 호스트 등 모든 자원을 전부 확인하고 관리할 수 있습니다.

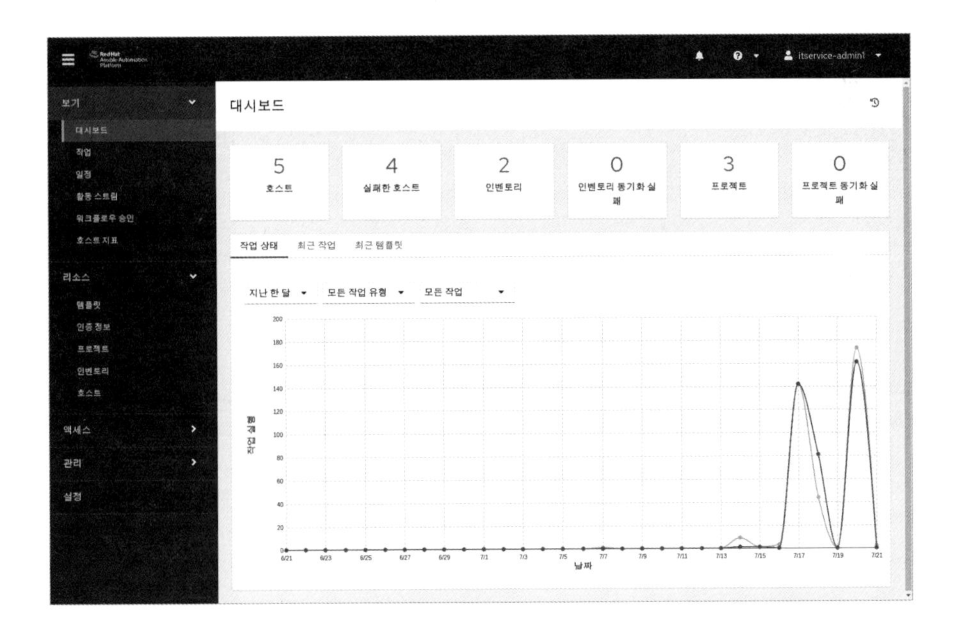

03 반면에 사용자 그룹의 사용자 계정으로 로그인하면 템플릿 외의 다른 자원들은 볼 수 없습니다. 또한 템플릿은 실행만 가능합니다.

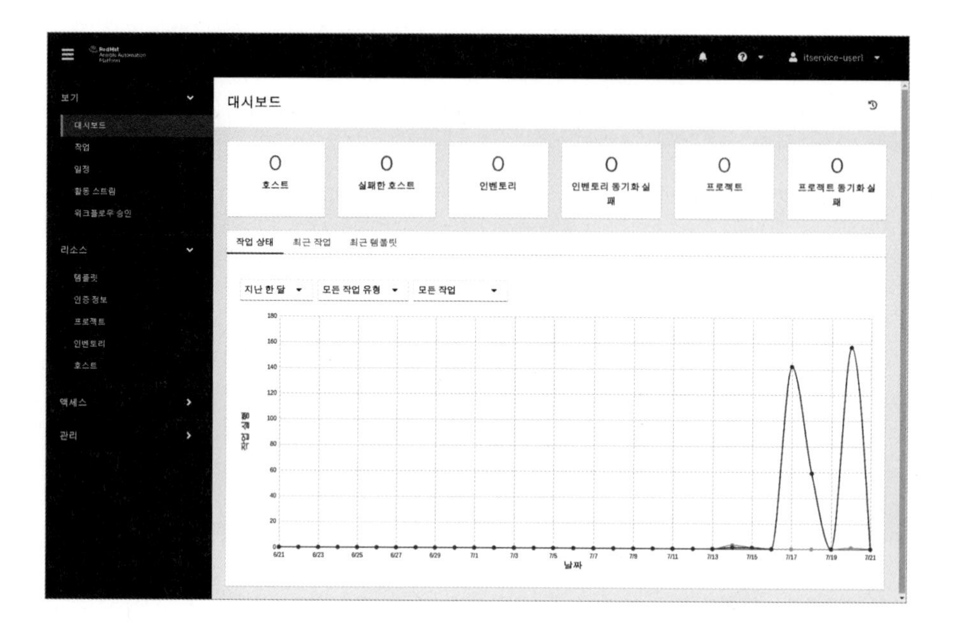

이렇게 롤을 기반으로 한 조직, 팀, 사용자를 생성하고 각 팀에 역할을 할당해보았습니다. 예제에서는 관리자 그룹과 사용자 그룹으로 나누어 팀을 생성하고 사용자를 추가했지만 실제 사용할 때는 여러 조직, 팀과 사용자를 생성할 수 있습니다. 예를 들면 클라우드 서비스 그룹과 보안 그룹, 혹은 시스템 관리 그룹으로 조직을 나누거나 조직 내에서도 담당 업무에 따라 인벤토리 관리팀, 인증 정보 관리팀, 플레이북 개발팀 등으로 나누고 담당자를 각각 지정할 수도 있습니다.

CHAPTER 20

워크플로와 RBAC를 이용한 승인 프로세스 구현

앤서블 오토메이션 플랫폼의 가장 큰 매력은 아마도 워크플로WorkFlow 기능과 RBAC를 이용한 승인 프로세스일 것입니다. IT 부서에서 제공한 자동화 서비스를 다른 부서에서 사용할 경우, 승인 프로세스를 적용하여 IT 담당자가 신청한 해당 서비스가 합당한지 확인하고 서비스를 실행할 수 있습니다. 이번 챕터에서는 워크플로와 RBAC를 이용하여 어떻게 승인 프로세스를 사용하는지를 알아보겠습니다.

20.1 워크플로 설계하기

워크플로는 여러 작업 템플릿을 조합하여 또 다른 프로세스를 자동화할 수 있습니다. 따라서 먼저 플레이북과 작업 템플릿이 테스트되어야 합니다. 어떤 작업 템플릿을 어떤 순서로 실행할 것인지를 사전에 정의하는 것 또한 매우 중요합니다.

다음 그림은 3부와 4부에서 작성하고 테스트했던 플레이북 목록입니다. 이 중 몇 개를 선택하여 작업 템플릿과 워크플로를 생성하겠습니다.

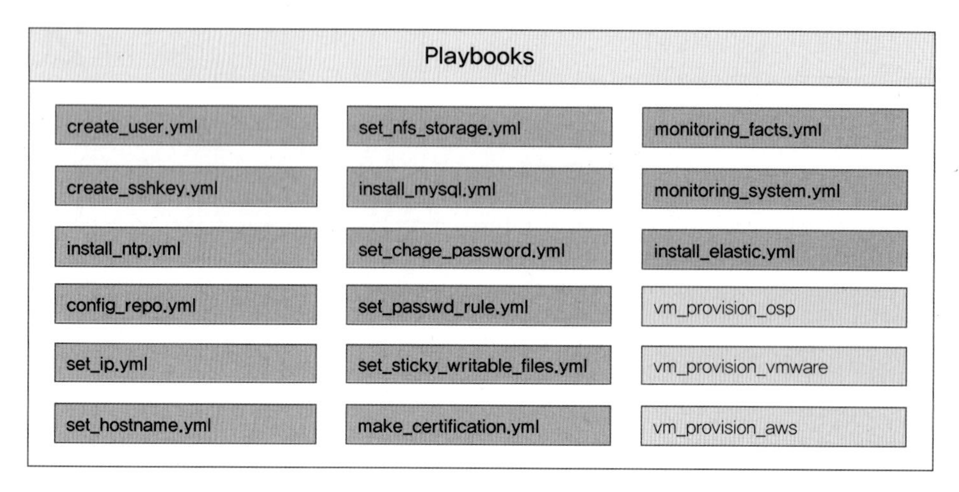

그림 20-1 작성 플레이북 목록

AWS에 인스턴스를 생성하는 플레이북인 vm_provision_aws와 시스템 정보를 확인하는 플레이북인 monitoring_facts, NTP 서비스를 설치할 수 있는 install_ntp 플레이북을 선택하여 다음과 같은 프로세스로 워크플로를 만들겠습니다. 시작 시 승인 요청 프로세스를 넣어 해당 서비스 허용 여부를 관리자 그룹에서 확인할 수 있게 합니다.

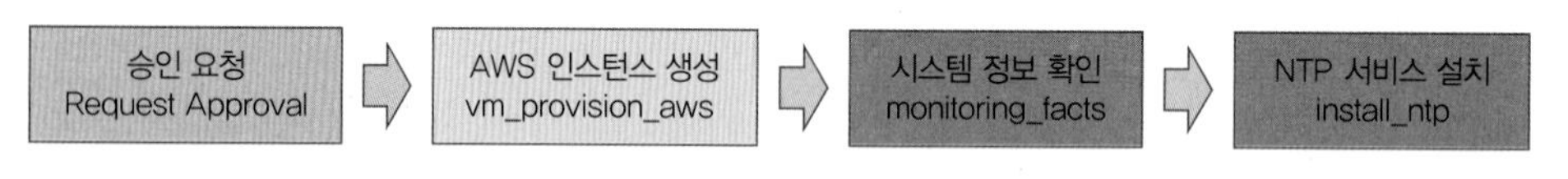

그림 20-2 워크플로 프로세스

이번에는 다음과 같이 워크플로 상세 설계를 합니다. 워크플로를 설계할 때는 생성할 워크플로명, 승인 요청의 작업명, 추가할 작업 템플릿들, 작업 템플릿이 사용할 인증 정보, 인벤토리, 프로젝트와 플레이북 정보들을 함께 명시하면 좋습니다.

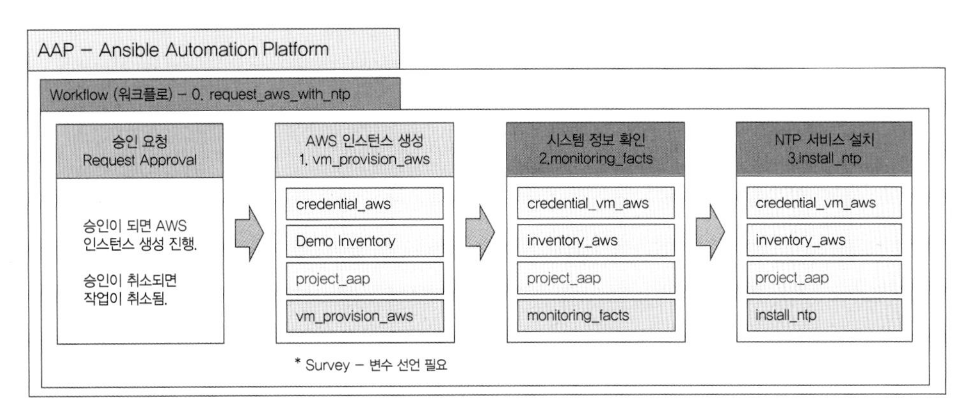

그림 20-3 워크플로 상세 설계

20.2 워크플로 생성하기

설계가 끝나면 워크플로를 생성하기 위한 사전 준비를 하고, 추가될 작업 템플릿을 생성 후 사전 테스트를 합니다. 작업 템플릿에 문제가 없으면 워크플로를 생성합니다.

플레이북 준비

3부에서 작성했던 플레이북을 복사하고 워크플로에 맞게 수정합니다. 플레이북에서 사용할 추가 모듈 중 설치해야 할 것이 있다면 사전에 설치합니다. 이번 AWS 인스턴스 생성 플레이북에서는 다음 프로세스 실행을 위해 인벤토리에 호스트를 진행하고, tnode라는 호스트 그룹에 앞에서 추가한 호스트를 추가하는 절차를 추가할 예정입니다. 이때 호스트 그룹과 호스트를 추가하기 위해서 awx.awx 모듈을 사용합니다.

01 awx.awx 모듈은 기본 제공 모듈이 아니므로 앤서블 오토메이션 플랫폼이 설치된 aap 노드에 접속하여 `ansible-galaxy collection install` 명령어로 설치합니다.

```
[root@aap ~]# ansible-galaxy collection install awx.awx -p /usr/share/ansible/
collections
Starting galaxy collection install process
Process install dependency map
Starting collection install process
Downloading https://galaxy.ansible.com/download/awx-awx-22.5.0.tar.gz to /root/.
```

```
ansible/tmp/ansible-local-18803fn7rgl8f/tmp1w6rc7eg/awx-awx-22.5.0-v4a3u_4m
Installing 'awx.awx:22.5.0' to '/usr/share/ansible/collections/ansible_collections/
awx/awx'
awx.awx:22.5.0 was installed successfully
[root@aap ~]#
```

02 이번에는 3부에서 테스트했던 chapter_09.3 플레이북을 aap 디렉터리로 복사합니다. 그리고 vi 에디터로 `install_ntp.yml` 플레이북을 열어 hosts를 tnode로 수정합니다.

```
[ansible@ansible-server ~]$ cp -r ansible_project/chapter_09.3/ aap
[ansible@ansible-server ~]$ cd aap/chapter_09.3
[ansible@ansible-server chapter_09.3]$ vi install_ntp.yml
---

- hosts: tnode
  roles:
    - role: myrole.chrony
      ntp_server: 0.kr.pool.ntp.org
[ansible@ansible-server chapter_09.3]$
```

03 수정이 끝나면 chapter_18.4 디렉터리로 이동하여 `vm_provision_aws.yml` 플레이북에 다음과 같이 aws 인스턴스의 `public_dns_name`을 host로 등록하는 태스크와 tnode라는 호스트 그룹에 추가하는 태스크를 작성합니다. 그리고 aws에 생성된 인스턴스에 ssh 통신이 되는지 체크하는 wait_for 태스크를 추가 작성합니다.

```
[ansible@ansible-server chapter_09.3]$ cd ~/aap/chapter_18.4
[ansible@ansible-server chapter_18.4]$ cat vm_provision_aws.yml
---
…

    - name: Add IP to inventory
      awx.awx.host:
        name: "{{ vm_info.instances[0].public_dns_name }}"
        inventory: inventory_aws
        enabled: true
        state: present
        controller_host: "{{ controller_hostname }}"
        controller_username: "{{ controller_username }}"
        controller_password: "{{ controller_password }}"
```

```
    - name: Add host to hostgroup
      awx.awx.group:
        name: tnode
        inventory: inventory_aws
        hosts:
          - "{{ vm_info.instances[0].public_dns_name }}"
        preserve_existing_hosts: True
        controller_host: "{{ controller_hostname }}"
        controller_username: "{{ controller_username }}"
        controller_password: "{{ controller_password }}"

    - name: Wait for SSH to aws vm
      ansible.builtin.wait_for:
        host: "{{ vm_info.instances[0].public_dns_name }}"
        port: 22
        delay: 20
        connect_timeout: 100
        state: started
        search_regex: OpenSSH

[ansible@ansible-server chapter_18.4]$
```

04 수정한 플레이북을 깃허브에 업로드합니다.

```
[ansible@ansible-server chapter_18.4]$ cd ..
[ansible@ansible-server aap]$ git add .;git commit -m 'update playbook'; git push
```

워크플로 템플릿 생성

워크플로 템플릿을 생성하기 전에 사전에 수정한 플레이북을 이용하여 잡 템플릿을 생성하고 테스트합니다. 예제에서는 AWS에 생성된 인스턴스에 접근하여 모니터링하고 NTP 서비스를 설치할 예정이므로, 인스턴스에 접근하기 위한 ceredential_vm_aws라는 인증 정보를 사전에 생성해주어야 합니다. 그리고 AWS용 인벤토리인 inventory_aws도 생성합니다.

- 인증 정보
  - 인증 정보 이름: ceredential_aws
  - 인증 정보 유형: Machine
  - 사용자 이름: ec2-user
  - SSH 개인 키: test-key.pem

- 인벤토리
  - 인벤토리 이름: inventory_aws
- 작업 템플릿
  - 템플릿1 이름: 1. vm_provision_aws
  - 템플릿2 이름: 2. Monitoring_facts
  - 템플릿3 이름: 3. install_ntp

01 앤서블 오토메이션 플랫폼의 '템플릿' 메뉴를 클릭해 목록을 확인하면 사전에 테스트한 작업 템플릿이 다음과 같이 있어야 합니다. 작업 템플릿을 생성하고 테스트를 완료했다면 상단의 '추가' 버튼을 클릭하여 나온 서브 메뉴에서 '워크플로 템플릿 추가'를 클릭합니다.

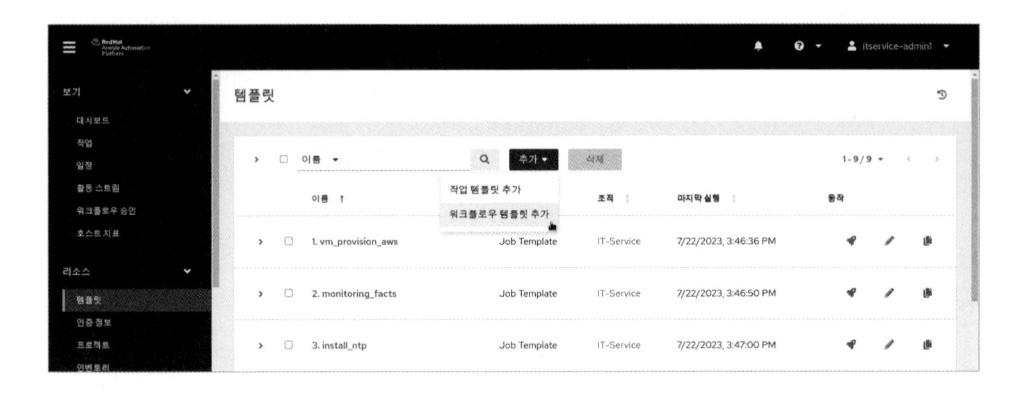

02 새 워크플로 템플릿 만들기 창이 나타나면 사전에 설계한 내용을 참조하여 이름 입력란에 다음과 같이 입력 후 하단의 '저장' 버튼을 클릭합니다.

03 시각화 도구를 사용할 수 있는 창으로 전환되면 화면 가운데에 있는 '시작' 버튼을 클릭합니다.

04 노드 추가 창이 뜨면 사전에 설계한 내용을 참조하여 노드 유형을 '승인'으로 선택합니다. 다음과 같이 이름, 설명을 입력하고 하단의 '저장' 버튼을 클릭합니다.

05 시각화 도구 창에 추가한 승인 작업을 다음과 같이 확인할 수 있습니다. 추가한 작업 박스에 마우스를 올리면 말풍선과 같은 서브 메뉴가 나타나면서 귀여운 아이콘 모양의 버튼을 확인할 수 있습니다. 여기서 '+' 모양 버튼을 클릭합니다.

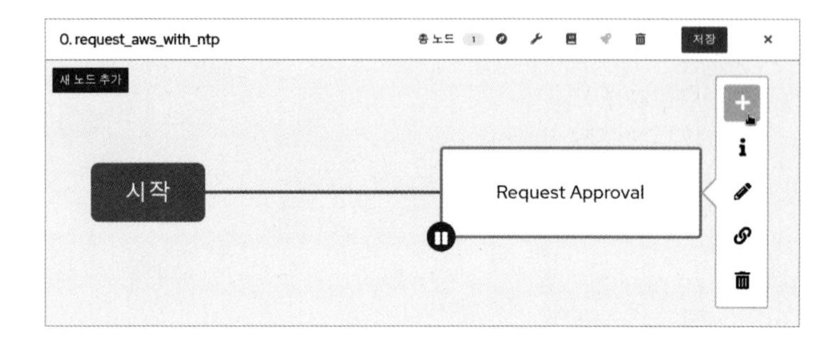

06 시작 시 나타난 팝업 창과는 조금 다르게 조건을 지정하는 화면이 나타납니다. 사전 작업이 성공했을 경우에만 실행할 예정이므로 '성공 시'를 선택하고 하단의 '다음' 버튼을 클릭합니다.

07 노드 유형에서 작업 템플릿을 선택하면 사전에 생성된 작업 템플릿을 확인할 수 있습니다. 이때 설계한 내용을 참조하여 승인 다음에 오는 작업 템플릿을 선택 후 '다음'을 클릭합니다.

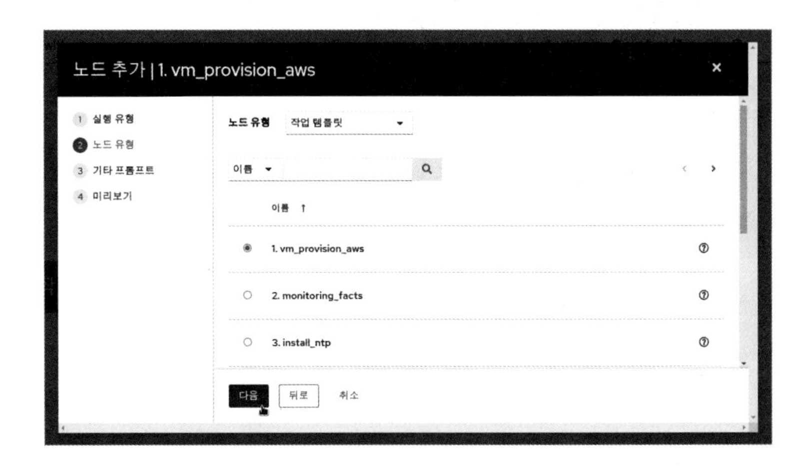

08 앞에서 선택한 '1. vm_provision_aws' 템플릿에는 외부 변수가 설정되어 있으므로 외부 변수와 값을 확인하거나 수정 후 '다음' 버튼을 클릭합니다. 이때 정의된 변수는 설문 조사에 의해 값을 수정할 수 있습니다.

09 추가할 작업 템플릿의 내용을 한 번 더 확인 후 하단의 '저장' 버튼을 클릭합니다.

10 작업 템플릿이 저장되면 시각화 도구에 작업 템플릿이 추가된 것을 확인할 수 있습니다. 설계 내용을 참조하여 다음 작업 템플릿들을 추가합니다.

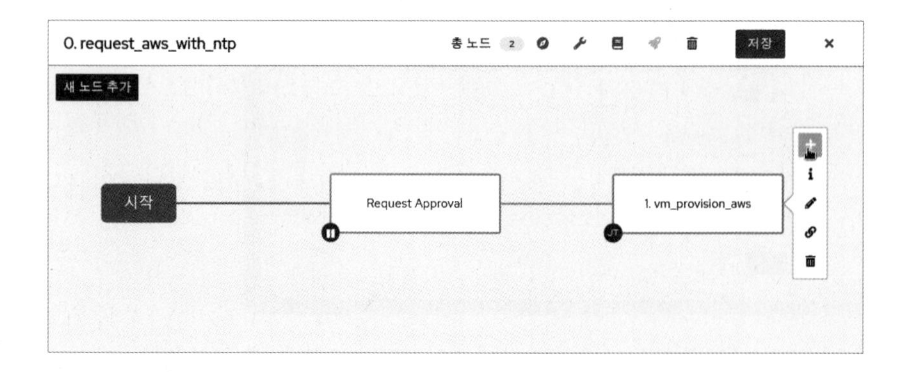

11 작업 템플릿들이 모두 추가되면 상단의 '저장' 버튼을 클릭합니다.

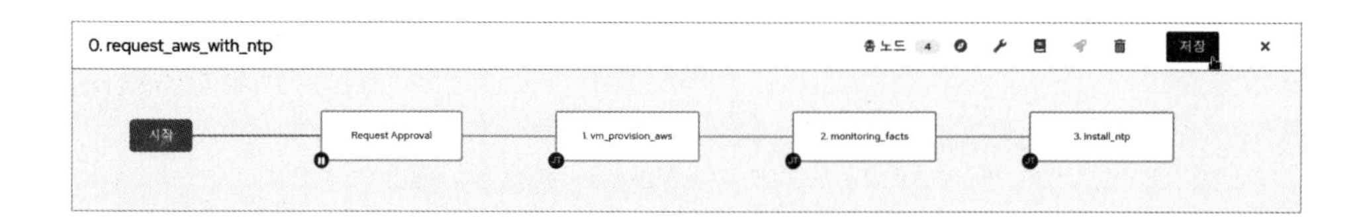

12 워크플로가 저장되면서 세부 정보를 다음과 같이 확인할 수 있습니다. 이제 '액세스' 탭을 클릭하여 워크플로를 사용할 수 있는 사용자를 추가해보겠습니다.

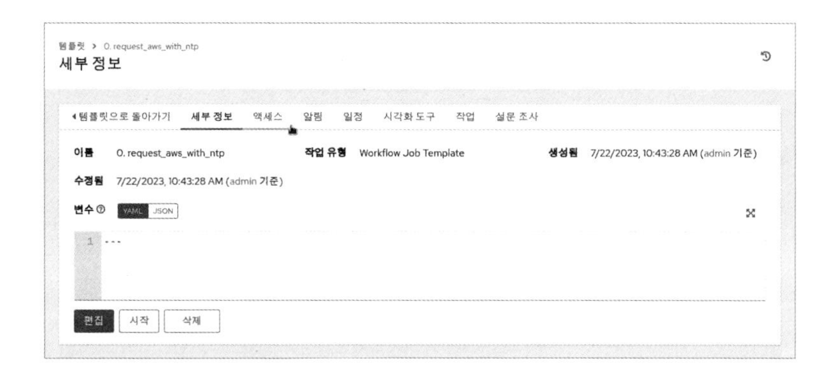

13 '액세스' 탭에는 관리자 그룹 사용자들이 이미 추가되어 있는 것을 확인할 수 있습니다. 일반 사용자 그룹의 사용자들이 없는 것을 확인 후 상단의 '추가' 버튼을 클릭합니다.

14 팀 역할 추가 창이 뜨면 '팀'을 선택 후 하단의 '다음' 버튼을 클릭합니다.

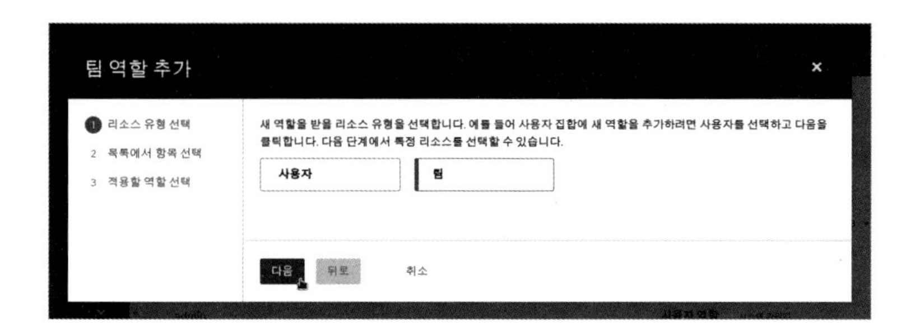

15 팀 목록이 나타나면 'IT-Service-Users'라는 팀을 선택 후 하단의 '다음' 버튼을 클릭합니다.

16 역할을 선택할 수 있는 창으로 전환되면 '실행'과 '읽기'를 선택 후 하단의 '저장' 버튼을 클릭합니다.

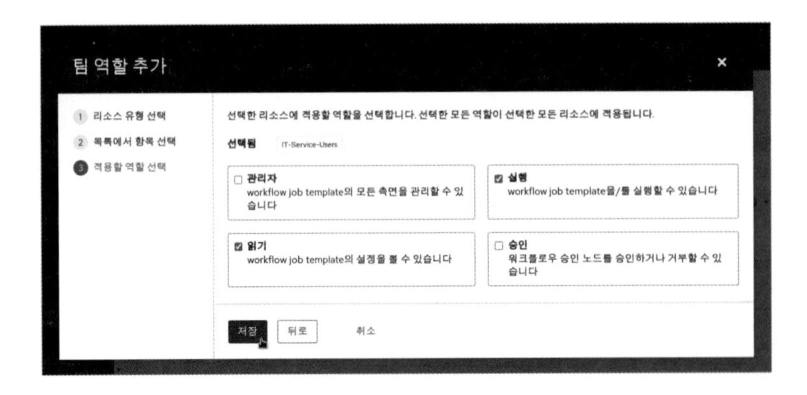

17 선택한 팀의 사용자와 역할을 액세스 목록에서 다음과 같이 확인할 수 있습니다.

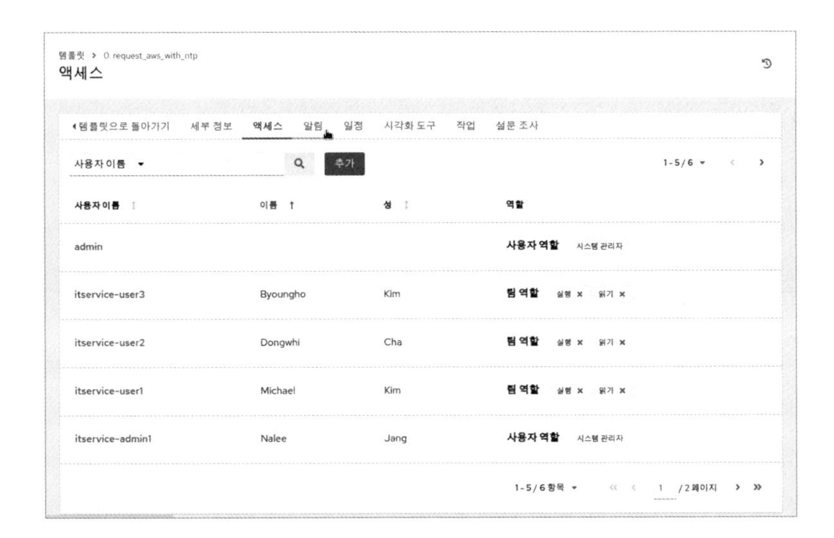

18 이 외에도 '알림' 탭을 클릭하여 알림 설정을 할 수 있습니다. 다음과 같이 알림을 받고 싶은 액션을 클릭하면 해당 옵션을 수행 후 알림을 받을 수 있습니다.

19 '설문 조사' 탭을 클릭하여 설문 조사를 추가할 수 있습니다. 이때 '삭제' 버튼 옆의 '설문 조사 활성화'를 클릭해야 합니다.

20 템플릿 목록으로 돌아가면 다음과 같이 작업 템플릿과 워크플로 목록을 확인할 수 있습니다.

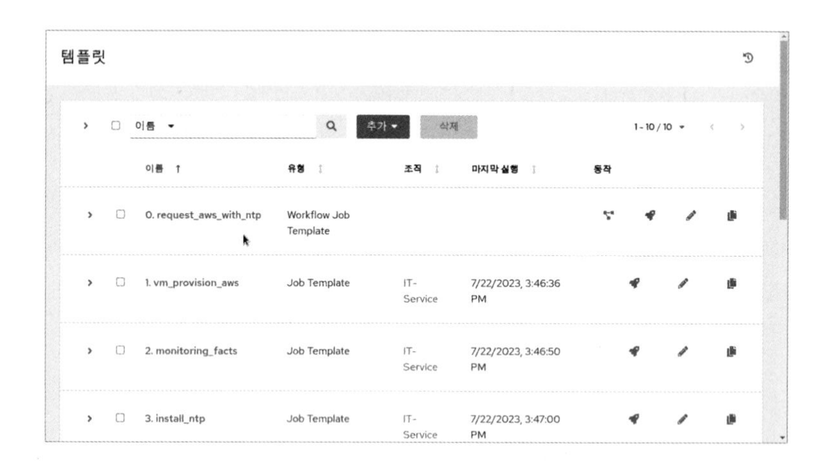

20.3 워크플로 실행하기

생성한 워크플로를 실행해보겠습니다. 워크플로와 승인 프로세스를 함께 사용하면 일반 사용자들에게 자동화 서비스를 제공하거나 관리자가 일반 사용자들이 요청한 자동화 서비스를 한 번 더 확인하고 수행할 수 있습니다.

사용자 계정으로 워크플로 실행하기

워크플로를 제대로 사용하려면 관리자 계정이 아닌 사용자 계정에서 실행해야 합니다.

01 앤서블 오토메이션 플랫폼을 사용자 계정으로 로그인한 후 '템플릿' 메뉴를 클릭합니다. 사용자는 템플릿을 실행할 수만 있으면 시각화 도구를 통해 어떤 프로세스로 워크플로가 동작하는지 확인할 수 있습니다. '시각화 도구'를 클릭해 프로세스를 확인해보겠습니다.

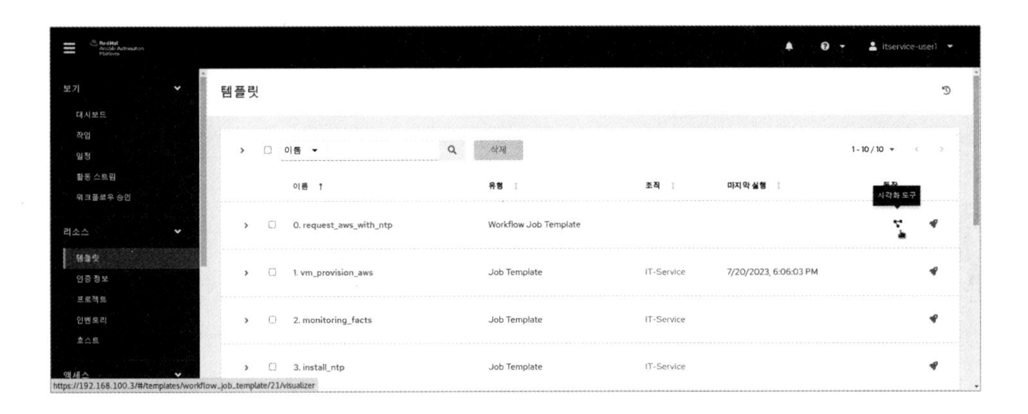

02 다음과 같이 작업 플로우를 확인한 후, 오른쪽 상단의 로켓 모양 아이콘을 클릭하여 워크플로를 실행합니다.

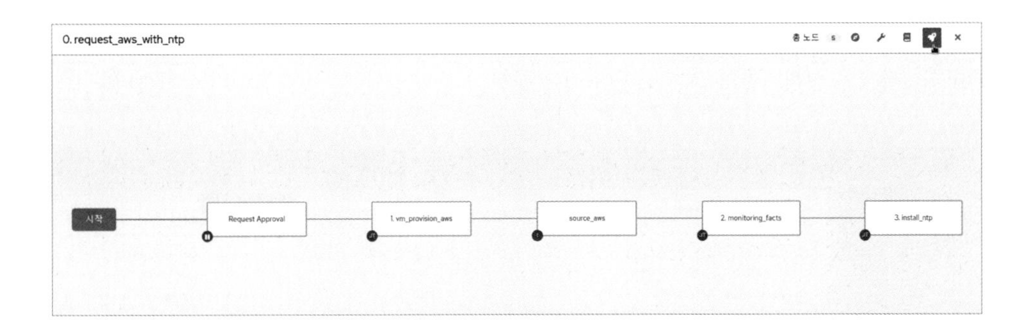

03 워크플로가 시작되면 사전에 등록한 설문 조사가 나타납니다. 질문에 대한 답을 입력하고 하단의 '다음' 버튼을 클릭합니다.

04 워크플로 내용을 한 번 더 확인한 후 하단의 '시작' 버튼을 클릭합니다.

05 워크플로가 실행되면서 승인 요청이 되어 상단의 종 모양 알림 창에 알림이 생겼습니다.

관리자 계정에서 워크플로 승인하기

관리자 화면에서도 동일하게 알림을 확인할 수 있습니다. 관리자는 요청된 워크플로의 내용을 확인한 후 승인, 거절, 작업 취소 등을 수행할 수 있습니다.

01 관리자 계정으로 앤서블 오토메이션 플랫폼을 로그인하면 화면 오른쪽 상단의 종 모양 아이콘에서 알림을 볼 수 있습니다. 아이콘을 클릭하면 워크플로 승인 화면으로 전환됩니다.

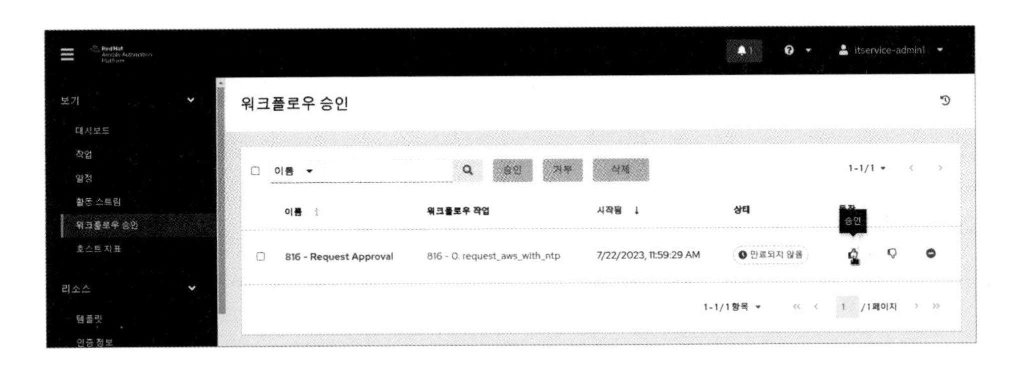

02 워크플로 승인 목록에서 요청받은 워크플로의 👍 모양 아이콘을 클릭하면 워크플로 작업을 승인할 수 있고, 👎 모양 아이콘을 클릭하면 승인 거절, ⛔ 모양 아이콘을 클릭하면 작업 취소를 할 수 있습니다.

사용자 계정에서 워크플로 모니터링하기

관리자에 의해 워크플로가 승인되면 사용자는 계속해서 워크플로 실행 과정을 모니터링할 수 있습니다.

01 관리자가 워크플로 승인을 하면 사용자의 워크플로 출력 화면에 있는 Request Approval 창이 녹색으로 바뀌면서 다음 작업이 실행 중인 것을 확인할 수 있습니다.

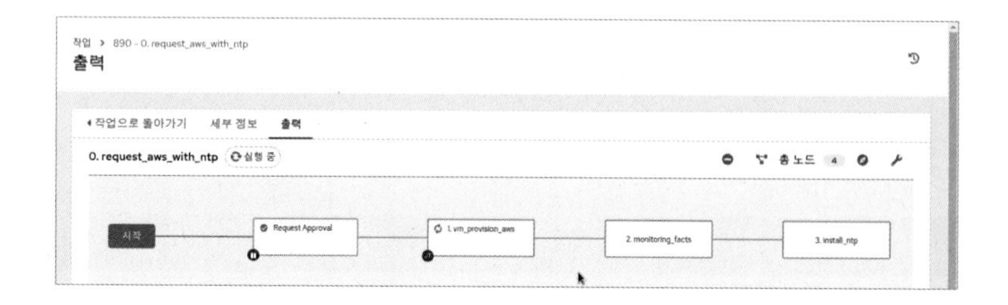

02 모든 작업이 실행 완료되면 다음과 같은 화면을 볼 수 있습니다. 상세 실행 과정을 확인하고 싶다면 해당 작업의 상세 정보와 실행 로그도 함께 확인할 수 있습니다.

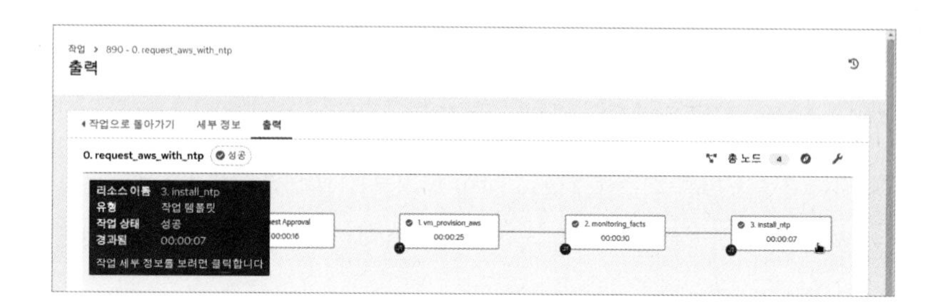

03 install_ntp 작업을 클릭 후 '출력' 탭을 클릭하면 앤서블이 실행된 과정을 확인할 수 있습니다.

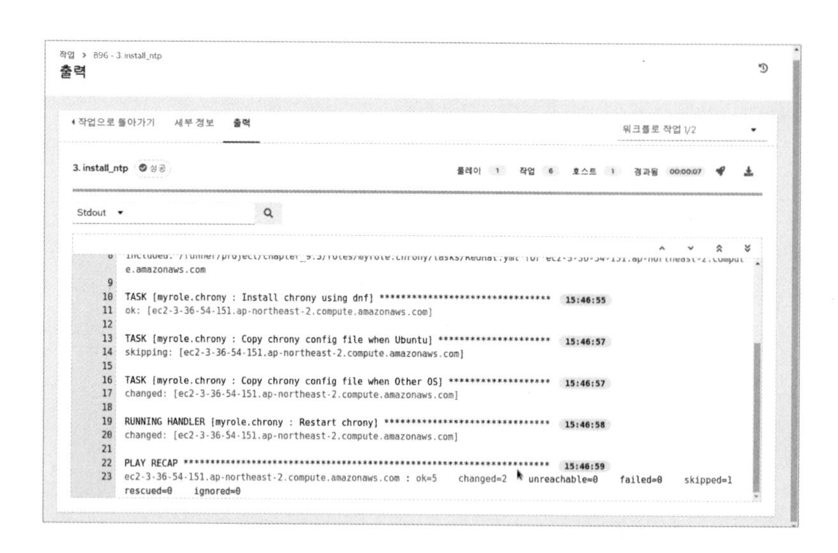

알림, 인스턴스, 애플리케이션 설치 확인하기

워크플로 생성 시 알림을 설정했다면 알림 메시지를 확인할 수 있으며, 클라우드 시스템의 가상 자원을 생성했다면 클라우드 시스템 콘솔에서 가상 자원 정보를 확인할 수 있습니다. 생성된 가상 자원에 애플리케이션을 설치했다면 여기에 접속해 설치된 애플리케이션을 확인할 수 있습니다.

01 먼저 슬랙에 접속하면 워크플로가 실행되면서 발생한 알림 메시지를 확인할 수 있습니다.

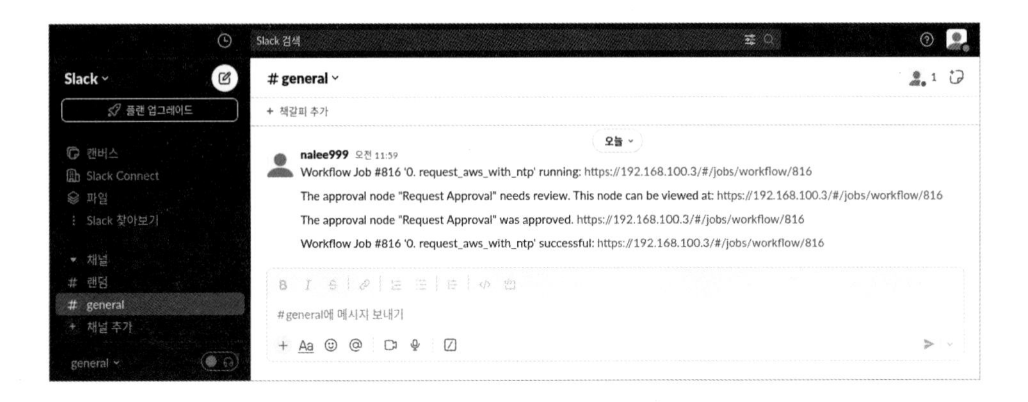

02 AWS 퍼블릭 클라우드 콘솔에서 생성된 가상 자원 정보를 확인할 수 있습니다.

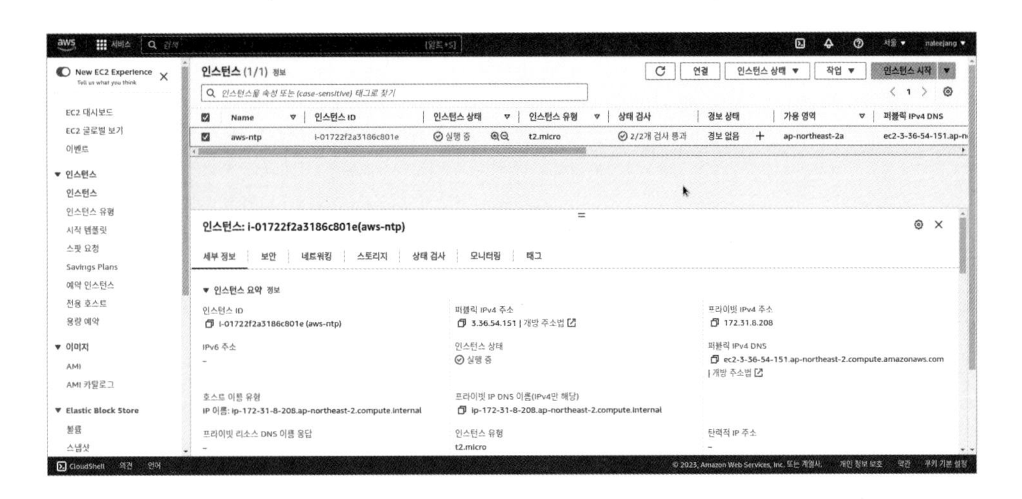

03 마지막으로 AWS에 생성된 가상 자원에 접속하여 설치된 NTP 서비스인 chrony 서비스의 실행 여부를 확인할 수 있습니다.

```
[nalee@rhel8 ~]$ ssh -i test-key.pem ec2-user@ec2-3-36-54-151.ap-northeast-2.compute.
amazonaws.com
Register this system with Red Hat Insights: insights-client --register
Create an account or view all your systems at https://red.ht/insights-dashboard
Last login: Sat Jul 22 06:46:59 2023 from 1.224.150.158
[ec2-user@ip-172-31-8-208 ~]$ chronyc sources
MS Name/IP address         Stratum Poll Reach LastRx Last sample
===============================================================================
^* 193.123.243.2                 2   6    37    26   -111us[ -123us] +/- 6036us
^- 175.193.3.234                 3   6    37    26   +980us[ +980us] +/-   15ms
[ec2-user@ip-172-31-8-208 ~]$
```

4부에서는 앤서블 오토메이션 플랫폼을 사용하는 방법을 알아보았습니다. 사전에 플레이북 설계 및 작업 템플릿, 워크플로에 대한 설계를 통해 어떤 서비스를 자동화할 것인지를 미리 그려보고 설계한 내용을 참조하여 작업 템플릿과 워크플로도 만들어보았습니다. 또한 알림과 스케줄 기능을 이용하여 작업 템플릿이나 워크플로 작업 시 알림도 받아 보았습니다. 그리고 RBAC 기능을 이용하여 관리자와 사용자 그룹을 만들고, 승인 프로세스를 이용하여 워크플로도 실행해보았습니다. 이렇게 앤서블 오토메이션 플랫폼을 이용하면 여러 부서에서 함께 앤서블을 사용할 수 있으며, IT 전문가 그룹에 의해 생성된 자동화 서비스를 기타 다른 부서에도 제공할 수 있습니다.

INDEX

기호

ㄱ

ㄴ

ㄷ

ㄹ

ㅁ

ㅂ

ㅅ

ㅇ

INDEX

INDEX

INDEX

I

K

L

M

N

P

R

S

T

U

V

W